गठबंधन सरकारें एवं राष्ट्रपति की भूमिका

गठबंधन सरकारें एवं राष्ट्रपति की भूमिका
(1989—2009)

औमप्रकाश पंवार

GYAN

The publication of this book was financially supported by ICSSR and the responsibility for the facts stated, opinions expressed or conclusions reached are entirely that of the author and ICSSR accepts no responsibility for them.

ICSSR Consultant

Prof. Annpurna Nautiyal, Department of Political Science, H.N.B. Garhwal University, Uttarakhand-246174.

गठबंधन सरकारें एवं राष्ट्रपति की भूमिका (1989–2009)

ISBN : 978-81-212-1235-9

भारत में सन् 2014 में प्रकाशित

ज्ञान पब्लिशिंग हाउस
23, मेन अंसारी रोड़, दरियागंज,
नई दिल्ली–110002

फोन : 23282060, 23261060

फैक्स : 011-23285914

ई-मेल : books@gyanbooks.com

टंकण : सान्या कम्प्यूटर्स, दिल्ली
मुद्रित : जी. प्रिंट प्रोसैस, दिल्ली

विषय-सूची

प्रस्तावना

स्वतंत्र भारत की संवैधानिक संरचना की परिकल्पना 26 जनवरी, 1950 को भारतीय गणतंत्र की स्थापना के रूप में परिणत हुई। संविधान द्वारा भारत के संघीय लोकतांत्रिक सरकार का प्रमुख अनंत शक्ति सम्पन्न राष्ट्रपति होता है।

स्वाधीनता के बाद भारतीय राजनीतिक वातावरण लगभग स्थायी प्रकृति का था, लेकिन धीरे-धीरे इसमें अस्थायीपन स्पष्ट नजर आने लगा जो कालांतर में ओर गहराता गया। 1989 के बाद से हमारी संसदीय व्यवस्था में गठजोड़ की राजनीति का निरंतर विकास हुआ है। केन्द्रीय स्तर पर अल्पमत एवं गठबंधन सरकारों का प्रारम्भ हुआ। अब राष्ट्रीय दल क्षेत्रीय दलों के साथ मिलकर संयुक्त सरकार का मॉडल दे रहे हैं जिनमें राजनीतिक विचारधारा का पूर्णतया अभाव एवं अवसरवाद देखने को मिला। त्रिशंकु लोकसभा की स्थिति जैसे–1989, 1991, 1996 में हुआ था, दल-बदल अथवा दल के विभाजन जैसे 1979 में हुआ और अन्य दलों के सरकार बनाने के दावों (जैसे–1979, 1990, 1996 में हुआ) की परिस्थितियों में राष्ट्रपति की भूमिका अत्यंत महत्त्वपूर्ण बन गई। संविद सरकारों में दल बदल, घटकों में वैचारिक मतभेद, असंगतियाँ और विरोधाभास छाया रहा, जिसके परिणामस्वरूप ये सरकारें अस्थायी रहीं। अवसरवादिता के मौंके बढ़ने से देश के अस्थायी राजनीतिक वातावरण ने सभी परम्परागत राजनीतिक समीकरणों को बदल दिया। इसके साथ ही मंत्रिमण्डल के कुछेक राजनीतिक लाभ से प्रेरित प्रस्तावों तथा 2006 के चर्चित लाभ के पद से सम्बन्धित विधेयक को पुनः मंत्रिपरिषद से विचार के लिए कहने आदि ने भारतीय राष्ट्रपति की भूमिका को अत्यन्त निर्णायक मोड़ पर पहुँचाया। फ्रंट लाइन पत्रिका को दिए गए राष्ट्रपति के साक्षात्कार जिसमें उन्होंने अपने को क्रियाशील राष्ट्रपति (वर्किंग प्रेसीडेंट) कहकर राष्ट्रपति की भूमिका को पुनः बहस का विषय बनाया। भारत में जैसे-जैसे संविद राजनीति आगे बढ़ी है वैसे-वैसे राष्ट्रपति की भूमिका के सामने नए-नए प्रश्न पैदा हुए हैं। इन प्रश्नों का विश्लेषण कर समाधान करना भारतीय राजनीति के समकालीन संचालन की दृष्टि से काफी महत्त्वपूर्ण हो गया है। 1989 से 2009 तक के कालांश में भारतीय राजनीति ने नई दिशा की ओर कदम बढ़ाए हैं जिससे राष्ट्रपति की भूमिका में बदलाव आए। इन बदलावों के लिए

कौन-सी परिस्थितियाँ उत्तरदायी थी। विखण्डित जनादेश और संविद राजनीति के युग में राष्ट्रपति के सम्मुख कौन सी नई चुनौतियाँ उत्पन्न हुई और इनके परिणामस्वरूप राष्ट्रपति के नए उत्तरदायित्व क्या बने? खण्डित जनादेश की स्थिति में दलों में निरन्तर विभाजन होने की स्थिति में तथा सत्ता के लिए पागल प्रतियोगिता के प्रयासों के संदर्भ में राष्ट्रपति ने देश की रक्षा के लिए क्या भूमिका अभिनीत की? क्या राष्ट्रपति ने देश को राजनीतिक एवं संवैधानिक संकट से बचाया? क्या राष्ट्रपति ने संसदीय व्यवस्था के सिद्धांतों के अनुरूप आचरण किया? इन प्रश्नों को खोजने के लिए ऐतिहासिक, वर्णनात्मक एवं विश्लेषणात्मक दृष्टिकोण से प्रयास किया है।

प्रस्तुत पुस्तक में उपर्युक्त राजनीतिक घटना-चक्र का समीक्षात्मक ढंग से विश्लेषण किया गया है। इस पुस्तक की विषय वस्तु को सात अध्यायों में विभाजित किया गया है। प्रथम अध्याय में पुस्तक का परिचयात्मक विवरण दिया गया है जिसमें विषय वस्तु के चयन का महत्त्व, साहित्य का विवरण, उद्देश्यों एवं शोध के प्रश्नों का विवरण दिया गया है।

द्वितीय अध्याय में राष्ट्रपति पद के संवैधानिक आधार, शक्तियाँ एवं कार्यों, संवैधानिक स्थिति तथा स्वतंत्रता प्राप्ति से लेकर 1989 के मध्य तक राष्ट्रपतियों की व्यावहारिक भूमिका का विश्लेषण किया है।

तृतीय अध्याय में, गठबंधन सरकार की सैद्धान्तिक विवेचना प्रस्तुत की गई है।

चतुर्थ अध्याय में, संयुक्त सरकारों में प्रधानमंत्री की नियुक्ति करने के संबंध में राष्ट्रपति को भूमिका का विवेचन किया गया है।

पंचम् अध्याय में, गठबंधन सरकारों के दौरान लोकसभा अथवा सरकार को भंग करने के संबंध में राष्ट्रपति की भूमिका का विवरण दिया गया है। स्वतंत्रता के बाद से लेकर अब तक की विघटित हुई लोक सभाओं के परिदृश्य का विवेचन और विघटन के परिप्रेक्ष्य में उत्पन्न संवैधानिक प्रश्नों की विस्तार से व्याख्या की गई है। साथ ही मंत्रिपरिषद की सहायता एवं परामर्श के सिद्धांत का सैद्धांतिक विवरण भी प्रस्तुत किया गया है।

छठें अध्याय में, गठबंधन राजनीति के युग में मंत्रिपरिषद द्वारा दी गई सलाह को स्वीकारने जैसे-उत्तर प्रदेश (1997) तथा बिहार (1998) में गठबंधन सरकार द्वारा धारा 356 के प्रयोग के संबंध में, लाभ के पद विधेयक (2006) के संबंध में, विभिन्न अध्यादेशों सांसदों एवं पूर्व सांसदों के वेतन, पैंशन और

परिलब्धियों से संबंधित विधेयक (मार्च 1991), लोक प्रतिनिधित्व अध्यादेश तथा अनुसूचित जाति (संशोधन), अध्यादेश (मार्च, 1996), चुनाव सुधारों से सम्बन्धित अध्यादेश (अगस्त, 2002), तथा अन्य मामलों जैसे–काम चलाऊ सरकार के समय राष्ट्रपति, राज्यपाल की नियुक्तियों (जुलाई, 1999), विश्वास मत प्राप्त करने के विवादास्पद निर्देश के विषय में, गठबंधन सरकार गिरने पर बजट पास करवाने के संबंध में, चुनाव आयुक्तों के मध्य उत्पन्न विवाद में, संविधान समीक्षा मुद्दे पर, गुजरात विधानसभा के चुनावों की अवधि के संबंध में, झारखंड के संवैधानिक मामले आदि में राष्ट्रपति की भूमिका का वर्णनात्मक विश्लेषण किया गया है।

सांतवे अध्याय में, निष्कर्ष का निरुपण करते हुए राष्ट्रपति की भूमिका में आई सक्रियता के कारणों तथा उससे उत्पन्न समस्याओं और सुझावों का वर्णन किया गया है।

सामयिक राजनीतिक घटनाओं का समग्र रूप से विश्लेषणात्मक अध्ययन करना लेखक के लिए अत्यन्त चुनौतीपूर्ण कार्य होता है। मैंने तथ्यों का विश्लेषण करते समय लेखकीय तटस्थता धर्म का अपनी ओर से पूर्ण प्रयास किया है तथा किसी के प्रति पूर्वाग्रह मानसिकता से लेखन कार्य नहीं किया है।

सर्वप्रथम मैं उस सर्वशक्तिमान, सर्वव्यापी परमपिता परमात्मा को धन्यवाद करता हूँ जिसकी असीम कृपा और आर्शीवाद से इस पुस्तक के उद्देश्यों की प्राप्ति हुई।

इस शोध कार्य में मुझे अपने मार्गदर्शक प्रोफेसर डॉ. राजकुमार राजनीति विज्ञान विभाग, महर्षि दयानंद विश्वविद्यालय रोहतक का जो बहुमूल्य दिशा-निर्देशन और गहन रूचि लेकर अनेक बिन्दुओं पर अपनी अन्तर्दृष्टियों से मेरा पथ आलोकित किया जिसके बिना यह कार्य सम्पन्न होना कठिन था, के प्रति कृतज्ञता व्यक्त करना मेरा पुनीत कर्त्तव्य है। मैं राजनीति विज्ञान विभाग के अध्यक्ष प्रोफेसर डॉ. जी. के. कार, प्रोफेसर डॉ. राजेन्द्र शर्मा, प्रोफेसर डॉ. रणवीर गुलिया एवं प्रोफेसर डॉ. श्रीमती उषाकिरण का भी आभार प्रकट करता हूँ जिन्होंने समय-समय पर मुझे अपने बहुमूल्य सुझाव प्रदान किए।

मैं अपने प्रेरणा स्त्रोत डॉ. टी. आर. आहुजा एवं प्रोफेसर एस. सी. अरोड़ा लोक प्रशासन विभाग एम. डी. यू., रोहतक तथा प्रवक्ता जितेन्द्र भारद्वाज गवर्नमेंट कॉलेज महेन्द्रगढ़ का विशेष आभार प्रकट करता हूँ जिन्होंने मुझे अपने शोध कार्य के लिए प्रोत्साहित एवं उचित मार्गदर्शन कर इस शोध कार्य को पूर्ण करने में सकारात्मक एवं रचनात्मक सहयोग दिया।

मैं अपने पिता श्री दयानन्द रिसलदार तथा माता श्रीमती बदामा देवी के प्रति कृतज्ञता एवं धन्यवाद अर्पित करता हूँ, जिनके द्वारा प्रदत्त अच्छे संस्कार मेरे जीवन के आधार हैं। इस अवसर पर मैं अपने बड़े भाई सुरेन्द्र सिंह का भी आभारी हूँ जिन्होंने इस कार्य के लिए मुझे सदैव आगे बढ़ने के लिए प्रोत्साहित किया।

मैं अपनी धर्मपत्नी श्रीमती सुनीता देवी को धन्यवाद देता हूँ जिन्होंने मुझे घरेलू दायित्वों से मुक्त रखकर कार्य में रत रहने में सहायता की। उनके सहयोग के बिना यह कार्य करना कठिन था।

मैं अपनी अजीज पुत्री मधु, पुत्र सागर को भी धन्यवाद करता हूँ, जिन्होंने मुझे लेखन में सदैव सहयोग दिया।

मैं अपने सभी मित्रों, शुभचिन्तकों तथा परिजनों के प्रति धन्यवाद अर्पित करना अपना कर्त्तव्य समझता हूँ। मैं महर्षि दयानन्द विश्वविद्यालय, रोहतक के पुस्तकालय, कुरूक्षेत्र विश्वविद्यालय, कुरूक्षेत्र के पुस्तकालय, नेहरू मैमोरियल पुस्तकालय, सप्रू हाऊस पुस्तकालय, पार्लियामेंट्री पुस्तकालय, इण्डियन कॉस्टीटयूशनल एण्ड पार्लियामेंट्री स्टडीज पुस्तकालय, नई दिल्ली के सभी अधिकारियों व कर्मचारियों का भी हार्दिक धन्यवाद करता हूँ। मैं आई. सी. एस. एस. आर. का भी धन्यवाद करता हूँ जिसकी आर्थिक सहायता से यह कार्य सम्पन्न हुआ है। मैं पुस्तक का सुन्दर ढंग से प्रकाशन करने के लिए प्रकाशक महोदय ज्ञान पब्लिशिंग हाऊस, नई दिल्ली को भी धन्यवाद देता हूँ।

यह कृति राजनेताओं, प्राध्यापकों, शोध-छात्रों, स्नातक, स्नातकोत्तर स्तर के छात्रों तथा भारतीय संविधान, शासक तथा राजनीति में रूचि रखने वाले जनसाधारण के लिए उपयोगी सिद्ध होगी।

हार्दिक मंगलकामनाओं सहित।

डॉ. औमप्रकाश पंवार

संक्षेपण

आर.एस.पी.	रिवोल्यूशनरी सोशलिस्ट पार्टी
आर.जे.डी.	राष्ट्रीय जनता दल
आर.जे.पी (आनन्द)	राष्ट्रीय जनता पार्टी (आनन्द)
ए.जी.पी	असम गण परिषद
एम.ए.डी.एम.के	एम.जी.आर. अन्नाद्रमुक
एम.एस.सी.पी.	मणिपुर स्टेट कांग्रेस पार्टी
एम.डी.एम.के	मारूमलारची द्रविड़ मुनेत्र कड़घम्
एस.डी.एफ.	सिक्किम डेमोक्रेटिक पार्टी
डी.एम.के	द्रविड़ मुनेत्र कड़घम्
टी.आर.सी.	तमिझागा राजीव कांग्रेस
पी.डब्ल्यू.पी.आई	पीजेंट एंड वर्क्स पार्टी आफ इंडिया
पी.एम.के.	पटालि मक्कल कोच्चि
बसपा	बहुजन समाज पार्टी
बी.एन.पी.	भारतीय नवशक्ति पार्टी
बी.जे.डी	बीजू जनता दल
भाकपा	भारतीय कम्युनिस्ट पार्टी
भाजपा	भारतीय जनता पार्टी
माकपा	मार्क्सवादी कम्युनिस्ट पार्टी
राजग	राष्ट्रीय जनतांत्रिक गठबंधन
सप्रंग	संयुक्त प्रगतिशील गठबंधन
सी.पी.आई	कम्युनिस्ट पार्टी आफ इंडिया
सी.पी.आई (एम)	कम्युनिस्ट पार्टी आफ इंडिया (मार्क्सवादी)
सी.पी.आई. (एम.एल) (एल.)	कम्युनिस्ट पार्टी आफ इंडिया (मार्क्सवादी लेनिनवादी) (लिब्रेशन)
हविपा	हरियाणा विकास पार्टी

तालिकाएं

1 परिचायिकी

भारतीय संविधान निर्माताओं द्वारा ब्रिटिश नमूने पर मंत्रिमंडलीय शासन पद्धति के 'वेस्टमिनिस्टर प्रतिमान' को अपनाया गया। संविधान निर्मात्री सभा में शासन के संबंध में मतैक्य नहीं था। संविधान सभा में यह प्रश्न अत्यधिक विवादास्पद रहा कि भारत में अध्यक्षात्मक प्रजातंत्र स्थापित किया जाए या संसदीय प्रजातंत्र। सैय्यद काजी करीमुद्दीन, शिबलाल सक्सैना, जी.एस. गुप्ते और के.टी शाह आदि ने अध्यक्षात्मक प्रणाली को अपनाने का समर्थन किया जबकि जवाहर लाल नेहरू, सरदार वल्लभ भाई पटेल, अल्लादि कृष्णास्वामी अय्यर और के.एम. मुंशी आदि ने संसदात्मक प्रजातंत्र को अषनाने पर बल दिया। काफी वाद-विवाद के बाद संविधान सभा के अधिकांशतः सदस्यों ने भारत में संसदीय प्रजातंत्र की स्थापना की वकालत की। सभा के सदस्यगणों ने जवाहरलाल नेहरू के इस कथन से सहमति प्रकट की वे सरकार के मंत्रिमंडलीय रूप पर ही बल देना चाहते हैं और वे चाहते हैं कि वास्तविक सत्ता मंत्रिमंडल तथा विधानमंडल में निहित रहे न कि राष्ट्रपति में।[1] अल्लादि कृष्णास्वामी अय्यर के शब्दों में "ग्रेट ब्रिटिश, डोमिनियन तथा कुछ महाद्वीपीय देशों की संसदीय सरकार और अमेरिका की अध्यक्षीय सरकार के सभी पक्षो व प्रसंगों पर विचार करने के उपरांन्त, भारतीय संविधान ने संसदीय सरकार की संस्थाओं को अंगीकृत किया है।"[2]

संसदात्मक शासन व्यवस्था अपनाने पर भी राष्ट्रपति की शक्तियों का विषय संविधान सभा में सर्वाधिक चर्चा का विषय रहा। संविधान सभा में एच.वी. कामथ, पी.एस. देशमुख, टी.टी. कृष्णामाचारी और बी.आर. अम्बेड़कर आदि का स्पष्ट मत था कि-भारतीय शासन व्यवस्था में राष्ट्रपति की स्थिति वही है जो ब्रिटेन में सम्राट की है। वस्तुतः संविधान निर्माता राष्ट्रपति को कार्यपालिका के केवल औपचारिक प्रधान की स्थिति देना चाहते थे। संविधान के प्रारूप की प्रस्तावना करते समय बी.आर. अम्बेड़कर ने भारतीय राष्ट्रपति की स्थिति को इन शब्दों में स्पष्ट किया:

"भारत के प्रारूप संविधान में भारत संघ का अध्यक्ष जिस अधिकारी को बनाया गया है उसे संघ के राष्ट्रपति की संज्ञा दी गई है, इस उपाधि से अमेरिका के राष्ट्रपति का ध्यान आता है, परंतु संज्ञा की समानता के अतिरिक्त अमेरिका में प्रचलित शासन प्रणाली के साथ प्रारूप में परिकल्पित शासन प्रणाली का कोई साम्य नहीं है, दोनों में मौलिक भेद हैं। अमेरिका में अध्यक्षात्मक शासन है और कार्यपालिका सत्ता राष्ट्रपति में निहित हैं तथा प्रशासन सत्ता भी उसी के हाथों में है। भारत में राष्ट्रपति का स्थान वही होगा जो ब्रिटिश सम्राट का ब्रिटिश संविधान के अंतर्गत है वह राज्याध्यक्ष तो होगा, किंतु कार्यपालिका का मुखिया नहीं। वह राष्ट्र का प्रतिनिधि है शासक नहीं, वह केवल राष्ट्र का प्रतीक है। प्रशासन में उसका स्थान एक अनुष्ठानिक मुद्रा का है, जिसके द्वारा राष्ट्र के निर्णय प्रख्यात किए जाते हैं।"[3]

निष्कर्ष रूप में, संघीय कार्यपालिका के स्वरूप का निर्धारण करने में सभी प्रकार के मतों पर विचार किया गया। संविधान निर्मात्ताओं ने राष्ट्रपति को संघ का कार्यपालिका अध्यक्ष बनाया, किंतु उनका आशय भारतीय राष्ट्रपति को संयुक्त राज्य अमेरिका के राष्ट्रपति के समान शक्तिशाली बनाना नहीं था। वे भारतीय राष्ट्रपति को वही संवैधानिक स्थिति प्रदान करना चाहते थे जो ब्रिटिश सम्राट की है। इस प्रकार उनका आदर्श ब्रिटिश संसदीय व्यवस्था थी।

भारतीय संविधान द्वारा अपनाई गई मंत्रिमंडलात्मक शासन व्यवस्था के अंतर्गत राष्ट्रपति कार्यपालिका का संवैधानिक प्रधान है और प्रधानमंत्री एवं मंत्रिपरिषद वास्तविक कार्यकारी, लेकिन संविधान निर्माताओं ने इस स्थिति को स्पष्ट रूप से परिभाषित करने की अपेक्षा इस संबंध में कुछ लचीलेपन को बनाए रखना उचित समझा। वस्तुतः भारतीय संविधान का निरालापन इसी बात में है कि–वह संसदीय उत्तरदायित्व के ढाँचे में एक गतिशील कार्यपालिका की व्यवस्था करता है।[4] भारत में राष्ट्रपति का पद संविधान के अनुच्छेद 52 द्वारा उपबंधित है। राष्ट्रपति की स्थिति को लेकर संविधान के लागू होने के पश्चात से ही मतभेद चलता आ रहा है। राष्ट्रपति की वास्तविक स्थिति क्या है? इस प्रश्न के संबंध में विद्वानों में पर्याप्त मतभेद हैं। कुछ विधि शास्त्रियों का यह स्पष्ट दावा है कि चूंकि भारतीय संविधान में उत्तरदायी शासन प्रणाली को अपनाया है, अतः भारत में भी इंग्लैंड की संवैधानिक परंपराओं के अनुसार राष्ट्रपति को नाममात्र के प्रधान के रूप में कार्य करना चाहिए जबकि कुछेक दूसरों का कहना है कि संविधान में राष्ट्रपति की जो शक्तियाँ दी गई हैं उनके प्रयोग करने के

संबंध में राष्ट्रपति प्रत्येक स्थिति में मंत्रिमंडल के परामर्शानुसार कार्य करने के लिए बाध्य नहीं है, क्योंकि राष्ट्रपति "रबड़ की मोहर" के समान नहीं है।

संविधान निर्मात्री सभा की कार्यवाही में कुछ ऐसे उदाहरण अवश्य मिलते हैं, जिनमें यह प्रतीत होता है कि संविधान निर्माता राष्ट्रपति को संवैधानिक प्रधान के रूप में देखना चाहते थे। संविधान के प्रारूप को प्रस्तुत करते हुए बी.आर. आबेंडकर ने कहा थाः

> "राष्ट्रपति की वही स्थिति है जो ब्रिटिश संविधान में सम्राट की है वह राष्ट्र का मुखिया है न कि कार्यपालिका का, वह राष्ट्र का प्रतिनिधित्व करता है, उनका निर्माण नहीं, वह साधारणतया मंत्रियों के परामर्श को मानने के लिए विवश रहेगा। वह न तो उनके विरूद्ध कुछ कर सकता है और न उनके परामर्श के बिना ही।"[5]

एक अन्य सदस्य टी.टी. कृष्णामाचारी का विचार था–"उत्तरदायी शासन में राष्ट्रपति की वह स्थिति नहीं है जो अमेरिका जैसे प्रतिनिधिक सरकार में राष्ट्रपति की होती है। सभा में तर्क देने वाले, कि राष्ट्रपति तानाशाह हो सकता है, यही गलती कर रहे हैं और वे भूल रहे हैं कि राष्ट्रपति प्रधानमंत्री की सलाह से ही कार्य करेगा।"[6]

पी.एस. देशमुख ने यह कहा कि "मुझे पूर्ण विश्वास है कि–कोई राष्ट्रपति मंत्रिमंडल की सलाह के बिना कार्य नहीं करेगा और कोई भी कैबिनेट संसद के बहुमत के बिना कार्य नहीं करेगी।"[7]

संविधान निर्मात्री सभा के सदस्य राजेंन्द्र प्रसाद ने कहा था कि "संविधान में ऐसी कोई बात नहीं है जिसके कारण राष्ट्रपति मंत्रिमंडल की सलाह मानने के लिए बाध्य हो। यह आशा की जाती है कि जैसे इंग्लैंड का राजा हमेशा अपने मंत्रियों की सलाह मानता है, वैसी प्रथा इस देश में उत्पन्न हो जाएगी और राष्ट्रपति सब बातों में केवल नाममात्र का शासक रहेगा।"[8] इसी बात को स्पष्ट करते हुए प्रधानमंत्री जवाहरलाल नेहरू ने 7 जुलाई, 1959 को दोहराया था कि "हमारा संविधान राष्ट्रपति को इंग्लैंड के सम्राट या साम्राज्ञी जैसी स्थिति प्रदान करता है। अगर ऐसा नहीं हो तो मंत्रिमंडल और संसद के उत्तरदायित्व को हानि पहुँचेगी।"[9]

संविधान निर्माण सभा में व्यक्त किए गए उपर्युक्त विचारों से यह निष्कर्ष निकाला जा सकता है कि संविधान निर्माताओं का मंतव्य यह था कि राष्ट्रपति

एक संवैधानिक प्रधान के रूप में मंत्रिमंडल के परामर्श के अनुसार कार्य करेगा, यद्यपि संवैधानिक निर्माताओं का यह ध्येय था कि भारत का राष्ट्रपति ब्रिटेन की संसदीय परंपराओं का अनुसरण करते समय हुए मंत्रिमंडल के परामर्शानुसार कार्य करे, लेकिन वे संवैधानिक प्रतिबंध राष्ट्रपति पर लगाने के लिए तैयार न थे।

भारतीय न्यायपालिका ने 'रायसाहब राम जवाया कपूर बनाम भारत संघ', 'यू.एन. राव बनाम इंदिरा गांधी', 'शमसेर सिंह बनाम स्टेट ऑफ पंजाब', आदि मामलों में जो निर्णय दिए हैं उनसे इसी मत की पुष्टि होती है कि राष्ट्रपति कार्यपालिका का संवैधानिक प्रधान है तथा वास्तविक कार्यपालिका शक्ति मंत्रिपरिषद में निहित होती है। यह कहना सर्वथा अनुचित होगा कि संविधान समिति की इच्छा राष्ट्रपति को संवैधानिक अध्यक्ष मात्र बनाना थी। अगर संविधान समिति के सदस्यों के वक्तव्यों को ही आधार मानकर चला जाए तो ऐसे वक्तव्य भी उपलब्ध हैं जो राष्ट्रपति को केवल नाममात्र का ही अध्यक्ष नहीं बनाना चाहते थे। इस संबंध में के.एम. मुंशी ने इस प्रकार अपने विचारों को व्यक्त किया, "राष्ट्रपति एक नाममात्र का अध्यक्ष नहीं बल्कि देश की एकता, संविधान की रक्षा तथा राजनीतिक अराजकता से सुरक्षा के लिए वह संविधान द्वारा प्रदान की गई शक्तियों का प्रयोग कर सकता है। यह राज्य का एक स्वतंत्र निकाय है, जो संम्पूर्ण संघ का प्रतिनिधित्व करता है तथा स्वतंत्र शक्तियों का प्रयोग करता है।"[10] संविधान सभा के अध्यक्ष ने भी कहा था कि राष्ट्रपति को अपने मंत्रियों की सहायता और सलाह पर काम करने की बात को परंपराओं से शक्ति प्राप्त होगी, क्योंकि संविधान में ऐसी कोई व्यवस्था नहीं है जिससे हर मामले में राष्ट्रपति के लिए अपने मंत्रियों की सलाह मानना आवश्यक हो।[11] प्रारूप समिति के वैधानिक सलाहकार बी.एन. राव ने लिखा है कि, "संविधान राष्ट्रपति का ऐसा कोई वैधानिक उत्तरदायित्व निश्चित नहीं करता है कि वह मंत्रियों की मंत्रणा के आधार पर कार्य करेगा। वह किस सीमा तक ऐसा करने के लिए बाध्य होगा, परम्परा का विषय है।"[12]

भारतीय संवैधानिक व्यवस्था में संसदीय प्रणाली तथा संघात्मक शासन का विलक्षण संयोग संविधान के प्रावधानों में अंतर्निहित है, परंतु भारत में संसदीय व्यवस्था के स्वरुप को ब्रिटेन की संसदीय प्रणाली की पूर्ण अनुकृति नहीं माना जा सकता है। जैसा कि जे. आर. सिवाच ने लिखा है कि "भारत में राष्ट्रपति की स्थिति वैसी नहीं है जैसी ब्रिटिश सम्राट की है। यदि उसे अपनी शपथ के प्रति निष्ठा का निर्वाह करना है, तो कुछ मामलों में राष्ट्रपति द्वारा मंत्रिपरिषद के

परामर्श की अवहेलना करते हुए भी अपने व्यक्तिगत निर्णय का प्रयोग किया जाना चाहिए।"[13]

भारत के राष्ट्रपति पद का मूल्यांकन करते समय भारतीय संविधान के कुछ विशेष तथ्यों–संवैधानिक प्रावधान, इस पद की निर्वाचित प्रकृति, भारतीय संघीय व्यवस्था और संविधान की सर्वोच्चता आदि की अवहेलना नहीं की जा सकती और इनके आधार पर कहा जा सकता है कि भारत में राष्ट्रपति की स्थिति ब्रिटेन के सम्राट जैसी नहीं है और कुछ परिस्थितियों में संविधान के संघात्मक लक्षण को बनाए रखने के लिए राष्ट्रपति द्वारा स्वविवेक के आधार पर कार्य किया जाना चाहिए। भारतीय संविधान के लागू होने के बाद से ही राष्ट्रपति के पद, भूमिका एवं स्थिति को लेकर विवाद रहा है और संवैधानिक विशेषज्ञ इस संदर्भ में अपने विचार व्यक्त करते रहे हैं। इस विवाद की व्याख्या करते हुए बी.एम. शर्मा ने एक लेख में लिखा है कि, "भारतीय संविधान में राष्ट्रपति को अत्यधिक शक्तियाँ प्रदान की हैं, किंतु इस संबंध में कोई उपबंध नहीं दिया गया है कि राष्ट्रपति उक्त शक्तियों का प्रयोग किस प्रकार करे। संविधान में अभिसमयों पर छोड़ दिया है कि राष्ट्रपति अपने कर्त्तव्यों का निर्वाहन कैसे करेगा अर्थात क्या संवैधानिक प्रधान बना रहेगा या वह राज्य की कार्यपालिका का भी प्रधान बना रहेगा।"[14] वस्तुतः प्रथम राष्ट्रपति राजेंद्र प्रसाद ने ही 18 सितम्बर, 1951 को प्रधानमंत्री जवाहरलाल नेहरू को पत्र भेजकर यह इच्छा प्रकट की थी कि वह विधेयकों को स्वीकृति देने, संसद को संदेश भेजने तथा विधेयकों को संसद में पुनर्विचार के लिए भेजने के मामलों पर, मंत्रिपरिषद से स्वतंत्र अपने विवेक अनुसार कार्य करेगें। प्रधानमंत्री नेहरू ने राष्ट्रपति के विचार पराभर्श हेतु तुरंत संविधान विशेषज्ञ ए.के. अय्यर व महान्यायवादी एम.सी. सीतलवाड को भेज दिए। दोनों ने ही राजेंद्र प्रसाद की टिप्पणी के विरोध में तर्क दिए। उन्होंने भय प्रकट किया कि अगर इसे स्वीकार किया जाएगा, तो वह संविधान के प्रावधानों के विपरीत होगा। इसे मानने से राष्ट्रपति तानाशाह बन सकता है। राजेंद्र प्रसाद ने ही पुनः राष्ट्रपति की शक्तियों के मामले को 1960 में उठाया। भारतीय विधि संस्थान की आधारशिला रखते हुए राष्ट्रपति ने कहा था, "बुद्धिजीवियों को राष्ट्रपति की शक्तियों एवं स्थिति पर वैज्ञानिक व बौद्धिक तरीके से पुनः विचार करना चाहिए।" उन्होंने संदेह प्रकट किया कि क्या राष्ट्रपति का पद ब्रिटिश सम्राट की नकल है? उन्होंने एक विस्तृत प्रश्न का उत्तर मांगा, कि ब्रिटिश संवैधानिक परंपराओं को भारत में किस सीमा तक अपनाना उचित होगा।"[15]

संविधान के लागू किए जाने के बाद से ही और विशेषतया 1967 के

पश्चात् से इस धारणा का प्रतिपादन किया गया कि राष्ट्रपति अपनी कुछ शक्तियों का प्रयोग मंत्रिपरिषद के परामर्श के बिना एवं उसके विरूद्ध भी कर सकता है। 1967 के राष्ट्रपति चुनाव में विरोधी दलों के उम्मीदवार के. सुब्बाराव ने सार्वजनिक रूप से घोषणा की "यदि वे निर्वाचित हुए तो उनके द्वारा एक स्वतंत्र और शक्तिशाली राष्ट्रपति के रूप में कार्य किया जाएगा।"[16] इस तरह मंत्रिमंडल के परामर्श से स्वतंत्र अथवा राष्ट्रपति की दोहरी भूमिका के सिद्धांत चर्चा के विषय बने रहे, लेकिन यह स्थिति संसदीय शासन पद्धति के स्वीकृत मौलिक सिद्धांतों के अनुकूल नहीं थी और इसलिए राष्ट्रपति की स्थिति को और अधिक स्पष्ट करने के लिए 42 वां संवैधानिक संशोधन पारित किया गया। 42 वें संशोधन के अंतर्गत राष्ट्रपति पद के संबंध में जो व्यवस्था की गई उससे राष्ट्रपति पद की गरिमा को भी आघात पहुँचा। अतः 44 वें संशोधन विधेयक द्वारा राष्ट्रपति को मंत्रिपरिषद की सलाह पर पुनः विचार करने की जो शक्ति मिली उसके फलस्वरूप मंत्रिपरिषद के स्वतंत्रतापूर्वक कार्य करने पर अंकुश लग जाता है। इस तरह चाहे राष्ट्रपति नाममात्र की कार्यपालिका है, फिर भी उसकी अपनी विशेष भूमिका है।

भारत के राष्ट्रपति की स्थिति न केवल संवैधानिक उपबंधों पर निर्भर करती है अपितु राष्ट्रपति के स्वयं के व्यक्तित्त्व एवं परिस्थितियों पर भी निर्भर करती है। जहाँ तक परिस्थितियों का संबंध है यदि प्रधानमंत्री एवं मंत्रिपरिषद एक ही राजनीतिक दल से हों और उनको संसद में दो तिहाई बहुमत प्राप्त हो तो राष्ट्रपति का पद एक रबड़ की मोहर से अधिक नहीं होता। यदि एक दल को बहुमत प्राप्त न हो तथा प्रधानमंत्री एवं मंत्रिपरिषद अनेक दलों के निर्माण से बनी हो तथा उसे केवल संसद में साधारण बहुमत प्राप्त हो तो राष्ट्रपति का पद महत्त्वपूर्ण हो जाता है। अभी भी संविधान अनेक संभावनाओं के संदर्भ में मौन है, जैसे यदि प्रधानमंत्री संसद में विश्वास मत खो दे तो राष्ट्रपति को उसकी सलाह माननी चाहिए अथवा नहीं? ऐसी स्थिति में राष्ट्रपति भवन पर पूरे देश की निगाह जम जाती हैं और इसी प्रकार से जब संसद में किसी भी दल को स्पष्ट बहुमत प्राप्त न हो तथा एक से अधिक राजनीतिक दल बहुमत का दावा करते हों अथवा कोई भी राजनीतिक दल बहुमत का दावा न करता हो तो यह राष्ट्रपति की इच्छा एवं विवेक पर निर्भर करता है कि वह किस दल के नेता को प्रधानमंत्री के लिए आमंत्रित करे।

भारत में सामान्यतया एक दल की प्रधानता वाली बहुदलीय व्यवस्था रही है। दलीय व्यवस्था के इस स्वरूप के कारण संसद में सामान्यतया एक

राजनीतिक दल को स्पष्ट बहुमत प्राप्त हो जाता था और केन्द्रीय स्तर पर एक दल की सरकार का गठन होता। 1947 से 1966 तक स्थिति यह थी कि कांग्रेस को न केवल केन्द्र, वरन अधिकांश राज्यों के स्तर पर भी प्रधानता की स्थिति प्राप्त थी। 1971-76 के वर्षों में और पुनः 1980-88 के काल में केन्द्र तथा अधिकांश राज्यों में उसने यह स्थिति प्राप्त कर ली। इस प्रकार 1988 तक केन्द्र में एक दलीय सरकार एक सामान्य स्थिति और मिली-जुली सरकार अपवाद स्वरूप स्थिति थी।

स्वाधीनता के बाद भारतीय राजनीतिक वातावरण लगभग स्थायी प्रकृति का था, लेकिन धीरे-धीरे इसमें अस्थायीपन स्पष्ट नजर आने लगा जो कालांतर में और गहराता गया। विशेषतया जब 1989 में अनेक मुखौटों वाली सरकार राष्ट्र के मंच पर आई तो भारतीय राजनीति में अनेक उतार-चढाव आए, जिन्होंनें राष्ट्रपति की परंपरावादी भूमिका को काफी सीमा तक बदल दिया। 1989 के बाद से हमारे देश में गठजोड़ की राजनीति का निरंतर विकास हुआ है। एक दल की प्रधानता के स्थान पर अल्पमत एवं गठबंधन सरकारों का दौर प्रारम्भ हुआ। जोड़-तोड़, खण्डन-विलय और अल्पमत समर्थन पर टिकी सरकारों का बनना तथा गिरना हमारी राजनैतिक संस्कृति की एक विशेषता बन चुकी है। केंद्रीय स्तर पर अब राष्ट्रीय दल क्षेत्रीय दलों के साथ मिलकर संयुक्त सरकार का मॉडल दे रहे हैं। मगर इस मॉडल में राजनीतिक विचारधारा का पूर्णतया अभाव देखा गया है। ये सरकारें अस्थिर एवं अक्षुण्ण भी रही हैं। नौवीं संसद के चुनावों के बाद त्रिशुंक संसद बनने पर सारे देश की निगाहें राष्ट्रपति पर लगी थी।[17] त्रिशुंक संसद की स्थिति जैसे—1989, 1991, 1996 में हुआ था, दल-बदल अथवा दल के विभाजन जैसे 1979 में हुआ और अन्य दलों के सरकार बनाने के दावों (जैसे—1979, 1990, 1996 में हुआ) की परिस्थितियों में राष्ट्रपति की भूमिका अत्यंत महत्त्वपूर्ण बन जाती है।

भारतीय राजनीतिक व्यवस्था और संघीय व्यवस्था में कुछ क्रांतिकारी परिवर्तन हुए हैं, जिनकी कल्पना हमारे संविधान निर्माताओं सहित राष्ट्रीय स्तर के ख्याति प्राप्त राजनेताओं ने भी नहीं की थी। मसलन क्षेत्रीय दलों का प्रभावशाली दबाव, प्रधानमंत्री पद की शक्तियों में ह्रास, शासन में भ्रष्टाचार का प्रभाव, संसद में सत्ताधारी पार्टी का घटता बहुमत, कांग्रेस पार्टी में उभरते मतभेदों, सांझा सरकारों के उभरने तथा मिली-जुली सरकारों का अनिश्चित बाहरी समर्थन में बने रहना, मध्यावधि चुनावों का डर, प्रधानमंत्री के करिश्माई

नेतृत्व के अभाव में भारतीय राष्ट्रपति के पद एवं शक्तियों और भूमिका को नई चुनौतियों एवं नए उत्तरदायित्वों का सामना करना पड़ा।

संसदीय शासन प्रणाली के अंतर्गत सरकार बनाने के लिए लोकप्रिय सदन में किसी एक राजनीतिक दल का बहुमत होना आवश्यक है। यदि संयोगवश ऐसी स्थिति पैदा हो जाए कि आम चुनाव के बाद प्रतिनिधि सदन में किसी एक दल को या समान विचारों वाले दलों के गठबंधन को स्पष्ट बहुमत न मिल पाए तो सरकार बनाना मुश्किल हो जाता है और त्रिशंकु संसद की स्थिति बनती है, तब राजनीतिक दलों और दलीय नेताओं के बीच गठबंधन को जन्म देने की प्रक्रिया प्रारंभ होती है। गठबंधन प्रक्रिया के बारे में विभिन्न दलों या राजनीतिक पहचान रखने वाले प्रमुख व्यक्तियों का आपसी समझौता गठबंधन कहलाता है। गठबंधन प्रक्रिया के बारे में प्रसिद्ध राजनीतिशास्त्री रजनी कोठारी लिखते हैं–गठबंधन की प्रक्रिया की उत्त्पति में समाज का मूलभूत परिवर्तन प्रमुख कारक है। जब कोई समाज परिवर्तन के दौर से गुजर रहा होता। तब यह परिवर्तन ऐसी परिस्थिति उत्पन्न कर देता है कि गठबंधन अनिवार्य हो जाता है। किसी देश की राजनीति वहाँ की सामाजिक, सांस्कृतिक, धार्मिक, आर्थिक एवं ऐतिहासिक परिस्थितियों की उपज होती है। सामयिक संदर्भ में प्रत्येक समाज अस्थिर प्रवृत्ति रखता है।

भारतीय लोकतांत्रिक राजनीति विगत दो दशकों से संक्रमण की स्थिति में है। लगभग हर आम चुनाव के पश्चात् त्रिशंकु लोकसभा का गठन हुआ है। किसी भी एक राजनीतिक दल को बहुमत नहीं मिल पाया जिसके परिणामस्वरुप बहुमत सारे अल्प संख्या वाले दल सरकार निर्माण एवं संचालन के लिए साथ जुड़े। छोटे-छोटे समूह या दल जब एक मंच पर अपने व्यापक मतभेदों को भुलाकर एक साथ जुड़ते हैं और बहुमत का सृजन करते हैं तो इसे गठबंधन या गठजोड़ कहा जाता है।

गठबंधन का नेता एक मिली-जुली सरकार का निर्माण करता है। मिली-जुली सरकार का सामान्य अर्थ है जब कई राजनीतिक दल कुछ समान सिद्धांतों एवं समान नीतियों पर सहमति के आधार पर सरकार बनाते हैं। एफ.ए. ऑग के अनुसार, "मिली जुली सरकार एक ऐसे सहयोगी प्रबंध का नाम है, जिसमें विभिन्न राजनीतिक दलों के सदस्य सरकार के गठन या मंत्रिमंडल के निर्माण के लिए एक हो जाते हैं।"

ब्रिटिश संसदीय लोकतंत्र जिसका वर्णन भारत ने किया है उसमें गठबंधन सरकारों की कभी परिकल्पना ही नहीं की गई। भारत में एक दलीय बहुमत वाली सरकारों का दौर समाप्त हो चुका है और त्रिशंकु लोकसभा और गठबंधन सरकारों के युग में पहुंच चुके है। संविधान निर्माताओं ने कभी यह कल्पना ही नहीं की थी एक त्रिशंकु लोकसभा या गठबंधन की सरकार बनेगी भी। यही कारण है कि संविधान ऐसी स्थिति में राष्ट्रपति के कर्त्तव्यों पर मौन है।

भारत में निरन्तर सांझा राजनीति के विस्तारित होने, हितों की राजनीति से असंख्य गठबंधन बनने बिगड़ने लगे हैं। अतः गठबंधन की राजनीति के दौर में राष्ट्रपति की भूमिका बहुत अहम् और पेचीदा हो गई है। गठबंधन राजनीति के दौर में राष्ट्रपति की चुनौतियां ज्यादा होने के चलते उनकी राह आसान नहीं हो सकती। राजनीतिक अनिश्चितता में संविधान और सर्वोच्च संवैधानिक पद राष्ट्रपति की भूमिका महत्त्वपूर्ण हो जाती है। जब सब कुछ अस्पष्ट हो उस समय राष्ट्रपति की साख, उनकी सूझबूझ तथा कौशल सब कुछ दांव पर लगा होता है। ऐसे में संविधान के उपबंधों के अलावा संवैधानिक परंपराओं की भी अहम् भूमिका होती है। भारतीय राजनीतिक व्यवस्था में उभरते हुए अनिश्चितता के परिदृश्य में राष्ट्रपति की भूमिका महत्त्वपूर्ण एवं सक्रिय बनती जा रही है, जो भी हो, यह सही समय है जब राष्ट्रपति पद को लेकर नए सिरे से चितंन मनन किया जाना चाहिए।

1989 से 2009 तक सभी आम चुनावों के बाद केंद्र में मिली-जुली सरकारें बनी, जिनके गठन के पीछे समान राजनैतिक लक्ष्य न रहकर 'सत्ता' प्राप्त करने का रहा। संविदा सरकारों में दल बदल, घटकों में वैचारिक मतभेद, असंगतियाँ और विरोधाभास छाया रहा, जिसके परिणामस्वरूप ये सरकारें अस्थायी रही। आज की संघीय संस्कृति में प्रधानमंत्री के पद की प्रतिष्ठा में गिरावट आयी है तथा राष्ट्रपति के पद की प्रतिष्ठा बढी है। 14 अगस्त, 1998 को फ्रंटलाइन नामक पत्रिका के सम्पादक एन.राम को दिए गए एक साक्षात्कार में राष्ट्रपति ने यह कहकर कि वे कोई रबड़ स्टांम्प राष्ट्रपति नहीं हैं, बल्कि वे एक क्रियाशील राष्ट्रपति (वर्किंग प्रेसीडेंट) हैं, भारतीय राजनीतिज्ञों एवं विद्वानों में तूफान खड़ा कर दिया। जिससे गठबंधन की राजनीति के युग में राष्ट्रपति की संसदीय प्रजातंत्र में भूमिका पुनः बहस का विषय बन गई।

गठजोड़ राजनीति के कार्यकाल में तेजी से बदले राजनैतिक वातावरण ने राष्ट्रपति की नवीन भूमिका एवं स्थिति का मूल्यांकन अति आवश्यक बना दिया

है।[19] भारत की परिवर्तित राजनीतिक परिस्थितियों ने जैसे सांझी सरकारों की राजनीति के उद्भव से सिद्धांन्तहीन राजनीति का जन्म हुआ, जिसके फलस्वरूप अवसरवादिता के मौके बढने से देश में अस्थिर राजनीतिक वातावरण ने सभी परम्परागत राजनीतिक समीकरणों को बदल दिया है। भारतीय राजनीति के बहुआयामी वातावरण में कुछ अप्रत्याशित घटनाओं, बदलावों एवं महत्त्वपूर्ण मोड़ों ने राष्ट्रपति की भूमिका को अनिवार्य, चुनौतीपूर्ण, निर्णायक और विवादास्पद बना दिया है। बिहार राज्य में राष्ट्रपति शासन लगाने की पहल पर मास्को में मोहर लगवाने के बाद संविधान विशेषज्ञ सुभाष काश्यप द्वारा यह टिप्पणी करना कि–राष्ट्रपति को इस विषय पर सहमति व्यक्त करने से पहले विशेषज्ञों की राय लेनी चाहिए थी और इसके साथ ही मंत्रिमंडल के कुछेक राजनीतिक लाभ से प्रेरित प्रस्तावों तथा 2006 के चर्चित लाभ के पद से संबंधित विधेयक को पुनः मंत्रिपरिषद से विचार के लिए कहने आदि ने भारतीय राष्ट्रपति की भूमिका को अत्यंत निर्णायक मोड़ पर पहुँचा दिया है। इसलिए बहुदलीय पद्धति, गिरते राजनीतिक मूल्यों, त्रिशंकु संसद में मिली-जुली सरकारों के निर्माण एवं संसद या सरकार भंग करने तथा मंत्रिपरिषद की सलाह मानने के संबंध में राष्ट्रपति की भूमिका को जानने का प्रयास ही पुस्तक का मुख्य उद्देश्य है। वैसे भी गठबंधन सरकारों में राष्ट्रपति की भूमिका को लेकर अभी तक कोई समुचित शोध सम्पन्न नहीं हुआ है। अतः भारतीय राजनीतिक व्यवस्था के नवीन घटनाचक्र से राष्ट्रपति की भूमिका में आए बदलावों से ही प्रेरित होकर ही मैंने यह कार्य अपने हाथों में लिया है।

संबंधित साहित्य पर एक दृष्टि

राष्ट्रपति के पद, चुनाव और भूमिका पर पर्याप्त मात्रा में साहित्य लिखा गया है। शोध के विषय में संबंधित संस्थात्मक साहित्य प्रचुर मात्रा में उपलब्ध है, लेकिन अधिकांश साहित्य अंग्रेजी भाषा में मिलता है। इस साहित्य का अध्ययन करने के उपरांत भारतीय लोकतंत्र में राष्ट्रपति की भूमिका को लेकर कई आयाम सामने आते हैं। जिनका उल्लेख करना आवश्यक लगता है। संविधान सभा के सदस्य **के.एम. मुंशी** कृत ***दी प्रेसीडेंन्ट अंडर दी इंडियन कॉंस्टीट्यूशन*** राष्ट्रपति की स्थिति एवं संवैधानिक शक्तियों का विश्लेषण शुद्ध रूप में विधिक तथा संवैधानिक है। जिसमें प्रमुख संवैधानिक प्रावधानों का इतिहास एवं उनका विश्लेषण तथा राष्ट्रपति की शक्तियों के प्रयोग का वर्णन किया गया है। इससे भारत के राष्ट्रपति का एक वस्तुपरक स्वरूप उभरकर सामने आता है।

के.एम. मुंशी द्वारा ही ***इंडियन कॉंस्टीट्यूशनल डॉक्यूमेंटस*** भारतीय राजनीतिक व्यवस्था में राष्ट्रपति की भूमिका और स्थिति के बारे में जानकारी देने वाले मूल्यवान स्रोत हैं। यद्यपि इन रचनाओं के माध्यम से हमें ज्ञात होता कि संविधान सभा की कार्य प्रणाली कैसी थी तथा इसके महत्त्वपूर्ण सदस्यों ने राष्ट्रपति के बारे में अपने विचारों को किस प्रकार सूत्रबद्ध किया? ये विचार तथा विचारों पर अन्य सदस्यों की प्रतिक्रिया इन दस्तावेजों में बडे ही सजीव ढ़ंग से प्रस्तुत की गई है। ये अत्यन्त मौलिक और विश्वसनीय हैं। एक अन्य महत्त्वपूर्ण बात यह है कि इन दस्तावेजों से संविधान सभा के पटेल समूह के दृष्टिकोण का पता चलता है जिससे के.एम. मुंशी जुड़े हुए थे। इन रचनाओं में लेखक ने राजेंद्र प्रसाद व जवाहरलाल नेहरू के मध्य उत्पन्न विवाद का भी विस्तारपूर्वक विवरण दिया है जो कि राष्ट्रपति की भूमिका तथा वास्तविक स्थिति को समझने में उपयोगी हैं। ये दस्तावेज स्पष्ट करते हैं कि कैसे राजेंद्र प्रसाद, जवाहरलाल नेहरू से सहमत नहीं थे और अपने विचारों को सार्वजनिक रूप से प्रकट करते थे।

जे.आर. सिवाच की कृति ***दी इंडियन प्रेसीडेंसी*** भारतीय राष्ट्रपति की विभिन्न शक्तियों का विस्तृत अध्ययन है। विभिन्न संवैधानिक उपबन्धों के साथ साथ विभिन्न राष्ट्रपतियों के द्वारा निभाई गई भूमिका का भी इसमें वर्णन किया गया है। इस अध्ययन के अनुसार राष्ट्रपति की स्थिति ब्रिटिश राजतंत्र के समान नहीं है। उसे कुछ निश्चित परिस्थितियों में संविधान के संघीय स्वरूप को बनाए रखने के लिए अपनी स्वविवेकी शक्तियों के अनुसार कार्य करना पड़ता है।

भारतीय सर्वोच्च न्यायालय के पूर्व न्यायाधीश **वी.आर. कृष्णाअय्यर** द्वारा रचित ***दी इंडियन प्रेसीडेंसी*** एक विश्लेषणात्मक अध्ययन है जिसमें अय्यर ने राष्ट्रपति की भूमिका की अपने दृष्टिकोण से व्याख्या प्रस्तुत की है। भारतीय राष्ट्रपति को सूचना की स्वतंत्रता है या नहीं, के प्रश्न के संदर्भ में यह विशेष रूप से महत्त्वपूर्ण है। उनका कहना कि राष्ट्रपति नाममात्र अधिकारी से अधिक है लेकिन सत्ता का प्रतिस्पर्धी बिन्दु नहीं है। उनके विचारानुसार राष्ट्रपति को अवश्य ही सूचना प्राप्ति की स्वतंत्रता होनी चाहिए। इसके अतिरिक्त यह पुस्तक राष्ट्रपति ज्ञानी जैलसिंह और प्रधानमंत्री राजीव गांधी के विवादास्पद संबंधों के सीमित कालांश का वर्णन करती है।

अमरनंदी द्वारा लिखित ***दी कॉंस्टीट्यूशन ऑफ इंडिया*** पुस्तक में भारत के राष्ट्रपति की शक्तियों एवं स्थिति का विस्तार से विश्लेषण किया गया है।

उनका कहना कि साधारण परिस्थितियों में राष्ट्रपति को देश के दिन-प्रतिदिन के प्रशासनिक कार्यों में हस्तक्षेप करने का अधिकार नहीं है, लेकिन असाधारण परिस्थितियों में वह मंत्रिपरिषद की सलाह के बिना स्वविवेक से कार्य कर सकता है। उन्होंने राष्ट्रपति की संकटकालीन शक्तियों के बारे में कहा कि राष्ट्रपति की संकटकालीन शक्तियाँ एक भरी हुई बंदूक की भाँति है। जिसका उपयोग नागरिकों की स्वतंत्रता की रक्षा के लिए भी किया जा सकता है और उन्हें समाप्त करने के लिए भी। अतः इस बंदूक का प्रयोग अत्यधिक सावधानी से किया जाना चाहिए।

जस्टिस एम.एम. इस्माइल द्वारा लिखित ***दी प्रेसीडेंट एंण्ड दी गवनर्रस इन दी इंडियन कॉस्टीटयूशन*** पुस्तक में भारत के राष्ट्रपति की शक्तियों से संबंधित विभिन्न संवैधानिक प्रावधानों का विस्तार से वर्णन किया गया है। राष्ट्रपति की वास्तविक शक्तियों के संबंध में उच्चतम एवं उच्च न्यायालयों के निर्णयों का उल्लेख करते हुए निष्कर्ष निकाला है कि राज्य का मुखिया नाममात्र का नहीं है और न ही मंत्रिपरिषद की प्रत्येक सलाह को मानने के लिए बाध्य है।

कलकत्ता उच्च न्यायालय के भूतपूर्व न्यायाधीश **पी.बी. मुखर्जी** द्वारा रचित पुस्तक ***दी क्रिटिकल प्रोब्लमस आफ दी इंडियन कॉस्टीट्यूशन*** में राष्ट्रपति से संबंधित संवैधानिक प्रावधानों का विश्लेषण करते हुए कहा गया है कि राष्ट्रपति केवल नामधारी संवैधानिक मुखिया नहीं है। इसमें यह निष्कर्ष निकाला गया है कि राष्ट्रपति का चुनाव, उसकी शपथ और महाभियोग उसका ब्रिटिश राजतंत्र से अंतर स्पष्ट करते हैं।

बी.सी. दास कृत ***दी प्रेसीडेंट आफ इंडिया*** में राष्ट्रपति की भूमिका का ऐतिहासिक प्ररिपेक्ष्य में अध्ययन किया गया है तथा वर्तमान की व्याख्या करने के लिए अतीत के साथ संबंध स्थापित करने की कोशिश की गई है।

आर.एन. मिश्रा ने ***दी प्रेसीडेंट इन इंडियन रिपब्लिक*** में बताया है कि राजनीतिक संस्थाएँ हमारी सांस्कृतिक विरासत का एक भाग हैं, जिसके बिना आधुनिक समाज काम नहीं कर सकता। यह पुस्तक इसी तथ्य की और इंगित करती है। इसके साथ ही भारत के राष्ट्रपति के राजनीतिक आयामों तथा सरकार के अंग के रूप में इसके क्रियाकलापों का आलोचनात्मक अध्ययन है।

आर.एन. मिश्रा द्वारा लिखित ***दी प्रेसीडेंट एंड दी पार्लियामेंट*** पुस्तक संसद से संबंधित राष्ट्रपति की शक्तियों तथा जिम्मेदारियों का एक सूचनात्मक

अध्ययन है। इस अध्ययन में उन्होंने इस बात पर बल दिया है कि राष्ट्रपति की सैद्धांतिक भूमिका संसदीय सरकार को संसदीय अराजकता में परिवर्तित होंने से बचा सक़ती है। उनका यह भी मानना है कि सरकार की प्रधानमंत्रीय प्रणाली में राष्ट्रपति ही संविधान तथा जनता के अधिकारों की रक्षा के लिए एक मात्रा आशा की किरण है, उन्होंने ऐसी परिस्थितियों का भी विस्तृत विवरण दिया है जिनमें राष्ट्रपति महत्वपूर्ण भूमिका निभा सकते हैं, ये परिस्थितियाँ–संसद का अधिवेशन बुलाने, उसका संचालन तथा भंग करने आदि से संबंध्ति हैं। राष्ट्रपति जो स्वयं ही संसद का एक अखंड भाग है। उसकी भूमिका को समझाने की दिशा में यह अध्ययन काफी उपयोगी प्रतीत होता है।

वाल्मीकि चौधरी कृत ***प्रेसीडेंट एंड दी इंडियन कॉंस्टीट्यूशन*** पुस्तक राष्ट्रपति तथा राज्यों के राज्यपालों के कार्यों का एक विस्तृत अध्ययन है। इस अध्ययन के निष्कर्षो के अनुसार राज्य व केंद्र संबंधों में राष्ट्रपति का विशेष उत्तरदायित्व है। स्वतंत्र एवं निष्पक्ष चुनाव कराने के साथ-साथ न्यायपालिका की स्वतंत्रता तथा संघ लोकसेवा आयोग की निष्पक्षता भी उसके उत्तरदायित्व के दायरे में हैं। इन मामलों से संबंधित संवैधानिक मुद्दे उठने पर राष्ट्रपति को समुचित रूप से अपनी जिम्मेदारियों का निर्वाह करना होता है। चौधरी का यह मानना है कि प्रथम राष्ट्रपति ने अपने पीछे स्वस्थ परंपराओं का एक अच्छा खासा संग्रह छोड़ा है, जो भावी राष्ट्रपतियों के लिए अनुकरणीय है। यद्यपि हमारे संविधान के अनुसार प्रथाएँ बाध्यकारी शक्ति नहीं हैं फिर भी उन्हें एक अमूल्य अभिलेख के रूप में संग्रहित व संरक्षित किया जाना चाहिए ताकि आवश्यकता पड़ने पर उनको उद्धरंण एवम् मार्गदर्शन के काम में लाया जा सके। वे यह भी कहते हैं कि प्राधिकृत व्यक्ति को अपनी सत्ता केवल माँगने से नहीं मिलती। समर्पित, प्रबुद्ध कार्यकारी व्यक्ति को अपने कर्त्तव्यों का सचेतन निर्वाह करने के लिए ये शक्ति प्राप्त करनी पड़ती हैं।

एम. एल. आहुजा द्वारा लिखित ***इंडियन प्रेसीडेंसी एंड दी सक्सेसिव प्रेसीडेंटस*** पुस्तक में ग्यारहवें राष्ट्रपति की चुनाव की प्रक्रिया का जहाँ विस्तारपूर्वक वर्णन किया गया है, वहीं इस पद के दायित्वों और भूमिका को समझाने की दृष्टि से एक नई दिशा दी गई है। राष्ट्रपति की विवेकाधीन शक्तियाँ तथा मंत्रिपरिषद के साथ उसके संबंधों का विस्तृत विवरण इस पुस्तक की प्रमुख विशेषता लगती है।

क्या भारतीय राष्ट्रपति केवल उत्सवों में भाग लेने वाला नाममात्र का

मुखिया है अथवा वह बुद्धिमता एवं ज्ञान व सर्वसहमति की अभिव्यक्ति है। किस प्रकार वह संवैधानिक सर्वोच्चता को स्थायित्व प्रदान कर सकता है। ऐसे कुछ मौलिक प्रश्न **एम.एल. आहुजा** द्वारा लिखित ***दी प्रेसीडेंट आफ इंडिया एंड देयर कॉस्टीट्यूशनल पोर्ट–रायल*** पुस्तक में उठाए गए हैं। यह पुस्तक 26 जनवरी, 1950 के बाद भारत सरकार के विभिन्न राष्ट्रपतियों की भूमिकाओं का एक तार्किक उदाहरण प्रस्तुत करती है तथा साथ ही राष्ट्रपति के चुनाव से संबंधित प्रावधानों एवं संभव विकल्पों की भी चर्चा करती है।

एच.एम. जैन कृत ***दी यूनियन एक्जिक्यूटिव*** पुस्तक में स्वतंत्र एवं निष्पक्ष रूप से केन्द्रीय कार्यपालिका की प्रकृति को जांचने की कोशिश की गई है तथा इससे संबंधित चर्चा को जारी रखने की बात स्वीकार की गई है।

मधुकर श्याम चतुर्वेदी कृत ***दी इंडियन प्रेसीडेंसी. ए रि–अप्रेजल*** में राष्ट्रपति की शक्तियों के प्रयोग के संवेदनशील क्षेत्रों का आलोचनात्मक परीक्षण किया गया है तथा निवर्तमान शंकाओं को सुलझाने की दिशा में एक प्रयास दिखाई देता है।

सुभाष माथुर की पुस्तक ***अवर कॉस्टीटयूशनल हैड*** में राष्ट्रपति की शक्तियों, कार्यों, संवैधानिक स्थिति तथा संकटकालीन समय में उसकी महत्त्वपूर्ण भूमिका को एक राष्ट्रनायक के रूप में विवेचित करने का प्रयास किया गया है। भारतीय राष्ट्रपति के पद की क्रियात्मक सक्रियता विशेषकर असाधारण राजनीतिक परिस्थितियों में **वीना शर्मा** कृत ***प्रेसीडेंट इन इंडियन पोलिटिकल सिस्टम*** पुस्तक की प्रमुख विषय वस्तु है। राजनीतिक वातावरण तथा बाध्यताओं के चलते नये उत्तरदायित्व की आवश्यकता की ओर इन्होंने संकेत किया है।

हंसराज कृत पुस्तक ***रीथीकिंग प्रेसीडेंट एंड पार्लियामेंट इन इंडिया*** ने भारत में राष्ट्रपति और संसद की कार्यप्रणाली का मूल्यांकन किया गया है। राष्ट्रपति ज्ञानी जैल सिंह व प्रधानमंत्री राजीव गांधी के मध्य उभरे विवाद के आधार पर उन्होंने इन दो उच्च पदों के धारकों के बीच वैचारिक मतभेद को उभारा है। संविधान निर्माताओं के दृष्टिकोणों के साथ-साथ सांसदों के विचारों को भी निष्पक्षतापूर्वक इस पुस्तक में प्रस्तुत किया गया है।

अर्चना सिन्हा की पुस्तक ***दी क्राइसिस आफ ए हंग पार्लियामेंटः दी रोल आफ दी प्रेसीडेंट*** समकालीन परिस्थितियों में विशेषकर गठबंधन की राजनीति के संन्दर्भ में राष्ट्रपति की भूमिका को लेकर किया गया एक उपयोगी

अध्ययन है। किसी देश का संविधान उसके अतीत, वर्तमान, और भविष्य को आपस में जोड़ने वाला होता है। यह राष्ट्र की भावना को समुचित रूप से अभिव्यक्त करता है। इस दृष्टि से यह एक महत्त्वपूर्ण अध्ययन बन पड़ा है।

अंजलि निर्मल द्वारा रचित ***दी इंडियन प्रेसीडेंट*** में भारतीय राष्ट्रपति के संबंध में संविधान में उल्लेखित विभिन्न धाराओं का आलोचनात्मक अध्ययन किया गया है। भारतीय राजव्यवस्था के पचास वर्षों के कालखंड में विकसित हुई विभिन्न परंपराओ का संवैधानिक प्रावधानों के नजरिये से इस पुस्तक में परीक्षण किया गया है।

वी. के. वरदाचारी द्वारा लिखित पुस्तक ***दी प्रेसीडेंट इन इंडियन कॉंस्टीट्यूशन*** भारतीय संविधान के अंतर्गत राष्ट्रपति की भूमिका का विस्तृत विवेचन करती है। केवल राष्ट्रपति की शक्तियों व कार्यों का वर्णन करने की बजाय संविधान के क्रियात्मक पहलू पर नजर डालती है। इसके अतिरिक्त अध्यक्षात्मक प्रणाली की सरकार का एक विकल्प के रूप में विचार इस पुस्तक की एक अन्य महत्त्वपूर्ण विशेषता है।

जेड. एम. कुरेशी द्वारा कृत ***स्ट्रगल फॉर राष्ट्रपति भवनः ए स्टडी प्रेसीडेंशियल इलेक्शंस*** अधिकतर शास्त्रीय अध्ययनों से किसी ना किसी रूप में असंतोष का प्रतिफल है। लेखक का उददेश्य भारतीय संवैधानिक व्यवस्था के राजनीतिक परिप्रेक्ष्य की खोज और पाँचों राष्ट्रपति चुनावों का अध्ययन इसी खोज का एक फल है। लेखक ने अपनी रचना में एक नई अप्रोच अपनाने का प्रयत्न किया है और चुनाव का अध्ययन कर भारत के राष्ट्रपति की भूमिका के विषय में कुछ निष्कर्ष निकालने का प्रयास किया है।

आर. एल. हाँडा कृत ***राजेंद्र प्रसादः ट्वेल्स ईयरस आफ ट्राइऑम्फ एंड डिसपेअर*** भारत के प्रथम राष्ट्रपति के चिन्तन तथा कार्य प्रणाली के बारे में सूचना का एक उपयोगी स्रोत है। जयप्रकाश नारायण ने इसकी प्रस्तावना लिखी है। नेहरू एवं राजेंन्द्र प्रसाद विचारों तथा दृष्टिकोण में पूरी तरह विरोधी थे। यद्यपि राजेंद्र प्रसाद निष्क्रिय रहना पसन्द करते थे, फिर भी उन्होंने एक पुराने साथी के रूप में नेहरू को परामर्श देना जारी रखा।

दी कॉरस्पोडेंस एन्ड सलेक्ट डाक्यूमेंटस आफ डॉ. राजेंद्र प्रसाद का सम्पादन **वाल्मीकि चौधरी** द्वारा किया गया है। यह एक बड़ी परियोजना है और इसमें राजेंद्र प्रसाद से संबंधित प्रत्येक सामग्री एकत्र की गई दिखाई देती

है। यह राजेंद्र प्रसाद को समझने के लिए एक अत्यन्त उपयोगी पुस्तक है। यह प्रधानमंत्री नेहरू और राजेंद्र प्रसाद के संबंधों को समझने में हमारी सहायता करती है।

सन् 1979 में हुए विवाद से संबंधित कुछ अत्यन्त उपयोगी साहित्य उन लोगों के द्वारा उपलब्ध करवाया गया है जिन्होंने इस विवाद में मध्यस्थ की भूमिका अदा की थी। यह सामग्री **एन. संजीवा रेड्डी** द्वारा लिखित ***विदआउट फीयर ओर फेवर: रेमिनिसंन्स एंड रिफलेक्शन ऑफ ए प्रेसीडेंट*** पुस्तक में संकलित है। संजीवा रेड्डी 1977 से 1982 तक भारत के राष्ट्रपति थे। 1979 के विवाद के दौरान राष्ट्रपति के रूप में उनकी भूमिका विशेष रूप से महत्त्वपूर्ण है। घटनाओं के प्रति उनका अपना दृष्टिकोण यद्यपि एक पक्षीय था, परंतु यह अत्यन्त महत्त्वपूर्ण स्रोत है।

एम.वी पायली कृत ***क्राइसिस, कॉनशंस एंड दी कॉस्टीटयूशन'*** एक विश्लेषणात्मक अध्ययन है। यह मुख्य रूप से उन दिनों से संबंधित है, जब मोरारजी देसाई ने त्यागपत्र दिया और निर्णय निर्माण की शक्ति मंत्रिपरिषद की जगह राष्ट्रपति में हस्तांतरित हो गई थी। पायली का यह मत है कि यद्यपि राष्ट्रपति मंत्रिपरिषद के परामर्श से बाध्य है परंतु कुछ ऐसी असाधारण परिस्थितियाँ हैं जब वह अपने विवेकानुसार कार्य कर सकता है। वह दो प्रकार की सीमाएँ निश्चित करता है, एक आन्तरिक सीमा–जिसके अंतर्गत राष्ट्रपति सदैव मंत्रिपरिषद के परामर्शानुसार कार्य करता है और एक बाह्य सीमा–जिसके बाहर जाकर वह प्रशासन के संचालन के लिए एक वैकल्पिक मंत्रिपरिषद को असम्भव पाता है, फिर वह कहता है कि एक निश्चित क्षेत्र अवश्य है चाहे वह कितना ही संकीर्ण क्यों न हो जिसमें राष्ट्रपति अपना स्वयं का मालिक है और मंत्रिमंडल के परामर्श से बंधा हुआ नहीं है।

उन्होंने यह भी विचार व्यक्त किया है कि–संजीवा रेड्डी ने 1979 में चरण सिंह को सरकार बनाने के लिए आमंत्रित कर गलत आचरण किया। उन्होंने राष्ट्रपति मोरारजी देसाई के त्यागपत्र देने के बाद राष्ट्र के नाम संदेश प्रसारित करने की अनुमति न देने की भी आलोचना की।

इनके अतिरिक्त कुछ लेखों में राष्ट्रपति की भूमिका एवं स्थिति का वर्णन इस प्रकार किया गया है–

एच एम जैन ने ***प्रेसीडेशियल प्रिरोगेटिव अंडर दी कॉन्स्टीटयूशन***

शीर्षक से अत्यन्त उपयोगी लेख लिखा है। इसमें उन्होंने पहले चार राष्ट्रपतियों द्वारा निभाई गई भूमिका का वर्णन किया है। इसके अतिरिक्त उन्होंने 42वें एवं 44 वें संशोधन विधेयकों का राष्ट्रपति व प्रधानमंत्री के संबंधों पर पड़े प्रभाव का भी विस्तृत विवेचन किया है। इसके साथ-साथ राज्यों में मुख्यमंत्री की नियुक्ति में राज्यपाल द्वारा निभाई गई भूमिका का उदाहरण दिया है। लेखक का विचार है कि प्रधानमंत्री की नियुक्ति तथा पदच्युति के मामलों में राष्ट्रपति को संवैधानिक मर्यादाओं तथा राजनीतिक अनिवार्यताओं से अवश्य ही निर्देशित होना चाहिए। वे यह भी कहते हैं कि–राष्ट्रपति को संसद भंग करने की स्वविवेकी शक्तियाँ प्राप्तं हैं यद्यपि उसको सीमित स्वविवेकीय शक्तियाँ प्राप्त हैं।

भूतपूर्व सांसद **के. संथानम** ने अपने लेख ***दी प्रेसीडेंट ऑफ इंडिया*** में भारत के राष्ट्रपति की भूमिका एवं स्थिति का वर्णन किया है। उनका कहना है कि भारत का राष्ट्रपति संविधान का संरक्षक है और वह मंत्रिपरिषद की सलाह को अस्वीकार कर सकता है। उनके अनुसार राष्ट्रपति संघ की कार्यपालिका और संसद का मुखिया है। उन्होंने संकेत किया है कि संसद को सम्बोधित करने, किसी भी विधेयक के बारे में या अन्यथा संसद के किसी भी सदन में संदेश भेजने तथा संसद को भंग करने संबंधी मामलों में यह न तो विवेकपूर्ण है और न ही सही है, कि राष्ट्रपति को प्रधानमंत्री के परामर्श को स्वीकार किया जाए। उनका कहना है कि केन्द्रीय मंत्रिमंडल के किसी निर्णय विशेष से संविधान की गंम्भीर क्षति होती हो तो उसे इस बात का अधिकार है कि वह ऐसी सलाह को रद्द कर दे।

के.सी. मारकंडन ने अपने लेख ***दी ऑफिस ऑफ दी प्रेसीडेंट ऑफ दी इंडियन यूनियन*** में भारतीय राष्ट्रपति की शक्तियों एवं स्थिति से संबंधित भारतीय संविधान निर्मात्ताओं के विचारों को विस्तृत रूप में विवेचित किया है। उन्होंने मंत्रिपरिषद एवं राष्ट्रपति के संबंधों को भी विश्लेषित किया है। इसके अतिरिक्त आर. के जायामा अय्यर तथा जवाया कपूर के विवादों के विषय में राष्ट्रपति की स्थिति का भी विश्लेषण किया है।

शान्ति भूषण ने एक लेख ***प्रेसीडेंशियल पावर्सः राष्ट्रपति इज ओनली ए फिगर हैड*** में जनता पार्टी की सरकार के द्वारा नौ राज्यों की विधानसभाओं को भंग करने संबंधी मंत्रिपरिषद की सलाह को स्वीकार करने का विवरण देते हुए यह बताया है कि भारतीय राष्ट्रपति मंत्रिपरिषद की सलाह मानने के लिए बाध्य है और वह केवल नाममात्र का औपचारिक मुखिया है।

भारत में राजनीति के विषय में असंख्य पुस्तकें एवं शोध लेख प्रकाशित हो चुके हैं परन्तु गठबंधन के सैद्धांतिक एवं व्यावहारिक आयामों पर विशिष्ट कृतियों की संख्या अत्यंत कम है। विद्वानों के गठबंधन सरकारों के अध्ययनों को हम प्रादेशिक स्तर के कार्य, केन्द्रीय स्तर के कार्य एवं वैश्विक सरकारों पर कार्य के रूप में वगीकृत कर सकते हैं। केन्द्रीय स्तर पर निर्मित गठबंधन सरकार पर अध्ययन करने वालों में सर्वाधिक प्रमुख नाम हैं–ब्रुश व्यूनों डी मसक्विटा तथा सच्चिदानन्द सिन्हा। **ब्रुश व्यूनों डी मसिक्विटा** ने **स्ट्रेटजी, रिश्क एन्ड पर्सनालिटी इन कोयलीशन पॉलिटिक्स, द केश ऑफ इंडिया** में 1971 तक की भारतीय राजनीतिक संदर्भों का विश्लेषण किया है। अपने अध्ययन में इन्होंने जनसंघ, स्वतंत्र पार्टी, प्रजा समाजवादी पार्टी, कम्युनिस्ट पार्टी ऑफ इंडिया की कार्यप्रणाली एवं जनाधार का वर्णन किया है। गठबंधन सरकारों के आकार का वर्णन, घटक दलों द्वारा आपसी हित संवर्द्धन सहित गठबंधन संचालन एवं विघटन की स्थिति की विवेचना की भी गयी है। साथ ही पंजाब, उत्तर प्रदेश, बिहार, पश्चिम बंगाल, उड़ीसा, केरल आदि राज्यों में गठबंधन सरकारों के निर्माण की विभिन्न दशाओं तथा सरकारों के क्रियाकलाप का भी वर्णन प्रस्तुत किया है। यह अध्ययन 1975 तक ही है। अतः ज्ञार्नाज्ञन में उक्त ग्रंथ की भूमिका आधार स्तंभ के रूप में ही रही।

सच्चिदानन्द सिन्हा ने **कोयलीशन इन पॉलिटिक्सः द न्यू चैलेन्जेज (1987)** में गठबंधन सरकार पर कार्य किया है। अपनी इस रचना में इन्होंने गठबंधन की अपरिहार्य दशाओं की विवेचना की है। चुनावपूर्व एवं चुनाव बाद गठबंधन के लिए उत्तरदायी परिस्थितियों की भी विवेचना की गयी है। दलबदल दलों का विलय एवं दलीय गठबंधन का भारतीय राजनीतिक व्यवस्था की वैधता पर पड़ने वाले प्रभावों का वर्णन भी किया गया है। गठबंधन निर्माण के आधार के रूप में इन्होंने स्वतंत्रता के बाद उपजी विभिन्न राजनीतिक इच्छाओं के आपसी संघर्ष सहमति को चिन्हित किया है।

के.पी. करुणाकरण के द्वारा सम्पादित **कोयलीशन गवर्नमेंटस इन इंडियाः प्रोबलमस एवं प्रोस्पैक्टस,** 1975 गठबंधनों के निर्माण से संबोधित कुछ सिद्धांतों एवं अवधारणों का विश्लेषण करती है और भारत के कुछ राज्यों के बारे में रिपोर्ट प्रस्तुत करती है। इसके अतिरिक्त गठबंधन निर्माण में समाज के उन कारकों की निर्भरता को व्याख्यायित्त किया है जो राजनीतिक परिस्थितियों में 1950 के प्रारंभ से ही शक्ति के वितरण एवं उपयोग में सांझीदार थे।

एस.सी. कश्यप द्वारा सम्पादित रचना **कोयलीशन गवर्नमेंट एन्ड पॉलिटिक्स इन इंडिया**, 1997 केन्द्र में संयुक्त मोर्चा गठबंधन के संदर्भ में इस प्रश्न का विस्तारपूर्वक परीक्षण करती है। डी. सुन्दर राम द्वारा सम्पादित इंडियन पार्लियामेंट्री अपोजिशन 1996 में दो पुर्नमुद्रित लेख भारत में गठबंधन राजनीति से संबंधित हैं जिन्हें इकबाल नारायण और रामकृष्ण हेगड़े ने लिखा है। ये लेख केन्द्र में गठबंधनों के बनाने से काफी पहले लिखे गए।

ए.आर. देसाई ने **स्टेट एन्ड सोसायटी इन इंडिया** 1998 में गठबंधन सरकार के कुछ सैद्धांतिक विनिर्धार्यताओं का तुलनात्मक किया है। गठबंधन सरकार के विश्लेषण के क्रम में इन्होंने सामाजिक परिवर्तन में दलीय अभिकर्त्ताओं की भूमिकाओं का अध्ययन किया है परन्तु गठबंधन से संबंधित उक्त तथ्य पुस्तक में गौण रूप में वर्णित है।

एम.पी. सिंह द्वारा सम्पादित **कोयलीशन पॉलिटिक्स इन इंडिया** पुस्तक में भारत में गठबंधन की राजनीति और शासन के सैद्धांतिक आयामों का समुचित विश्लेषण करने का प्रयास किया गया है। संघीय प्रशासन में विभिन्न अवस्थाओं के रूप में किए गए गठबंधन प्रयोगों को एक सैद्धांतिक दृष्टिकोण से समझने का प्रयास इस पुस्तक की एक बड़ी विशेषता है। पश्चिम बंगाल या उत्तर प्रदेश जैसे राज्यों के गठबंधन की राजनीति के इतिहास को भी इसके प्रकाश में देखने का प्रयास किया गया है। भारतीय शासन व्यवस्था की आंतरिक संरचनाओं, प्रक्रियाओं तथा नीति–निर्माण के आयामों पर गठबंधन की राजनीतिक के प्रभावों का अध्ययन इसकी एक और महत्त्वपूर्ण विशेषता है। इस पुस्तक का 15वां शोध पत्र केंद्र तथा भारतीय संध के कुछ राज्यों में गठबंधन की राजनीति के विभिन्न आयामों का विश्लेषण एक सैद्धांतिक ढांचे की पृष्ठभूमि में प्रस्तुत करता है। यह ढांचा पार्टियों, जातियों, समुदायों और जनजातियों के साथ-साथ चुनावी, संसदीय और मंत्रिमंडलीय स्तरीय गठबंधनों को एकात्मक रूप से देखने का प्रयास करता है।

भारतीय संदर्भ में गठबंधन सरकार के निर्माण एवं राजनीतिक परिस्थितियों की विवेचना में अन्य निम्नलिखित ग्रंथों का अध्ययन भी ज्ञानार्जन के लिए किया गया है–**एम.आर. बीजू** कृति **पॉलिटिक्स ऑफ डेमोक्रेसी एन्ड डिशेन्ट्रलाइजेशन इन इंडिया 1997** तथा **पार्लियामेंटरी डेमोक्रेसी एन्ड पॉलिटिकल चेंज इन इंडिया** 1999 विशेष उल्लेखनीय हैं जिसमें उन्होंने 1991, 1996 के लोकसभा चुनावों का तुलनात्मक विश्लेषण किया है। इस पुस्तक

के अगले अध्याय में इन्होंने वर्ष 1998 के चुनाव के लिए उत्तरदायी कारकों सहित चुनाव व्यवहार पर भी प्रकाश डाला है।

एन. चन्दर जोश द्वारा लिखित पुस्तक **कोयलीशन पॉलिटिक्सः दी इंडियन एक्सपीरियंस** में भारत में गठबंधन की राजनीति विशेष रूप से केन्द्र में तथा केरल एवं पश्चिम बंगाल के राज्यों में किए गए गठबंधन सरकार के प्रयोगों का गहन अध्ययन प्रस्तुत करती है। इस पुस्तक में गठबंधन राजनीति की मांगों, तनावों एवं बदलती परिस्थितियों में इसकी सीमाओं पर विशेष रूप से ध्यान दिया गया है। यह पुस्तक 2000 के अंत तक के राजनैतिक घटना क्रम का समावेश करती है। साथ ही साथ इसमें संसदीय संस्थाओं जैसे कार्यपालिका, विधानमण्डल और दलीय प्रणाली पर गठबंधन की राजनीति के प्रभावों का परीक्षण भी किया गया है।

इन सब अध्ययनों के बाद यह लगता है कि गठबंधन की राजनीति में राष्ट्रपति की भूमिका के बारे में समुचित कार्य करने की आवश्यकता है। भारतीय राजनीति में गठबंधन का युग काफी पुराना नहीं है फिर भी जैसे-जैसे गठबंधन की राजनीति आगे बढ़ी है वैसे-वैसे राष्ट्रपति की भूमिका के सामने नए-नए प्रश्न उत्पन्न हुए हैं। इन प्रश्नों का विश्लेषण कर समाधान करना भारतीय राजनीति के समकालीन संचालन की दृष्टि से काफी महत्त्वपूर्ण हो गया है। स्वतंत्रता के प्रारंम्भिक वर्षों में भारतीय राष्ट्रीय कांग्रेस को चुनावों में स्पष्ट बहुमत मिलने के कारण भारत में एक सुदृढ़ केन्द्रीय सरकार की अवधारणा विकसित हुई। लेकिन वर्तमान में भारत की संसदीय व्यवस्था में महत्त्वपूर्ण परिर्वतन आया है, चुनावों में किसी भी एक दल के लिए स्पष्ट जनादेश प्राप्त न होने की स्थिति में त्रिशंकु संसद बनती है, जिसकी परिणति अनेक दलों के गठबंधन से गठित मिली-जुली सरकार के रूप में होती है। भारत मे केन्द्रीय स्तर पर गठबंधन सरकारों का ताजा दौर वर्ष 1989 में सम्पन्न नवें आम चुनावों से प्रारम्भ होता है और तब से 2009 तक भारत में केन्द्रीय स्तर पर सभी गठबंधन सरकारें बनी जिसमें से अधिकांश निर्धारित कार्यकाल पूरा नहीं कर सकी और समय से पूर्व ही उनके भंग हो जाने के कारण देश को मध्यावधि चुनावों का सामना करना पड़ा है।

भारत में प्रारंम्भिक वर्षों में कांग्रेस को स्पष्ट बहुमत मिलने के कारण प्रधानमंत्री का पद अधिक महत्त्वपूर्ण और प्रभावशाली बना रहा लेकिन राजनीति के बदलते हुए समीकरणों से वर्तमान समय में राष्ट्रपति की भूमिका में परिर्वतन आया है जिनका अध्ययन करना प्रासंगिक होगा। अतः इसी में पुस्तक की सार्थकता नजर आती है।

पुस्तक के उद्देश्य

इस पुस्तक द्वारा निम्नलिखित उद्देश्यों की प्राप्ति का प्रयास किया है:– अस्पष्ट जनादेश की स्थिति में गठबंधन सरकारों के निर्माण एवं सरकार भंग करने के संबंध में राष्ट्रपति की भूमिका जानना। मंत्रिपरिषद की सलाह को मानने के संबंध में राष्ट्रपति की उभरती हुई भूमिका को समझना। संसद द्वारा पारित बिलों पर राष्ट्रपति की स्वीकृति के संबंधों को जानना। गठबंधन राजनीति के युग में त्रिशंकु संसद बनने पर राष्ट्रपति के सम्मुख उदीयमान चुनौतियों एवं नए उत्तरदायित्वों को समझना। इस पुस्तक में निम्नलिखित प्राकल्पनाओं को सिद्ध किया गया है–भारतीय राजनीतिक व्यवस्था में तेजी से बदलाव आने से राष्ट्रपति की भूमिका में अत्यंत महत्त्वपूर्ण परिवर्तन आया है। भारतीय राजनीति की परिवर्तित परिस्थितियों से अल्पमत सरकारों के निर्माण एवं प्रधानमंत्री की नियुक्ति में भारतीय राष्ट्रपति ने सक्रिय भूमिका निभाई है। इसके अतिरिक्त, विभिन्न राष्ट्रपतियों ने संसद भंग करने एवं मंत्रिपरिषद की सलाह को पुनर्विचार के लिए भेजने में सक्रियता दिखाई है। भारतीय राजनींतिक के परिवर्तित परिदृश्य के कारण भारतीय राष्ट्रपति ने सक्रिय एवं जीवन्त संस्था के रूप में भूमिका निभाई है।

सन् 1989 से 2009 तक के कालांश में भारतीय संसदीय प्रणाली नए दौर से गुजरी है। इस कालांश में भारत में गठबंधन की राजनीति एवं सांझा सरकारों की प्रवृति ने जन्म लिया है। इस समय राष्ट्रपति की भूमिका में क्या बदलाव आए? इन बदलावों के लिए कौन सी परिस्थितियां उत्तरदायी थीं? क्या राष्ट्रपति ने देश को राजनीतिक एवं संवैधानिक संकट से बचाया? क्या राष्ट्रपति ने संसदीय व्यवस्था के सिद्धान्तों के अनुरूप आचरण किया? त्रिशंकु संसद बनने तथा गठबंधन सरकारों के निर्माण के समय राष्ट्रपति के सामने कौन सी नई चुनौतियाँ आईं? इन चुनौतियों के उत्पन्न होंने से राष्ट्रपति के सम्मुख नए उत्तरदायित्व क्या बने? खंडित जनादेश की स्थिति में दलों में निरन्तर विभाजन होने की स्थिति में तथा सत्ता के लिए पागल प्रतियोगिता के प्रयासों के संन्दर्भ में राष्ट्रपति ने देश की रक्षा के लिए क्या भूमिका अभिनीत की?

अध्यायीकरण

अध्ययन की सुविधा एवं वैज्ञानिकीकरण के लिए प्रस्तुत पुस्तक को सात अध्यायों में बाँटा गया है:–

पहले अध्याय में, परिचयात्मक विवरण दिया गया है।

दूसरे अध्याय में, राष्ट्रपति की संवैधानिक तथा स्वतंत्रता प्राप्ति से लेकर 1989 के मध्य तक व्यावहारिक स्थिति का विश्लेषण किया है।

तीसरे अध्याय में, गठबंधन सरकार की सैद्धांतिक विवेचना प्रस्तुत की गई है।

चौथे अध्याय में, गठबंधन सरकारों में प्रधानमंत्री की नियुक्ति करने के संबंध में राष्ट्रपति की भूमिका का विवेचन किया गया है।

पाँचवें अध्याय में, गठबंधन सरकारों के दौरान संसद अथवा सरकार को भंग करने के संबंध में राष्ट्रपति की भूमिका को वर्णित किया है।

छठे अध्याय में, गठबंधन राजनीति के युग में मंत्रिपरिषद की सलाह स्वीकारने के संबंध में तथा अन्य मामलों में राष्ट्रपति द्वारा निभाई गई भूमिका का विवेचन किया है।

साँतवें अध्याय में, निष्कर्ष का निरूपण करते हुए सुझाव।

संदर्भ

1 *कंस्टिट्युअन्ट असेम्बली डिबेटस,* व्होल्यूम, iv, पृ. 580.

2. *कंस्टिट्युअन्ट असेम्बली डिबेटस,* व्होल्यूम, iv, पृ. 896.

3. *कंस्टिट्युअॅन्ट असेम्बली डिबेटस,* व्होल्यूम, iv, पृ. 578.

4. कुरेशी, जेड.एम. '*स्ट्रगल फॉर राष्ट्रपति भवन : ए स्टडी ऑफ प्रेसीडेंसियल इलेक्शंस*' विकास पब्लिशिंग हाऊस, नई दिल्ली, 1973, पृ. 7.

5. *कंस्टिटयुअन्ट असेम्बली डिबेटस,* व्होल्यूम X, पृ. 33.

6. *कंस्टिटयुअन्ट असेम्बली डिबेटस,* व्होल्यूम vii, पृ. 211.

7. *कंस्टिटयुअन्ट असेम्बली डिबेटस,* व्होल्यूम X,पृ. 988.

8. ग्रेनविल आस्टिन, *दी इंडियन कॉस्टीटयूशनः ए कार्नरस्टोन आफ ए नेशन, ऑक्सफोर्ड यूनिवर्सिटी,* प्रैस, लंदन, 1964, पृ. 75.

9. *दी हिन्दुस्तान टाइम्स,* नई दिल्ली, 8 जुलाई, 1959.

10. वाधवा, एस., *भारतीय राजनीति और प्रशासन,* अर्जुन पब्लिकेशन हाउस, नई दिल्ली, 2003, पृ. 231.

11. *कंस्टिट्युन्ट असेम्बली डिबेटस,* व्होल्यूम X, पृ. 988.

12. राव, बी.एन., *इंडियाज कॉन्टीटयूशन इन मेंकिंग,* ओरियन्ट लॉगमैन्स, बम्बई, 1960, पृ. 375.

13. सिवाच, जे.आर., *दी इंडियन प्रेसीडेंसी,* हरियाणा प्रकाशन, दिल्ली, 1971, प्रीफेस.

14. शर्मा, बी.एम. दी प्रेसीडेंट आफ दी इंडियन रिपब्लिकः *इंडियन जरनल ऑफ पोलिटिकल साईस,* 11(4), अक्तूबर–दिसम्बर,1950, पृ. 8.

15. *दी हिन्दुस्तान टाइम्स,* नई दिल्ली, 29 नवम्बर, 1969,

16. *दी टाइम्स ऑफ इंडिया,* नई दिल्ली, 12 अप्रैल, 1967.

17. *दी इंडियन एक्सप्रैस,* नई दिल्ली, 22 नवम्बर, 1989.

18.. ऑग, एफ.ए. कोलिएशन, *इनसाइक्लोपीडिया आफ सोशल साईंस,* व्होल्यूम 2, फ्री प्रैस, न्यूयार्क, 1961, पृ. 600.

19. शर्मा, वीना, *प्रेसीडेंट इन इंडियन पोलिटिकल सिस्टम,* रावत पब्लिकेशंस, जयपुर, 2001, पृ. 203.

2 राष्ट्रपति की सैद्धांतिक एवं व्यावहारिक स्थिति

हमारी संवैधानिक व्यवस्था में राष्ट्रपति एक अत्यंत महत्त्वपूर्ण स्थान रखता है। वह राज्य का मुखिया है तथा राष्ट्र का प्रतीक है। संविधान में उल्लेखित प्रत्येक महत्त्वपूर्ण सत्ता प्रत्यक्ष या अप्रत्यक्ष रूप से उससे जुड़ी हुई है। परंतु उसके बावजूद राष्ट्रपति की शक्तियों का प्रश्न प्रारंभ से ही बुद्धिजीवियों, विधिवेत्ताओं और अन्य लोगों के बीच विवाद का विषय बना रहा है, क्योंकि इससे संबंधित सिद्धांत एवम् व्यवहार में एक बड़ा अंतर दिखाई देता है।

इस अध्याय में संविधान सभा के वाद-विवादों, न्यायिक व्याख्याओं तथा समाज के महत्त्वपूर्ण वर्गों की राय तथा राष्ट्रपति की सैद्धांतिक एवं स्वतंत्रता प्राप्ति से 1989 के मध्य तक उसके द्वारा निभाई गई व्यावहारिक भूमिका का विश्लेषण किया है।

संविधान सभा और सरकार का स्वरूप

संविधान सभा की पहली बैठक दिसम्बर, 1946 को हुई जिसमें संविधान के निर्माण के लिए कदम उठाए गए। शासन पद्धति को लेकर हमारे देश में प्रायः मत वैभिन्यता का दौर संविधान के निर्माण से ही देखने को मिलता है। संविधान सभा के समक्ष एक बड़ी समस्या यह थी कि देश में किस कार्यपालिका की स्थापना की जाए उसका स्वरूप और प्रकार क्या हो? बी.एन.राव ने लिखा है कि कार्यपालिका के प्रकार का चुनाव "नवीन संविधान की रचना में सबसे अधिक महत्त्वपूर्ण प्रश्न था।"[1] 17 मार्च, 1947 को संविधान सभा के संवैधानिक परामर्शदाता ने केन्द्रीय और प्रांतीय विधानमण्डलों के सभी सदस्यों के पास एक प्रश्नावली भेजी थी जिसमें तीन प्रकार की उत्तरदायी कार्यपालिकाओं का उल्लेख था– स्विस प्रकार की कार्यपालिका, अमेरिकी प्रकार की कार्यपालिका तथा ब्रिटिश प्रकार की कार्यपालिका।[2] संविधान सभा के सदस्यों में सरकार के प्रकार एवं स्वरूप के प्रश्न पर मतैक्य नहीं था। गैर-कांग्रेसी सदस्यों जैसे काजी सय्यैद

करीममुद्दीन, महबूब अली बेग, हाजी इशाक बेग आदि ने स्विस प्रकार की कार्यपालिका अपनाने की जोरदार वकालत की थी, परंतु अध्यक्षात्मक शासन प्रणाली का समर्थन करने वाले सदस्यों की संख्या कम नहीं थी। इन सदस्यों का कहना था कि भारत को एक शक्तिशाली केन्द्रीय सरकार की आवश्यकता है और यह केवल अध्यक्षात्मक कार्यपालिका के अंतर्गत ही संभव है। इन सदस्यों का एक दूसरा तर्क यह था कि स्वतंत्र भारत को एक नवीन प्रकार की कार्यपालिका से अपनी जीवन–यात्रा आरम्भ करनी चाहिए और उसे दासता की समूची परंपराओं से अपने संबंध विच्छेद कर लेने चाहिए, किन्तु संविधान सभा के अधिकांश सदस्य जिनमें जवाहरलाल नेहरू, बी.आर. अंबेडकर, के.एम. मुंशी और सरदार वल्लभ भाई पटेल इत्यादि शामिल थे, भारत में संसदीय कार्यपालिका अपनाए जाने के पक्ष में थे।[3]

संविधान सभा के सदस्यों को भारतीयों के भूतकालीन अनुभव, वर्तमान समस्याओं और भविष्य की योजनाओं के संदर्भ में निर्णय करना था कि किस प्रकार की कार्यपालिका हमारे हितों के अनुकूल रहेगी। वर्तमान समस्याओं का वेग से हल करने के लिए हमारे देश की कृषि और उद्योगों की उन्नति के लिए सुदृढ़ और शक्तिशाली शासन की जरूरत थी। तेजी से बदलती और आगे बढ़ती हुई दुनिया में नए भारत का वेग से निर्माण करना बहुत जरूरी था और एक भारी जनसंख्या को कुशल तथा सुंसगठित रूप में शासित किया जाना था।[4]

संविधान सभा के गर्मागर्म वाद–विवाद के दौरान मंत्रिमंडलीय प्रणाली की सरकार की उपयुक्तता के विरोध में अपने विचार व्यक्त किए। वे अपने इस विचार पर लगभग एकमत थे कि लोकतंत्र की ब्रिटिश प्रणाली भारत के लिए उपयुक्त नहीं थी। उन्होंने एक निश्चित अवधि वाली कार्यपालिका जिसे आनुपातिक प्रतिनिधित्व के आधार पर विधानमंडल द्वारा चुनी जाने वाली स्विस पद्धति की वकालत की थी, क्योंकि यह पद्धति अध्यक्षात्मक तथा मंत्रिमंडलात्मक दोनों पद्धतियों के गुणों का समन्वय करती है। जैसा कि महबूब अली बेग ने कहा था:

"ब्रिटिश संसदीय व्यवस्था कोई संवैधानिक व्यवस्था नहीं है, इंग्लैंड से प्राप्त की गई संसदीय जनतंत्र की व्यवस्था जो यहाँ लागू की जानी है जनताँत्रिक नहीं है। स्विस प्रकार की सरकार निश्चित अवस्थाओं में लोकताँत्रिक होने के कारण श्रेष्ठ है। इसके द्वारा देश के सभी वर्गों का प्रतिनिधित्व होना सम्भव है, यह बेहतर काम करेगी तथा अपनी योजनाओं को पूर्ण कर सकती है। इसके साथ–साथ देश की वर्तमान परिस्थितियों में यह सर्वाधिक उपयुक्त है और इस व्यवस्था को लागू करने में कुछ भी गलत नहीं है।"[5]

के.एस. करीमुद्दीन ने भी ब्रिटिश संसदीय प्रणाली अपनाने का विरोध करते हुए कहा "मेरा विचार यह है कि 1935 के अधिनियम अनुसार जो संसदीय प्रणाली भारत में काम कर रही है, वह बुरी तरह से असफल हो चुकी है सारे भारत में आपने देखा होगा कि हर जगह गतिरोध दिखाई देता है. . . यह लोगों की प्रतिभा के अनुरूप नहीं है। वास्तव में आज हमें एक देशभक्त सरकार चाहिए और ऐसी सरकार जो दृढ़ हो, निष्पक्ष हो तथा कठोर हो जो लोगों की सनकों के आगे ना झुके।"[6] उन्होंने आगे कहा "यह (भारत) बहुत से मजहबों का देश है। इसमें बहुत सी विचारधाराएँ भी हैं। अनेकों संस्कृतियाँ इस देश में पाई जाती हैं। भारत के इतिहास के एक महत्त्वपूर्ण क्षण के अवसर पर जबकि हम आंतरिक टकराव नहीं चाहते। हम एक ऐसी सरकार चाहते हैं जो सभी प्रकार के आक्रमणों के विरूद्ध सशक्त रूप में खड़ी हो तो यह आवश्यक है कि हम एक स्थायी, गैर–संसदीय कार्यपालिका की स्थापना करें। भारतीय लोगों के विचारों का समन्वय इसी में है।"[7] अजीज अहमद खान ने भी अपनी राय इस प्रकार प्रकट की, ". . .जनतंत्र की ब्रिटिश प्रणाली भारत के लिए उपयुक्त नहीं है। हमनें जनतंत्र की इस प्रणाली के परिणामों को साक्षी तौर पर देखा है जिसने इस देश में अनेक व्यवधान एवं खून–खराबा पैदा किया है। अगर सरकार की प्रणाली हमारी प्रतिभा के आधार पर विकसित की गई होती तो इतने अधिक मतभेद और पारस्परिक घृणा जो आज दिखाई देती है, पैदा नहीं होती. . .।"[8] इमाम हुसैन ने अमेरिका की अध्यक्षात्मक कार्यपालिका अपनाने की वकालत करते हुए कहा कि "यह अधिक प्रजातांत्रिक और अच्छे तथा सुदृढ़ सिद्धांतों पर"[9] आधारित है। के.टी. शाह ने अमेरिकन मॉडल के आधार पर अध्यक्षीय सरकार के पक्ष में अपना विचार व्यक्त किया, परंतु के.एम. मुंशी ने उनके प्रस्ताव का विरोध करते हुए जो विचार व्यक्त किए वो इस प्रकार हैं:

> "हमें इस अत्यंत महत्त्वपूर्ण तथ्य को भूलना नहीं चाहिए कि गत सौ वर्षों में भारतीय सार्वजनिक जीवन इंग्लैंड की संवैधानिक विधि की परंम्पराओं से संचालित होता रहा है। हम में से अधिकतर लोगों ने ब्रिटिश शासन प्रणाली को सर्वोत्तम माना है और गत तीस–चालीस वर्षों में इस देश के शासन में अंशतः उत्तरदायी सरकार का संचालन धीरे धीरे प्रारम्भ कर दिया गया था। हमारी संवैधानिक परंपराएँ संसदीय बन गई और इस समय हमारे प्रान्तों का शासन अंग्रेजी ढाँचे के अनुसार चल रहा है। आज भारतीय अधिराज्य एक पूर्णरूपेण संसदीय सरकार के रूप में कार्य कर रहा है। इतने अनुभव के बाद हम परंपरा को तोड़कर नवीन प्रयोग क्यों करें?"[10] एक ऐसा अनुभव जो केवल डेढ़ सौ वर्षों पहले रचा गया जो स्वयं

अमेरिका में भी कमियों से ग्रस्त पाया गया। इस संदर्भ में जवाहरलाल नेहरू का यह कथन उल्लेखनीय है–"हम उसकी प्रतिकूल दिशा में नहीं जा सकते।"[11] किसी को स्थायी सरकार की वांछनीयता में संदेह नहीं था। इस स्थायित्व के लिए वे कार्यपालिका एवं विधानमंडल के बीच अच्छे संबंधों को आवश्यक समझते थे। ए.के. अय्यर ने इस संबंध में यह मत व्यक्त किया कि 'आधुनिक राजनीतिक ढाँचे का उद्‌देश्य कार्यपालिका और व्यवस्थापिका के बीच संघर्ष को रोकना है तथा प्रशासनिक पद्धति के विभिन्न भागों के बीच एकता को प्रोत्साहन देना है।[12] इसके अतिरिक्त यह महसूस किया गया कि स्थायित्व एवं उत्तरदायित्व के बीच समन्वय स्थापित करना अधिक अच्छा होगा।' बी.आर. अंबेडकर ने भी कहा कि– 'ब्रिटिश प्रणाली ज्यादा श्रेष्ठ थी, क्योंकि इसमें एक निश्चित अवधि पर उत्तरदायित्व के मूल्यांकन के साथ प्रतिदिन का मूल्यांकन भी संभव था, जबकि अमेरिकी प्रणाली में केवल एक निश्चित अवधि के बाद ही उत्तरदायित्व का मूल्यांकन सम्भव है।'[13]

अल्लादि कृष्णास्वामी अय्यर ने भारत में अध्यक्षात्मक प्रणाली की कठिनाइयों की विस्तृत चर्चा की। इस प्रणाली में व्यवस्थापिका तथा कार्यपालिका में घनिष्ठ संबंध नहीं रहने के कारण लूट-पाट होने का भय रहता है जो एक नवजात लोकतंत्र के लिए घातक सिद्ध हो सकता है। भारत में नव निर्मित संविधान का उद्‌देश्य इस प्रकार के द्वन्द्वों को दूर करना तथा शासन के विभिन्न अंगों में सामंजस्य स्थापित करना है। ब्रिटेन तथा अमेरिका में दोनों प्रकार की सरकारों के कार्यकारण के अनुभव से फायदा उठाकर संविधान–निर्माताओं ने संसदीय कार्यपालिका को ही उचित समझा।[14] इसके अतिरिक्त संघ संविधान समिति तथा प्रांतीय संविधान समिति के प्रतिवेदनों जिनके अध्यक्ष जवाहरलाल नेहरू और सरदार पटेल ने भी भारत के लिए ब्रिटिश प्रणाली को बनाए रखने का पक्ष लिया। स्वयं बी.एन. राव ने संघीय संविधान समिति को अपने ज्ञापन में कैबिनेट पद्धति को स्वीकार करने का सुझाव दिया।[15] तथापि काफी विस्तृत विचार–विमर्श के बाद संविधान निर्माताओं ने संसदीय लोकतंत्र प्रणाली के ब्रिटिश प्रतिमान के 'वेस्टमिनिस्टर मॉडल' को अपनाया। इसके दो प्रमुख कारण थेः–

पहला कारण था, अतीत के संवैधानिक विकास के परिणामस्वरूप प्राप्त किया गया अनुभव। वास्तव में भारत ब्रिटिश प्रशासन से पूर्णतः परिचित हो गया था और एक ऐसी सरकार के स्वरूप को अच्छा समझा गया जिससे देश अच्छी तरह से परिचित था। इस तथ्य की ओर संकेत करते हुए सरदार वल्लभ भाई

पटेल ने कहा कि संविधान सभा की संघ संविधान समिति और प्रांतीय विधान समिति दोनों ही इस निष्कर्ष पर पहुँची हैं कि हमारे देश की परिस्थितियों में ब्रिटिश प्रतिमान का संसदात्मक पद्धति वाला ही संविधान सबसे ज्यादा अनुकूल है जिससे कि हम भली-भाँति परिचित हैं।[16]

दूसरा कारण, विधानमंडल के प्रति उत्तरदायित्व की निरंतरता तथा अपने संपूर्ण रूप में प्रणाली का लचीलापन था लेकिन भारतीय संविधान ने संसदीय प्रणाली अपनाते हुए अध्यक्षात्मक पद्धति के कुछ तत्वों को अंगीकृत किया है जैसे–राष्ट्रपति के किसी आदेश पर मंत्रियों के हस्ताक्षर नहीं होना, संसद द्वारा पारित विधेयक को राष्ट्रपति पुनः विचारार्थ लौटा सकता है, संसद की सर्वोच्चता को सीमाबद्ध कर दिया गया है तथा न्यायपालिका को अन्य शासनांगों से पृथक एवं स्वतंत्र रख कर संविधान में शक्ति पृथक्करण के सिद्धांत को सीमित अंश में अपनाया गया है। यहां यह उल्लेखनीय है कि उपरोक्त तत्व किसी भी रूप में उसके मौलिक स्वरूप संसदीय प्रणाली पर आघात नहीं करते हैं। इसी प्रसंग में कोलकाता उच्च न्यायालय के मुख्य न्यायाधीश पी.बी. मुखर्जी ने कहाः

> "यह कहना गलत होगा कि भारतीय संविधान एक अध्यक्षीय प्रणाली की सरकार है, परंतु यह कहना भी उतना ही गलत है कि एक संसदीय सरकार है। यह इनमें से कोई एक नहीं है। यह दोनों हैं। भारत केवल एक सांस्कृतिक मिश्रण नहीं बल्कि संवैधानिक मिश्रण भी है।[17] संविधान सभा के वाद-विवाद से यह स्पष्ट है कि भारत ने बहुत सोच-समझकर ब्रिटेन के संसदीय लोकतंत्र के स्वरूप को अपनाया।"

संविधान सभा और भारत का राष्ट्रपति

सरकार का रूप यद्यपि कोई भी हो राज्य के कार्यकारी मुखिया के पद की व्यवस्था अवश्य की जाती है। संविधान सभा के संस्थापक सदस्यों में राज्य प्रमुख के संदर्भ में पर्याप्त मतभेद थे। यह निश्चित हो जाने के बाद कि भारत में मंत्रिमंडलात्मक शासन प्रणाली वाली ब्रिटिश प्रणाली को अपनाया जाएगा। संविधान सभा को अन्य महत्त्वपूर्ण प्रश्नों के उत्तर खोजने थे। भारत को गणतंत्र होना था, राजतंत्र नहीं। संविधान सभा के सदस्यों के बीच राजतंत्र के पक्ष में एक मुहिम भी चलाई गई। जवाहरलाल नेहरू ने तर्क दिया कि यद्यपि राजतंत्र एक सुविधाजनक संस्था थी, परंतु भारत के 562 रजवाड़ों में से एक राजा को चुनना अत्यंत कठिन काम था।[18] अतः यह प्रश्न उत्पन्न हुआ कि राज्य का मुखिया कौन होगा? उसके पद का नामकरण क्या होगा? उसे कैसे चुना जाए

और उसकी शक्तियाँ क्या होनी चाहिए? नेहरू प्रतिवेदन में इस बात की वकालत की गई कि राज्य का मुखिया गवर्नर-जरनल के समान शक्तियों वाला होना चाहिए तथा सामूहिक उत्तरदायित्व के सिद्धांतों के आधार पर काम करने वाली कार्यकारी परिषद भी होनी चाहिए।[19]

सप्रू प्रतिवेदन ने भी भारत के लिए संवैधानिक मुखिया की वकालत की।[20] मार्च, 1947 में संवैधानिक परामर्शदाता बी.एन. राव ने जो प्रश्नावली केन्द्रीय तथा प्रांतीय विधानमंडल के सदस्यों के पास भेजी थी, उसमें पहला प्रश्न यही था कि राज्य प्रमुख के लिए नामकरण क्या होना चाहिए?[21] इसके उत्तर में श्यामा प्रसाद मुखर्जी ने 'राष्ट्रपति' शब्द का सुझाव दिया, संम्भवतः क्योंकि भारतीय संविधान के निर्माता भारत को एक राष्ट्र बनाने जा रहे थे, जो कि एक सम्प्रभु लोकतांत्रिक गणतंत्र था।[22] दूसरी तरफ के.एम. पणिक्कर ने 'प्रेसीडेंट'[23] पद नाम का प्रस्ताव किया, हालांकि संघ संविधान समिति ने अनुशंसा की कि भारतीय संघ का मुखिया अंग्रेजी भाषा में 'प्रेसीडेंट' तथा हिन्दी रूपांतरण 'राष्ट्रपति' होना चाहिए। संविधान सभा ने इसकी अनुशंसा को अंतिम रूप में स्वीकार कर लिया।

संविधान लागू होने से पहले गवर्नर-जरनल इंग्लैंड की राजसत्ता के अधीन भारतीय उपनिवेशों के मुखिया के रूप में कार्य करता था। भारत के संविधान द्वारा 'सम्प्रभु लोकतांत्रिक गणराज्य' के उद्घाटन के साथ ही भारत के इतिहास में पहली बार भारतीय राष्ट्रपति की संस्था अस्तित्व में आई। भारतीय संविधान समिति ने अपने कर्त्तव्य का पालन करते हुए भारतीय संविधान की धाराओं 52 और 53 के अंतर्गत संसदीय सरकार के अध्यक्ष के रूप में राष्ट्रपति पद की स्थापना की। राष्ट्रपति का पद कार्यपालिका के सर्वोच्च समादेश के रूप में संवैधानिक पद है।[24] संविधान की धारा 52 के अंतर्गत कहा गया है कि "भारत का एक राष्ट्रपति होगा" और अनुच्छेद 53 के अनुसार "संघ की कार्यकारिणी शक्ति राष्ट्रपति में निहित होंगी और वह इसका प्रयोग स्वयं प्रत्यक्ष रूप में या अपने अधीनस्थ अधिकारियों द्वारा संविधान के अनुसार करेगा।"

राष्ट्रपति पद का संवैधानिक आधार

राष्ट्रपति पद के लिए अर्हताएँ, निर्वाचन, पदावधि, पदच्युति तथा अधिकारों का स्पष्ट उल्लेख संविधान में किया गया है। विश्व के अन्य लिखित संविधानों में भी राज्याध्यक्षों के पद को संवैधानिक आधार प्रदान किया गया है।

अर्हताएं–

भारतीय संविधान के अनुच्छेद 58 के अनुसार राष्ट्रपति निर्वाचित होने के लिए किसी भी व्यक्ति में निम्नलिखित योग्यताओं का होना आवश्यक है–[25]

– वह भारत का नागरिक हो, अमेरिका की तरह से उसका पैदायशी नागरिक होना आवश्यक नहीं है।

– वह 35 वर्ष की आयु पूरी कर चुका हो।

– वह संसद का सदस्य निर्वाचित होने की योग्यता रखता हो, और उसका नाम किसी संसदीय निर्वाचक-मंडल में मतदाता के रूप में पंजीकृत होना चाहिए।

– कोई व्यक्ति राष्ट्रपति निर्वाचित होने का पात्र न होगा जो भारत सरकार अथवा किसी राज्य सरकार के अधीन कोई लाभ का पद धारण किए हुए है, परंतु संघ के राष्ट्रपति, उपराष्ट्रपति, राज्य के राज्यपाल, संघ अथवा राज्य के मंत्री पद पर यह प्रतिबंध नहीं लगाया जाएगा। इन पदों पर कार्य करने वाले व्यक्ति भी राष्ट्रपति पद के लिए उम्मीदवार हो सकते हैं।

– जन प्रतिनिधित्व अधिनियम, 1951 के अनुसार वह पागल, दिवालिया अथवा विकृत मस्तिष्क वाला न हो और उसे किसी मुकद्में में दो साल की सजा दी गई है तो वह इस पद के निर्वाचित होने के अयोग्य होगा।[26]

– इन योग्यताओं के अतिरिक्त सन् 1974 में संसद ने एक कानून[27] पास करके इनमें निम्नलिखित योग्यताएँ और जोड़ दी–

राष्ट्रपति का चुनाव लड़ने वाले उम्मीदवार के लिए 2500 रूपए जमानत के रूप में जमा करवाना आवश्यक होगा और उसका नाम दस मतदाताओं (राष्ट्रपति का निर्वाचन करने वाले निर्वाचकों के सदस्यों) द्वारा प्रस्तावित तथा 10 सदस्यों द्वारा अनुमोदित होना चाहिए।

लेकिन 5 जून, 1997 को राष्ट्रपति द्वारा जारी किए गए अध्यादेश के अनुसार राष्ट्रपति के पद के प्रत्याशी का नाम निर्वाचक मंडल के 50 सदस्यों द्वारा प्रस्तावित तथा 50 सदस्यों द्वारा अनुमोदित होना चाहिए। इसी के अनुसार जमानत की राशि 2500 रूपए से बढाकर 15000 रूपए कर दी गई।[28] इस

अध्यादेश को सर्वोच्च न्यायालय में चुनौती दी गई, परंतु न्यायालय के द्वारा उसे रद्द कर दिया गया।

राष्ट्रपति पद की शर्तें

भारतीय संविधान के अनुच्छेद 59 में उपबन्धित है कि[29] –

– राष्ट्रपति संसद के किसी सदन का या किसी राज्य के विधानमंडल के किसी सदन का सदस्य नहीं होगा और यदि संसद के किसी सदन का या किसी राज्य के विधानमंडल के किसी सदन का कोई सदस्य राष्ट्रपति निर्वाचित हो जाता है तो यह समझा जाएगा कि उसने उस सदन में अपना स्थान राष्ट्रपति के रूप में अपने पद ग्रहण करने की तारीख से रिक्त कर दिया है।

– राष्ट्रपति, बिना किराया दिए अपने शासकीय निवासों के उपयोग का हकदार होगा और ऐसी उपलब्धियों, भत्तों और विशेषाधिकारों का भी, जो संसद विधि द्वारा अवधारित करे और जब तक इस निमित्त इस प्रकार उपबंध नहीं किया जाता है तब तक ऐसी उपलब्धियों, भत्तों और विशेषाधिकारों का, जो दूसरी अनुसूची में विनिर्दिष्ट हैं, हकदार होगा।

– राष्ट्रपति की उपलब्धियाँ और भत्ते उसकी पदावधि के दौरान कम नहीं किए जाएँगे।

– राष्ट्रपति अन्य कोई लाभ का पद धारण नहीं करेगा।

राष्ट्रपति का कार्यकाल

संविधान के अनुच्छेद 56(1) के अनुसार राष्ट्रपति अपना पद ग्रहण करने की तिथि से पाँच वर्ष की अवधि तक पद धारण करेगा,[30] बशर्ते कि वह इस बीच में ही पद त्याग न करे अथवा संसद द्वारा महाभियोग लगाकर पद से हटाया न जाए। वह अनुच्छेद 56(1)(C) के अनुसार अपने पद की अवधि समाप्त हो जाने पर भी तब तक पद धारण करता रहेगा जब तक उसका उत्तराधिकारी अपना पद ग्रहण न कर ले। राष्ट्रपति को अपना त्याग-पत्र अपने हस्ताक्षरों के साथ उपराष्ट्रपति को देना होता है और उपराष्ट्रपति को इस संबंध में संसद के अध्यक्ष को तुरंत सूचना देनी होती है।

राष्ट्रपति का निर्वाचन

भारत के संविधान में राष्ट्रपति के निर्वाचन के लिए अप्रत्यक्ष विधि को

अपनाया गया है। संविधान में राष्ट्रपति की निर्वाचन विधि का उल्लेख अनुच्छेद 54 में किया गया है। इसके अनुसार राष्ट्रपति का चुनाव एक निर्वाचक मंडल के द्वारा किया जाएगा, जिसमें (क) संसद के दोनों सदनों के निर्वाचित सदस्य (ख) राज्यों की विधानसभाओं के निर्वाचित सदस्य और, (ग) दिल्ली और पांडिचेरी संघ राज्य क्षेत्र की विधानसभाओं के निर्वाचित सदस्य होंगें।[31]

जहाँ तक हो सके निर्वाचन में भिन्न भिन्न राज्यों के प्रतिनिधित्व में प्रत्येक राज्य की जनसंख्या और विधानसभा के लिए निर्वाचित सदस्यों की कुल संख्या के अनुसार एकरूपता होगी। संघ और समस्त राज्यों के बीच समतुल्या रखी जाएगी [अनुच्छेद 55]। दूसरी शर्त यह सुनिश्चित करने के लिए है कि राष्ट्रपति के निर्वाचन के निर्वाचकगण में समस्त राज्यों के मत इस देश की जनता के मत के बराबर होंगे। इस प्रकार राष्ट्रपति राष्ट्र का भी प्रतिनिधि होगा और विभिन्न राज्यों के लोगों का प्रतिनिधि भी होगा। अतः राष्ट्रपति का चुनाव गुप्त मतदान से आनुपातिक प्रतिनिधित्व के अनुसार एकल संक्रमणीय मत प्रणाली से होता है तथा ऐसे निर्वाचन में मतदान गूढ़ शलाका द्वारा होगा [अनुच्छेद 55]।

पुनः निर्वाचन

संविधान की धारा 57 के अंतर्गत राष्ट्रपति पर पुनर्निर्वाचन के लिए कोई प्रतिबंध नहीं लगाया गया और राष्ट्रपति जब तक चाहे पुनः निर्वाचित हो सकता है।[32] संविधान समिति ने राष्ट्रपति के पुनर्निर्वाचन के बारे में यह निश्चय किया था कि भारतीय राष्ट्रपति आयरिश राष्ट्रपति की तरह केवल एक बार ही पुनर्निर्वाचित हो सकता है, लेकिन बाद में इस निर्णय को संविधान की धाराओं में शामिल नहीं किया गया और पूर्णतयाः परंपराओं पर छोड़ दिया गया। अब तक की स्थिति को देखने से पता चलता है कि भारत में परंपराओं के अनुसार राष्ट्रपति दो बार से अधिक पद पर नहीं रहता।

पदावधि के मध्य में रिक्तता

संविधान के अनुच्छेद 62 के अनुसार राष्ट्रपति की पदावधि की समाप्ति से हुई रिक्तता को भरने के लिए निर्वाचन पदावधि की समाप्ति से पहले से पूर्ण कर लिया जाएगा। राष्ट्रपति की मृत्यु, पद त्याग या पद से हटाए जाने या अन्य कारण से हुई उसके पद में रिक्ति को भरने के लिए निर्वाचन, रिक्ति होने की तारीख के पश्चात् यथाशीघ्र और प्रत्येक दशा में छः मास बीतने से पहले किया जाएगा और नव-निर्वाचित व्यक्ति अनुच्छेद 56 के उपबंधों के अधीन रहते हुए, अपने पद ग्रहण की तारीख से पाँच वर्ष की पूरी अवधि तक पद धारण करने का हकदार होगा।[33]

संवैधानिक प्रावधान के अनुसार जब भी राष्ट्रपति का पद रिक्त होगा तो उपराष्ट्रपति तुरंत उस पद का दायित्व ग्रहण करेगा। संविधान में इस बात का कोई स्पष्ट उल्लेख नहीं था कि यदि किसी कारण राष्ट्रपति और उपराष्ट्रपति दोनों के पद एक साथ रिक्त हो जाए तो राष्ट्रपति के पद पर कौन कार्य करेगा? इस स्थिति का सामना करने पर संसद ने संविधान के अनुच्छेद 70 के अनुसार एक 'प्रेसीडेंट डिस्चार्ज ऑफ फंक्शन बिल 1969' पारित किया,।[34] जिसके द्वारा यह प्रावधान किया गया कि यदि राष्ट्रपति और उपराष्ट्रपति के पद एक साथ खाली हो जाएँ तो सर्वोच्च न्यायालय का मुख्य न्यायाधीश और उसकी अनुपस्थिति में सर्वोच्च न्यायालय का वरिष्ठतम न्यायाधीश राष्ट्रपति के रूप में कार्य करेगा।

राष्ट्रपति के निर्वाचन संबंधी विवाद

संविधान के अनुच्छेद 71 में उपलब्ध है कि राष्ट्रपति और उपराष्ट्रपति के निर्वाचन से उत्पन्न या संशक्त सभी शंकाओं और विवादों की जाँच तथा निपटारा उच्चतम न्यायालय करेगा और उसका निर्णय अंतिम होगा। किंतु यदि राष्ट्रपति या उपराष्ट्रपति का निर्वाचन न्यायालय द्वारा शून्य घोषित कर दिया जाता है तो उसके द्वारा अपने पद की शक्तियों के प्रयोग में किए गए कार्य अमान्य नहीं होंगें।[35]

राष्ट्रपति और उपराष्ट्रपति के निर्वाचन के बारे में केवल इस आधार पर आपति नहीं की जा सकती कि निर्वाचन नामावली के सदस्यों में कोई रिक्ति हो गई है। जो व्यक्ति न तो उम्मीदवार है और न ही निर्वाचक है, वह राष्ट्रपति निर्वाचन की वैद्यता को चुनौती देने के लिए याचिका दायर नहीं कर सकता।

राष्ट्रपति निर्वाचन के मामले में उच्चतम न्यायालय ने निर्णय दिया है कि राष्ट्रपति पद के लिए निर्वाचन को इस आधार पर न तो स्थगित किया जा सकता है और न ही अवैध ठहराया जा सकता है कि किसी राज्य विधानसभा को भंग कर दिए जाने के कारण निर्वाचक नामावली अधूरी थी या पूरी तरह गठित नहीं हुई थी। चुनाव में खड़ा हुआ कोई भी उम्मीदवार अथवा कम से कम दस निर्वाचकों द्वारा सर्वोच्च न्यायालय में राष्ट्रपति के चुनाव को चुनौती दी जा सकती थी। सन् 1975 में पास हुए संविधान के 39 वें संशोधन द्वारा इस स्थिति में परिवर्तन किया गया। इसमें यह व्यवस्था की गई कि राष्ट्रपति के चुनाव संबंधी विवादों का फैसला करने के लिए संसद कानून द्वारा किसी संस्था अथवा समिति की स्थापना करेगी। संसद उस विधि को भी निश्चित करेगी जिसके अनुसार संसद द्वारा स्थापित वह संस्था राष्ट्रपति के चुनाव से संबंधित विवादों का निर्णय करेगी। इसमें यह उल्लेखित किया गया कि संस्था द्वारा किया गया निर्णय

अंतिम होगा और उसे किसी न्यायालय में चुनौती नहीं दी जा सकेगी, लेकिन 44 वें संशोधन अधिनियम द्वारा पुनः परिर्वतन करके यह व्यवस्था कर दी गई है कि, "राष्ट्रपति या उपराष्ट्रपति के चुनाव से उत्पन्न विवादों का फैसला उच्चतम न्यायालय करेगा और उसका फैसला अंतिम होगा।" इस प्रकार इस संशोधन से पहले जैसी ही स्थिति की स्थापना कर दी गई है।

राष्ट्रपति द्वारा शपथ

अनुच्छेद 60 के अनुसार प्रत्येक व्यक्ति जो राष्ट्रपति के रूप में कार्य कर रहा है। वह अपना पद ग्रहण करने से पूर्व भारत के मुख्य न्यायाधीश अथवा उसकी अनुपस्थिति में उपलब्ध वरिष्ठतम न्यायाधीश के सामने निम्न रूप में शपथ ग्रहण करेगा और उस पर हस्ताक्षर करेगा–

"मैं. . . ईश्वर की शपथ लेता हूँ/सत्यनिष्ठा से प्रतिज्ञा करता हूँ कि मैं श्रद्धापूर्वक भारत के राष्ट्रपति का कार्य पालन करूँगा तथा अपनी पूरी योग्यता से संविधान और विधि का परिक्षण, संरक्षण तथा प्रतिरक्षण करूँगा तथा मैं भारत की जनता की सेवा तथा कल्याण में निरत रहूँगा।"[36]

राष्ट्रपति पर महाभियोग लगाने की प्रक्रिया

संविधान के अनुच्छेद 56 के अनुसार संविधान का अतिक्रमण करने पर राष्ट्रपति को अनुच्छेद 61 में उपबंधित रीति से चलाए गए महाभियोग द्वारा पद से हटाया जा सकेगा।[37] अनुच्छेद 61 के अनुसार यदि राष्ट्रपति संविधान का अतिक्रमण करेगा या असंवैधानिक कार्य करेगा तो संसद महाभियोग द्वारा राष्ट्रपति को पाँच साल की अवधि से पहले भी पद से हटा सकती है। महाभियोग द्वारा हटाए जाने की प्रक्रिया इस प्रकार है–

- संसद के किसी भी सदन के कम-से-कम चौथाई सदस्य प्रस्ताव की लिखित सूचना देने के 14 दिन पश्चात् राष्ट्रपति पर महाभियोग लगाने का प्रस्ताव करे।

- उस सदन के कम-से-कम दो तिहाई सदस्य उक्त प्रस्ताव का समर्थन करें।

- जब संसद के किसी सदन द्वारा दोषारोपण का यह प्रस्ताव पारित किया जा चुके तब दूसरा सदन इसका अनुसंधान करेगा। राष्ट्रपति को इस अनुसंधान में उपस्थित होने अथवा अपना प्रतिनिधि भेजने का अधिकार है।

– यदि अनुसंधान के फलस्वरूप दोषारोपण सिद्ध हो जाता है और प्रस्ताव उस सदन के कम-से-कम दो तिहाई सदस्यों द्वारा समर्थित होकर स्वीकार कर लिया जाता है तो राष्ट्रपति को उसी दिन से हटा दिया जाएगा।

राष्ट्रपति का वेतन व भत्ते

मूल संविधान में राष्ट्रपति को दस हजार रूपए मासिक वेतन तथा अन्य भत्ते देने की व्यवस्था की थी और सेवानिवृत्ति पर 15,000 रूपए वार्षिक पैंशन होती थी। दिसम्बर, 1985 में 55 वें संविधान संशोधन द्वारा उनका वेतन बढ़ाकर 15,000 रूपए मासिक और पेंशन बढाकर 20,000 रूपए वार्षिक कर दी गई थी,[38] परंतु राष्ट्रपति पैंशन (संशोधन) अधिनियम, 1990 बनाकर राष्ट्रपति की उपलब्धियाँ बढाकर 20,000 रूपए प्रतिमास कर दी गई[39] तथा सेवानिवृत्ति राष्ट्रपति की वार्षिक पैंशन 1,20000 रूपए निर्धारत की गई, जबकि वह पुनः उस पद के लिए निर्वाचित न हुआ हो। राष्ट्रपति उपलब्धियाँ और पैंशन संशोधन अधिनियम, 1998 के द्वारा उसका वेतन पुनः बढ़ाकर 50,000 रूपए प्रतिमाह और तीन लाख रूपए वार्षिक पैंशन कर दी गई।[40] संविधान के अनुच्छेद 59(3) के अनुसार राष्ट्रपति की उपलब्धियाँ और पैंशन उसकी पदावधि के दौरान कम नहीं किए जा सकते। राष्ट्रपति का वेतन 'भारत की संचित निधि' से दिया जाता है। राष्ट्रपति को मिलने वाले वेतन पर आयकर देना पड़ता है। मई, 2000 में संसद द्वारा पारित विधेयक के अनुसार पूर्व राष्ट्रपति की मृत्यु के पश्चात् उसकी पत्नी को सेवानिवृत्ति राष्ट्रपति को मिलने वाली पैंशन की आधी राशि और सरकारी मकान आजीवन उपलब्ध करवाने की व्यवस्था कर दी। जनवरी, 2008 में केन्द्रीय मंत्रिमंडल ने राष्ट्रपति का वेतन 50 हजार से बढ़ाकर एक लाख रूपए प्रतिमाह कर दिया।[41] इसके साथ ही पूर्व राष्ट्रपतियों की पैंशन और भत्तों में भी संशोधन करके इसे दो गुना कर छह लाख रूपए वार्षिक कर दिया। पूर्व राष्ट्रपतियों और उपराष्ट्रपतियों को भी और अधिक सुविधाएँ प्रदान की। केन्द्रीय कैबिनेट ने पूर्व राष्ट्रपतियों, उपराष्ट्रपतियों के वेतन एवं पैंशन संबंधी निर्णय को 1 जनवरी, 2007 से लागू किया है। 11 सितम्बर, 2008 को केन्द्रीय मंत्रिमंडल ने राष्ट्रपति का वेतन बढाकर 1.5 लाख रूपए प्रति माह कर दिया।

राष्ट्रपति की विमुक्तियाँ

राष्ट्रपति के पद की मान-मर्यादा को स्थापित करने की दृष्टि से उसे कुछ विमुक्तियाँ प्रदान की गई हैं। अपने कार्यकाल में अधिकारों और शक्तियों का प्रयोग करते हुए वह जो कार्य करेगा उसके विरूद्ध किसी भी न्यायालय में

मुकद्दमा नहीं चलाया जा सकता। उसके कार्यकाल में उसे गिरफ्तार अथवा बंदी नहीं बनाया जा सकता, न ही उसके विरूद्ध किसी प्रकार की फौजदारी कार्यवाही की जा सकती है। उसके निजी कार्यों के लिए भी कोई दीवानी कार्यवाही या मुकद्मा उसके विरूद्ध कम से कम दो महीने पहले सूचना दिए बिना नहीं चलाया जा सकता।

राष्ट्रपति की शक्तियाँ और कार्य

राष्ट्रपति गणराज्य का सांविधानिक प्रधान है। इसलिए भारत सरकार के सारे कार्य औपचारिक रूप में राष्ट्रपति के नाम से किए जाते हैं। भारत के संविधान में राष्ट्रपति के अधिकारों और कार्यों का उल्लेख किया गया है। कुछ अनुच्छेद ऐसे हैं जिनमें केवल कार्यों का, कुछ अनुच्छेदों में केवल अधिकारों का और कुछ में अधिकारों तथा कार्यों दोनों का उल्लेख किया गया है। संविधान में कम-से-कम 109 अनुच्छेदों तथा तीन अनुसूचियों (अर्थात, तीसरी, पाँचवी और छठी अनुसूची) जिनमें राष्ट्रपति की शक्तियों एवं कार्यों आदि का उल्लेख पूर्ण अथवा आंशिक रूप में मिल पाता है। राष्ट्रपति को अपने उत्तरदायित्व को पूरा करने के लिए पर्याप्त शक्तियाँ प्रदान की गई हैं। संविधान द्वारा राष्ट्रपति को प्राप्त शक्तियों तथा कार्यों का वर्णन नियमबद्ध करना कठिन है, परंतु उसको प्राप्त कुछ महत्त्वपूर्ण शक्तियों का उल्लेख निम्न शीर्षकों में किया जा सकता है।

कार्यपालिका संबंधी शक्तियाँ

संविधान के विभिन्न उपबंधों के अधीन भारत के राष्ट्रपति को वृहत् कार्यपालिका शक्तियाँ प्रदान की गई हैं, लेकिन संविधान में कार्यपालिका शक्ति को किसी भाँति परिभाषित नहीं किया गया है। राष्ट्रपति को निम्नलिखित कार्यपालिका शक्तियाँ प्राप्त हैं–

- संघीय सरकार की कार्यपालिका संबंधी सभी शक्तियाँ राष्ट्रपति में निहित होंगी, सरकार के कार्यपालिका संबंधी कार्य राष्ट्रपति के नाम पर किए जाऐंगे [अनुच्छेद 77 (1)]।
- संघीय सरकार की महत्त्वपूर्ण नियुक्तियाँ राष्ट्रपति द्वारा की जाएगी जैसे, प्रधानमंत्री तथा उनकी सलाह पर अन्य मंत्रियों की नियुक्ति (अनुच्छेद 75), सर्वोच्च न्यायालय के न्यायाधीशों की नियुक्ति (अनुच्छेद 217), विभिन्न उच्च न्यायालयों के न्यायाधीशों की नियुक्ति (अनुच्छेद 124), संघीय लोक सेवा आयोग के अध्यक्ष तथा अन्य सदस्यों की नियुक्ति (अनुच्छेद 316), महान्यायवादी की नियुक्ति (अनुच्छेद 76(1),

लेखा व महालेखा परीक्षक की नियुक्ति (अनुच्छेद 148), मुख्य निर्वाचन आयुक्त की नियुक्ति [अनुच्छेद 324(2)], राज्यों के राज्यपालों की नियुक्ति (अनुच्छेद 155)।

– राष्ट्रपति संघीय प्रशासन के अंतर्गत कुछेक आयोगों का गठन तथा उन आयोगों के सदस्यों की नियुक्ति कर सकते हैं, जैसे–वितीय आयोग (अनुच्छेद 280) राजभाषा आयोग (अनुच्छेद 344), अनुसूचित जातियों के कल्याण से संबंधित आयोग (अनुच्छेद 339)।

– केन्द्रीय प्रशासित क्षेत्रों का प्रशासन राष्ट्रपति के नाम पर उनके द्वारा नियुक्त अधिकारियों द्वारा चलाया जाता है (अनुच्छेद 243)।

– अनुच्छेद 77(3) के अनुसार संघ के प्रशासन से संबंधित नियम राष्ट्रपति को निश्चित करने का अधिकार है।

– अनुच्छेद 263 के अंतर्गत राज्यों के आपसी मतभेदों की जाँच-पड़ताल करने का अधिकार राष्ट्रपति को प्राप्त है।

– राष्ट्रपति को सेना की सभी शाखाओं का सर्वोच्च कमांडर कहा जाता है (अनुच्छेद 53)।

– अनुच्छेद 72 के द्वारा राष्ट्रपति किसी अपराधी को क्षमा प्रदान कर सकते हैं।

संसद के गठन से संबंधित शक्तियाँ

भारतीय संविधान के अनुच्छेद 79 के अनुसार कहा गया है कि संसद राष्ट्रपति और दो सदनों से मिलकर बनती है, जिनके नाम–लोकसभा और राज्यसभा हैं। इस प्रकार राष्ट्रपति एक ओर कार्यपालिका का अध्यक्ष है और दूसरी और वह संसद का सांविधानिक अध्यक्ष भी है। उसको संसद के गठन संबंधित निम्न शक्तियाँ प्राप्त हैं–

– अनुच्छेद 102(1) के अनुसार संसद के किसी सदस्य से संबंधित अयोग्यता के प्रश्न पर अंतिम निर्णय राष्ट्रपति द्वारा किया जाता है।

– राज्यसभा के 12 सदस्यों को कला, साहित्य, विज्ञान तथा समाज सेवा के आधार पर राष्ट्रपति मनोनीत कर सकते हैं [अनुच्छेद 80(3)]।

– यदि लोकसभा में एंग्लो-इंडियन समुदाय को राष्ट्रपति के विचार में

पर्याप्त प्रतिनिधित्त्व प्राप्त नहीं हुआ है तो वह संसद में 2 एंग्लो-इंडियन सदस्य मनोनीत कर सकते हैं (अनुच्छेद 331)।

– राष्ट्रपति लोकसभा तथा राज्यसभा की बैठकें बुला सकते हैं, उन बैठकों को स्थगित कर सकते हैं तथा लोकसभा को भंग कर सकते हैं। इस संबंध में संविधान राष्ट्रपति पर दायित्व डालता है कि संसद की पहली बैठक के अंतिम दिन तथा दूसरी बैठक के प्रथम दिन के बीच छः महीने से अधिक समय का अंतराल न हो (अनुच्छेद 85)।

राष्ट्रपति तथा संसद की कार्य प्रणाली संबंधी शक्तियाँ

– राष्ट्रपति वर्ष के आरंभ में बुलाई गई संसद की बैठक में भाषण दे सकते हैं। वह संसद के नाम संदेश भेजकर किसी प्रस्ताव से संबंधित कार्यवाही शीघ्र करने के लिए कह सकते हैं (अनुच्छेद 86)।

– अनुच्छेद 87 के अनुसार आम चुनावों की समाप्ति पर राष्ट्रपति संसद का विशेष अधिवेशन बुला सकते हैं तथा बैठक बुलाने के कारणों से संसद को सूचित कर सकते हैं।

– संसद के दोनों सदनों में किसी साधारण प्रस्ताव पर मतभेद को दूर करने के लिए राष्ट्रपति दोनों सदनों की संयुक्त बैठक बुला सकते हैं (अनुच्छेद 108)।

– अनुच्छेद 118 के अधीन राष्ट्रपति राज्यसभा के सभापति तथा संसद के अध्यक्ष की सलाह पर दोनों सदनों की संयुक्त बैठक तथा दोनों सदनों के तालमेल से संबंधित नियम बनाने का अधिकार रखते हैं।

– संसद द्वारा पारित प्रस्ताव राष्ट्रपति के सम्मुख प्रस्तुत किया जाता है। इस संबंध में राष्ट्रपति प्रस्ताव पर हस्ताक्षर कर सकते हैं, हस्ताक्षर करने से मना कर सकते हैं तथा अपने सुझाव सहित प्रस्ताव को उस सदन में वापस भेज सकते हैं, जहाँ प्रस्ताव पहले पेश हुआ था। यदि संसद के दोनों सदन उस प्रस्ताव को दोबारा पारित कर देते हैं तो राष्ट्रपति को उस पर हस्ताक्षर करना अनिवार्य हो जाता है [अनुच्छेद 111)]।

– कुछ विशेष प्रकार के प्रस्ताव राष्ट्रपति की सिफारिश पर ही संसद के किसी सदन में प्रस्तुत किए जा सकते हैं, जैसे नए राज्यों के निर्माण से संबंधित प्रस्ताव (अनुच्छेद 3), वार्षिक बजट (अनुच्छेद 112), व्यापार

की स्वतंत्रता पर प्रतिबंध लगाने वाला कोई राज्य विधेयक (अनुच्छेद 304) तथा अन्य प्रकार के वित्तीय प्रस्ताव (अनुच्छेद 117)।

कानून के निर्माण संबंधी शक्तियाँ

– उस समय जबकि संसद की बैठक न हो रही हो, राष्ट्रपति अध्यादेश जारी करने का अधिकार रखते हैं, परंतु जब संसद की बैठक बुलाई जाएगी तो उस बैठक के प्रथम दिन से लेकर छः सप्ताह के भीतर राष्ट्रपति को उस अध्यादेश की स्वीकृति संसद से प्राप्त करनी होगी [अनुच्छेद 123(1)]।

– राष्ट्रपति अध्यादेश संबंधी अधिकार का प्रयोग न केवल साधारण विधेयक संबंधी प्रस्तावों के लिए कर सकते हैं, अपितु वित्तीय विधेयक के लिए भी।

न्यायिक शक्तियाँ

– राष्ट्रपति किसी भी अपराधी को क्षमा कर सकते हैं, उसके अपराध से संबंधित दंड को कम अथवा दंड का रूप बदल सकते हैं (अनुच्छेद 72) परंतु वे केवल उन अपराधियों को क्षमा कर सकते हैं जिनको (क) सैनिक कानून के अंतर्गत दंड मिला हो (ख) उन कानूनों को तोड़ने पर दंड मिला हो जो संघीय सरकार से संबंधित हो, तथा (ग) उन अपराधों में जहाँ किसी अपराधी को मृत्यु दंड दिया गया हो।

– 42 वें संविधान संशोधन के अनुसार संसद या विधानसभा के किसी सदस्य के चुनाव के विरूद्ध चुनाव याचिका "चुनाव न्यायाधिकरण" में दी जाएगी। जिस व्यक्ति का चुनाव न्यायाधिकरण के द्वारा अवैध घोषित कर दिया जाएगा, उसकी अयोग्यता की अवधि के बारे में अंतिम निर्णय राष्ट्रपति का होगा। राष्ट्रपति अपना निर्णय चुनाव आयोग की सलाह पर करेगा। चुनाव आयोग को इस संबंध में यथायोग्य जाँच करने का अधिकार है।

वित्तीय शक्तियाँ

संविधान द्वारा भारत के राष्ट्रपति को निम्नलिखित महत्त्वपूर्ण वित्तीय अधिकार और शक्तियाँ सौंपी गई हैं–

– अनुच्छेद 112 के अनुसार राष्ट्रपति प्रतिवर्ष वित्तीय वर्ष के प्रारंभ से पूर्व वार्षिक बजट संसद के सम्मुख पेश करवाते हैं।

– यदि परिस्थितियाँ विवश कर दें तो राष्ट्रपति को वित्तीय वर्ष के मध्य में पूरक बजट पेश करने का अधिकार प्राप्त है (अनुच्छेद 115)।

– किसी धन संबंधित प्रस्ताव को राष्ट्रपति की पूर्व अनुमति के बिना संसद में प्रस्तुत नहीं किया जा सकता, (अनुच्छेद 115)।

– भारत की आकस्मिक निधि राष्ट्रपति के नियंत्रण में होती है। इस विधि से वह किसी भी आकस्मिक खर्च के लिए संसद की स्वीकृति से पूर्व ही धनराशि प्रदान करते हैं (अनुच्छेद 267 (1)।

सैनिक शक्तियाँ

अनुच्छेद 53(2) के अनुसार संघ की रक्षा बलों का सर्वोच्च समादेश राष्ट्रपति में निहित होता है, लेकिन उससे यह अपेक्षा की जाती है कि वह शक्ति का प्रयोग विधि द्वारा विनियमित करे। देश के रक्षा-बलों एवं युद्ध और शांति के संबंध में अंतिम विधायनी-शक्ति राष्ट्रपति में निहित होती हैं।

राजनयिक शक्तियाँ

अनुच्छेद 73 के अंतर्गत विदेशी मामलों से संबंधित कार्यपालिका शक्तियाँ भारत संघ के अधिकार क्षेत्र में आती हैं, अतएव समस्त राजनयिक कार्यवाहियाँ स्वयं राष्ट्रपति के नाम से संपादित की जाती हैं। राजनयिक दूतों तथा वाणिज्य दूतों की नियुक्तियाँ राष्ट्रपति द्वारा की जाती हैं। सभी अंतर्राष्ट्रीय संधियाँ राष्ट्रपति के नाम पर की जाती हैं। तत्पश्चात् संसद द्वारा सभी संधियों का अनुसमर्थन किया जाता है।

प्रकीर्ण शक्तियां

– अनुच्छेद 309 का परंतुक राष्ट्रपति को केन्द्रीय सरकार के अधीन लोक सेवाओं और पदों के लिए भर्ती का और नियुक्त व्यक्ति की सेवा की शर्तों का विनियमन करने वाले नियम बनाने के लिए सशक्त करता है।

– अनुच्छेद 143 के अधीन राष्ट्रपति को विधि या तथ्य के किसी भी प्रश्न पर उच्चतम न्यायालय की राय प्राप्त करने की शक्ति प्राप्त है।

– अनुच्छेद 213 के द्वारा राष्ट्रपति को अध्यादेश प्रख्यापित करने के बारे में राज्यपाल को अनुदेश देने की शक्ति है।

– अनुच्छेद 240 के अनुसार कुछ संघ राज्य क्षेत्रों के लिए विनियम बनाने

की शक्ति है। विनियम निम्नलिखित के लिए बनाए जा सकते हैं—अंडेमान और निकोबार द्वीप, लक्षद्वीप, दादरा नगर हवेली, दमन और द्वीप।

– राष्ट्रपति को यह शक्ति है वह ऐसी जातियों और मूलवंश या जन-जातियाँ विनिर्दिष्ट करें जिन्हें अनुसूचित जाति या अनुसूचित जनजाति समझा जाएगा (अनुच्छेद 341 और 342)।

आपातकालीन शक्तियाँ

प्रत्येक राज्य में संकटकालीन परिस्थिति का सामना करने के लिए मुख्य उत्तरदायित्व राष्ट्रीय कार्यपालिका का ही होता है। हमारे संविधान के आपात उपबंध परिस्थितियों की माँग पर परिसंघ सरकार को ऐकिक प्रणाली की शक्ति ग्रहण करने में समर्थ बनाते हैं। संविधान के 18 वें भाग के अंतर्गत अनुच्छेद 352 से लेकर 360 तक आपातकालीन शक्तियों का उल्लेख किया गया है। संविधान में ऐसी तीन परिस्थितियों का उल्लेख किया गया है जिनमें राष्ट्रपति आपातकाल की घोषणा कर सकता है।

1. युद्ध, विदेशी आक्रमण तथा सशस्त्र विद्रोह से उत्पन्न संकट : अनुच्छेद 352

मूल संविधान के अनुच्छेद 352 का संबंध उस आपातकालीन स्थिति से है जिसका संबंध युद्ध, बाहरी आक्रमण तथा सशस्त्र विद्रोह से देश की सुरक्षा को पैदा हुए खतरे से है। 44 वें संशोधन के बाद अनुच्छेद 352 में लिखा गया है कि राष्ट्रपति को विश्वास हो जाए कि गंभीर संकट उपस्थित हो गया है जैसे युद्ध अथवा बाह्य आक्रमण अथवा सशस्त्र विद्रोह के कारण भारत अथवा उसके राज्य क्षेत्र के किसी भी भाग की सुरक्षा खतरे में है। तब वह संकटकाल की घोषणा कर सकता है, परंतु 59 वें संशोधन के अनुसार आंतरिक गड़बड़ी की स्थिति में पंजाब में संकटकाल की घोषणा की जा सकती है। राष्ट्रपति जब तक आपातकाल की घोषणा नहीं कर सकता जब तक मंत्रिमंडल लिखित रूप में राष्ट्रपति को आपातकालीन घोषणा करने की सलाह न दे।

42 वें संशोधन के अनुसार राष्ट्रपति को अनुच्छेद 352 के अंतर्गत यह अधिकार दिया गया कि वह संकट का सामना करने के लिए आवश्यकतानुसार समस्त देश या उसके किसी भाग में आपातकाल की घोषणा कर सकता है। इस घोषणा को किसी भी न्यायालय में चुनौती नहीं दी जा सकती।

ऊपर लिखित संकट है अथवा नहीं इसके निर्णय का अधिकार केवल राष्ट्रपति को ही है। 44 वें संशोधन के अंतर्गत यह व्यवस्था की गई है कि अनुच्छेद 352 के अंतर्गत राष्ट्रपति द्वारा लागू की गई घोषणा को न्यायालय में चुनौती दी जा सकती है। राष्ट्रपति द्वारा घोषणा किए जाने के एक माह के अंदर संसद के विशेष बहुमत (पृथक-पृथक संसद के दोनों सदनों के कुल बहुमत एवं उपस्थित और मतदान में भाग लेने वाले सदस्यों के दो तिहाई बहुमत) से इसकी स्वीकृति आवश्यक होगी और लागू रखने के लिए प्रति 6 मास बाद संसद की स्वीकृति आवश्यक होगी। यदि इस प्रकार की घोषणा कभी ऐसे समय पर की जाए जबकि संसद भंग हो चुकी हो अथवा घोषणा के एक महीने के भीतर संसद भंग हो जाए तो अकेले राज्यसभा ही उसका अनुमोदन कर सकती है। परंतु संसद के पुनर्गठन के बाद 30 दिन के भीतर उसे लोकसभा की भी स्वीकृति मिल जानी चाहिए, अन्यथा यह घोषणा लागू नहीं रहेगी। 44 वें सविधान संशोधन अनुसार संसद उपस्थित एवं मतदान करने वाले साधारण बहुमत से प्रस्ताव पास करके आपातकाल को समाप्त घोषित कर सकती है। संसद के 1/10 सदस्य इसको हटाने के लिए सदन की विशेष बैठक भी बुला सकते हैं।

2. संवैधानिक शासन तंत्र की विफलता से उत्पन संकट या संवैधानिक आपातः अनुच्छेद 356

अनुच्छेद 356 में संवैधानिक ढ़ाँचे की विफलता से उत्पन्न संकट का उल्लेख मिलता है। संविधान के अनुच्छेद 355 के अनुसार केन्द्रीय सरकार का यह दायित्व है कि वह बाह्य आक्रमण और आंतरिक अशांति की स्थिति से प्रत्येक राज्य को बचाए रखे और इस बात का ध्यान रखे कि प्रत्येक राज्य की सरकार संविधान के उपबंधों के अनुसार चलाई जाए। संविधान के अनुच्छेद 356 में यह व्यवस्था की गई है कि यदि राष्ट्रपति को राज्यपाल के प्रतिवेदन मिलने पर या अन्यथा यह संतुष्टि हो जाए कि किसी राज्य में ऐसी स्थिति उत्पन्न हो गयी है जिसमें उस राज्य का शासन इस संविधान के उपबंधों के अनुसार नहीं चलाया जा सकता है तो राष्ट्रपति उस राज्य के शासनतंत्र के विफल होने की उद्घोषणा कर सकता है।

इस प्रकार की प्रत्येक उद्घोषणा संसद के दोनों सदनों के समक्ष दो माह के अन्दर रखी जानी चाहिए अन्यथा यह दो माह के बाद समाप्त हो जाएगी। संसद की स्वीकृति के बाद राष्ट्रपति शासन छः महीने तक चल सकता है। राष्ट्रपति शासन की अवधि छः-छः महीने करके पहले तीन साल तक बढ़ाई जा सकती थी, परंतु 44 वें संशोधन अधिनियम में यह अवधि घटाकर 1 साल कर

दी गई। इस अवधि के पश्चात् राष्ट्रपति शासन तभी कायम रह सकता जबकि (क) संम्पूर्ण भारत में अथवा संम्पूर्ण राज्य या उसके किसी भाग में आपात उद्घोषणा लागू हो, तथा (ख) निर्वाचन आयोग यह प्रमाणित कर देता है कि राज्य विधानसभा का चुनाव कराने में कठिनाइयाँ है, परंतु राष्ट्रपति शासन की अवधि तीन वर्ष से अधिक नहीं होगी।

यदि प्रारम्भ में राज्यसभा ने स्वीकृति प्रदान कर दी और संसद दो माह के अन्दर विघटित होने वाली हो या पहले विघटित हो चुकी है तो नई संसद की प्रथम बैठक के तीस दिन के अन्दर संसद द्वारा स्वीकृति मिलना आवश्यक है अन्यथा यह उद्घोषणा इस अवधि के बाद प्रभाव में नहीं रहेगी।

ऐसा भी हो सकता है कि संसद इस पर अपनी स्वीकृति देने के बाद भंग हो जाए तो इस प्रकार की उद्घोषणा को लागू रखने के लिए आवश्यक है कि नई संसद भी अपनी प्रथम बैठक के दिन से तीस दिन के अन्दर उस पर अपनी स्वीकृति प्रदान कर दे।

3. वित्तीय संकटः अनुच्छेद 360

यदि राष्ट्रपति को विश्वास हो जाए कि भारत या उसके किसी राज्य के भाग को वित्तीय स्थायित्व या साख को खतरा पैदा हो गया है तो वह वित्तीय संकट की घोषणा कर सकता है।

प्रथम प्रकार के आपातकाल की घोषणा की तरह ही इसमें भी संसद द्वारा स्वीकृति मिलना आवश्यक है और यदि संसद दो माह की अवधि में विघटित होने वाली हो या पहले विघटित हो चुकी हो तब नई संसद की प्रथम बैठक के दिन से तीस दिन के अन्दर स्वीकृति मिल जानी चाहिए अन्यथा यह घोषणा प्रभावी नहीं रहेगी। प्रथम तथा तीसरे प्रकार के आपातकाल की उद्घोषणा के लिए अधिकतम सीमा निश्चित नहीं की गई है अन्य एक उद्घोषणा द्वारा इसे किसी भी समय समाप्त किया जा सकता है।

राष्ट्रपति की संवैधानिक स्थिति

हमारी संवैधानिक रूप रेखा के अनुसार दो संवैधानिक पदाधिकारियों की व्यवस्था की गई है। संविधान के लिखित प्रावधानों के अनुसार संघ की कार्यकारिणी शक्ति राष्ट्रपति में निहित हैं और वही इस शक्ति का स्रोत है तथापि अनुच्छेद 74 व 75 की संवैधानिक व्यवस्थाएँ यही प्रस्तावित करती हैं कि राष्ट्रपति व्यवहार में संवैधानिक अध्यक्ष है, वास्तविक शक्ति मंत्रिपरिषद में निहित

हैं। राष्ट्रपति भारतीय गणतंत्र का प्रधान और औपचारिक कार्यपालक है और शासन के मुखिया के रूप में नीतियों के निर्माण और सफल क्रियान्वयन के लिए अंतिम रूप में उत्तरदायित्व प्रधानमंत्री के नेतृत्व में मंत्रिमंडल का है। राष्ट्रपति को राष्ट्र का प्रतीक होने के कारण एक महत्त्वपूर्ण संवैधानिक भूमिका निभानी होती है, परंतु देश के वास्तविक शासन में उसके ऊपर कोई विशेष दायित्व नहीं है। संविधान निर्माता इस विषय पर स्पष्ट थे कि सरकार की शक्तियों का प्रयोग करने वाली दो समानांतर सत्ताए साथ-साथ चलेंगी। दोनों संवैधानिक पदाधिकारी राष्ट्रपति और प्रधानमंत्री संवैधानिक व्यवहार एवं अनुशासन के निश्चित नियमों के अधीन हैं तथा दोनों के परस्पर अधिकार एवं उत्तरदायित्व हैं

राष्ट्रपति की स्थिति के बारे में संविधान-सभा के वाद-विवाद में प्रत्येक बार राज्याध्यक्ष के संविधानिक गुणों पर ही बल दिया गया। संविधान सभा के कार्यकाल के अंतिम दिन और बाद में भारत के प्रथम राष्ट्रपति राजेंद्र प्रसाद ने कहा कि–

> "एक निर्वाचित राष्ट्रपति तथा निर्वाचित विधानंडल की परस्पर स्थिति का हमें समाधान करना पड़ता है। इस विधान में हमने ब्रिटिश सम्राट की स्थिति, भारत के निर्वाचित राष्ट्रपति के लिए स्वीकार की है. . . जो संविधानिक राज्याध्यक्ष की स्थिति है। मंत्रिमंडल का विधानमंडल के प्रति उत्तरदायित्व है। मंत्री राष्ट्रपति को परामर्श देते हैं जो उक्त परामर्श के अनुसार कार्य करने के लिए बाध्य है। संविधान में, जहाँ तक मुझे विदित है, ऐसा कोई उपबंध नहीं है जो राष्ट्रपति को मंत्रियों द्वारा दिए गए परामर्श को स्वीकार करने के लिए बाध्य करता हो, किंतु आशा है इस संबंध में ब्रिटेन की तरह निरूढ़ि स्थापित हो जाएगी। ब्रिटिश सम्राट के अनुरूप भारतीय राष्ट्रपति भी अपने मंत्रियों के परामर्श के अनुसार कार्य करेगा–इसलिए नहीं कि संविधान उसे बाध्य करता है बल्कि इसलिए वह एक स्वतंत्र निरूढ़ि होगी और इससे राष्ट्रपति संवैधानिक राज्याध्यक्ष बन जाएगा।"[42]

मूल संविधान के अनुसार राष्ट्रपति केवल व्यावहारिक दृष्टि से मंत्रिमंडल की सलाह मानने के लिए बाध्य था। 42 वें संविधान संशोधन से पहले संवैधानिक दृष्टि से राष्ट्रपति प्रमुख था, लेकिन व्यावहारिक दृष्टि से मंत्रिपरिषद प्रमुख थी। दोनों का वास्तविक संबंध वस्तुतः संविधान की किसी व्यवस्था पर आधारित न होकर परम्परा पर निर्भर था। संविधान के 42वें संविधान संशोधन अधिनियम ने इस दुविधापूर्ण स्थिति को समाप्त करके राष्ट्रपति की स्थिति केवल देश के संवैधानिक अध्यक्ष की बना दी और शासन का वास्तविक कार्य पूरी तरह से

मंत्रिपरिषद के पास आ जाने से वह सर्वेसर्वा हो गयी। इस संशोधन ने यह स्पष्ट कर दिया कि "मंत्रिपरिषद के परामर्श को मानने के लिए राष्ट्रपति बाध्य है।" इससे संविधान के मौलिक अनुच्छेद 74 के स्थान पर ये शब्द रखे गए–

> "राष्ट्रपति को अपनी सहायता और सलाह देने के लिए एक मंत्रिपरिषद होगी जिसका प्रधान, प्रधानमंत्री होगा और राष्ट्रपति अपने कृत्यों का प्रयोग करने में ऐसी सलाह के अनुसार कार्य करेगा।"[43]

42 वें संशोधन की इस व्यवस्था का भी एक दोषपूर्ण पक्ष यह था कि ऐसी दशा में प्रत्येक अवस्था में मंत्रिपरिषद का परामर्श मानने पर बाध्य होने के कारण राष्ट्रपति की स्थिति एक रबड़ की मोहर जैसी बन गई और वह 'संविधान के पालन, संरक्षण एवं प्रतिरक्षण तथा भारत की जनता की सेवा' संबंधी अपने उस कर्त्तव्य के पालन के संबंध में अपनी बुद्धि से कुछ करने में सक्षम नहीं होगा जिसके लिए राष्ट्रपति का पद ग्रहण करने से पहले शपथ लेता है। इस आलोचना को बिल्कुल महत्त्वहीन नहीं कहा जा सकता तथा राष्ट्रपति को प्रधानमंत्री व मंत्रिपरिषद के हाथों की रबड़ की मोहर बना देने को उचित नहीं कहा जा सकता।

इस प्रकार 42 वें संशोधन 1976 ने राष्ट्रपति की भूमिका को नाममात्र के कार्याधिकारी तक ही सीमित बना दिया। उसके लिए स्वतंत्र कार्य करने की कोई गुंजाइश नहीं थी। उसे अपने मंत्रियों की इच्छाओं के अनुरूप ही कार्य करना होता था। यही कारण है कि स्थिति का निराकरण करने का प्रयत्न संविधान के 44 वें संविधान संशोधन द्वारा संविधान के 74 वें अनुच्छेद में यह परंतु जोड़कर किया गया कि "राष्ट्रपति को मंत्रिपरिषद से जो परामर्श प्राप्त होगा, उसके संबंध में राष्ट्रपति को अधिकार होगा कि वह मंत्रिपरिषद को इस परामर्श पर पुनर्विचार के लिए कहे, लेकिन पुनर्विचार के बाद मंत्रिपरिषद से राष्ट्रपति को जो परामर्श प्राप्त होगा, राष्ट्रपति उस परामर्श के अनुसार ही कार्य करेगें।"[44] इसका स्पष्ट अर्थ है कि पुनर्विचार में भी यदि मंत्रिपरिषद मूल मंत्रणा में कोई परिर्वतन नहीं करती है तो उसे स्वीकारना राष्ट्रपति के लिए आवश्यक होगा। इस प्रकार नवीनतम व्यवस्था भी राष्ट्रपति को संवैधानिक राज्याध्यक्ष ही बनाती है। हाँ, असाधारण अवसरों पर उसे 'स्वविवेक' के प्रयोग से वंचित नहीं करती। वर्तमान में यही राष्ट्रपति की संवैधानिक स्थिति है। वह हमारी राष्ट्रीय एकता का प्रतीक है उसकी कार्य-शक्ति विशाल हैं तथा अनेक अवसरों पर उसे अपने विवेक से कार्य करने के लिए प्रेरित होना पड़ता है, क्योंकि उस पर यह संवैधानिक दायित्व अधिरोपित किया गया है कि जहा कहीं संविधान के उपबंधों तथा संविधान में

अन्तर्निहित भावनाओं का अति उल्लंघन होता हो वहां वह अपने विवेक से काम लें।

वास्तविक स्थिति

भारतीय राष्ट्रपति की वास्तविक स्थिति का निर्धारण एक विवादग्रस्त प्रश्न है। राष्ट्रपति की स्थिति के संबंध में संविधान लागू होने से पहले ही विवाद प्रारम्भ हो गया था।[45] भारतीय संविधान निर्माण समिति के सदस्यों में इस गणतंत्र के मुखिया की स्थिति और शक्तियों पर मतैक्य नहीं था। वास्तव में स्पष्ट रूप से यह कोई नहीं जानता था कि संविधान को अंतिम रूप में ग्रहण करने के पश्चात राष्ट्रपति की स्थिति क्या होगी।[46] संविधान निर्माता यद्यपि उसे एक संवैधानिक प्रधान के गौरवपूर्ण पद से विभूषित करना चाहते थें, लेकिन स्पष्ट शब्दों में उल्लेख नहीं करने के कारण स्थिति संदेहात्मक हो गई है। राष्ट्रपति की भूमिका, स्थिति और शक्तियों का विषय संविधान-निर्माताओं, संवैधानिक विधिवेताओं, बुद्धिजीवियों और वकीलों एवं विद्वानों में वाद-विवाद का प्रश्न रहा है, क्योंकि सिद्धांत एवं व्यवहार में बहुत गहरा अंतर है।

हमारी राजनीतिक व्यवस्था में राष्ट्रपति की स्थिति के बारे में दो परस्पर विरोधी विचारधाराएं व्यक्त की जाती हैं–

पहली, विचारधारा के अनुसार जिसमें संविधान सभा के विचार और बहुत से विद्वान शामिल हैं, का तर्क है कि भारतीय राष्ट्रपति केवल संवैधानिक या नाममात्र का राज्य का मुखिया है। जवाहरलाल नेहरू का कहना था कि "हम मंत्रिमंडलात्मक शासन व्यवस्था अपनाना चाहते हैं जिसमें राष्ट्रपति के पास वास्तविक शक्ति नहीं होती और उसकी स्थिति महान अधिकार और प्रतिष्ठा की है।"[47] प्रारूप समिति के अध्यक्ष बी.आर. आंबेडकर ने भी उन्हीं के समान विचार व्यक्त करते हुए कहा कि "राष्ट्रपति नाममात्र का अध्यक्ष है। वह न तो मंत्रियों के परामर्श के सिवा और न ही उनके परामर्श के विरूद्ध कुछ कर सकता है। उसकी स्थिति वही है जो ब्रिटिश संविधान में सम्राट की है।"[48] सभा के एक अन्य सदस्य ठाकुर दास भार्गव का कहना था कि "प्रधानमंत्री के पास सारी शक्तियाँ रहेंगी और राष्ट्रपति केवल औपचारिक संवैधानिक मुखिया होगा।"[49] के. हनुमथैया का तर्क था कि "इस संविधान में राष्ट्रपति को राज्य करने का अधिकार दिया गया है, शासन करने का नहीं। भारत का राष्ट्रपति ब्रिटेन के सम्राट के समान है।"[50] संविधान सभा के एक प्रमुख सदस्य ए.के. अय्यर भी आबेंडकर के साथ सहमत हैं कि "एक राष्ट्रपति जो मंत्रिपरिषद के परामर्श की परवाह नहीं करता, वह वास्तव में संसद की इच्छा का उल्लघंन करता है, जिसके लिए उस पर

महाभियोग चलाया जा सकता है।"[51] उन्होंने अपने पत्रों के द्वारा 20 सितम्बर और 8 अक्तूबर, 1951 को नेहरू को संकेत करते हुए कहाः

> "यह बिल्कुल स्पष्ट है कि राष्ट्रपति की स्थिति इंग्लैंड के संवैधानिक मुखिया की तरह है तथा ऐसा कोई कार्य नहीं है जो वह अपने मंत्रियों की सलाह के बिना कर सके। अनुच्छेद 74 अपने चरित्र में सम्पूर्णता लिए हुए है इसलिए यह राष्ट्रपति के लिए संवैधानिक रूप से अनुचित होगा, यदि वह अपने मंत्रियों से परामर्श नहीं लेता या उसके द्वारा परामर्श के आधार पर कार्य नहीं करता।"

भूतपूर्व महान्यायवादी एम.सी. सीतलवाड ने 6 अक्तूबर, 1951 को कहा किः–

> "संविधान के द्वारा राष्ट्रपति को सभी मामलों में मंत्रिपरिषद की सहायता व सलाह से कार्य करना है। जिस पल राष्ट्रपति उनकी सहायता व सलाह को स्वीकारने से इनकार कर देता है तो यह संवैधानिक तंत्र फेल हो जाएगा। हमारे संविधान का ऐतिहासिक दृष्टिकोण एवं उसके प्रमुख उपबंध राष्ट्रपति की स्थिति को ब्रिटिश संविधान में सम्राट के बहुत ही सदृश्य दिखाते हैं।"[52]

इसके अतिरिक्त, बहुत से संवैधानिक विशेषज्ञों और विद्वानों का तर्क है कि भारतीय राष्ट्रपति संवैधानिक मुखिया के रूप में कार्य करता है। भारतीय संविधान के सुप्रसिद्ध टीकाकार डी.डी. बसु का मानना है–

> "अब वर्तमान स्थिति में इस बात पर विवाद करना कि क्या भारत के राष्ट्रपति को मंत्रिपरिषद की सलाह के विपरीत कार्य करने की शक्ति है या नहीं, अर्थहीन है। 1976 और 1978 ई. में संविधान का संशोधन करके उस विवाद को समाप्त कर दिया गया है जो राजेंद्र प्रसाद ने इंडियन ला इंस्टीट्यूट में विचार के लिए उपस्थित किया था। राजेंद्र प्रसाद ने यह कहा था कि भारत के संविधान में ऐसा कोई उपबन्ध नहीं है जो राष्ट्रपति पर यह बाध्यता डाले की प्रत्येक अवसर पर और सभी परिस्थितियों में मंत्रिपरिषद द्वारा दी गई सलाह के अनुसार कार्य करें।"[53]

एक अन्य विद्वान के.सी. मारकंडन ने बलपूर्वक तर्क दिया है कि सभी व्यावहारिक उद्देश्यों के लिए राष्ट्रपति एक संवैधानिक मुखिया है। उनके कथनानुसार–

"संविधान राष्ट्रपति को ऐसी शक्तियाँ और कार्य नहीं सौंपता, जिन्हें वह अपने आप कर सके। संविधान में राष्ट्रपति को वास्तव में कुछ निश्चित विशेष अधिकार दिए गए हैं, कार्य नहीं। जो कार्य दिखाई देते हैं, वे वास्तव में संवैधानिक उत्तरदायित्व हैं जो राष्ट्रपति को पूरे करने होते हैं।"[54]

एक प्रसिद्ध विदेशी लेखक ग्रेनविल आस्टिन का भी अभिमत है कि भारत का राष्ट्रपति केवल एक संवैधानिक मुखिया है। वे लिखते हैं:–

"अप्रैल, 1948 में राजेंद्र प्रसाद ने बी.एन. राव को लिखा कि उन्हें एक भी ऐसा प्रावधान नहीं मिला जिसमें स्पष्ट रूप से ये कहा गया हो कि संघ का राष्ट्रपति उसके मंत्रियों के परामर्श को मानने और उसके अनुसार कार्य करने के लिए बाध्य है। प्रसाद ने धारा 285(1) के संदर्भ में यह लिखा था, जिसकी व्याख्या करते हुए वे ये समझाना चाहते थे कि राष्ट्रपति का अपना विवेकाधिकार है, जिसका प्रयोग करते हुए उन्होंने संघ लोक सेवा आयोग के अध्यक्ष की नियुक्ति की। साथ ही उन्होंने राव से पूछा कि क्या किसी मामले में राष्ट्रपति बिल्कुल बाध्य नहीं या सभी मामलों में वह पूर्णतया बाध्य है। इस प्रकार वास्तव में प्रसाद ने अनुच्छेद 285(1) की गलत व्याख्या की है। उन्होंने जान बूझकर या अन्य रूप से उसे गलत पढ़ा और संविधान सभा में इस विषय पर हुए वाद-विवाद पर पर्याप्त ध्यान नहीं दिया।"[55]

इस प्रकार, संविधान सभा के वाद विवादों पर अत्यधिक विश्वास करते हुए कुछ विद्वान यह विश्वास करते हैं कि भारत के राष्ट्रपति के पास वही शक्ति हैं जो बेजहाट ने ब्रिटिश सम्राट के लिए बताई हैं–"परामर्श लिए जाने का अधिकार, प्रोत्साहन देने का अधिकार और चेतावनी देने का अधिकार"।

उच्चतम न्यायालय ने अपने विभिन्न निर्णयों में इस स्थिति को मान्यता प्रदान की है कि राष्ट्रपति एक संवैधानिक अध्यक्ष है और उसके लिए अनिवार्य है कि वह मंत्रिपरिषद की सलाह से काम करे। रामजवाया कपूर बनाम पंजाब राज्य के मुकद्मे में सर्वोच्च न्यायालय ने यह कहा था कि "यद्यपि कार्यकारिणी की शक्तियाँ राष्ट्रपति में निहित हैं, किंतु वास्तविक शक्तियाँ मंत्रिमंडल में निहित हैं और राष्ट्रपति को उसके परामर्शानुसार कार्य करना चाहिए।"[56]

पुनः 1970 में बैंक राष्ट्रीयकरण मामले में उच्चतम न्यायालय ने मत दिया किः "अध्यादेश राष्ट्रपति द्वारा प्रख्यापित किया जाता है और संवैधानिक भावना से उसकी संतुष्टि इसका आधार है परंतु वास्तविक रूप में यह उसके मंत्रिपरिषद के परामर्श तथा उसकी संतुष्टि के आधार पर क्रियान्वित किया जाता है।"[57]

यू.एन. राव बनाम इंदिरा गांधी के बहुचर्चित मामले में निर्णय देते हुए यह मत प्रकट किया गया कि "राष्ट्रपति मंत्रिमंडल की सहायता और परामर्श के बिना अपनी कार्यकारिणी शक्तियों का प्रयोग नहीं कर सकता। वह कार्यकारिणी का औपचारिक प्रधान है, जबकि वास्तविक शक्तियाँ मंत्रिमंडल में निहित हैं।"[58] 1974 में शमसेर सिंह बनाम पंजाब राज्य के मामले ने भी संवैधानिक मुखिया के सिद्धांत का ही समर्थन किया है। इसमें कहा गया है–

> "हमारा संविधान सामान्य रूप से ब्रिटिश प्रतिमान की सरकार के संसदीय या मंत्रिमंडलीय प्रणाली का मूर्तरूप है। इस प्रणाली में राष्ट्रपति संघ का संवैधानिक या औपचारिक मुखिया है और उसको संविधान द्वारा प्रदत की गई शक्तियों तथा दायित्वों का प्रयोग मंत्रिपरिषद की सहायता और सलाह के अंतर्गत ही करता है।"[59]

न्यायामूर्ति ए.एन. राय का भी अभिमत है कि: "हमारा संविधान सामान्य रूप में संघ और राज्यों दोनों के लिए ब्रिटिश प्रणाली की संसदीय अथवा मंत्रिमंडलीय सरकार का निर्माण करता है। इस प्रणाली में राष्ट्रपति संघ का संवैधानिक या औपचारिक मुखियां है और वह अपनी शक्तियों का प्रयोग मंत्रिपरिषद की सहायता और परामर्श के आधार पर ही करता है।"[60]

दिसम्बर, 1970 में संसदीय अध्ययन संस्थान ने संसद भंग करने के संवैधानिक प्रश्न पर 'सेमीनार' आयोजित किया था, जिसमें विधिशास्त्रियों, न्यायविदों और राजनीतिज्ञों ने भाग लिया। सेमीनार में स्वीकार किया गया कि राष्ट्रपति प्रधानमंत्री की सहायता और परामर्श स्वीकार करने के लिए बाध्य है। प्रधानमंत्री, राष्ट्रपति को संसद भंग करने का परामर्श दे सकता है और राष्ट्रपति संघ की कार्यपालिका शक्ति का प्रयोग प्रधानमंत्री व मंत्रिपरिषद के परामर्श के बिना नहीं कर सकता।[61] 9 से 11 अक्तूबर, 1987 को संवैधानिक एवं संसदीय अध्ययन संस्थान की उत्तर प्रदेश शाखा द्वारा नैनीताल में विचार गोष्ठी का आयोजन किया गया। इस गोष्ठी में विचार–विमर्श का विषय था–"भारतीय संविधान में राष्ट्रपति" इसमें विचार विमर्श के बाद अधिकांश वक्ताओं ने स्वीकार किया कि राष्ट्रपति, राष्ट्र का प्रधान है और प्रधानमंत्री कार्यपालिका का। इसलिए दोनों को संविधान अनुरूप कार्य करते हुए अपनी गरिमा को बनाए रखना चाहिए। इस प्रकार अनुच्छेद 74 व 111 से तो स्पष्ट है कि अंतिम रूप से राष्ट्रपति मंत्रिपरिषद की सलाह मानने को बाध्य है।[62]

उपरोक्त विवरण से स्पष्ट है कि राष्ट्रपति के पास नाममात्र की शक्तियाँ होगी जबकि प्रधानमंत्री के पास शासन की वास्तविक शक्तियाँ रहेंगी। राष्ट्रपति

अपने सभी कार्य मंत्रिपरिषद के परामर्श के अनुसार करने के लिए बाध्य है। अतः वह ब्रिटिश सम्राट की भाँति एक संवैधानिक प्रधान है।

दूसरी विचारधारा का तर्क है कि भारतीय राष्ट्रपति केवल नाममात्र या 'गौरवपूर्ण शून्य' या 'रबर स्टैम्प राष्ट्रपति' अथवा 'शक्तिहीन राष्ट्रपति' नहीं है। इसका समर्थन के.एम. मुंशी, पी.बी. मुखर्जी, के.वी.राव, ग्लैडहिल, बी.आर. कृष्णा अय्यर तथा दूसरे बहुत से विद्वान करते हैं। यह कहना सर्वथा अनुचित है कि संविधान समिति की इच्छा राष्ट्रपति को संवैधानिक अध्यक्ष मात्र बनाना थी। अगर संविधान समिति के सदस्यों के वक्तव्यों को ही आधार मानकर चला जाए तो ऐसे वक्तव्य भी उपलब्ध हैं जो राष्ट्रपति को केवल नाममात्र का ही अध्यक्ष नहीं बनाना चाहते थे। संविधान सभा के अध्यक्ष ने भी कहा था कि राष्ट्रपति को अपने मंत्रियों की सहायता और सलाह पर काम करने की बात को परंपराओं से शक्ति प्राप्त होगी, क्योंकि संविधान में ऐसी कोई व्यवस्था नहीं है जिससे हर मामले में राष्ट्रपति के लिए अपने मंत्रियों की सलाह मानना आवश्यक हो।[63] के.एम. मुंशीं ने अपने विचारों को इस प्रकार व्यक्त किया–

> "राष्ट्रपति एक नाममात्र का अध्यक्ष नहीं है, बल्कि देश की एकता, संविधान की रक्षा तथा राजनीतिक अराजकता से सुरक्षा के लिए संविधान द्वारा प्रदान की गई शक्तियों का प्रयोग कर सकता है। वह राज्य का स्वतंत्र निकाय है जो संपूर्ण संघ का प्रतिनिधित्व करता है तथा स्वतंत्र शक्तियों का प्रयोग करता है।" उन्होंने आगे कहा कि "वे कृत्य एवं उत्तरदायित्व जिनके प्रति राष्ट्रपति प्रतिबद्ध हैं वे उपराष्ट्रपति, प्रधानमंत्री और संघ के किसी अन्य मंत्री के कर्त्तव्यों व जिम्मेदारियों से भिन्न एवं श्रेष्ठतर हैं।"[64] उन्होंने संकेत किया है कि राष्ट्रपति को कुछ उच्च मंत्रिमंडलीय शक्तियाँ प्राप्त है। उदाहरणस्वरूप, ऐसा प्रधानमंत्री जिसे दल का नेतृत्व प्राप्त नहीं रहता अथवा ऐसी मंत्रिपरिषद जो संसद का विश्वास खो चुकी है, उसको बर्खास्त करने का अधिकार राष्ट्रपति के पास है। इन्हीं शक्तियों का प्रयोग करके राष्ट्रपति चाहे तो वह वास्तविक कार्यपालिका बन सकता है। मुंशी का मत है कि मंत्रियों की सहायता और परामर्श स्वीकार करना राष्ट्रपति का कोई वैधानिक दायित्व नहीं है।[65] कुछ ऐसे अवसर हैं, जिनके संबंध में स्वयं संविधान राष्ट्रपति से आशा करता है कि वह मंत्रिपरिषद के परामर्श से स्वतंत्र रूप में कार्य करे।

एलेन ग्लैडहिल ने संविधान के अंतर्गत दिए गए प्रावधानों के आधार पर एक तानाशाह राष्ट्रपति की एक सुन्दर तस्वीर निम्नलिखित शब्दों में प्रस्तुत की है–

"राष्ट्रपति उस प्रधानमंत्री के परामर्श को मानने के लिए बाध्य नहीं है जो संसद का विश्वास खो चुका है। वह उसे और उसके मंत्रियों को बर्खास्त कर सकता है, यदि वह एक वैकल्पिक स्थायी सरकार बनाने के लिए दूसरों को योग्य पाता है।. . . वह आपातकाल की घोषणा कर सकता है. . . वह सामान्य सत्ता के समर्थन में सशस्त्र बलों का प्रयोग कर सकता है और निवारक नजरबन्दी अध्यादेशों को पुनर्जीवित कर अपने विरोधियों को जेल में डाल सकता है।"[66] डी.एन. बनर्जी के शब्दों में "राष्ट्रपति एक शक्तिहीन अथवा अस्तित्वहीन वस्तु नहीं है।"[67] बी.एन. राव ने संकेत किया है कि किसी विशेष अवसर पर यदि राष्ट्रपति मंत्रिमंडलीय परामर्श के अलावा कार्य करता है तो कार्य की वैद्यता को इस आधार पर न्यायालय में जाँचा नहीं जा सकता।[68]

शमसेर सिंह विवाद में न्यायाधीश वी.आर. कृष्णा अय्यर और न्यायाधीश पी. एन. भगवती ने निर्णय दिया कि संसद भंग करने के विषय में राष्ट्रपति प्रधानमंत्री की सलाह मानने के लिए बाध्य नहीं है। कलकता उच्च न्यायालय के न्यायाधीश पी.बी. मुखर्जी ने इस बात पर बल दिया है कि "भारतीय राष्ट्रपति एक स्वतंत्र संस्था है जिसके स्वतंत्र अधिकार और कार्य और कार्य-प्राधिकार हैं।"[69] इसके अतिरिक्त आइवर जेनिंज का भी मत है कि "भारतीय राष्ट्रपति विदेशी राजशाही (ब्रिटेन) में अपनाए गए संवैधानिक व्यवहार को स्वीकार करने के लिए बाध्य नहीं है।"[70] एच.एम. जैन ने भी एक लेख में लिखा है कि: "यह मान लेना एक गंभीर गलती होगी कि अनुच्छेद 74 में हुए दो संशोधनों के बाद राष्ट्रपति केवल 'रबड़ की स्टैम्प' या 'हस्ताक्षर करने की मशीन' में बदल जाएंगे। दो अत्यंत महत्त्वपूर्ण क्षेत्र जो उपरोक्त संशोधन के बावजूद भी अप्रभावित रहेंगें–उसमें पहला–प्रधानमंत्री की नियुक्ति और दूसरा संसद को भंग करना। घटनाओं के वास्तविक स्वरूप में राष्ट्रपति मंत्रिमंडलीय परामर्श की बजाए संवैधानिक सर्वोच्चता तथा राजनीतिक उद्‌बोधनों से निर्देशित होंगे।"[71] एक अन्य विद्वान वी.एन. श्रीवास्तव का तर्क है कि राष्ट्रपति अपने विवेक अनुसार निम्नलिखित महत्त्वपूर्ण राजनीतिक परिस्थितियों में कार्य कर सकता है–

(क) भ्रष्ट सरकार की बर्खास्तगी।

(ख) प्रधानमंत्री की नियुक्ति और उसकी बर्खास्तगी जबकि वह अपने दल का नेता नहीं रहता।

(ग) जिस मंत्रिपरिषद ने संसद का विश्वास खो दिया हो उसकी बर्खास्तगी करना।

(घ) राष्ट्रपति की दृष्टि में प्रतिनिधि सदन ने जनमत का समर्थन खो दिया हो उसकी बर्खास्तगी करना।

(ड) किसी संकटकाल में मंत्रिमंडल देश की सुरक्षा करना में असफल रहे तो वह सर्वोच्च सेनापति के रूप में शक्ति का प्रयोग करने के मामले में।[72]

वी.जी. रामचन्द्रन के अनुसार राष्ट्रपति सामान्यतया मंत्रिमंडल की सलाह पर ध्यान देता है सिवाय–

– ऐसी सलाह जो संवैधानिक उपबंधों के विरूद्व हो।

– ऐसी सलाह जो राष्ट्रपति की कार्यपालिका शक्ति से संबंधित न होकर बल्कि अनुच्छेद 72 के अंन्तर्गत न्यायिक शक्ति से या अनुच्छेद 123 के तहत अध्यादेश जारी करने की विधायी शक्ति से अथवा संकटकालीन उपबंधों के सभी विषयों में स्वयं संतुष्टि के अनुसार अपनी शक्तियों का प्रयोग करेगा।[73]

संवैधानिक विशेषज्ञ एच. एम. सीरवई का कहना है–"यदि संविधान सभा के विवादों को हमारे संविधान द्वारा दिए गए प्रावधानों की व्याख्या करने के लिए प्रयोग किया जाए तो यह लोकप्रिय तर्क दिया जा सकता है कि निर्देशों के उपकरण और उपबंध तीन को छोड़कर संविधान सभा अपने इस इरादे को जाहिर करती है कि राष्ट्रपति मंत्रियों के परामर्श को मानने के लिए बाध्य नहीं है।"[74]

इसके अतिरिक्त, कुछ मामले ऐसे भी हैं जिनमें सर्वोच्च न्यायालय एवं उच्च न्यायालयों ने स्वयं ही राष्ट्रपति की सक्रियता के स्वायत दायरे के अस्तित्व को स्वीकार किया है। सन् 1964 में जयन्तीलाल अमृतलाल बनाम एफ.ए. राणा मामले में सर्वोच्च न्यायालय ने माना कि अनुच्छेद 258(1) राष्ट्रपति को राज्य के भरोसे वे कार्य करने की शक्ति देता है जो संघ में निहित हैं तथा जिनका क्रियान्वयन संघ की तरफ से राष्ट्रपति के द्वारा किया जाना है परंतु इसने आगे कहा कि अनुच्छेद 258 राष्ट्रपति को इस बात की शक्ति नहीं देता कि वह अपने पद में स्पष्ट रूप में निहित की गई शक्तियों तथा कार्यों को किसी अन्य व्यक्ति या निकाय के भरोसे छोड़ दे। जैसा कि अनुच्छेद 309, 356, अनुच्छेद 258(1) के दायरे में नहीं आते।[75]

इस प्रकार संघ के कार्यपालिका कार्यों तथा राष्ट्रपति के कार्यों के

उच्चत्तम न्यायालय ने अंतर करते हुए राष्ट्रपति की सक्रियता के एक स्वायत क्षेत्र की पहचान की है।

1968 में पंजाब एवं हरियाणा उच्च न्यायालय ने राव वीरेन्द्र सिंह बनाम भारतीय संघ मामले में इन्हीं तर्कों का इस्तेमाल किया। राव वीरेन्द्र सिंह जो कि हरियाणा के मुख्यमंत्री थे, उन्होंने हरियाणा में राष्ट्रपति शासन लागू करने संबंधित राष्ट्रपति के अध्यादेश की वैद्यता को इस आधार पर चुनौती दी कि इस उद्घोषणा में कभी भी यह स्पष्ट नहीं किया गया कि उनकी सरकार को बर्खास्त करने का निर्णय मंत्रिपरिषद के परामर्श के आधार पर लिया गया था। माननीय उच्च न्यायालय ने इस तर्क को अस्वीकार कर दिया और कहा कि जयन्तीलाल अमृतलाल मामले में दिए गए निर्णय ने राष्ट्रपति के कार्यपालिका कार्यों और संघ के कार्यों के बीच एक अंतर स्थापित किया है। इसलिए यह माना जा सकता है कि राष्ट्रपति शासन लागू करने की उद्घोषणा की शक्ति राष्ट्रपति की निजी शक्तियों की श्रेणी में आती है और परिणामस्वरूप हरियाणा में राष्ट्रपति शासन लागू करने की उद्घोषणा के अध्यादेश में मंत्रिपरिषद के परामर्श का उल्लेख करना जरूरी नहीं है।[76]

1971 में उच्चतम न्यायालय ने सरदारीलाल मामले में राय दी कि "अनुच्छेद 123 के अंतर्गत अध्यादेश जारी करने की शक्ति, अनुच्छेद 268 से 279 के प्रावधानों को आपातकाल के दौरान स्थगित करने की शक्ति, अनुच्छेद 356 के अंतर्गत राज्यों में संवैधानिक मशीनरी की असफलता घोषित करने, अनुच्छेद 360 के अंतर्गत वित्तीय आपात की घोषणा करने, अनुच्छेद 309 के अंतर्गत संघ के मामलों से संबंधित सेवाओं तथा पदों पर नियुक्त किए जाने वाले व्यक्तियों की भर्ती तथा सेवा शर्तों से संबंधित नियम बनाने आदि की शक्तियाँ वास्तव में संविधान द्वारा राष्ट्रपति में निहित की गई हैं तथा इन्हें अनुच्छेद 258(1) के अंतर्गत किसी अन्य सत्ता या निकाय को प्रत्यायोजित या हस्तांतरित नहीं किया जा सकता।"[77]

पुनः भारतीय संघ बनाम ज्योति प्रकाश मित्र मामले में उच्चतम न्यायालय ने निर्णय दिया कि अनुच्छेद 217(3) के अंतर्गत किसी न्यायाधीश की आयु का निर्धारण करने की राष्ट्रपति को प्रदान की गई शक्ति एक अर्ध-न्यायिक कार्य था जो राष्ट्रपति को निजी रूप से प्रदान किया गया था जिसे क्रियान्वित करने में उसे मंत्रिपरिषद के परामर्श के बिना और मुख्य न्यायाधीश से परामर्श करते हुए क्रियान्वित करना था, परंतु साथ ही उसे मुख्य न्यायाधीश के निर्णय के प्रति समर्पण भी नहीं करना था।[78]

जिस प्रकार हमनें प्रथम विचार के अंतर्गत मुख्य न्यायाधीश ए.एन. राय के निर्णय का विवेचन किया है उसी प्रकार दूसरे विचार के संबंध में न्यायाधीश वी. के. आर कृष्णा अय्यर द्वारा दिए गए निर्णय में राष्ट्रपति की शक्तियाँ इस प्रकार हैं–

> "हम अपने संविधान की इस शाखा की विधि को इस प्रकार घोषित करते हैं कि राष्ट्रपति और राज्यपाल अपनी औपचारिक संवैधानिक शक्तियों का प्रयोग अपने मंत्रियों के परामर्श तथा सहमति के अनुसार ही करते हैं, सिवाय कुछ जानी मानी अपवाद स्वरूप की परिस्थितियों के।. . . ये परिस्थितियाँ (क) प्रधानमंत्री का चयन (ख) उस सरकार की बर्खास्तगी जो सदन में अपना बहुमत खो चुकी है तथा अपना पद छोडने से इनकार करती है और (ग) सदन को भंग करना. . .।"[79]

इस प्रकार उपरोक्त चर्चा से यह स्पष्ट है कि भारतीय संघ के राष्ट्रपति की स्थिति एवं शक्तियों के संबंध में विधिवेत्ताओं, कानूनी पंडितों तथा शिक्षाविदों के बीच कोई एक राय नहीं बन पाई है। यहाँ पर विभिन्न राष्ट्रपतियों के कार्य का संक्षिप्त ऐतिहासिक विवेचन करना उपयुक्त होगा। अपनी निजी शैली और भूमिका को ग्रहण करने में राष्ट्रपति भवन के पदाधिकारियों को बहुत से तत्त्वों और विचारों ने प्रभावित किया। व्यक्तित्त्व का तत्व, प्रधानमंत्री के साथ समीकरण, प्रधानमंत्री की सरकार एवं पार्टी में स्थिति तथा राजनीतिक परिस्थितियों ने निश्चित रूप से पूर्व राष्ट्रपतियों की कार्यशैलियों को प्रभावित किया।

1952 और 1957 में राष्ट्रपति पद पर राजेद्र प्रसाद का चयन जवाहर लाल नेहरू की इच्छा का परिणाम नहीं था। जवाहर लाल नेहरू और राजेद्र प्रसाद में स्वभावगत और मूलभूत दृष्टिकोण का भेद था।[80] यह दुर्भाग्यपूर्ण है कि राजेद्र प्रसाद के रूढ़िवादी दृष्टिकोण का नेहरू द्वारा ग्रहण किया गया अति संवेदनशील विचार न केवल दोनों को राजनीतिक दृष्टि से दूर ले गया बल्कि साथ ही नेहरू को यह मान लेना पड़ा कि राजेद्र प्रसाद आधुनिक धर्मनिरपेक्ष भारत की सही तस्वीर प्रस्तुत नहीं कर सकते। इससे भी आगे नेहरू की यह आदेश देने की व्यग्रता की राष्ट्रपति को क्या करना चाहिए और क्या नहीं करना चाहिए, ने भी राजेंद्र प्रसाद को आक्रामक रूप में कार्य करने के लिए प्रेरित किया। इस संबंध में अनेक संकेत मिलते हैं और अनेक स्रोतों द्वारा इस बात की पुष्टि की गई है कि राजेद्र प्रसाद के कार्यकाल में प्रसाद और नेहरू के पारस्परिक संबंध अच्छे नहीं रहे।[81] इनमें कुछ महत्त्वपूर्ण और व्यक्तिगत आचरण से संबंधित मामलों यथा सोमनाथ मन्दिर के उत्सव की अध्यक्षता, दिसम्बर, 1950 में सरदार पटेल

शवयात्रा में भाग लेने और 1952 में बनारस यात्रा के अवसर पर श्रद्धावश राजेद्र प्रसाद द्वारा पंडितों के पैर धोने आदि के संबंध में तो राजेद्र प्रसाद ने जवाहर लाल नेहरू के विरोध को अस्वीकार करते हुए अपने विवेक के अनुसार कार्य किया, लेकिन प्रशासनिक महत्त्व के विषयों पर जवाहरलाल नेहरू ने प्रसाद के परामर्श और दृष्टिकोण को उचित महत्त्व नहीं दिया। 2 मार्च, 1950 को राजेंद्र प्रसाद ने राष्ट्रपति की शक्तियों के संदर्भ में कुछ प्रासंगिक प्रश्न उठाए जो आज तक संतोषजनक रूप से अनुतरित रहे हैं। संविधान के अंतर्गत क्या कोई ऐसी अवस्था की कल्पना की गई है जिसमें राष्ट्रपति को मंत्रिमंडल की सलाह से स्वतंत्र रहकर कार्य करना पड़े। राष्ट्रपति के सामने यह स्थिति-सलाह के प्रतिकूल जाना पड़े, ऐसी भी परिस्थिति जबकि वह सलाह लेने का इंतजार भी न करे और मंत्रिमंडल सलाह देने से इनकार कर जाए तो उत्पन्न हो सकती हैं। किस प्रकार और किन परिस्थितियों में राष्ट्रपति के यह कृत्य स्वतः अपने में स्वतंत्र हो सकते हैं?

क्या न्यायिक नियुक्तियों में राष्ट्रपति का कोई मत लिया जाता है तथा क्या राष्ट्रपति मुख्य महालेखा परीक्षक से कोई सूचना या परामर्श मंत्रिपरिषद से अलग स्वतंत्र रूप में किसी विषय में मांग सकता है?[82] अगर लोकसेवा आयोग अपने काम की अवहेलना अथवा स्वयं के कर्त्तव्य पालन में चूके अथवा मंत्रालय ये सांठ-गांठ कर ले तो क्या राष्ट्रपति उसमें दखल दे सकते हैं? अगर चुनाव आयुक्त सत्ताधारी दल अथवा विपक्षी दल से सांठ-गांठ कर ले तो क्या राष्ट्रपति स्वतंत्र एवं निष्पक्ष चुनाव के लिए स्वतंत्र रूप से कार्य कर सकता है? उन्होंने कहा कि ये प्रश्न काल्पनिक हो सकते हैं और हो सकता है कि कभी पैदा ही नहीं हो, फिर भी संविधान की क्रियान्विति को खोजने के लिए इनका उत्तर अवश्य ही ढूँढना चाहिए। यह सर्वविदित है कि राजेद्र प्रसाद और जवाहरलाल नेहरू के बीच 'हिन्दू कोड़ बिल' के सम्बन्ध में मतभेद उत्पन्न हुए। जब यह बिल अंतरिम संसद के सामने आने वाला था जब प्रथम राष्ट्रपति राजेद्र प्रसाद ने साफतौर पर कह दिया था कि यह विधेयक तब तक पारित नहीं किया जाना चाहिए जब तक इस विषय को जनता के सामने रखकर उस पर उसकी अनुमति न ले ली जाए।[83] इस सलाह के पीछे यह विचार काम कर रहा था कि उस समय संसद पूर्णरूपेण नहीं बन पाई थी और संविधान सभा को ही काम चलाऊ संसद का नाम देकर दिन-प्रतिदिन का काम चलाने का नैतिक तथा संवैधानिक अधिकार सौंपा गया था। दोनों के बीच में मतभेद की वजह से बिल उस रूप में पारित नहीं हुआ, जिस रूप में उसे तैयार किया गया था। राजेद्र प्रसाद के कड़े विरोध के कारण सरकार ने इस बिल को प्रथम आम चुनाव तक स्थगित करना

पड़ा।[84] आम चुनाव के बाद जब विधेयक संसद के सम्मुख आया तो इसके कानून बनने में प्रसाद ने कोई रूकावट नहीं डाली। इसी तरह विश्वविद्यालय के विजीटर के रूप में राष्ट्रपति की स्थिति, संवैधानिक प्रावधानों में मंत्रिपरिषद की मंत्रणा से संबंधित अस्पष्ट भाषा के संबंध में आपत्ति, संसद को संदेश भेजने, विध ेयक पर स्वीकृति देने आदि मामलों में स्वतंत्र रूप से निर्णय लेने की इच्छा यही दर्शाती है कि राजेद्र प्रसाद शासन व्यवस्था में स्वतंत्र और सक्रिय भूमिका निभाना चाहते थे जो जवाहरलाल नेहरू जैसे लोकप्रिय दैदीव्यमान व्यक्ति के प्रधानमंत्री रहते संभव नहीं हुआ।

तिब्बत को चीन के आंतरिक अंग के रूप में स्वीकार करने के शासन के दृष्टिकोण से भी राजेद्र प्रसाद सहमत नहीं थे। उन्होंने इस संबंध में नेहरू को पत्र भी लिखा था, लेकिन नेहरू ने प्रसाद के विरोध को अस्वीकार कर दिया।[85] राजेंद्र प्रसाद इस बात को मानने के लिए भी तैयार नहीं थे कि भारत के राष्ट्रपति की संवैधानिक स्थिति वैसी ही है जैसी कि ग्रेट ब्रिटेन की साम्राज्ञी की है। 1960 में दिल्ली में विद्यि संकाय की आधारशिला का पत्थर रखते हुए भी उन्होंने अपने इन विचारों को अपने भाषण में प्रकट किया था। प्रसाद के दूसरे कार्यकाल में राष्ट्रपति और प्रधानमंत्री के बीच मतभेद और बढ़े।[86] राज्य के कार्यों में हिन्दी की स्थिति, सामाजिक सुधार, सहकारी कृषि, भ्रष्टाचार के आरोपों की जाँच हेतु आयोग की स्थापना, राजा महेन्द्र और नेपाली कांग्रेस के बीच विवाद में भारत सरकार द्वारा नेपाली कांग्रेस के समर्थन आदि अनेक प्रश्नों पर प्रसाद शासन की नीति से सहमत नहीं थे और उन्होंने समय-समय पर अपने विचार व्यक्त भी किए, लेकिन शासन की नीति पर इनका कोई प्रभाव नहीं पड़ा।

केन्द्र–राज्य संबंधों की स्थिति से भी प्रसाद चिन्तित थे। वे राज्यपालों की अनुपस्थिति में उनके पद पर राज्यों के मुख्य न्यायाधीशों द्वारा कार्य किए जाने के पक्ष में नहीं थे। उन्होंने प्रधानमंत्री को कहा था कि राज्यों के मामलों में अनावश्यक हस्तक्षेप नहीं किया जाना चाहिए।[87] राजेंद्र प्रसाद ने दूसरे कार्यकाल में प्रधानमंत्री के द्वारा राष्ट्रपति को कैबिनेट के निर्णयों की पूर्व-सूचना भी नहीं दी जाती थी। राजदूतों, राज्यपालों और अन्य महत्त्वपूर्ण पदाधिकारियों की नियुक्ति की सूचना उन्हें समाचार पत्रों से ही प्राप्त होती थी। राजेंद्र प्रसाद ने इस सम्बन्ध में अपनी अवहेलना का प्रबल विरोध करते हुए पत्र लिखा कि “आप बहुत ही बुरी प्रथा डाल रहे हैं। यदि कोई ऐसा व्यक्ति राष्ट्रपति होता जो आपको पसन्द नहीं करता, तो वह आपके लिए अनेक प्रकार की कठिनाइयां पैदा कर सकता था।”[88] इस पर मंत्रिपरिषद की बैठक में विचार करने के पश्चात यह

निर्णय लिया गया कि उच्च स्तर के पदाधिकारियों की नियुक्ति के आदेश जारी किए जाने से पहले उन नियुक्तियों पर राष्ट्रपति के हस्ताक्षर किए जाएंगें।

राजेंद्र प्रसाद ने उस संकट के संबंध में सूचना प्राप्त न होने पर भारी नाराजगी व्यक्त की, जिसके परिणामस्वरूप सेनाध्यक्ष थिमैया ने त्याग पत्र दिया था। उन्होंने कहा कि 'रक्षा सेवाओं के सर्वोच्च प्रधान के रूप में उनकी सत्ता की अवहेलना की गई है।' उन्होंने रक्षामंत्री कृष्णामेनन को प्रताड़ित किया और मेनन को राष्ट्रपति से क्षमा मांगनी पड़ी।[89] बाद में इस संबंध में उन्होंने नेहरू से भी विरोध प्रकट किया।

लोकसेवा के वरिष्ठ सदस्य वेंकटाचार ने नेहरू और प्रसाद के संबंध का उल्लेख इस प्रकार से किया है: 'प्रधानमंत्री राष्ट्रपति पद के प्रति बाहरी औपचारिकताओं और इस उच्च पद को उचित सम्मान देने का पूरा ध्यान रखते थे और उन्होंने ऐसा कोई प्रयत्न नहीं किया, जिससे जनता की नज़रों में इस पद का सम्मान कम होता। प्रसाद विविध मामलों में प्रधानमंत्री द्वारा सूचित किए जाने से ही संतुष्ट थे और उन्होंने इस बात पर जोर नहीं दिया कि सभी मामलों में उनसे परामर्श लिया जाना चाहिए। कैबिनेट को प्रोत्साहित करने और चेतावनी देने का कार्य कैसे किया जाए? इस संबंध में उनके अपने विचार थे उन्होंने इस दिशा में कुछ असफल प्रयत्न भी किए, लेकिन, अपने सहज, संकोच, विनम्रता और नेहरू का सामना करने में आत्म-विश्वास के अभाव के कारण उन्होंने अपने विचारों पर कोई बल नहीं दिया।'[90]

राजेद्र प्रसाद और जवाहरलाल नेहरू के बीच अनवरत मतभेद और तनाव की स्थिति देखी जा सकती है। सौभाग्यवश इन मतभेदों को सार्वजनिक रूप से व्यक्त नहीं किया गया। राजेंद्र प्रसाद की संसदीय परंपराओं के प्रति सम्मानपूर्ण दृष्टि, लोकतांत्रिक सिद्धांतों में उनकी श्रद्धा तथा राजनीतिक विवेकपूर्णता ने उन्हें संसद और मंत्रिमंडल की शक्तियों का अतिक्रमण करने की अनुमति नहीं दी। इसलिए 8 मई, 1962 को उन्हें जो अभिनंदन पत्र पेश किया गया था, उसमें स्पष्ट कहा गया था:–

> "आपने अपनी स्वाभाविक सौम्यता, नितांत सादगी, दृष्टिकोण की स्पष्टता, गहन विनम्रता और व्यापक मानवता के गुणों से राष्ट्रपति पद पर आसीन होने को एक नया अर्थ और महत्व प्रदान किया है। भारत के पहले राष्ट्रपति होने के नाते आपने इस पद को समृद्ध और मधुमय बनाया है और आप अपने पीछे प्रेरणादायक परम्पराएँ छोड़ रहे हैं।"[91]

राष्ट्रपति एस. राधाकृष्णनन् भारतीय राजनीति में स्वतंत्र भूमिका निभाने की आकांक्षा रखते थे।[92] एक मौका आया जब प्रधानमंत्री की इच्छाओं का खुले तौर पर विरोध करते हुए पूर्व राष्ट्रपति राजेद्र प्रसाद के अंतिम संस्कार में शामिल होने के लिए पटना जाने का निर्णय लिया। नेहरू ने राजस्थान जाने के नाम पर अंतिम संस्कार में भाग न लेने के कारण राष्ट्रपति से कहा 'मैं नहीं समझता कि आपका वहाँ जाना किसी भी कारण से आवश्यक है।' इस पर राधाकृष्णनन् ने दो टूक जबाब दिया, "नहीं, मैं समझता हूँ कि मुझे अंतिम संस्कार में शामिल होने के लिए अवश्य जाना चाहिए। यह आदर उनका है और उन्हें अवश्य ही दिया जाना चाहिए" इतना ही नहीं बल्कि उन्होंने यह भी कहा, "मेरे ख्याल में आपको अपना कार्यक्रम छोड़ देना चाहिए और मेरे साथ चलना चाहिए।"[93]

एस. राधाकृष्णनन् और प्रधानमंत्री के बीच यदाकदा विरोधाभास की स्थिति उत्पन्न हुई, क्योंकि राधाकृष्णन्न ने राजनीतिक विषयों पर अपने व्यक्तिगत विचारों को स्वतंत्रतापूर्वक व्यक्त करना चाहा, जबकि नेहरू उनके ऐसे विचारों को स्वीकार करने को तैयार न थे जो उनके विचारों से मेल न खाते थे।[94] राधाकृष्णनन् अपने कार्यकाल के दौरान अपने विचारों को सार्वजनिक रूप से अभिव्यक्त करने में अपवादजनक रूप से स्पष्ट रहे। 1962 में चीनी आक्रमण के समय राष्ट्रपति और प्रधानमंत्री के संबंध कुछ और कटु हो गए। चीनी आक्रमण के झटके के अंतर्गत उन्होंने अपने इस विचार को गुप्त नहीं रखा कि यह सैनिक संकट चीन के साथ संबंधों में अपनाई गई उपेक्षा तथा लापरवाही के साथ-साथ देश की रक्षा सेनाओं की तैयारी पूरी न होने का परिणाम था।[95] तत्कालीन रक्षामंत्री कृष्णामेनन के त्यागपत्र में राष्ट्रपति की प्रभावशाली भूमिका थी[96] ऐसा कहा जाता है कि इस अवसर पर तत्कालीन राष्ट्रपति नेहरू मंत्रिमंडल के त्यागपत्र दिए जाने के पक्ष में थे। इसी प्रकार 1963 में जब राष्ट्रपति ने गुप्त रूप से कांग्रेस अध्यक्ष कामराज से बातचीत की और इच्छा व्यक्त की कि नेहरू को प्रधानमंत्री पद से हटा दिया जाए।[97] कामराज ने राष्ट्रपति की इच्छाओं को कार्यान्वित नहीं किया, बल्कि कुछ व्यक्तियों के अनुसार उन्हें नेहरू तक को प्रेषित कर दिया। तब से राधाकृष्णनन् नेहरू के अप्रिय व्यक्ति और कामराज अधिक घनिष्ठ और विश्वस्त सहयोगी हो गए।[98]

राधाकृष्णनन् ने सरकारी नीतियों की अपनी आलोचनाओं में पर्याप्त उत्साह और राजकुशलता प्रकट की। उत्तर प्रदेश कृषि विश्वविद्यालय के नवम्बर, 1963 में हुए दीक्षान्त समारोह में अपना भाषण करते हुए भारत में कृषि के ठहराव के लिए प्रशासनिक मशीनरी को जिम्मेदार ठहराया। पंजाब के मुख्यमंत्री प्रताप सिंह

कैरों के विरूद्ध जाँच आयोग बैठाने का कार्य भी नेहरू ने अपनी इच्छा के विरूद्ध राष्ट्रपति के आग्रह पर किया था।[99] इसके अतिरिक्त, मई, 1964 में नेहरू की मृत्यु के बाद वरिष्ठतम कैबिनेट सदस्य गुलजारी लाल नंदा को कार्यवाहक प्रधानमंत्री बनाने का निर्णय स्वयं ही लिया था।[100] राधाकृष्णनन् द्वारा यह निर्णय कैबिनेट की आपातकालीन समिति द्वारा सुझाव दिए जाने से पहले ही ले लिया गया था। जनवरी, 1966 में लाल बहादुर शास्त्री की मृत्यु के बाद उसी प्रक्रिया का पुनः अनुसरण किया।[101] सन् 1964 में गणराज्य दिवस की पूर्व संध्या पर उनका राष्ट्र के नाम प्रसारण बहुत महत्त्वपूर्ण था, जिसमें उन्होंने कहा थाः "यह स्वीकार करना अच्छा होगा कि एक, कमजोर अकुशल और गंदे प्रशासन को बर्दाश्त करने की हमारे समाज की शक्ति असीम नहीं हैं"। इंदिरा गांधी और राष्ट्रपति राधाकृष्णनन् के बीच मतभेद का परिचय इस बात से भी मिलता है कि राष्ट्रपति ने 1967 में गणतंत्र दिवस पर प्रसारित अपने भाषण में सरकार की कटु आलोचना की और उस पर साधनों के कुप्रबंध तथा कार्यकुशलता के अभाव का आरोप लगाया।[102]

ऐसा कहा जाता कि इंदिरा गांधी और राधाकृष्णनन् के पारस्परिक मतभेद के कारण ही राष्ट्रपति राधाकृष्णनन् को दूसरा कार्यकाल नहीं मिल सका। यह सच है कि नेहरू के अंतिम दिनों में उनकी अस्वस्थता के कारण तथा सैनिक पराजय के कारण शक्ति का संतुलन राष्ट्रपति राधाकृष्णनन् की तरफ झुकने लगा था, परंतु इंदिरा गांधी के कार्यकाल के प्रारम्भिक दिनों में शक्ति संतुलन का झुकाव पुनः प्रधानमंत्री की तरफ होने लगा। राष्ट्रपति की अधिक आयु, दुर्बल स्वास्थ्य ने उन्हें राजनीति में प्रमुख भूमिका अदा नहीं करने दी। जाकिर हुसैन, वी.वी. गिरी तथा फखरूद्दीन अली अहमद इंदिरा गांधी की व्यक्तिगत पसंद थे। उन्होंने लगभग प्रधानमंत्री के राष्ट्रपति के रूप में कार्य किया। जाकिर हुसैन के राष्ट्रपति काल में बदली हुई दलीय स्थिति के कारण केन्द्र-राज्य संबंधों में राष्ट्रपति की भूमिका बहुत महत्त्वपूर्ण हो सकती थी, लेकिन शिक्षाविद् राष्ट्रपति के द्वारा इस प्रकार की चेष्ठा नहीं की गई और उनका कार्यकाल प्रधानमंत्री और राष्ट्रपति के संबंधों की दृष्टि से शांत ही रहा।[103]

प्रधानमंत्री इंदिरा गांधी और राष्ट्रपति वी.वी. गिरि के बीच मधुर संबंधों की स्थिति सन् 1972 के अंत तक रही। सन् 1973 के प्रारम्भ से ही उन्होंने शासन को परामर्श देने, चेतावनी देने और भर्त्सना करने का कार्य ऐसे रूप में शुरू कर दिया जो शासन के लिए नितान्त अरूचिकर था। 29 जुलाई, 1973 को लखनऊ में गांधी भवन का उद्घाटन करते हुए उन्होंने शासन की प्रत्यक्ष और तीखी

आलोचना की।[104] सन् 1974 में रेलवे की हड़ताल के संबंध में और गुजरात विधानसभा भंग किए जाने के संबंध में उनके विचार प्रधानमंत्री से मेल नहीं खाते थे। उन्होंने तस्करी, कालाबाजारी तथा खाद्यान्न में मिलावट आदि को रोकने की वकालत की। समय से पूर्व संसद को भंग करने का प्रश्न भी उनके शासनकाल में ही एक ज्वलंत मुद्दा बना।

फखरुद्दीन अली अहमद ने अपने शासनकाल में संवैधानिक प्रमुख की भूमिका का प्रतिपादन किया था। उनकी बढ़ती उम्र और गिरते हुए स्वास्थ्य ने उन्हें राष्ट्रपति भवन की शोभा प्रतीक मात्र ही बनकर रहने दिया। अपने कार्यकाल में उन्हें अनेक दस्तावेजों, आदेशों एवं संवैधानिक संशोधनों पर इच्छा या अनिच्छा से हस्ताक्षर करने पड़े। राष्ट्रपति अहमद के द्वारा 24 जून, 1975 की रात्रि को आपातकालीन उद्घोषणा पर यह जानते हुए हस्ताक्षर किए कि मंत्रिमंडल ने इस विषय पर विचार नहीं किया है। 42 वें संविधान संशोधन द्वारा स्वयं राष्ट्रपति को 'अलंकार' बना देने के प्रयत्नों का भी प्रकट रूप से उन्होंने कोई विरोध नहीं किया।

सन् 1977 में भारत के संवैधानिक इतिहास में पहली बार किसी महत्त्वपूर्ण संवैधानिक प्रश्न पर प्रधानमंत्री और राष्ट्रपति के बीच नौ राज्यों की विधानसभाएँ भंग किए जाने के प्रश्न पर मतभेद देखा गया। तत्कालीन कार्यवाहक राष्ट्रपति बी.डी. जती ने स्थिति के अध्ययन के नाम पर 24 घंटे से भी अधिक समय तक मंत्रिमंडल के निर्णय पर अपनी स्वीकृति नहीं दी लेकिन अन्त में जती द्वारा अपने पद की संवैधानिक सीमाओं को स्वीकार करते हुए मंत्रिमंडल के परामर्श को स्वीकार कर लिया गया।

एन. संजीवा रेड्डी द्वारा सरकार को दी गई चेतावनी और स्पष्टवादिता, 1979 में चरण सिंह को प्रधानमंत्री पद के लिए चुनना, संसद के मध्यावधि चुनाव कराने का उनका निर्णय, नई दिल्ली से मुख्यमंत्रियों को थोपने की परम्परा की उनकी आलोचना तथा सार्वजनिक जीवन में भ्रष्टाचार पर उनका प्रहार, भारत के राष्ट्रपति के रूप में उनकी स्वतंत्र तथा स्वायत भूमिका के प्रमाण हैं। वे ये मानते थे कि राष्ट्रपति को किसी भी फाईल या दस्तावेज को मांगने का अधिकार है। उन्होंने कहा "मैं ऐसी परम्परा देखना चाहता हूं जिसमें प्रधानमंत्री राष्ट्रपति से नियमित अतंराल के बाद मिलता रहे, ताकि शासन के मुखिया और राज्य के मुखिया के बीच एक पूरा तालमेल स्थापित हो सके तथा विचारों के सम्पूर्ण, स्वतंत्र एवं खुले आदान-प्रदान का अवसर मिल सके।"[105]

15 जुलाई, 1979 को असामान्य परिस्थितियों में मोरारजी देसाई के पद त्याग और वाई. वी चव्हाण द्वारा सरकार बनाने में अपनी असमर्थता व्यक्त किए जाने के बाद राष्ट्रपति नीलम संजीवा रेड्डी द्वारा मोरारजी देसाई और चरण सिंह से प्रधानमंत्री पद के लिए अपने दावे प्रस्तुत करने के लिए कहा गया और दोनों द्वारा अपने दावे प्रस्तुत किए जाने पर चरणसिंह को सरकार बनाने के लिए आमंत्रित किया और साथ ही उन्हें यह निर्देश दिया गया कि लगभग एक माह के अन्दर उनके द्वारा संसद में विश्वास का मत प्राप्त किया जाना चाहिए।

अनेक अवसरों पर विशेषकर जब कार्यवाहक प्रधानमंत्री पद पर थे तब राष्ट्रपति संजीवा रेड्डी ने अपने अधिकारों का खुलकर प्रयोग किया था। उदाहरणतया, मोरारजी देसाई अपना त्यागपत्र देने के पश्चात राष्ट्र के नाम अपना संदेश प्रसारण करना चाहते थे, जिसका राष्ट्रपति ने विरोध किया था। उसने काम चलाऊ सरकार की नीति संबंधी निर्णय न लेने के लिए, उच्चतम न्यायालय के न्यायाधीशों की नियुक्ति न करने, पिछड़े वर्ग के लिए नौकरियों में स्थान आरक्षित न करने तथा अलीगढ़ मुस्लिम विश्वविद्यालय को अल्पसंख्यकों का विश्वविद्यालय घोषित न करने और संसद चुनावों में उम्मीदवारों को चुनाव का खर्च न देने का आदेश दिया था।[106] मुनाफा-खोरी तथा जमाखोरी को रोकने से संबंधित निवारक निरोध अध्यादेश पर भी राष्ट्रपति ने बहुत ही हिचकिचाहट के पश्चात, हस्ताक्षर किए थे।

संजीवा रेड्डी जब सोवियत रूस नहीं जाना चाहते थे तब उन्हें भेजा गया, रूस में ब्रेझनेव भोज के समय अनुपस्थित रहे जो रेड्डी के लिए अपमानजनक था और वे चाहते थे कि इसके प्रति उपयुक्त विरोध प्रकट किया जाए लेकिन, तत्कालीन प्रधानमंत्री इंदिरा गांधी ने इस बात को महत्त्व नहीं दिया। यही नहीं जब रेड्डी ने श्रीलंका जाने की इच्छा व्यक्त की, तो इंदिरा गांधी इसके लिए सहमत नहीं हुई।[107] घटनाओं का क्रम ऐसा चला कि राष्ट्रपति भी अब तैयार किए गए मूल भाषणों से प्रायः अलग बोलते थे। इससे देश तथा विदेशों में होने वाली महत्त्वपूर्ण घटनाओं का ज्ञान राष्ट्रपति को केवल समाचार पत्रों से ही हो पाता था। नवम्बर, 1981 में गढ़वाल संसद सीट का चुनाव स्थगित किए जाने पर राष्ट्रपति ने पत्र द्वारा प्रधानमंत्री से अपनी नाराजगी प्रकट की। राष्ट्रपति व प्रधानमंत्री के आपस में मिलने-मिलाने की परंपराओ में भी दरार पड़ने लगी। जुलाई, 1982 में अपना पद त्यागने से कुछ दिन पूर्व संजीवा रेड्डी ने राष्ट्रपति से संबंधित संवैधानिक प्रावधानों के गहन अध्ययन संबंधी राजेद्र प्रसाद के तर्क का समर्थन किया।

राष्ट्रपति के रूप में ज्ञानी जैल सिंह की भूमिका ने भी राष्ट्रपति के पद के बारे में परस्पर विरोधी विचारों के उभरने में मदद की। यद्यपि वे इंदिरा गांधी की उच्चतम पद के लिए व्यक्तिगत पसंद थे, फिर भी धीरे-धीरे उन दोनों के बीच भी एक प्रकार का राजनीतिक अलगाव पैदा होने लगा। पंजाब में 1983 में लागू किए गए 'ऑप्रेशन ब्लू स्टार' के बारे में राष्ट्रपति को अंधेरे में रखा गया तथापि 31 अक्तूबर, 1984 को इंदिरा गाँधीं की मृत्यु के बाद जैल सिंह ने कांग्रेस संसदीय दल के नेता के रूप में चयन की प्रतीक्षा किए बिना ही राजीव गांधी को प्रधानमंत्री नियुक्त करने का निर्णय लिया, परंतु जल्दी ही दोनों शीर्ष राजनीतिक नेताओं के बीच तनाव पैदा हो गए। राष्ट्रपति को दरकिनार और उपेक्षित किया गया। उनको संसद में मंत्रिमंडल के सदस्यों द्वारा अपमानित किया गया तथा उन पर अक्षमता का झूठा आरोप लगाया गया। इन परिस्थितियों में जैलसिंह द्वारा वास्तविक राज्यध्यक्ष के रूप में कार्य शुरू कर दिया गया। जिसका एक उदाहरण 1986 में विवादास्पद डाक विधेयक प्रकरण के रूप में सामने आया। उन्होंने धारा 74 की सम्पूर्णतावादी व्याख्या को नकार दिया और इतना ही नहीं अपितु राजीव गांधी और उसके साथियों द्वारा अग्रेसित धारा 78 के अन्तर्गत राष्ट्रपति के सीमित अधिकारों के सिद्वान्त को भी मानने से इनकार कर दिया जो सम्भवतः ठीक नहीं था। प्रधानमंत्री ने तर्क दिया की राष्ट्रपति को सूचना मांगने का अधिकार मंत्रिपरिषद के परामर्श के द्वारा सीमित है, जो यह निर्णय कर सकती है कि कौन सी सूचना दी जाए और कब दी जाए, लेकिन राष्ट्रपति ने माना कि प्रधानमंत्री से किसी भी विषय पर जानकारी मांगने के उसके अधिकार पर कोई प्रतिबंध नहीं है। राष्ट्रपति सही थे, क्योंकि जैसा कि अनुच्छेद 74 भी इन शब्दों से प्रारम्भ होता है कि "मंत्रियों की एक परिषद होगी.. . .।" अनुच्छेद 78 भी इन शब्दों से प्रारम्भ होता है कि "यह प्रधानमंत्री का दायित्व होगा कि वह राष्ट्रपति को मंत्रिपरिषद के सभी निर्णयों से अवगत कराएं।" यहाँ हमें यह याद रखना चाहिए कि अनुच्छेद 60 राष्ट्रपति के ऊपर संविधान की रक्षा करने का दायित्व डालता है और इसलिए उसे राज्य से संबंधित सभी मामलों में जानकारी प्राप्त करने का पूर्ण अधिकार प्राप्त है।

संविधान सभा के एक सदस्य एल. कृष्णास्वामी भारती ने यह सही तर्क दिया कि प्रधानमंत्री का यह संवैधानिक दायित्व है कि संविधान के अनुच्छेद 78 के अंतर्गत राष्ट्रपति द्वारा मांगी गई कोई सूचना उसके सामने प्रस्तुत करे।[108] एच.एम. सीरवई के अनुसार अनुच्छेद 78 के अंतर्गत राष्ट्रपति की शक्तियाँ परामर्श देने या विर्मश में देरी या सावधानी की आवश्यकता से संबंधित है और

ये वे शक्तियाँ हैं जिनका प्रयोग सरकार और विपक्ष के बीच सेतु–निर्माण के लिए किया जा सकता है।[109]

राष्ट्रपति ने विवादास्पद भारतीय डाकघर (संशोधन) विधेयक पर हस्ताक्षर करने से इनकार कर दिया, तथा सरकार से जबाब मांगा कि न्यायाधीशों की नियुक्ति के बारे में साफ नीति क्यों नहीं बनाई जा रही है, दूरदर्शन के एक तरफा प्रसारण पर ऐतराज उठाया, मुख्य चुनाव आयुक्त को बुलाकर हरियाणा में अन्य राज्यों के साथ चुनाव न कराए जाने का कारण पूछा। आन्ध्र प्रदेश के राज्यपाल कुमुदबेन जोशी को दायरे से बाहर जाने पर डांटते हुए तीखा पत्र लिखा, सरकार से पूछा की राष्ट्र के नाम उनके संदेश को सेंसर क्यों किया गया?[110] दबाब डालकर राष्ट्रपति से विदेश यात्राओं के निमंत्रण नामंजूर कराए जाने लगे। यही नहीं, प्रधानमंत्री ने प्रोटोकाल की सरासर अनदेखी करते हुए राष्ट्रपति को अपनी विदेशी यात्राओं के नतीजों को बताना तक बन्द कर दिया। महत्त्वपूर्ण सरकारी फाईलें तलब करने के बाबजूद राष्ट्रपति के पास नहीं भेजी गई। अपने एक पत्र में राष्ट्रपति ने प्रधानमंत्री को लिखा 'असम, पंजाब और मिजोरम के बारे में समझौते करते समय मुझे किसी भी स्तर पर कोई जानकारी नहीं दी गई।'[111]

राष्ट्रपति जैलसिंह ने जो अहम् मुद्दा उठाया वह यह है कि राष्ट्रपति को देश की गतिविधियों के बारे में जानकारी प्राप्त करने का अधिकार है और जानकारी देने का संवैधानिक दायित्व प्रधानमंत्री का है। प्रधानमंत्री राजीव गांधी ने जिस नए सिद्धांत का प्रतिपादन किया, उसका अर्थ यही था कि राष्ट्रपति को कितनी जानकारी मिलनी चाहिए, यह भी फैसला, प्रधानमंत्री ही करेंगे।

आर. वेंकटरमन ने पद पर आसीन होने पर कहा था 'मैं संवैधानिक राष्ट्रपति बनने जा रहा हूँ और राष्ट्रपति और प्रधानमंत्री के बीच समाप्त होते पारस्परिक विश्वास और मर्यादा को फिर कायम करूँगा।'[112] यद्यपि उनके शासन काल में राष्ट्रपति व प्रधानमंत्री के संबंधों ने नई ऊचाइयों को छुआ, परंतु राष्ट्रपतित्त्व के बारे में उनके विचार ये दावा करते हैं कि राष्ट्रपति केवल राज्य का प्रतीक है। अपने आपको 'काँपी बुक राष्ट्रपति' बताते हुए वे कहते हैं कि 'राष्ट्रपति का पद एक संकटकालीन दीपक के समान है जो संकट के उत्पन्न होने पर अपने आप प्रकट हो जाता है और संकट के समाप्त होते ही अपने आप लुप्त हो जाता है।'[113] वे आगे कहते हैं कि 'देश के प्रशासन की जिम्मेदारी प्रधानमंत्री में निहित है जिसे संसद का विश्वास प्राप्त होता है तथा राष्ट्रपति प्रधानमंत्री व उसकी मंत्रिपरिषद पर कोई अपीलीय या अधिक्षणीय सत्ता नहीं है'।

वह इंग्लैंड के सम्राट की तरह मंत्रिमंडल को परामर्श, मार्ग दर्शन तथा चेतावनी दे सकता है, परंतु उसे मंत्रिपरिषद के निर्णयों का पालन करना चाहिए।'[114] एक संवैधानिक मुखिया के सिद्धांत के कट्टर समर्थक आर.के. वेंकटरमन ने हर लिहाज से राष्ट्रपति की शक्ति को घटाया। उन्होंने इस बात को अनुभव नहीं किया कि उनकी प्रत्येक राय ने केवल राष्ट्रपति की शक्ति को समाप्त किया बल्कि संकट की घड़ी में उनके हस्तक्षेप को भी पर्याप्त रूप से बेकार कर दिया, फिर भी प्रधानमंत्री को नियुक्ति करते समय उनके द्वारा स्थापित किए गए उदाहरणों के लिए उन्हें श्रेय दिया जा सकता है।

राष्ट्रपति आर. वेंकटरमन ने डाक विधेयक के बारे में प्रधानमंत्री को लिखा कि वे इस बहुचर्चित विधेयक पर संसद और बाहर उठे मुद्दों के बारे में महाधिवक्ता के. पारासरन की कानूनी राय लें।[115] राष्ट्रपति प्रधानमंत्री की इस बात से खफा हुए की उन्होंने बिना राष्ट्रपति की अनुमति से अपनी सलाहकार सरला ग्रेवाल का कार्यकाल क्यों बढाया। अक्तूबर, 1987 में केंन्द्र सरकार को थोड़ी परेशानी में डालते हुए राष्ट्रपति ने सभी राज्यपालों को लम्बी चिट्ठियां भेजी जिसमें उनसे कहा गया कि वे राष्ट्रपति की पूर्व अनुमति के बिना राज्य से बाहर ना जाएं।

सन्दर्भ

1. राव, बी.एन, *इंडियाज कॉस्टीटयूशन इन मेंकिग,* ओरियन्ट लॉगमैन्स, बम्बई,1960, पृ. 22
2. *वही,* पृ. 22–24
3. *कॉस्टीट्युअन्ट असेम्बली डिबेट्स,* व्होल्यूम vii, पृ. 31–33
4. आस्टिन, ग्रेनविल, *दी इंडियन कॉस्टीटयूशनः ए कार्नरस्टोन आफ ए नेशन,* आक्सफोर्ड यूनिवर्सिटी प्रैस, लंदन, 1964, पृ. 116
5. *कॉस्टीट्युअन्ट असेम्बली डिबेट्स,* व्होल्यूम iv, लोकसभा सचिवालय, नई दिल्ली, 28 जुलाई, 1947, पृ. 868–69
6. *वही,* पृ. 859
7. *वही,* पृ. 859–60
8. *वही,* पृ. 629
9. *कॉस्टीट्युअन्ट असेम्बली डिबेट्स,* व्होल्यूम vii, पृ. 31–33.?
10. *वही,* पृ. 984
11. *कॉस्टीट्युअन्ट असेम्बली डिबेट्स,* व्होल्यूम iv, पृ. 865

12. *कॉस्टीट्युअन्ट असेम्बली डिबेट्स,* व्हाल्यूम **vii**, पृ. 985–86
13. *कॉस्टीट्युअन्ट असेम्बली डिबेट्स,* व्हाल्यूम **vii**, पृ. 32–33
14. *कॉस्टीट्युअन्ट असेम्बली डिबेट्स,* व्हाल्यूम **vii**, पृ. 985–86
15. राव, बी.एन., *पूर्वोक्त,* पृ. 66–73
16. *कॉस्टीट्युअन्ट असेम्बली डिबेट्स,* व्हाल्यूम **iv**, पृ. 61
17. मुखर्जी, पी.बी., *दी क्रिटिकल प्रोब्लमस ऑफ दी इंडियन कॉस्टीट्यूशन,* यूनिवर्सिटी आफ बॉम्बे, बम्बई 1967, पृ. 2
18. दास. बी.सी., *पोलिटिकल डवल्पमेंट इन इंडिया,* आशीष पब्लिशिगं हाउस, नई दिल्ली, 1978, पृ. 94
19. टोपे, टी.के., दी प्रेसीडेंट एंड काउसिन्ल आफ मिनिस्टरस, सम्पादित जकैब एलिस, *कॉस्टीटयूशन डवलपमेंटस सिन्स इंडिपेंडेंस,* एन.एम. त्रिपाठी प्राइवेट लिमि., बम्बई,1975, पृ. 17
20. *वही*
21. राव, बी.एन., *पूर्वोक्त,* पृ. 16
22. दास, बी.सी., *दी प्रेसीडेंट ऑफ इंडिया,* एस चन्द एंड कम्पनी लिमिटिड, नई दिल्ली, 1977, पृ. 69
23. *वही.* साथ में देखें, वीना, शर्मा, *प्रेसीडेंट इन इंडियन पोलिटिकल सिस्टम,* रावत पब्लिकेशंस, जयपुर, 2001, पृ. 25
24. शर्मा, गंगासहाय, *भारत का संविधान,* यूनिवर्सिटी बुक हाउस प्रा. लि., जयपुर, 1992 पृ. 311
25. *भारत का संविधान, 26 जनवरी 2005, को यथाविद्यमान,* भारत सरकार, विधि और न्याय मंत्रालय, नई दिल्ली, 2005, पृ. 22
26. वीना शर्मा, *पूर्वोक्त,* पृ. 37
27. *एक्टस ऑफ पार्लियामेंट 1974,* गर्नमेटं आफ इंडिया, मिनिस्ट्री ऑफ ला, जस्टिस एंड कम्पनी अफेयर, नई दिल्ली, पृ. 286–87
28. *एक्टस ऑफ पार्लियामेंट,1997,* गवर्नमेंट आफ इंडिया, मिनिस्ट्री ऑफ लॉ, जस्टिस एंड कंपनी अफेयर, नई दिल्ली, पृ. 252
29. *भारत का संविधान.* थर्ड एडीशन, द्विभाषी संस्करण, सैन्ट्रल लॉ पब्लिकेशंस, इलाहाबाद, 2006, पृ. 31
30. बसु. दुर्गादास. *भारत का संविधानः एक परिचय,* चौथा संस्करण, प्रेंटिस हाल ऑफ इंडिया प्रा. लि., नई दिल्ली, 1994, पृ. 162

31. *वही,* पृ. 161
32. भारत का संविधान, *पूर्वोक्त,* फुटनोट 29, पृ. 30
33. *वही,* पृ. 32
34. *एक्टस ऑफ पार्लियामेंट 1969,* गवर्नमेंट ऑफ इंडिया, मिनिस्ट्री ऑफ लॉ एन्ड जस्टिस, नई दिल्ली, पृ. 87
35. पाण्डेय, जयनारायण., *भारत का संविधान,* 38वां संस्करण, सेंट्रल लॉ एजेन्सी, इलाहाबाद, 2005, पृ. 369
36. *वही,* पृ. 371
37. बसु, दुर्गादास, *पूर्वोक्त*
38. *एक्टस ऑफ पार्लियामेन्ट 1985,* गवर्नमेंट ऑफ इंडिया, मिनिस्ट्री आफ लॉ एन्ड जस्टिस, नई दिल्ली, पृ. 443
39. बसु, दुर्गादास, *पूर्वोक्त,* पृ. 163
40. पाण्डेय, जयनारायण, *पूर्वोक्त,* पृ. 371
41. *दैनिक जागरण,* नई दिल्ली, 11 जनवरी, 2008
42. *कॉस्टीटयुअन्ट असेम्बली डिबेटस,* व्होल्यूम **x**, पृ. 988
43. रमन, सुन्दर *कॉस्टीटयूशनल अमेंडमेन्टस इन इंडिया (1950 –1989),* ईस्टरन लॉ हाउस कलकता, 1989, पृ. 182
44. *वही,* पृ. 218
45. आस्टिन, ग्रेनविल, *पूर्वोक्त,* पृ. 116–43
46. मुशी, के.एम., *इंडियन कॉस्टीटयूशनल डाक्यूमेंटस,* व्होल्यूम i, भारतीय विद्या भवन, बम्बई 1967, पृ. 17
47. *कॉस्टीटयुअंट असेम्बली डिबेटस,* व्होल्यूम **iv**, पृ. 734
48. *वही,* व्होल्यूम, **viii**, पृ. 215
49. राजाशेकारा, एच.एम., दी इंडियन प्रेसीडेंसीः प्ली फोर ए सैकिंड लुक, *जर्नल आफ कॉस्टीटयूशनल एन्ड पार्लियामेंट्री स्टडीज,* 29(1–2), जनवरी–जून, 1995, पृ. 114
50. *कॉस्टीटयुअंट, असेम्बली डिबेटस,* व्होल्यूम **vii**, पृ. 996
51. राजाशेकारा, एच.एम, *पूर्वोक्त*
52. मुंशी, के.एम., *पूर्वोक्त,* फुटनोट 46, पृ. 570–71
53. बसु, दुर्गादास, *पूर्वोक्त,* पृ. 187

54. मारकंडन, के.सी., *ऑस्पेक्टस आफॅ इंडियन पोलिटी,* व्होल्यूम 1, ए.बी.एस. पब्लिकेशंस, जालन्धर, 1990, पृ. 414
55. ऑस्टिन, ग्रेनविल, *पूर्वोक्त,* पृ. 135
56. *आल इंडिया रिपोर्टर,* व्होल्यूम 42, नागपुर, 1955, सुप्रीमकोर्ट 549 (550)
57. *आल इंडिया रिपोर्टर,* व्होल्यूम 57, नागपुर 1970, सुप्रीमकोर्ट 564 (565)
58. *आल इंडिया रिपोर्टर,* व्होल्यूम 58, नागपुर 1971, सुप्रीमकोर्ट 1002
59. *आल इंडिया रिपोर्टर* व्होल्यूम 61, नागपुर 1974, सुप्रीमकोर्ट 2192 (2198)
60. *वही*
61. वोरा, नीता, संविधान की परिधि में भारतीय राष्ट्रपति, *लोकतंत्र समीक्षा,* 20(1–4), जनवरी–दिसम्बर, 1988, पृ. 80
62. *वही*
63. *कॉस्टीटयुअंट, असेम्बली डिबेटस,* व्होल्यूम **X**, पृ. 988
64. मुंशी. के.एम., *दी प्रेसीडेंट अंडर दी इंडियन कॉस्टीटयूशन,* भारतीय विद्या भवन, बम्बई, 1963, पृ. 35–36
65. *वही,* पृ. 39
66. ग्लेडहिल ऐलन, *दी रिपब्लिक ऑफ इंडिया,* स्टीवन्स एंड संस, लन्दन, 1964, पृ. 116
67. बैनर्जी. डी.एन, पोजीशन ऑफ दी प्रेजीडेंट ऑफ इंडिया, *मार्डन रिव्यू.,* दिसम्बर, 1950, पृ. 358
68. राव, बी.एन, *पूर्वोक्त,* पृ. 375
69. मुखर्जी. पी.बी. *पूर्वोक्त,* पृ. 45–46
70. जैनिंज, आईवर, क्राउन एन्ड कामनवैल्थ इन एशिया, *इंटरनेशनल अफेयर,* 32(2), अप्रैल, 1956, पृ. 415
71. जैन. एच.एम., इंडियन प्रेसीन्शियल प्री–रोगेटिव अंडर दी कॉस्टीटयूशन *जर्नल ऑफ कास्टीटयूशनल एंड पार्लियामैंट्री स्टडीज,* 12(2), अप्रैल–जून, 1978, पृ. 177
72. श्रीवास्तव, बी.एन., इंडियन प्रेसीडेंसी (सम्पादित) वीरेन्द्र ग्रोवर, *पोलिटिकल सिस्टम इन इंडिया,* व्होल्यूम 3 दीप एंड दीप पब्लिकेशंस, नई दिल्ली, 1989. पृ. 16
73. *दी हिन्दू,* नई दिल्ली, 16 अगस्त, 1974
74. सीरवई,. एच.एम., *कॉस्टीटयूशनल लॉ इंडिया,* व्होल्यूम 2, एन.एम. त्रिपाठी, बम्बई, 1976, पृ. 1067

75. *आल इंडिया रिपोर्टर,* व्होल्यूम 51, नागपुर, 1964, सुप्रीमकोर्ट 648, साथ में देखे, दुबे, एम. पी. रोल *ऑफ सुप्रीम कोर्ट इन इंडियन कॉस्टीटयूशन,* दीप एन्ड दीप पब्लिकेशंस, नई दिल्ली, 1987, पृ. 103

76. *आल इंडिया रिपोर्टर,* नागपुर, व्होल्यूम 55, 1968, पंजाब एवं हरियाणा 441

77. *आल इंडिया रिपोर्टर,* नागपुर, व्होल्यूम 58, 1971, सुप्रीमकोर्ट 1547

78. *वही,* सुप्रीम कोर्ट, 1093 (1094)

79. *आल इंडिया रिपोर्टर,* नागपुर ,व्होल्यूम 61, 1974, सुप्रीमकोर्ट 2192 (2230)

80. दुर्गादास, *इंडिया फरोम कर्जन टू नेहरू एन्ड आफटर,* कोलिन, लन्दन, 1969, पृ. 331

81. कुरेशी, जेड.एम., *स्ट्रॅगल फॉर राष्ट्रपति भवन–ए स्टडी ऑफ प्रेसीडेंशियल इलैक्शंस,* विकास पब्लिकेशन हाउस, देहली, 1973 ,पृ. 55

82. जॉन, अनुप कुरूविला, दी प्रेसीडेंट ऑफ इंडिया, *जर्नल ऑफ कास्टीटयूशनल एंड पार्लियामेंट्री स्टडीज,* 32(3–4), जुलाई–दिसम्बर, 1998, पृ. 61

83. चौधरी, वाल्मिकी, *प्रेसीडेंट एन्ड दी इंडियन कांस्टीटयूशन,* एलाइड पब्लिशर्स, नई दिल्ली, 1985, पृ. 74

84. शर्मा, श्रीराम, दी प्रेसीडेंट ऑफ इंडिया, *जर्नल ऑफ पॉलिटिकल स्टीडज,* 3(1), फरवरी, 1970, पृ. 53

85. बसु, दुर्गादास, *पूर्वोक्त,* पृ. 337

86. *वही.* पृ. 335

87. *वही.* पृ. 336

88. पंडित, एच.एन. *दी पीएम.'स प्रेसीडेंटः ए न्यू कॉन्सेप्ट ऑन ट्रायल,* एस चन्द एन्ड कम्पनी, नई दिल्ली, 1974, पृ. 41

89, कुरेशी, जेड. एम., *पूर्वोक्त,* पृ. 17

90. वेंकटाचार, सी.एस, दी प्रेसीडेंट दी प्राइममिनिस्टिर, *इंडिया क्वार्टरली,* 27(2), अप्रैल–जून, 1971, पृ. 111

91. वेंकटश्वरन, आर.जे., *कैबिनेट गर्वनमेंट इन इंडिया,* जार्ज एलिन एड अनविन, लन्दन, 1967, पृ. 106

92, दत्ता, सी.एल., *विद टू प्रेसीडेंटस,* विकास पब्लिशिंग हाउस, नई दिल्ली, 1970, पृ. 89

93. पंडित, एच.एन., *पूर्वोक्त,* पृ. 6

94. दत्ता, सी.एल., *पूर्वोक्त*

95. खेडा, एस.एस., *दी सैन्ट्रल एक्जिक्यूटिव,* ओरियन्ट लॉगमैंस, नई दिल्ली, 1975, पृ. 70
96. गहलोत, एन.एस., दी क्रिटिकल प्रेसीडेंट, *डेमोक्रेटिक वर्ल्ड,* 2(38), 20 सितम्बर, 1973, पृ. 7
97. जौहरी, जे.सी., *इंडियन गवर्नमेंट एन्ड पोलिटिक्स,* चौथा संस्करण, विशाल पब्लिकेशंस, नई दिल्ली, 1979, पृ. 214
98. पंडित, एच.एन., *पूर्वोक्त,* पृ. 29
99. जैन, एच.एम., *दी यूनियन एक्जिक्यूटिव,* चैतन्या पब्लिशिंग हाऊस, इलाहाबाद, 1969, पृ. 147
100. ब्रेचर, माइकल, *सक्सेशन इन इंडिया,* आक्सफोर्ड, लन्दन, 1966, पृ. 35
101. लाल, जे.एन., रिलेशंस बिटविन इंडियन प्रेसीडेंट एन्ड प्राइम मिनिस्टर, *दी मॉडर्न रिव्यू* 128(1), जनवरी, 1971, पृ. 49
102. जैन, एच.एम., *पूर्वोक्त,* पृ. 210
103. शुक्ला, विमला, दी प्रेसीडेंट एन्ड प्राइममिनिस्टर (संम्पादित), सुभाष माथुर, *अवर कॉस्टीटयूशनल हैड़,* लटेश प्रकाशन, जोधपुर, 1981, पृ. 81–82
104. जैन, पुखराज, *भारतीय प्रधानमंत्री,* साहित्य भवन, आगरा, 1981, पृ. 107
105. नीलम, संजीव रेड्डी, *राष्ट्रपति के संस्मरण,* राजपाल एन्ड संस, दिल्ली, 1989, पृ. 89
106. रेड्डी, नीलम संजीवा, *विदआउट फीयर और फेवर, रेमिनिसन्स एन्ड रिफ्लेक्शन ऑफ दी प्रेसीडेंट,* एलाइड पब्लिशर्ज, नई दिल्ली, 1989, पृ. 34
107. वोरा, नीता, *पूर्वोक्त,* पृ. 85
108. *दि हिन्दू,* नई दिल्ली, 10 जुलाई, 1987
109. सीरवई, एच.एम., *पूर्वोक्त,* पृ. 1080
110. *इंडिया टुडे,* 28 फरवरी, 1987, पृ. 20–25
111. *जनसता,* नई दिल्ली, 13 मार्च, 1987, पृ. 1
112. वोरा, नीता, *पूर्वोक्त,* पृ. 86
113. वेंकटरमन, आर., *माई प्रेसीडेंशियल ईयरस,* हारपर कालिन्स्, नई दिल्ली, 1994, पृ. 482
114. *वही,* पृ. 651
115. पायली, एम.वी., दी प्रेसीडेंशियल डिस्क्रेशन इंन इंडिया, *दी जरनल ऑफ पार्लियामेंट्री इनफोरमेंशन,* 36(4), दिसम्बर, 1990, पृ. 436

3 गठबंधन सरकार की सैद्धांतिक विवेचना

गठबंधन सरकार क्या है?

संविधान निर्माताओं ने संसदीय लोकतंत्र को इस देश के लिए सर्वोत्तम शासन प्रणाली मानकर "भारत का संविधान" प्रारुपित किया। हमारा संविधान ब्रिटिश पद्धति के संसदीय जनतंत्र पर आधारित है। संसदीय लोकतंत्र की अपनी एक संस्कृति, मूल्य और मर्यादाएं है। संसदीय शासन प्रणाली के कुछ निश्चित सिद्धांत है। उन सिद्धांतों को व्यावहारिक रुप देने के लिए विशेष प्रकार के राजनीतिक वातावरण की आवश्यकता होती है। संसदीय लोकतंत्र में सरकारों का गठन दलगत आधारों पर अर्थात् बहुमत प्राप्त दल द्वारा होता है और इस प्रकार शासन व्यवस्था सार्वजनिक निर्वाचनों द्वारा लोकप्रतिनिधित्व के माध्यम से चलाई जाती है। राजनीतिक दल प्रतिनिधि जनतंत्र का अटूट अंग होते हैं। प्रतिनिधियों के निर्वाचन की प्रक्रिया दलीय पद्धति पर निर्भर है।

जन प्रतिनिधियों के निर्वाचन के बाद बहुमत प्राप्त दल के नेता को सामान्यतः मंत्रिमंडल बनाने के लिए आमंत्रित किया जाता है जिसे समदलीय मंत्रिमंडल कहा जाता है। यदि चुनाव के बाद किसी भी राजनीतिक दल को स्पष्ट बहुमत प्राप्त न हो तो ऐसी स्थिति में राजनीतिक दल संगठित होकर बहुमत का निर्माण तथा मंत्रिमंडल का गठन करते हैं। ऐसी सरकार को सांझा सरकार या गठबंधन की सरकार कहा जाता है।

जनप्रतिनिधियों के निर्वाचन से पूर्व राजनैतिक दलों का चुनावी गठबंधन व चुनाव के पश्चात् बहुमत प्राप्त हुए ऐसे गठबंधन द्वारा जब सरकार का गठन किया जाता है तो वास्तव में उसे ही गठबंधन सरकार कहा जाता है, लेकिन जब चुनाव के बाद यदि किसी भी राजनैतिक दल को स्पष्ट बहुमत प्राप्त नहीं होता है तो ऐसी स्थिति में भी एक से अधिक राजनीतिक दल संगठित होकर बहुमत का निर्माण करते हैं तथा मंत्रिमंडल का गठन करते हैं। इस प्रकार की गठित हुई

सरकार को भी गठबंधन सरकार कहा जाता है और यदि कोई दल अपना पृथक अस्तित्व बनाए रखने के लिए सरकार में शामिल नहीं होता, लेकिन सरकार को बाहर से समर्थन दिए रहता है, उसको भी साझा सरकार का ही एक अंग माना जाता है। अतः गठबंधन सरकार का अर्थ है निर्वाचन से पूर्व या निर्वाचन के पश्चात् एक से अधिक राजनैतिक दलों के निर्वाचित जनप्रतिनिधियों द्वारा संगठित होकर बनायी गयी सरकार चाहे वह दल प्रत्यक्ष रूप से सरकार में शामिल हो या परोक्ष रूप से बाह्य समर्थन दिए हुए हो।

लोकतंत्र संख्या का खेल है अलजामा इकबाल के शब्दों में:–

''जम्हूरियत वह तर्जे हुकुमत है जिसमें,
बन्दों को गिना करते हैं, तौला नहीं करते।''

सत्ता में आने के लिए, अपनी सरकार बनाने के लिए किसी भी नेता अथवा दल के लिए जरुरी है कि उसे सदन में बहुमत का समर्थन प्राप्त हो। जब किसी भी एक दल को सदन में स्पष्ट बहुमत उपलब्ध न हो तो एक से अधिक दलों के द्वारा मिली–जुली सरकार बनाने की बात उठती है। कभी ऐसा भी हो सकता है कि आम चुनावों से पहले ही कोई दो या दो से अधिक दल आपस में मिलकर अपना एक गठबंधन को बहुमत मिल जाने पर अपनी गठबंधन सरकार का निर्माण करें। ऐसी सरकार को भी साझा संरकार कहा जा सकता है। वस्तुतः जब भी एक से अधिक दल अपनी अलग राजनीति पहचान कायम रखते हुए, एक साथ मिलकर सरकार बनाए तो ऐसी सरकार साझा सरकार, मिली जुली सरकार अथवा गठबंधन सरकार कहलाती है। कभी–कभी केवल सत्ता हथियाने के लिए, अलग–अलग विचार धाराओं, हित समूहों और व्यक्तियों के बीच भी गठबंधन बढ़ जाते हैं। प्रायः ऐसा मिलन अस्थायी, अल्पकालिक और केवल उद्देश्य–विशेष की पूर्ति के लिए होता है। यह स्वाभाविक है कि जब–जब अलग–अलग दल किसी एक गठबंधन में जुड़कर सरकार बनाने और राजकाज चलाने का बीड़ा उठाते हैं तो वे सभी अपने मित्र, आदर्शों, सिद्धांतों और विचार धाराओं में से कुछ पर थोड़ा या अधिक समझौता करने के लिए अवश्य बाध्य होते हैं।

गठबंधन सरकार क्यों?

गठबंधन की सरकार आज देश के लिए अति आवश्यक हो गयी है क्योंकि–

1. क्षेत्रीय दलों का बढ़ता प्रभाव : वर्तमान समय राजनैतिक अस्थिरता का चल रहा है। पूरे देश में धीरे-धीरे राज्य स्तरीय एवं क्षेत्रीय राजनीतिक दलों का गठन हो गया है जिनका क्षेत्रीय स्तर पर व्यापक प्रभाव है।
2. दलीय गुटबंदी : राष्ट्रीय दलों की संख्या कम है। इसके अतिरिक्त राष्ट्रीय दलों में आपस की गुटबंदी चाहे वह क्षेत्रीय आधार पर हो या भाषा या जातीय आधार पर हो, प्रभाव बनाए हुए है जो निर्वाचन में बहुमत प्राप्त करने में बाधक है।
3. क्षेत्रीय विकास के लिए : क्षेत्रीय विकास के लिए आवश्यक है कि विभिन्न दलों की सरकार में पर्याप्त भागीदारी हो चाहे वह सरकार में रहकर हो या बाहर से। इसके लिए क्षेत्रीय राजनीतिक दलों के लिए आवश्यक हो जाता है कि वह किसी बड़े दल से गठबंधन कर ले।
4. संसदीय स्थिरता एवं उत्तरदायित्व के लिए : संसदीय लोकतंत्र में स्थिरता व उत्तरदायित्व दोनों ही महत्त्वपूर्ण है, लेकिन जब किसी बड़े दल को बहुमत प्राप्त हो और वह संसदीय सरकार का गठन करें तो यह संभव हो सकता है। वर्तमान समय में कई दल मिलकर एक न्यूनतम साझा कार्यक्रम तैयार कर लेते है और इससे गठबंधन की सरकार से स्थिरता एवं उत्तरदायित्व की अपेक्षा की जाती है।
5. चुनावों से बचने के लिए : निर्वाचन भारतीय संविधान की व्यवस्था के अनुसार प्रति पांच वर्षों से होना सुनिश्चित है, लेकिन निर्वाचन में किसी दल को बहुमत न मिले और दलों में आपसी गठबंधन भी न बन पाए तो छः महीने के उपरान्त पुनः चुनाव आवश्यक हो जाता है जिससे देश को पुनः चुनावी बोझ को सहन करना पड़ेगा। इसलिए भी गठबंधन की सरकार आवश्यक होती है। भारत में सांझा साकारों के दो रूप पाए जाते हैं–

   (क) इसमें विभिन्न दल साझा या न्यूनतम कार्यक्रम के आधार पर सरकार बनाते हैं। सरकार में सहयोगी दलों को उनकी संख्या के आधार पर मंत्रिपरिषद में स्थान दिया जाता है।

   (ख) दूसरी किस्म में अनेक दल सरकार बनाते हैं तथा कुछ दल सरकार को समर्थन देते हुए भी सरकार में पद नहीं लेते हैं। इस प्रकार के दल सरकार के उत्तरदायित्व से बचकर लाभ लेने का प्रयास करते हैं।

भारत में संघ और राज्यों में उपरोक्त दोनों प्रकारों की सांझा सरकारें कार्य कर चुकी हैं। अस्थिर राजनीति में या जहाँ मतदाता को किसी भी दल विशेष में आस्था न रहे, ऐसे दलों का जीतकर आना स्वाभाविक है जिनमें मतों का इतना अधिक विभाजन हो जावे कि उनमें से किसी को भी स्पष्ट बहुमत न मिले। भारतीय राजनीति में इस प्रकार के परिणाम अनेक बार प्राप्त हो रहे हैं। इस प्रकार प्राप्त परिणामों पर तीन विकल्पों के माध्यम से सरकार निर्माण की प्रक्रिया अपनाई जा सकती है–

प्रथम–सभा के सबसे बड़े राजनीतिक दल या गठबंधन के नेता को सरकार बनाने के लिए आमंत्रित किया जावे।

द्वितीय–बहुमत नहीं वाले ऐसे दल या समूहों के गठबंधन को आमंत्रित किया जावे जिसे बाहर से समर्थन की प्रत्याशा हो।

तृतीय–यदि बहुमत की सरकार की संभावना न हो तो सभा का विघटन कर पुनः चुनाव कराए जावें अथवा सभा को कुछ समय तक लंबित रखकर विकल्प बनने की प्रक्रिया की जाए।

भारत में प्रथम, द्वितीय तरीकों का प्रयोग अधिक हुआ है। राज्य राजनीति में तृतीय विकल्प के भी उदाहरण हैं। बहुमत के अभाव में विश्वास मत की शर्त रखे जाने की परम्परा का विकास किया गया है। इस प्रकार के विश्वास प्रस्ताव रखने के लिए उन दशाओं में भी कहा जा सकता है जब सहयोगी दल अथवा बाहर से समर्थन दे रहा दल अपना समर्थन देना बंद कर देता है।

पिछले दो दशक की राजनीति में संभवतः विचारधारा का क्षरण हुआ है और इसके स्थान पर धार्मिक, क्षेत्रीय भावनाएं और जातिवाद का प्रभाव बढ़ा है। इसके साथ ही दलों में व्यक्तिवाद, वंशवाद, तदर्थवाद और व्यापार के ढ़ंग से राजनीति को चलाने की मानसिकता ने सांझा सरकारों का निर्माण आवश्यक बना दिया है। आज राजनीति की जरूरत बनकर गठबंधन की राजनीति उभरी है। रामवचन राय का कहना है कि भारत जैसे कम्पोजिट कल्चर वाले देश में संयुक्त सरकार की वास्तविकता संसदीय लोकतंत्र का एक सकारात्मक विकास है।[1] इस प्रकार का चिन्तन राजनीतिक वास्तविकताओं को स्पष्ट करता है परन्तु राजनीति से मूल्यों के महत्व की उपेक्षा करता है। अस्वस्थ राजनीतिक परिदृश्य तथा सामाजिक वातावरण का प्रतिफल खण्डित जनादेश में परिवर्तित हो जाता है। सशक्त राजनीतिक दल एक निष्ठावान नेताओं के अभाव में आज समाज भटक रहा है और साझा सरकारें भी जनता की भटकती भावनाओं की मजबूरी

का प्रतीक है। भारतीय संसदीय प्रजातंत्र वर्तमान में अपने संक्रमणकाल से गुजर रहा है जिसका प्रतिफल सांझा सरकारें हैं।

भारतीय संदर्भ में गठजोड़ बनने के प्रमुख कारण वही है जो बहुदलीय प्रणाली के प्रादुर्भाव को रेखांकित करते हैं। भारत अपने आप में एक गठजोड़ है। जहाँ समाज बहुवाद से जुड़ा हुआ है। विभिन्न दलों में विचारधारा का अन्तर, क्षेत्रीय दलों का प्रादुर्भाव, जाति और सम्प्रदाय के आधार पर दलों का प्रादुर्भाव, राजनीति और धर्म का मिश्रण तथा राजनीति में व्याप्त भ्रष्टाचार, राजनीतिक अपराधीकरण, त्रिशंकु संसद तथा विधानमंडलों के होने से प्रायः सांझा सरकारों का जन्म हुआ है।

संविधान लागू होने के पश्चात् भारत में केन्द्रीय स्तर पर गठबंधन की सरकारें–

26 जनवरी, 1950 को हमारे देश में भारतीय संविधान को अंगीकार किया गया और उसके बाद भारतीय संविधान के अंतर्गत प्रथम बार 1952 में केंद्रीय सरकार का गठन हुआ जिसमें कांग्रेस को स्पष्ट बहुमत मिला था और कांग्रेस की ही सरकार बनी थी। 1952, 1957 व 1962, 1967 तथा 1971 के लोकसभा चुनावों में कांग्रेस को पूर्ण बहुमत प्राप्त होने से एक दलीय सरकार चलती रही। 1977 में छठी लोकसभा के चुनाव में गैर कांग्रेसी दलों ने संगठित होकर संगठन कांग्रेस, भारतीय जनसंघ, भारतीय लोकदल और सोशलिस्ट पार्टी ने विलयन की घोषणा करके और मिलकर जनता पार्टी के नाम से एक नये राजनीतिक दल का गठन किया। अकाली दल के बाद में सहयोग से यह सांझा सरकार बनी थी। कई संसदीय विशेषज्ञों ने इसे अदृश्य गठबंधन ''इनविजिबल कोलीशन'' की भी संज्ञा दी है, लेकिन आंतरिक दलीय मतभेद के चलते मोरारजी देसाई की साझा सरकार ने 15 जुलाई, 1979 को त्याग-पत्र दे दिया। इसके बाद 28 जुलाई, 1979 जनता (एस) और कांग्रेस के सहयोग से चरण सिंह के नेतृत्व में गठबंधन की सरकार बनी, परंतु आंतरिक गतिरोध की वजह से जैसे ही कांग्रेस ने सरकार से अपना समर्थन वापस लिया सरकार गिर गयी और चरण सिंह ने त्याग-पत्र दे दिया और पुनः केन्द्रीय स्तर पर मध्यावधि चुनाव हुए।

केन्द्रीय स्तर पर गठबंधन की सरकार वर्ष 1989 में नौवीं लोकसभा के लिए पुनः बनी। यह सरकार श्री वी. पी. सिंह के नेतृत्व में बनी जिसमें गैर कांग्रेसी दल सम्मिलित हुए। श्री. वी.पी. सिंह के नेतृत्व में 'जनता दल' का गठन हुआ था इसमें सम्मिलित दलों ने चुनावी गठबंधन से चुनाव लड़ा। वी.पी. सिंह के नेतृत्व में 2 दिसम्बर, 1989 को जनता दल की सांझा सरकार भारतीय जनता पार्टी और

भारतीय साम्यवादी पार्टी (मार्क्सवादी) के बाह्य सहयोग से बनी। यह गठबंधन सरकार भी ज्यादा दिनों तक नहीं चल पायी और 23 अक्तूबर, 1990 को भारतीय जनता पार्टी नें अपना समर्थन वापस ले लिया। राष्ट्रपति के निर्देशानुसार श्री वी. पी. सिंह नेतृत्व वाली सरकार 7 नवम्बर, 1990 को विश्वास मत पर हार गयी और वी. पी. सिंह ने अपनी सरकार का त्याग-पत्र राष्ट्रपति महोदय को सौंप दिया। इसके पश्चात् नौंवी लोकसभा में ही 'जनता दल' की सरकार समाप्त हो जाने के बाद श्री चन्द्रशेखर की जनता दल (सोशलिस्ट) सरकार कांग्रेस के बाहरी सहयोग से बनी। बाद में कांग्रेस द्वारा अपना समर्थन वापस लेने से यह साझा सरकार भी समाप्त हो गयी तथा 1991 में दसवीं लोकसभा के चुनाव कराये गये। श्री वी.पी. नरसिम्हाराव के नेतृत्व में गठित कांग्रेसी सरकार का सदन में कामकाज कुछ विपक्षी दलों के 'मुद्दों पर आधारित' सहयोग से चलता रहा। यह स्थिति ढाई वर्ष तक चली और तब कुछ सदस्यों के समूह ने संघ में शामिल होकर सदन में बहुमत प्रदान किया जिसके परिणामस्वरुप सरकार ने अपना कार्यकाल पूरा किया1

मई, 1996 में ग्यारहवीं लोकसभा के लिए चुनाव में किसी भी दल को बहुमत नहीं मिला, परन्तु भारतीय जनता पार्टी और उनके सहयोगी दल 195 स्थान पाकर सबसे बड़े दल के रुप में उभरे और उसके नेता श्री अटल बिहारी वाजपेयी को प्रधानमंत्री पद की शपथ दिलाई परन्तु बहुमत के अभाव में यह सरकार भी गिर गयी। इसके पश्चात् 13 राजनीतिक दलों ने मिलकर जनता दल के नेतृत्व में संयुक्त मोर्चा बनाया जो कि गैर–भाजपा और गैर–कांग्रेस सरकार के निर्माण के इच्छुक थे। शीघ्र ही इस मोर्चा ने कर्नाटक के तत्कालीन मुख्यमंत्री श्री एच.डी. देवगौड़ा को नेता चुन लिया। अतः कांग्रेस के समर्थन से श्री एच. डी. देवगौड़ा के नेतृत्व में साझा सरकार बनी। देवगौड़ा की सरकार के लिए गठबंधन की कोई नीति एवं सिद्धांत तय नहीं किए गए थे। इसलिए यह सरकार ज्यादा दिनों तक नहीं चल सकी और सरकार से कांग्रेस के समर्थन वापस लेने से गिर गई। कांग्रेस ने संयुक्त मोर्चा को समर्थन देने की शर्त यह रखी कि वे श्री एच. डी. देवगौड़ा के स्थान पर कोई दूसरा नेता चुने। फलस्वरूप संयुक्त मोर्चा के नए निर्वाचित श्री इन्द्र कुमार गुजराल के नेतृत्व में कांग्रेस के समर्थन से फिर गठबंधन सरकार बनी, लेकिन राजीव गांधी हत्याकांड की जांच के लिए गठित जैन कमीशन के प्रतिवेदन पर कांग्रेस से उत्पन्न मतभेदों के कारण 28 नवम्बर, 1997 को कांग्रेस ने श्री इन्द्र कुमार गुजराल से अपना समर्थन वापस ले लिया। परिणामस्वरूप श्री इन्द्र कुमार गुजराल ने अपनी सरकार का त्यागपत्र दे दिया। अन्त में राष्ट्रपति ने 12वीं लोकसभा चुनावों की घोषणा कर दी। फरवरी,

मार्च, 1998 में बारहवीं लोकसभा के चुनाव हुए। 12वीं लोकसभा के चुनावों (1998) में संयुक्त मोर्चा कोई विशेष सफलता प्राप्त नहीं कर सका और चुनावों से पूर्व ही इसका विघटन हो गया। संयुक्त मोर्चा में शामिल अनेकों दलों ने भारतीय जनता पार्टी के साथ तथा कुछ ने कांग्रेस के साथ चुनावी गठबंधन कर लिया था। इस चुनाव ने भी देश को त्रिशंकु लोकसभा ही प्रदान की। चुनाव परिणामों ने देश को मिली-जुली सरकार तथा राजनीतिक अस्थिरता की ओर धकेल दिया। भारतीय जनता पार्टी के नेता श्री अटल बिहारी वाजपेयी के नेतृत्व में 15 राजनीतिक दलों ने मिलकर साझा सरकार बनायी। वाजपेयी सरकार की सहयोगी पार्टी अन्नाद्रमुक के समर्थन वापसी से यह गठबंधन सरकार भी 17 अप्रैल, 1999 को लोकसभा में विश्वासमत पर एक मत के अंतर से हार गई जिसके परिणामस्वरूप 26 अप्रैल, 1999 को 12वीं लोकसभा भंग करके नये चुनावों की घोषणा कर दी गयी। तेरहवीं लोकसभा के निर्वाचन से पूर्व ही श्री अटल बिहारी वाजपेयी के नेतृत्व में राष्ट्रीय जनतांत्रिक गठबंधन बनाया। राष्ट्रीय जनतांत्रिक गठबंधन ने न्यूनतम साझा सरकार कार्यक्रम के आधार पर चुनाव लड़ा। परिणामस्वरूप 24 दलों के समर्थन से राष्ट्रीय जनतांत्रिक गठबंधन की सरकार बनी। श्री अटल बिहारी वाजपेयी के नेतृत्व में इस गठबंधन सरकार ने पांच वर्षों का अपना कार्यकाल पूरा किया। समय से पूर्व ही लोकसभा के चुनाव की घोषणा 'राजग' की सरकार द्वारा कर दी गई और मई 2004 में चौदहवीं लोकसभा के चुनाव हुए।

केन्द्रीय स्तर पर चौदहवीं लोकसभा के चुनाव में भारतीय जनता पार्टी ने 'राष्ट्रीय जनतांत्रिक गठबंधन' के घोषणा पत्र में चुनाव लड़ा। चुनावों से पूर्व कांग्रेस ने एक वैकल्पिक गठबंधन का निर्माण किया, परन्तु चुनाव परिणाम आने के पश्चात् और सरकार बनाने से पूर्व कांग्रेस के नेतृत्व वाले गठबंधन ने अपना नाम संयुक्त प्रगतिशील गठबंधन रख लिया था। 14वीं लोकसभा के निर्वाचन के परिणाम सामने आने के बाद कांग्रेस वाले गठबंधन को वामपंथी राजनीतिक दलों और कई अन्य राजनीतिक दलों के लिखित समर्थन के परिणामस्वरूप सरकार बनाने का न्यौता मिला और श्री मनमोहन सिंह के नेतृत्व में कांग्रेस नेतृत्व वाले संयुक्त प्रगतिशील गठबंधन की साझा सरकार बनी। इसी कड़ी में अप्रैल, मई, 2009 में 15वीं लोकसभा चुनावों में कांग्रेस के नेतृत्व में संयुक्त प्रगतिशील गठबंधन को पुनः जीत प्राप्त हुई तथा इस गठबंधन ने सर्वाधिक 262 सीटें प्राप्त हुई। कांग्रेस, द्रमुक, तृणमूल कांग्रेस, राष्ट्रवादी कांग्रेस पार्टी, जम्मू-कश्मीर नेशनल कांफ्रेस तथा मुस्लिम लीग की साझा सरकार और समाजवादी पार्टी, राष्ट्रीय जनता दल और बहुजन समाज पार्टी, जनता दल (एस) के बाहरी

समर्थन से मनमोहन सिंह के नेतृत्व में यह स्वतंत्र भारत की ग्यारहवीं गठबंधन सरकार बनी।

गठबंधन सरकार के उदय के कारणः

भारतीय संसदीय जनतंत्र में गठबंधन सरकार बनने के लिए उत्तरदायी कारण निम्न प्रकार से हैं–

1. कांग्रेस का घटता जनाधार एवं विकल्प के रूप में अन्य दल का नहीं उभर पाना।
2. भारत में दलगत अनुशासन में समस्याएँ और साथ-साथ दलबदल की बढ़ती हुई प्रवृत्ति।
3. राजनीति में नैतिकता एवं मूल्यों में गिरावट।
4. सिद्धांतवादी राजनीति से सत्तावादी राजनीति की ओर पलायन।
5. छोटे एवं क्षेत्रीय दलों का बढ़ता प्रभाव।
6. दलों एवं उम्मीदवारों की संख्या में वृद्धि के कारण मतदाता समूह में विभाजन से चुनाव परिणाम पर प्रभाव।
7. राजनीतिक प्रक्रिया में संकीर्ण विचारधारा का प्रयोग एवं संकीर्ण विचारधारा वाले विभिन्न दलों का उदय।

गठबंधन सरकार की समस्याएं

उपरोक्त कारणों से जो विखण्डित जनादेश मिल रहा है उसका प्रभाव सरकार के समन्वय एवं कार्य पद्धति पर पड़ रहा है। भारत में संयुक्त सरकारों की विभिन्न कमियाँ निम्नांकित हैं, जिन्होंने उसकी प्रभावशीलता को दुष्प्रभावित किया है–

1. राजनीतिक अस्थिरता।
2. नीति निर्णय की प्रक्रिया में अनावश्यक विलम्ब एवं निरन्तरता का अभाव।
3. संयुक्त सरकार के अन्तर्गत सरकार की विपक्षी दल के साथ-साथ सहयोगी दलों के विरोध का सामना करना पड़ता है जो कि सरकार की कार्यकुशलता के लिए उचित नहीं है।
4. क्षेत्रीय दलों की भूमिका क्षेत्रीय हितों के अनुरुप होती है। उनमें पूरे देश के हित के स्थान पर अपने हितों को प्राथमिकता देने का भाव पाया

जाता है। कभी-कभी किसी पार्टी के नेता के व्यक्तिगत हित भी इस तरह की सरकारों के लिए गंभीर समस्या खड़ी कर देते हैं।

5. सरकार में सामूहिक उत्तरदायित्व की भावना का अभाव पाया जाता है। इसके अन्तर्गत प्रत्येक मंत्री अपनी दलगत प्रतिबद्धता के अनुरुप व्यवहार करते हैं। अलोकप्रिय निर्णय लेने में गंभीर मतभेद की स्थिति उत्पन्न हो जाती है।

6. संयुक्त सरकार का गठन सामान्य हितों की प्राप्ति में निर्देशित न होकर सत्ता को प्राप्त करने से निर्देशित है। अतः भारत में साझा सरकार की प्रवृति अवसरवादी है।

7. मंत्रिपरिषद में शामिल विभिन्न दलों की विचारधारा में अंतर होने से एवं मंत्रिपरिषद का आकार बड़ा होने की वजह से समन्वय की समस्या पैदा होती है। साथ मंत्रिमंडल का बड़ा आकार सरकार के अधिक व्यय को प्रोत्साहित करता है।

8. प्रधानमंत्री या मुख्यमंत्री अपनी जिम्मेदारियों को सही ढंग से नहीं निभा पाते, क्योंकि उनके ऊपर छोटे-छोटे दलों का सतत् दबाब रहता है।

9. सरकार एक गैर-वैधानिक तंत्र जैसे संचालन समिति के मार्गदर्शन में अपने कार्यों का संचालन करती है। यह संसदीय प्रजातांत्रिक प्रणाली के मौलिक भावों को व्यक्त नहीं करता है।

10. संयुक्त सरकार के संदर्भ में राज्यों में एक समस्या यह भी है कि कई बार राज्यपालों की भूमिका उसके पद की गरिमा के अनुरुप एवं निष्पक्षतापूर्ण नहीं होती है।

11. संयुक्त सरकारों का कार्यान्यवन बहुत हद तक इस बात पर निर्भर है कि विधानसभा/लोकसभा अध्यक्ष की भूमिका कैसी है? विशेष रुप से राज्यों की विधानसभाओं में ऐसी स्थितियाँ देखने को मिली हैं जहाँ अध्यक्ष की भूमिका में निष्पक्षता संबंधी कमियाँ हैं।

12. भारतीय राजनीति में दल-बदल की समस्या सरकारों पर प्रतिकूल प्रभाव डाल रही है।

13. कई परिस्थितियों में जो राजनीतिक दल केन्द्र सरकार के स्तर पर सरकार का विरोध करते हैं। इस प्रकार विवादास्पद परिस्थितियाँ

भारतीय राजनीति के संयुक्त विकास के लिए उपयोगी नहीं मानी जा सकती है।

14. प्रशासनिक कारकों की तुलना में राजनैतिक कारकों को विशेष महत्व दिया जाता है।

15. सहभागी दल अधिकतम हित साधन के प्रति उधत रहते हैं जिससे गठबंधन सरकारों में अनिश्चित विखराव, समन्वय का अभाव व महत्त्वपूर्ण मामलों में भी खींचतान की स्थिति देखी जाती है। फलतः शासन में प्रभाविकता नहीं आ पाती है तथा सरकार में हर कदम पर विवशता व दुविधा की स्थिति देखी जाती है।

उपरोक्त समस्याओं के कारण प्रायः साझा सरकार चाहे वे केन्द्र की हों या राज्य की, अनिश्चितता की शिकार रहती हैं। विभिन्न विद्वानों ने बहुदलीय प्रथा से उत्पन्न गठबंधन सरकारों को अनुपयुक्त बताया है। डा. सुशील चन्द्र सिंह के अनुसार ऐसी सरकार बहुधा निर्बल हुआ करती है एवं अनेक दलों के प्रति उत्तरदायी हुआ करती है और ऐसे मंत्रिमंडल अल्पकाल तक ही स्थाई रहते हैं। गार्नर के अनुसार ऐसे मंत्रिमंडल में नीति अस्थिर हो जाती है। ब्राइस के मत में इससे विधानमंडल ऐसे अखाड़े बन जाते हैं जहाँ राष्ट्र के हितों को भुलाकर वाद विवादों के द्वारा आपसी उखाड़-पछाड़ हुआ करती हैं, लेकिन विभिन्न राजनीतिक विश्लेषक मानते हैं छोटे-छोटे क्षेत्रीय दलों के उभार से भारतीय संघ में क्षेत्रीयता, अलगाववाद जैसी विघटनकारी प्रवृत्तियों को बढावा मिला है, परन्तु इसको दूसरे दृष्टिकोण से भी देखना चाहिए। क्षेत्रीय दलों की संख्या में वृद्धि राजनीतिक चेतना को दर्शाती है। इनका उभार एक सेफ्टी वाल्ब की तरह है जो क्षेत्र विशेष के लोगों को अपनी बात कहने व रखने का मौका देकर उनमें कुंठा व असंतोष को कम करता है। इसको देश में लोकतंत्र के प्रसार के रुप में देखा जाना चाहिए।

गठबंधन सरकार की सफलता के लिए आवश्यक सुझाव

हम गठबंधन सरकारों के युग में प्रवेश कर चुके हैं। विधायिका पर गठबंधन सरकार चलाने की विवशता है। इसके कई पहलू हैं– प्रमुख राजनीतिक दलों का कमजोर होना, लोगों का राजनीतिक नेताओं के प्रति विश्वास कम होना, चुनाव के प्रति उनकी उदासीनता, औसत प्रतिशत से कम वोट पड़ना, क्षेत्रीय दलों और नेताओं का प्रादुर्भाव होना, क्षेत्रीय नेताओं का प्रभाव राष्ट्रीय स्तर पर प्रभावी होना।

केन्द्र में विभिन्न राजनीतिक दल साझा सरकार में सहयोगिता के लिए अपने को मानसिक रूप से तैयार कर लेते हैं। आज देश के लगभग सभी छोटे दल सरकार में सहभागिता कर चुके हैं। केन्द्र सरकार में सहभागिता के बाद आज इन दलों में क्षेत्रीय दृष्टिकोण के स्थान पर राष्ट्रीय दृष्टिकोण का विकास हुआ है। यह राष्ट्रीय एकता व अखण्डता के लिए शुभ संकेत है, लेकिन आज जबकि सांझा सरकारें एक अपरिहार्यता बनती जा रही है ये और प्रभावशाली ढ़ंग से कार्य कर सकें, इसके लिए कुछ महत्त्वपूर्ण सुझाव इस प्रकार से हैं–

1. चुनाव पूर्व गठबंधन को प्राथमिकता जो साझा घोषणा पत्र या न्यूनतम समान कार्यक्रम पर आधारित हो।

2. नीतिगत मुद्दों पर साझा दलों के बीच विचार-विमर्श होते रहना चाहिए।

3. गठबंधन का नेतृत्व बड़े दल के पास हो। सरकार में दलों का स्थान छाते (अम्ब्रेला) की तरह हो और उसी प्रकार सरकार में सभी दलों को स्थान मिलना चाहिए।

4. दल बदल के संबंध में बहुदलीय विधायक समिति सदन के सभापति को सलाह दे ताकि इस विषय पर सभापति की निष्पक्षता सुनिश्चित की जा सके।

5. राजनीतिक भ्रष्टाचार पर अंकुश लगाने हेतु कदम उठाए जाएं ताकि बेहतर व्यक्ति ही सदन में पहुंच सकें और सिद्धांतवादी राजनीति को सुदृढ़ किया जा सके।

6. सरकार के विरूद्ध लाए जाने वाले अविश्वास प्रस्ताव के संबंध में कुछ निश्चित नियम तय किया जाए। संविधान में अविश्वास प्रस्ताव के विषय में कोई स्पष्ट उल्लेख नहीं है। इस सुझाव की व्याख्या में यह कहा गया है कि अविश्वास प्रस्ताव के स्थान पर जर्मनी की तरह सकारात्मक विश्वास प्रस्ताव रखने की व्यवस्था की जाए।

7. इस संबंध में गठबंधन की राजनीति की दृष्टि से एक सुझाव यह भी रखा जा सकता है कि किसी भी मंत्रिपरिषद के प्रति एक बार विश्वास व्यक्त कर दिए जाने के बाद कोई भी सदस्य उससे समर्थन वापस नहीं ले सकता। ऐसा होने पर लोकतंत्र की भावना की रक्षा हो सकेगी एवं सरकार को सांसदों के किसी एक या एक से अधिक गुटों द्वारा ब्लैकमेल करने की प्रवृति से छुटकारा मिल सकेगा।

8. संविधान विशेषज्ञों के मतानुसार राष्ट्रपति को प्रधानमंत्री नियुक्त करके शपथ दिलाने की बजाए नई लोकसभा की बैठक बुलाकर सदस्यों की आम राय से प्रधानमंत्री का चुनाव करने के लिए कहना चाहिए और जिसे चुना जाए उसे सदन के नेता के रूप में प्रधानमंत्री पद की शपथ दिलाई जा सकती है। ऐसा होने पर एस.आर. बोम्बई बनाम भारत संघ (2004) के मामले में उच्चतम न्यायालय द्वारा दिए गए फैसले का निर्णय सदन में ही किया जाना सबसे उचित एवं संवैधानिक रास्ता है। यह परम्परा कानून एवं संविधान में न होते हुए भी इसलिए विकसित हुई ताकि लोकसभा का विश्वास प्रधानमंत्री को प्राप्त होना चाहिए।

इन कदमों के अलावा त्याग, सहनशीलता, गंभीरता, जिम्मेदारी जैसे भाव का विकास करके भी साझा सरकारों को शासन का एक आदर्श रूप दिया जा सकता है।

वर्तमान परिस्थितियों में गठबंधन सरकारें आज की आवश्यकता एवं अपरिहार्यता बन गई है। ये लोकतांत्रिक है और देश की आंतरिक विविधता के अनुरूप भी। अतः इनकी रचना देश में लोकतंत्र के प्रकार को दर्शाती है। आवश्यकता है तो गठबंधन के भागीदारों के मध्य बेहतर समन्वय की तथा राष्ट्रपति के मामलों के दृष्टिकोण में व्यापकता लाने की। इसके लिए भारत में दो महत्वपूर्ण संकेत मिले हैं–

1. सरकारों को चलाने के लिए सर्वमान्य एजेंडे का निर्माण।
2. चुनाव के पूर्व दो प्रमुख राष्ट्रीय पार्टियों के पक्ष विपक्ष में ध्रुवीकरण।

अतः संयुक्त सरकारों के संदर्भ में कुछ ऐसी परम्पराओं एवं मूल्यों का विकास किया जाए जिनके अन्तर्गत संयुक्त सरकार अपने कार्यों का संचालन कुशलतापूर्वक करते हुए अपनी स्थापना के कारणों को सार्थक कर सके एवं क्षेत्रीय हितों के साथ-साथ राष्ट्रीय हित को सुनिश्चित किया जा सके।

संदर्भ

1. मंडाबी, वेदवती, साझा सरकार और भारतीय लोकतंत्र, विधायिनी, वर्ष 19, अंक 3, जुलाई–सितम्बर, 2001, पृ. 26

4 गठबंधन सरकारों में प्रधानमंत्री के चयन में राष्ट्रपति की भूमिका १९८९-२००९

संसदीय शासन प्रणाली में प्रधानमंत्री को केन्द्रीय स्थिति प्राप्त होती है। वह संपूर्ण शासन प्रणाली का मूल आधार है और उसकी स्थिति सौरमंडल में भास्कर की तरह है। भारत की शासन व्यवस्था में प्रधानमंत्री शक्तियों, दायित्वों और अधिकारों की दृष्टि से सर्वाधिक शक्तिशाली पदाधिकारी कहा जा सकता है। इस अध्याय में प्रधानमंत्री की नियुक्ति की संवैधानिक स्थिति के साथ-साथ गठबंधन सरकारों में प्रधानमंत्री के चयन में राष्ट्रपति की भूमिका का विवेचन किया गया है।

संविधान सभा प्रधानमंत्री की स्थिति और नियुक्ति

संविधान सभा में विभिन्न विधिवेताओं द्वारा प्रधानमंत्री के पद से सम्बन्धित समस्त बातों पर व्यापक रूप से विचार विमर्श कर वर्तमान तत्संबंधित धाराओं को स्वीकार किया गया है। भारतीय संविधान सभा के कुछ सदस्यों का विचार था कि भारत की संसदीय व्यवस्था के लिए ब्रिटिश संसदीय व्यवस्था का प्रतिरूप होना आवश्यक नहीं है और उनके द्वारा संघीय संविधान समिति की रिपोर्ट में कुछ ऐसे संशोधन प्रस्तावित किए गए, जिनका उल्लेख 'प्रधानमंत्री पद' के बिना संसदीय व्यवस्था को अपनाना था या राष्ट्रपति और मंत्रिमंडल के सदस्यों के संदर्भ में प्रधानमंत्री की स्थिति को कमजोर करना था।

प्रारूप संविधान की धारा 61(1) पर संघीय संविधान समिति की रिपोर्ट के ऊपर चर्चा करते समय संविधान सभा में 30 दिसम्बर, 1948 को के.टी. शाह ने एक संशोधन प्रस्ताव प्रस्तुत करते हुए कहा कि इस धारा में से इस वाक्य-रचना को हटा दिया जाए कि "प्रधानमंत्री मंत्रिपरिषद का प्रमुख होगा।" इसे केवल इस रूप में प्रस्तुत और स्वीकृत किया जाए कि राष्ट्रपति को उसके कार्यों के संपादन में सहायता और मंत्रणा देने के लिए एक मंत्रिपरिषद होगी।[1] उन्होंने सुझाव दिया कि 'प्रधानमंत्री के नाम अथवा पद को संविधान में सम्मिलित न किया जाए। मैं

विशेष रूप से प्रधानमंत्री की संस्था का विशेष विरोध नहीं करता हूँ। यह वह संस्था है जो रार्बट वालपोल के जमाने से इंग्लैंड में भली भांति सुविख्यात है, परंतु आज भी ब्रिटिश संविधान में उसका उल्लेख नहीं है। इग्लैंड में प्रधानमंत्री जो भी सामाजिक स्तर, पदीय प्रतिष्ठा और अन्य परपंरागत अधिकारों का उपयोग करता है, वह संविधान में दी गई धाराओं के आधार पर नहीं, बल्कि ऑर्डर्स-इन-कौंसिल के द्वारा प्राप्त करता है।'[2]

इस पर संविधान सभा के सदस्य ताजमुल हुसैन ने कहा, 'क्या मैं के.टी. शाह से यह जान सकता हूँ कि यद्यपि इंग्लैंड के संविधान में प्रधानमंत्री का अस्तित्व नहीं है, परन्तु क्या यह सत्य पूरा विश्व नहीं जानता कि इंग्लैंड में प्रधानमंत्री है।'[3] के.टी. शाह ने प्रत्युतर देते हुए कहा कि "मेरा तात्पर्य प्रधानमंत्री की संस्था को समाप्त करना नहीं है, वह तो अवश्य रहेगी परन्तु मैं उसे मंत्रिपरिषद के प्रमुख के रूप में सिद्धांत संविधान में उल्लेखित करना आवश्यक या वांछनीय नहीं समझता हूँ। उसे उसी प्रकार अलिखित छोड़ दिया जाना चाहिए, जिस प्रकार कि मंत्रियों के विभिन्न विभागों का उल्लेख संविधान में नहीं किया गया है।"[4] अतः के.टी. शाह प्रधानमंत्री पद को संविधान में उल्लेखित न कर, उसकी संस्था को इंग्लैंड की भांति अभिसमयों पर विकसित होने को छोड़ देना चाहते थे।

एक अन्य सदस्य महबूब अली बेग के संशोधन प्रस्ताव संख्या 1294(अ) में भी, प्रधानमंत्री नाम का उल्लेख नहीं किया गया था, परन्तु उन्होंने के.टी. शाह की भांति प्रधानमंत्री पद को संविधान से हटाने की अपेक्षा उसके और मंत्रिपरिषद के निर्वाचन की विशेष पद्धति पर अधिक जोर दिया था।[5] ताजमुल हुसैन ने महबूब अली बेग के प्रस्ताव की आलोचना करते हुए कहा कि "इसमें प्रधानमंत्री का उल्लेख नहीं किया गया है।"[6] के.टी. शाह के प्रस्ताव की आलोचना करते हुए उन्होंने कहा "के.टी. शाह प्रधानमंत्री को प्रधान या प्रमुख के रूप में पसंद नहीं करते हैं जबकि हर कहीं प्रधानमंत्री प्रमुख होता है। इंग्लैंड के सविधान में प्रधानमंत्री का उल्लेख इसलिए नहीं है कि वहां संविधान निर्मित न होकर विकसित हुआ है। प्रधानमंत्री इंग्लैंड में सफलतापूर्वक कार्य कर रहा है, अतः हमारे संविधान में भी उसे रचना उचित होगा।"[7]

संविधान सभा के प्रमुख कानूनी प्रवक्ता बी.आर अम्बेड़कर ने इन संशोधन प्रस्तावों का विरोध करते हुए "प्रधानमंत्री पद की व्यवस्था को अनावश्यक बताया। उन्होंने कहा कि प्रधानमंत्री का पद आवश्यक है, वह मंत्रिमंडल का मुख्य प्रस्तर होगा और प्रधानमंत्री के माध्यम से ही सामूहिक उत्तरदायित्व के सिद्धान्त

को क्रियान्वित किया जा सकेगा। जब तक हम इस पद (प्रधानमंत्री पद) की व्यवस्था नहीं करते और प्रधानमंत्री पदधारी को मंत्रियों की नियुक्ति तथा पदच्युति का अधिकार नहीं देते, सामूहिक उत्तरदायित्व का सिद्धान्त कार्य नहीं कर सकता।"[8]

इस प्रकार के.टी. शाह ने प्रधानमंत्री पद की समाप्ति तथा कैबिनेट में उसकी प्रमुख स्थिति का विरोध कर अप्रत्यक्ष रूप से मंत्रिमंडलीय सरकार के स्वरूप का समर्थन किया था, जिसमें प्रधानमंत्री तथा अन्य मंत्री समान स्तर और समान अधिकारपूर्ण स्थिति सम्पन्न होंगे। जबकि बी.आर. अम्बेड़कर ने प्रधानमंत्री को प्रमुख और महत्त्वपूर्ण स्थान प्रदान कर कैबिनेट रूपी मेहराब की आधारशिला को निरूपित किया। उन्होंने उसे सामूहिक उत्तरदायित्व की परिपूर्ति हेतु मंत्रियों की नियुक्ति और पदच्युति के अधिकारों से सम्पन्न कर अप्रत्यक्ष रूप से संविधान सभा में प्रधानमंत्रीय सरकार का समर्थन किया था। संविधान में भी अंतिम रूप से प्रधानमंत्री की उसी महत्त्वपूर्ण स्थिति को कानूनी रूप में स्वीकृत किया गया है।

यद्यपि संविधान में कहीं पर भी विशेष रूप से और अलग से प्रधानमंत्री तथा मंत्रियों की शक्तियों एवं विशेषाधिकारों का उल्लेख नहीं किया गया है, लेकिन भारत की संसदीय लोकतांत्रिक व्यवस्था के वास्तविक संचालन में प्रधानमंत्री को प्रमुख एवं निर्णायक भूमिका प्रदान की गई है।[9] संविधान सभा के प्रमुख संवैधानिक परामर्शदाता बी.एन. राव द्वारा अक्तूबर, 1947 में संविधान का प्रथम प्रारूप निर्मित किया गया।[10] इसके अनुसार "प्रधानमंत्री को राष्ट्रपति द्वारा चुना और आमंत्रित किया जाएगा तथा अन्य मंत्रियों को राष्ट्रपति प्रधानमंत्री के परामर्श से चुनेगा।"

इस प्रथम प्रारूप संविधान पर मसविदा समिति द्वारा पूर्व में विचार–विमर्श किया गया था। इस मसविदा समिति ने 21 फरवरी, 1948 को विभिन्न संशोधनों सहित एक अंतिम प्रारूप संविधान निर्मित कर संविधान सभा में विचारार्थ प्रस्तुत किया। इस संशोधित प्रारूप में संविधान की धारा 61 और 62 में प्रधानमंत्री और मंत्रिपरिषद का उल्लेख किया गया था। प्रारूप समिति ने प्रथम मसौदा संविधान की धारा 56(1) में शाब्दिक परिवर्तन ('चुने' शब्द के स्थान पर 'नियुक्ति' शब्द) कर प्रधानमंत्री और अन्य मंत्रियों की नियुक्ति के संबंध में अपनी धारा 61(1) में उल्लेख किया कि "राष्ट्रपति द्वारा प्रधानमंत्री की नियुक्ति तथा अन्य मंत्रियों की नियुक्ति राष्ट्रपति प्रधानमंत्री के परामर्श से करेगा।"

28 जुलाई, 1947 को संघीय संविधान समिति की रिपोर्ट को संविधान सभा में विचार-विमर्श के लिए प्रस्तुत किया गया। प्रधानमंत्री और मंत्रिपरिषद की नियुक्ति के संबंध में आए हुए विभिन्न संशोधन प्रस्तावों पर बहस के बाद अंत में संविधान सभा द्वारा प्रारूप संविधान 62(1) पर प्रस्तुत दोनों संशोधन प्रस्तावों को भारी बहुमत से अस्वीकार कर उसे ज्यों का त्यों स्वीकार कर लिया गया जो वर्तमान संविधान की धारा 75(1) के रूप में भारतीय संविधान में सम्मिलित है। यद्यपि नियुक्ति के संबंध में विस्तृत व्याख्या का अभाव है, परन्तु एन गोपाल स्वामी आयंगर ने संविधान सभा में कहा था कि प्रथाओं के अनुसार राष्ट्रपति बहुमत दल के नेता को या उसके अभाव में, अन्य दलों के समर्थन से स्थायी सरकार बनाने में समर्थ हो को प्रधानमंत्री नियुक्ति करेगा[11] तथा उनके परामर्श से अन्य मंत्रियों को नियुक्ति करेगा।

प्रधानमंत्री की नियुक्ति के संबंध में संवैधानिक प्रावधान

संविधान के अनुच्छेद 75 के अनुसार प्रधानमंत्री की नियुक्ति राष्ट्रपति द्वारा की जाएगी,[12] लेकिन इस औपचारिक शब्दावली के साथ यह जोड़ दिया गया है कि 'मंत्रिपरिषद (जिसका प्रधान प्रधानमंत्री होता है) लोकसभा के प्रति सामूहिक रूप से उत्तरदायी होगी।[13]

इस संवैधानिक व्यवस्था का आशय यह है कि इंग्लैंड के समान ही भारत में भी लोकसभा के बहुमत दल के नेता को प्रधानमंत्री नियुक्त किया जाएगा। अतः सामान्य परिस्थितियों में राष्ट्रपति को प्रधानमंत्री की नियुक्ति में स्वविवेक या विशेषाधिकार प्राप्त नहीं है।[14] उसका विवेकाधिकार एक सुनिश्चित संवैधानिक रूढ़ि द्वारा परिसीमित है।

भारत में संवैधानिक दृष्टि से प्रधानमंत्री के लिए नियुक्ति के समय संसद सदस्य होना आवश्यक एवं अनिवार्य नहीं है। यद्यपि ब्रिटिश परम्परानुसार उससे अपेक्षा की जाती है कि उसे संसद के किसी भी सदन का सदस्य होना चाहिए। यदि वह नियुक्ति के समय सदन का सदस्य नहीं है तो उसे 6 महीने के अंतर्गत संसद के किसी भी सदन की सदस्यता प्राप्त करनी चाहिए। यदि वह वांछित समय में संसद की सदस्यता प्राप्त करने में असमर्थ रहता है तो वह प्रधानमंत्री नहीं रहेगा। साथ ही उसे लोकसभा के बहुमत दल का विश्वास और समर्थन भी अवश्य ही प्राप्त होना चाहिए क्योंकि वह संवैधानिक दृष्टि से लोकसभा के प्रति सामूहिक रूप से उत्तरदायी होता है।

स्वतंत्र भारत के इतिहास में जून, 1991 में जब पी.वी. नरसिंहा राव को प्रधानमंत्री नियुक्त किया गया तो वह संसद के किसी भी सदन के सदस्य नहीं थे परंतु उन्होंने नवम्बर, 1991 में आन्ध्र प्रदेश के नांदयाल चुनाव क्षेत्र से लोकसभा का चुनाव जीतकर छः माह के समय के अंदर संसद का सदस्य बनने की शर्त को पूर्ण किया था। दूसरी बार जब 1996 में राष्ट्रपति शंकर दयाल शर्मा ने कर्नाटक के मुख्यमंत्री एच.डी. देवगौड़ा को प्रधानमंत्री नियुक्त किया तो वे भी संसद के सदस्य नहीं थे। संवैधानिक व्यवस्था के अनुसार उनके लिए 6 महीने के समय के भीतर संसद का सदस्य बनना आवश्यक था। इस संवैधानिक शर्त को पूरा करने के लिए उन्होंने कर्नाटक राज्य से राज्यसभा का चुनाव लड़ा था और सितम्बर, 1996 को कर्नाटक विधानसभा ने उन्हें राज्यसभा का सदस्य चुन लिया था।

संसद के किसी भी सदन का सदस्य प्रधानमंत्री बन सकता है

भारत में ब्रिटिश कैबिनेट प्रणाली को अपनाया गया है जो रूढ़ियों के आधार पर कार्य करती है। इंग्लैंड में यह परम्परा है कि प्रधानमंत्री को साधारणतयाः कॉमन्स सदन का ही सदस्य होना चाहिए। भारत में ऐसी कोई सुनिश्चित परिपाटी स्थापित नहीं हुई है। केन्द्र तथा राज्य दोनों ही स्थानों पर प्रधानमंत्री और मुख्यमंत्री की नियुक्ति उच्च सदन से संबंधित व्यक्तियों में से हुई है।[15] उदाहरणस्वरूप 1952 में बम्बई के राज्यपाल ने उच्च सदन विधानपरिषद के सदस्य मोरारजी देसाई को बम्बई का मुख्यमंत्री नियुक्त किया था। सी.वी. गुप्ता के 1957 के आम चुनाव में हारने के बावजूद उन्हें उच्च सदन राज्य विधानपरिषद के लिए चुना और तब उत्तर प्रदेश का मुख्यमंत्री नियुक्त किया। इससे भी आगे 1952 में मद्रास में सी. राजगोपालाचारी को पहले उच्च सदन का सदस्य नामांकित किया और तब उन्हें मुख्यमंत्री बनाया।[15ए]

केन्द्रीय स्तर पर प्रधानमंत्री लाल बहादुर शास्त्री की मृत्यु के पश्चात जब इंदिरा गांधी को प्रधानमंत्री के रूप में नियुक्त किया गया था तो उस समय वे राज्यसभा की सदस्या थी, परन्तु 1967 में उन्होंने राज्यसभा की सदस्यता त्याग दी थी और बाद में वह लोकसभा के लिए निर्वाचित हो गई थी। इस प्रकार उन्होंने इस परम्परा को स्थापित रखा कि प्रधानमंत्री लोकसभा का सदस्य होना चाहिए, लेकिन जून, 1996 में एच.डी. देवगौडा ने अपनी प्रधानमंत्री पद पर नियुक्ति के बाद राज्यसभा की सदस्यता प्राप्त की। इसके बाद अप्रैल, 1997 में इन्द्रकुमार गुजराल (जो कि स्वंय राज्यसभा के सदस्य थे) ने प्रधानमंत्री नियुक्त

होने के बाद लोकसभा की सदस्यता प्राप्त करने का कोई प्रयत्न नहीं किया। इसी क्रम में मई, 2004 में मनमोहन सिंह प्रधानमंत्री बने जो राज्यसभा के सदस्य थे, उन्होंने भी प्रधानमंत्री पद ग्रहण करने के बाद लोकसभा की सदस्यता प्राप्त करने का कोई प्रयास नहीं किया। अतः यह परम्परा कि प्रधानमंत्री सदैव लोकसभा में से होता है अब टूट चुकी है।

प्रधानमंत्री के चयन में राष्ट्रपति का स्वविवेक

सरकार की सुव्यवस्थित पद्धति के अनुसार लोकसभा का बहुमत दल अपने नेता का चुनाव अथवा निर्वाचन का निर्णय लेगा और इस निर्णय के आधार पर राष्ट्रपति उसे प्रधानमंत्री नियुक्त करेगा। अतः साधारणतया परिस्थितियों में राष्ट्रपति को स्वनिर्णय का कोई अधिकार प्राप्त नहीं दीखता। वह लोकसभा की इच्छा और आकांक्षा का प्रतिपालक है जो उसके बहुमत दल के द्वारा अभिव्यक्त होती है।[16]

कुछ असाधारण परिस्थितियों में इंग्लैंड के राजा की भांति भारतीय राष्ट्रपति भी स्वविवेक के अधिकार का प्रयोग कर सकता है। राष्ट्रपति को केवल उस समय जब दलीय स्थिति अनिश्चित होने पर, लोकसभा में किसी दल (स्वतंत्र या सम्मिलित) को स्पष्ट बहुमत न मिलने पर अथवा अपनी रूचि के नेता का संकेत देने में या चुनाव करने में बहुमत दल के असमर्थ होने पर, बहुमत वाले राजनीतिक दल के नेता पद के लिए तीव्र विवाद होने या मृत्यु, पदत्याग अथवा पदच्युति के कारण प्रधानमंत्री पद आकस्मिक रूप में रिक्त हो जाने पर अपने विशेषाधिकार एवं बुद्धि का प्रयोग करना पड़ेगा।

संवैधानिक सलाहकार बी.एन. राव, प्रारूप समिति के सभापति बी. आर. अम्बेड़कर और समिति के सदस्य टी.टी. कृष्णामाचारी स्वीकार करते हैं कि विशेष परिस्थितियों में प्रधानमंत्री के चयन में राष्ट्रपति द्वारा अपने विवेक का सीमांत प्रयोग किया जा सकता है।[17] बी.आर. अम्बेड़कर ने प्रधानमंत्री की नियुक्ति को राष्ट्रपति के विशेषाधिकार की संज्ञा दी थी और इस संदर्भ में ब्रिटिश राजा का हवाला दिया था।[18] ब्रिटेन की स्थिति यह है कि वहाँ प्रधानमंत्री की नियुक्ति में राजा का विशेषाधिकार अत्यन्त सीमित हो गया है। अब यह मान लिया गया है कि प्रधानमंत्री की नियुक्ति में राजा की व्यवहारतः कोई दिलचस्पी, असाधारण परिस्थितियों को छोड़कर नहीं होती। बी. आर. अम्बेड़कर स्वयं भी प्रधानमंत्री की नियुक्ति के मामले में राष्ट्रपति को स्वविवेकी अधिकार दिए जाने के पक्ष में थे, 30 दिसम्बर, 1948 को उन्होंने कहा था–

'प्रधानमंत्री की नियुक्ति के संबंध में राष्ट्रपति को यह स्वेच्छाधिकार न देना सम्भव नहीं है। एक भिन्न रास्ता है. . . वह यह कि सदन अपना नेता चुन ले और उस चुनाव के आधार पर संकल्प व प्रस्ताव पारित कर ले तो राष्ट्रपति उसे प्रधानमंत्री नियुक्त कर दे, परन्तु यह व्यवस्था करना कुछ अनावश्यक-सा जान पड़ता है। इन दोनों तरीकों का उद्देश्य तो यही है कि प्रधानमंत्री को संसद का विश्वास प्राप्त है अथवा नहीं, इसकी परीक्षा हो जाए। प्रथम विधि में विश्वास का प्रमाण प्रस्ताव पारित करने से मिलता है और दूसरी में पदासीन होने के उपरांत अविश्वास प्रस्ताव द्वारा विश्वास न होना सिद्ध किया जा सकता है। अतः दोनों पद्धतियाँ एक समान हैं इसलिए इस विषय को राष्ट्रपति की स्वेच्छा पर छोड़ देना ही उपयुक्त है।'[19]

स्वतंत्रता प्राप्ति से लेकर 1989 के मध्य तक प्रधानमंत्री के चयन में राष्ट्रपति की भूमिका

भारतीय संविधान इस संबंध में बिल्कुल मौन धारण किए हुए है कि राष्ट्रपति किस प्रकार और किस व्यक्ति को प्रधानमंत्री के पद पर नियुक्त करेगा। वह इस शक्ति का प्रयोग या तो आम चुनावों के तुरन्त बाद या प्रधानमंत्री का पद बीच में खाली हो जाने या मृत्यु हो जाने पर करता है। यद्यपि संविधान के अनुसार राष्ट्रपति पर इस संबंध में कोई प्रतिबंध नहीं लगाया गया है। वह किसी भी व्यक्ति को प्रधानमंत्री नियुक्त कर सकता है परन्तु व्यावहारिक राजनीति में ब्रिटिश सम्राट की तरह उसे बहुमत दल के नेता को ही प्रधानमंत्री पद के लिए आमंत्रित करना पड़ता है।

स्वतत्रंता प्राप्ति के बाद प्रथम तीन नियुक्तियों में कांग्रेस दल के सशक्त एकाधिकारपूर्ण संसदीय बहुमत तथा कांग्रेस संगठन की महत्त्वपूर्ण स्थिति के कारण कांग्रेसाध्यक्ष, सिंडिकेट तथा राज्य के मुख्यमंत्रियों ने राष्ट्रपति की अपेक्षा अधिक महत्त्वपूर्ण भूमिका का निर्वहन किया। जबकि प्रधानमंत्री मोरारजी देसाई के निर्वाचन में जनता पार्टी के द्वारा इस औपचारिक भूमिका का परिपालन किया गया। हालांकि 27 मई, 1964 को जवाहरलाल नेहरू की मृत्यु के बाद राष्ट्रपति राधाकृष्णनन् के सामने प्रथम बार प्रधानमंत्री की नियुक्ति की समस्या उत्पन्न हुई थी। सांविधानिक तौर पर प्रधानमंत्री की मृत्यु या पदत्याग के तत्काल बाद किसकी नियुक्ति की जाए, यह अस्पष्ट था। प्रधानमंत्री नेहरू की मृत्यु होते ही पूर्व कैबिनेट का अस्तित्व तुरंत समाप्त हो गया था। राष्ट्रपति एस. राधाकृष्णनन् ने नेहरू की मृत्यु से प्रधानमंत्री पद रिक्त हो जाने पर मंत्रिमंडल के वरिष्ठतम् सदस्य गुलजारी लाल नंदा को प्रधानमंत्री पद ग्रहण करने के लिए आमंत्रित

किया। राष्ट्रपति ने यह कार्य स्वयं अपने विचार और मंत्रिमंडल की आपातकालीन समिति की सिफारिश के आधार पर किया था।[20] यद्यपि यह तथ्य है कि गुलजारीलाल नंदा की नियुक्ति एक कार्यवाहक प्रधानमंत्री और एक अन्तरिम प्रधानमंत्री के रूप में की गई थी, लेकिन औपचारिक रूप में उन्हें प्रधानमंत्री पद पर नियुक्त घोषित किया गया, क्योंकि संविधान में कार्यवाहक प्रधानमंत्री पद की कोई व्यवस्था नहीं है।[21] कृष्णामेनन द्वारा राष्ट्रपति के इस कार्य को 'अंसवैधानिक'[22] कहा गया और जे.एन. लाल द्वारा भी राष्ट्रपति के इस निर्णय की बुद्धिमता पर संदेह व्यक्त किया गया।[23]

सारांश यह है कि राष्ट्रपति द्वारा गुलजारी लाल नंदा का चुनाव तर्कसंगत और अपरिहार्य था। वास्तव में राष्ट्रपति राधाकृष्णन्न ने नंदा को नियुक्त करते समय 1962 में पश्चिमी बंगाल में स्थापित एक भारतीय प्रथा को दोहराया, जबकि, मुख्यमंत्री बी.सी. राय का अपने पद पर रहते हुए निधन हो गया था तो उनके सबसे वरिष्ठतम सहयोगी पी.सी. सेन को कार्यवाहक मुख्यमंत्री के रूप में शपथ दिलाई।[24] इस प्रथा के अस्तित्व के प्रकाश में यह पूर्णतया संवैधानिक सुनिश्चित सिद्धान्तों पर आधारित और दल के वरीय सदस्यों से संयुक्त समिति के परामर्शों के अनुरूप था।[25] 1964 में प्रतिपादित यह सिद्धान्त बाद में अत्यन्त उपयोगी प्रमाणित हुआ जबकि जनवरी, 1966 में लाल बहादुर शास्त्री की मृत्यु से ठीक ऐसी ही परिस्थिति उत्पन्न हुई। इस बार प्रधानमंत्री की मृत्यु के कुछ ही घंटों के भीतर मंत्रिमंडल की औपचारिक अनुशंसा के बिना प्रतीक्षा किए राष्ट्रपति ने गुलजारी लाल नंदा को प्रधानमंत्री पद पर नियुक्त कर दिया।[26] शास्त्री मंत्रिमंडल में भी नंदा ही वरिष्ठतम मंत्री थे और राष्ट्रपति के समक्ष मार्गदर्शन का पूर्व उदाहरण था। इन अवसरों को छोड़कर किसी को कार्यवाहक प्रधानमंत्री के रूप में शपथ नहीं दिलाई गई।

जनवरी, 1980 के चुनावों में इंदिरा गांधी लोकसभा में दो–तिहाई सदस्यों के प्रबल बहुमत से निर्वाचित हुई और राष्ट्रपति ने उन्हें विधिवत् प्रधानमंत्री नियुक्त किया। 31 अक्तूबर, 1984 को प्रधानमंत्री इंदिरा गांधी के दुखद् निधन पर राष्ट्रपति ज्ञानी जैल सिंह द्वारा अपने स्वविवेक से राजीव गांधी को प्रधानमंत्री पद पर मनोनीत किया गया।[27] दिसम्बर, 1984 में लोकसभा चुनाव में तीन-चौथाई से अधिक के बहुमत से विजय प्राप्त कर कांग्रेस (इ) पुनः सत्तारूढ हुई और राजीव गांधी ने जनवरी, 1985 में प्रधानमंत्री पद की शपथ ग्रहण की।

गणतंत्रीय भारत के संविधान के अन्तर्गत सम्पन्न पहले आठ आम चुनावों के पश्चात प्रधानमंत्रियों की नियुक्तियों में शायद ही कोई अवसर आया हो

जिसमें राष्ट्रपति को विशेषाधिकार का उपयोग करना पड़ा हो। पहली बार उसे इस अधिकार का उपयोग जुलाई, 1979 में उस समय करना पड़ा जब नवगठित जनता-पार्टी संसद में अल्पमत में आ गई तथा तत्कालीन प्रधानमंत्री मोरारजी देसाई ने अपने पद से त्यागपत्र दे दिया और अन्य कोई भी दल सरकार बनाने की स्थिति में नहीं था, न ही कोई सर्वमान्य नेता उपलब्ध था। ऐसी स्थिति में राष्ट्रपति को पहल करने का अवसर मिला।

मार्च, 1977 के आम चुनावों में ऐतिहासिक सफलता प्राप्त कर केंद्र में पहली सांझा सरकार मोरारजी देसाई के नेतृत्व में बनी जो कि पहली गैर-कांग्रेसी जनता सरकार थी। केन्द्र में यह मिली जुली सरकार का पहला प्रयोग था। जनता पार्टी की सरकार में कांग्रेस संगठन, भारतीय लोकदल, संयुक्त समाजवादी दल, विद्रोही कांग्रेस, अकाली दल, द्रमुक आदि दल शामिल हुए (जगजीवन राम के नेतृत्व में 'कांग्रेस फोर डेमोक्रेसी' इसमें बाद में शामिल हुई थी)। यह सरकार अपने गठन और कार्यकरण में एक मिली जुली सरकार ही थी। कुलदीप नैय्यर लिखते हैं, "केन्द्र में जनता पार्टी की स्थिति एक मिली जुली सरकार जैसी रही और सत्ता में भागीदार गुट इस बात के प्रति सजग रहे।" आंतरिक गुटबंदी एवं सत्ता के लिए अनवरत संघर्ष के कारण तथा एक के बाद एक घटित होने वाली राजनीतिक घटनाओं से जनता पार्टी का विभाजन हो गया। प्रथम गैर-कांग्रेसी सरकार का पतन का प्रमुख कारण दल में ही निजी महत्त्वाकांक्षा का बढना, दलीय स्वार्थ, घटकवाद, सैद्धांतिक मतभेद, दल बदल आदि रहे। तत्कालीन तेजी से बदलते राजनीतिक घटनाक्रम में 11 जुलाई, 1979 को विपक्ष और कांग्रेस के तत्कालीन नेता यशवन्त राव चव्हाण ने देसाई मंत्रिमंडल के विरूद्ध अविश्वास प्रस्ताव प्रस्तुत किया।[28] इस पर अपनी पराजय का पूर्वानुमान करते हुए प्रधानमंत्री देसाई ने 15 जुलाई, 1979 को अपने पद से त्यागपत्र दे दिया, जिससे 28 महीने पुरानी जनता पार्टी सरकार का पतन हो गया। राष्ट्रपति ने मोरारजी देसाई से तब तक अपने पद पर बने रहने को कहा जब तक कि वैकल्पिक व्यवस्था (नई सरकार का गठन) न हो जाए। भारत के संसदीय इतिहास में यह एक अभूतपूर्व घटना थी, जबकि किसी प्रधानमंत्री को इतनी नाटकीय परिस्थितियों में त्यागपत्र देने के लिए बाध्य होना पड़ा हो। मोरारजी देसाई के त्यागपत्र के साथ ही देश में राजनीतिक अस्थिरता और गत्यावरोध का वातावरण बन गया। इस समय राष्ट्रपति नीलम संजीवा रेड्डी की भूमिका अत्यन्त महत्त्वपूर्ण बन गई। राष्ट्रपति ने विधिवेत्ताओं और संविधान-विशेषज्ञों से परामर्श करने के बाद 18 जुलाई, 1979 को लोकसभा में तत्कालीन विपक्षी नेता यशवन्त राव चव्हाण को नई सरकार बनाने के लिए पहला अवसर दिया।[29] इस

पर चव्हाण ने सरकार बनाने की संभावनाओं का पता लगाने के लिए राष्ट्रपति से चार दिन का समय मांगा। 22 जुलाई, 1979 को चव्हाण ने राष्ट्रपति को भेजे गये अपने पत्र में अपने द्वारा सरकार बनाने में असमर्थता व्यक्त करते हुए अपने दल कांग्रेस के चरण सिंह को प्रधानमंत्री पद पर मनोनीत किए जाने के समर्थन की घोषणा की।[30] देश में राजनीतिक घटनाचक्र बहुत ही तेजी के साथ घटित होता गया। इसी बीच कांग्रेस (इ), अकाली दल और वामपंथी दलों ने भी चरण सिंह को प्रधानमंत्री नियुक्त किये जाने हेतु अपने समर्थन की घोषणा की। इसके बाद राष्ट्रपति नीलम संजीवा रेड्डी ने मोरारजी देसाई एवं चरण सिंह को अपने बहुमत का दावा सिद्ध करने के लिए कहा। प्रधानमंत्री के दोनों दावेदारों ने अपने समर्थकों की जो सूचियाँ भेजी उनमें समर्थकों की संख्या समान थी। ऐसी स्थिति में राष्ट्रपति ने सूचियों की पूरी जाँच पड़ताल करना शुरू किया। सत्ता के इस निर्णायक संघर्ष में मोरारजी देसाई पराजित हो गए। चरण सिंह ने राष्ट्रपति को एक पत्र लिखकर यह दावा किया था कि वह केन्द्र में एक स्थायी सरकार बना सकते हैं और सरकार बनाने के तत्काल बाद लोकसभा में शक्ति परीक्षण के लिए तैयार हैं। चरण सिंह का मत था कि चूंकि मोरारजी देसाई पराजित पार्टी के नेता हैं उनमें सदन का सामना करने की हिम्मत नहीं थी इसलिए उन्हें राष्ट्रपति आमंत्रित नहीं कर सकते, लेकिन राष्ट्रपति ने दोनों दावेदारों को आमंत्रित कर विवेक और निष्पक्षता का परिचय दिया।

ऐसी किसी भी स्थिति में राष्ट्रपति विभिन्न दलों से विचार-विमर्श कर ऐसे किसी भी व्यक्ति को प्रधानमंत्री नियुक्त कर सकता है जो स्थायी सरकार बनाने में समर्थ हो। मेहरचन्द महाजन के अनुसार "इस स्थिति में राष्ट्रपति द्वारा ऐसे व्यक्ति को प्रधानमंत्री नियुक्त किया जाना चाहिए जो स्थायी सरकार बना सके और उस प्रधानमंत्री को संसद का सामना करने के लिए छोड़ दिया जाना चाहिए। राष्ट्रपति लोकसभा के सबसे बड़े दल के नेता को आमंत्रित करने के लिए बाध्य नहीं है"[31] ए.के. सरकार एवं एच. एम. सीरवई भी उनके इस दृष्टिकोण से सहमत हैं।

26 जुलाई, 1979 को लोकसभा में अधिक सांसदों का समर्थन पाने के सफल दावों के बाद राष्ट्रपति के द्वारा इस आधार पर चरण सिंह को सरकार बनाने के लिए आमंत्रित किया गया कि उन्हें मोरारजी देसाई की तुलना में अधिक लोकसभा सदस्यों का समर्थन प्राप्त है।[32] नए प्रधानमंत्री के रूप में चरण सिंह ने 28 जुलाई, 1979 को अपने पद की शपथ ली, इसके साथ ही राष्ट्रपति द्वारा विश्वास व्यक्त किया गया कि जनतंत्री और संसदीय परम्पराओं के अनुसार

यथासंभव शीघ्र और प्रत्येक स्थिति में अगस्त के तीसरे सप्ताह तक उनके द्वारा लोकसभा में विश्वास का मत प्राप्त किया जाएगा।[33] देश के इतिहास में यह महत्त्वपूर्ण घटना थी, जबकि राष्ट्रपति ने प्रधानमंत्री की नियुक्ति करते समय ऐसी शर्त लगाई हो, जिसका संविधान में कोई उल्लेख नहीं था।[34] जनता (एस) नेता चरण सिंह के नेतृत्व में कांग्रेस (आई) के बाहरी समर्थन से बनी यह दूसरी गठबंधन सरकार थी। लेकिन कांग्रेस (आई) द्वारा अपना समर्थन वापस ले लेने के कारण चरण सिंह ने लोकसभा में विश्वासमत का सामना किए बगैर ही अपने पद से त्याग पत्र दे दिया। बाद में 22 अगस्त, 1979 को छठी लोकसभा भंग कर दी गई और चरण सिंह को चुनावों तक अपने पद पर बने रहने को कहा गया।

अपने संस्मरणों में संजीवा रेड्डी लिखते हैं–"सदस्यों द्वारा बड़ी संख्या में दलबदल किए जाने के कारण जनता पार्टी अल्पमत में रह गई थी और मोरारजी देसाई को त्यागपत्र देने के लिए विवश होना पड़ा था। आमंत्रित किए जाने पर विरोध पक्ष के नेता ने सरकार बनाने का प्रयत्न किया था पर असफल रहा था, तथापि उसने सलाह दी थी कि पार्टियों का एक ऐसा गुट उभर रहा है जो चरण सिंह के नेतृत्व में सरकार बना सकता है। मैंने त्यागपत्र दे चुके प्रधानमंत्री मोरारजी देसाई और चरण सिंह द्वारा प्रस्तुत प्रमाणों से अपने को संतुष्ट कर लिया कि चरण सिंह को बहुमत प्राप्त है। इसी के अनुसार मैंने चरण सिंह को सरकार बनाने के लिए आमंत्रित किया जो उन्होंने बनाई। वह शीघ्र ही त्यागपत्र देने को विवश हो गए क्योंकि एक महत्त्वपूर्ण समूह ने जिसने उन्हें समर्थन देने का वायदा किया था, अपना इरादा बदल दिया और एक माह से कम समय के अंदर उनका विरोध करना उचित समझने लगे।"[35]

राष्ट्रपति नीलम संजीवा रेड्डी ने नए प्रधानमंत्री के चयन में अपने विवेक का प्रयोग बहुत ही निष्पक्ष ढ़ंग से किया और राष्ट्रपति पद की गरिमा को बढाया। उन्होंने जनता संसदीय दल के नेता मोरारजी देसाई और जनता (एस) के नेता चरण सिंह को एक साथ अपने समर्थकों की सूचियाँ भेजने का अवसर प्रदान कर अदभुत राजनीतिक सूझबूझ का परिचय दिया।

चरण सिंह के प्रधानमंत्री पद पर सत्तारूढ होने की मिश्रित प्रतिक्रियाएं हुई। जनता पार्टी के अध्यक्ष चन्द्रशेखर द्वारा इसे 'असाधारण निर्णय'[36] बतलाया गया और जनता संसदीय दल के नव-निर्वाचित नेता जगजीवन राम ने कहा–राष्ट्रपति ने अल्पमत के नेता को बहुमत के नेता में परिणत कर लोकतांत्रिक विश्व के इतिहास में नवीन अध्याय जोड़ा है।[37] जनता दल के मुखरित हरिजन संसद सदस्य रामधन ने कहा कि बड़े दुःख की बात यह है कि एक ऐसा नेता

सरकार बना रहा है जो हमेशा हरिजन और गिरिजन विरोधी रहा है, भगवान इस देश और जनतंत्र को बचाए।[38]

त्रिशंकु लोकसभाएंः प्रधानमंत्री के चयन में राष्ट्रपति की भूमिका

भारत में स्थापित संसदीय प्रणाली में राष्ट्रपति लोकसभा में बहुमत प्राप्त दल के नेता को सरकार बनाने के लिए आमंत्रित करता है। चुनावों में किसी एक दल को स्पष्ट बहुमत मिल जाने पर राष्ट्रपति के लिए यह केवल एक संवैधानिक औपचारिक मात्र होती है। सर्वोच्च न्यायालय के पूर्व सोलिस्टर जनरल अभिषेक मनु सिंघवी के अनुसार, ''सरकार के गठन के संबंध में एक स्थापित परम्परा व व्यवहार यह है कि ब्रिटेन के संप्रभु की भांति भारत के राष्ट्रपति को भी उस पार्टी या ग्रुप को सरकार बनाने के लिए आमंत्रित करना चाहिए जो स्थिर सरकार दे सके और ऐसा न होने पर अन्य किसी को बुलाये।''[39] त्रिशंकु संसद बनने की स्थिति में संविधान में स्पष्ट निर्देशन के अभाव में यह निर्णय करना राष्ट्रपति का उत्तरदायित्व हो जाता है कि क्या सबसे बड़े राजनीतिक दल को सत्ता में आने के लिए आमंत्रित करना उचित है? क्या वह स्थायी व कार्यक्षम सरकार दे पाएगा? जब किसी भी राजनीतिक दल को लोकसभा में स्पष्ट बहुमत प्राप्त न हो तो राष्ट्रपति के लिए प्रधानमंत्री की नियुक्ति एक चुनौती हो जाती है। ऐसा समय राष्ट्रपति के लिए कड़ी परीक्षा का होता है। इस बात का निर्णय राष्ट्रपति को समूची परिस्थितियों का अनुमान लगाने के पश्चात करना होता है कि कौन-सा राजनीतिक दल स्थायी सरकार बनाने की स्थिति में है?

राजनीतिक अनिश्चितता में संविधान और सर्वोच्च संवैधानिक पद राष्ट्रपति की भूमिका अत्यंत महत्त्वपूर्ण हो जाती है। संविधान के अनुच्छेद 74(1) में प्रावधान है कि राष्ट्रपति अपने कृत्यों का निर्वहन मंत्रिपरिषद की सहायता और सलाह के अनुसार ही करेगा, लेकिन प्रधानमंत्री की नियुक्ति का दायित्व कम-से-कम एक ऐसा मामला है जिसमें राष्ट्रपति मंत्रिपरिषद की सलाह से काम नहीं कर सकता है और उसे अपने विवेक पर ही निर्भर रहना होगा। जब सब कुछ अस्पष्ट हो उस समय राष्ट्रपति की साख, उनकी सूझबूझ और कौशल सब कुछ दांव पर लगा होता है। ऐसे में संविधान के उपबंधों के अलावा संवैधानिक परंपराओं की भी अहम् भूमिका होती है। प्रधानमंत्री की नियुक्ति करते समय राष्ट्रपति को देखना होगा कि वह ऐसे व्यक्ति को चुने जिसे लोकसभा का समर्थन मिलने की आशा हो। अगर किसी एक दल को अथवा निर्वाचन पूर्व गठबंधन को लोकसभा में स्पष्ट बहुमत का समर्थन प्राप्त हो तब कोई समस्या ही नहीं है और राष्ट्रपति बहुसंख्यक दल अथवा गठबंधन के नेता को सरकार

बनाने के लिए आमंत्रित कर सकता है, किंतु यदि किसी दल या गठबंधन को स्पष्ट बहुमत न मिले तो राष्ट्रपति की भूमिका बहुत कठिन और महत्त्वपूर्ण हो जाती है।

सन् 1989 से भारतीय राजनीति में ऐसे महत्त्वपूर्ण परिवर्तन आए हैं, जिन्होंने राष्ट्रपति की परम्परावादी भूमिका को ही काफी सीमा तक बदल कर रख दिया है। 1989 से 2009 तक लोकसभा के आम चुनावों के बाद मिली-जुली सरकारें अथवा अल्पमत की सरकारें अस्तित्व में आई। 1989 से भारतीय चुनाव में क्षेत्रीय राजनीतिक दलों की महत्ता में काफी अधिक वृद्धि हुई है। इसके साथ ही राष्ट्रीय राजनीतिक दलों की महत्ता का भी पतन हुआ। किसी भी दल को बहुमत न प्राप्त होने की स्थिति में प्रधानमंत्री की नियुक्ति करना राष्ट्रपति के लिए चुनौती बना। भारत में ऐसे अवसर सन् 1989, 1996, 1998, 1999 एवं 2009 में आ चुके हैं। त्रिशंकु लोकसभा के गठन ने राष्ट्रपति द्वारा प्रधानमंत्री नियुक्त किए जाने की भूमिका को ही बदल दिया है।

वी.पी. सिंह का प्रधानमंत्री पद के लिए चयन (दिसम्बर, 1989)

भारत की नौवीं लोकसभा के चुनाव नवम्बर, 1989 में सम्पन्न हुए और 2 दिसम्बर को लोकसभा गठित हुई। इन चुनावों से कांग्रेस शासन का अन्त हो गया और स्थिति बिल्कुल बदल गई। इन चुनावों में विभिन्न राजनीतिक दलों की स्थिति इस प्रकार रही–

तालिका 4.1

नौवीं लोकसभा चुनाव परिणाम, (नवम्बर, 1989)[40]

राजनीतिक दल	प्राप्त स्थान
कांग्रेस (आई)	197
जनता दल	143
भारतीय जनता पार्टी	85
भारतीय साम्यवादी पार्टी	12
भारतीय साम्यवादी पार्टी (मार्क्सवादी)	33
इंडियन कांग्रेस (सोशलिस्ट–शरतचन्द्र सिन्हा)	1
तेलुगूदेशम	2
महाराष्ट्रवादी गोमांतक	1
जम्मू कश्मीर नेशनल कांफ्रेंस	3
मुस्लिम लीग	2

रिवोल्यूशनरी सोशलिस्ट पार्टी	4
आल इंडिया फारवर्ड ब्लॉक	3
सिक्किम संग्राम परिषद	1
आल इंडिया अन्ना द्रविड़ मुनैत्र कड़गम्	11
बहुजन समाज पार्टी	3
आल इंडिया मजलिस–ए–इतेहादुल–अल मुसलमिन	1
झारखंड मुक्ति मोर्चा	3
इंडियन पीपुल्स फ्रंट	1
मार्किस्ट (कोआर्डिनेशन)	1
केरल कांग्रेस (एम)	1
शिवसेना	1
शिरोमणि अकाली दल (मान)	6
अखिल भारतीय हिन्दू महासभा	1
गोरखा नेशनल लिबरेशन फ्रंट	1
निर्दलीय	12
कुल	529

उपरोक्त चुनाव परिणामों से स्पष्ट है कि भारत के संसदीय इतिहास में पहली बार किसी भी राजनीतिक दल को स्पष्ट बहुमत प्राप्त नहीं हुआ। यद्यपि कांग्रेस (इ) सबसे बडे दल के रूप में उभर कर सामने आई लेकिन तत्कालीन राजनीतिक परिस्थिति में सरकार बनाने के लिए पर्याप्त बहुमत नहीं था। कांग्रेस (इ) ने सबसे बडी पार्टी के बावजूद सरकार बनाने का दावा पेश नहीं किया और कांग्रेस के नेता एवं प्रधानमंत्री राजीव गांधी ने अपने पद से त्याग-पत्र दे दिया।

चुनाव परिणामों से उत्पन्न हुई परिस्थिति पर विचार विमर्श शुरू हुआ। विधिवेताओं और वकीलों ने किसी को स्पष्ट बहुमत प्राप्त न होने की स्थिति के परिणामों पर विचार करना शुरू कर दिया। पूर्व सॉलिसिटर जनरल और संवैधानिक कानून के विशेषज्ञ सोली सोराबजी ने एक पांडित्यपूर्ण लेख में कहा कि ब्रिटिश परम्पराओं से स्थापित हो गया है कि आम चुनावों में जब सत्तारूढ़ दल हार जाये, तो विपक्ष को ही सरकार बनाने के लिए आमंत्रित किया जाना चाहिए। संवैधानिक कानून के एक और विशेषज्ञ चिताले ने राय दी कि, "संसद में अगर किसी को स्पष्ट बहुमत न मिले तो राष्ट्रपति को अकेली सबसे बड़ी पार्टी के नेता को सरकार बनाने के लिए आमंत्रित करना चाहिए।"

कांग्रेस के विरूद्ध पाँच राजनीतिक दलों–जनता दल, कांग्रेस (एस) तथा तीन राज्य स्तरीय दलों–तेलुगू देशम, डी.एम.के. तथा ए.जी.पी ने एक राष्ट्रीय मोर्चे का गठन किया। राष्ट्रीय मोर्चे में जनता दल को अभूतपूर्व सफलता मिली जबकि इसके अन्य घटकों की स्थिति गौण रही। कांग्रेस (इ) के सरकार न बनाने की जानकारी प्राप्त होने के पश्चात विपक्षी दलों ने सरकार बनाने की चेष्टा की। राष्ट्रीय मोर्चे के नेता दिल्ली में मिले और आरम्भिक बातचीत करने के लिए एक पांच सदस्यीय समिति का गठन किया।[41] समिति के सदस्यों ने वामपथी दलों एवं भारतीय जनता पार्टी के प्रतिनिधियों से विचार-विमर्श जारी रखा[41ए], जिसके परिणामस्वरूप सी.पी.आई.(एम), सी.पी. आई, आर.एस.पी. और फारवर्ड ब्लॉक ने राष्ट्रीय मोर्चा की सरकार को बिना शर्त बाहरी समर्थन देने को कहा।[42] भारतीय जनता पार्टी ने भी बिना भागीदारी के राष्ट्रीय मोर्चा को सामान्य लेकिन विवेचनात्मक समर्थन देने की बात कही।[43] इन परिस्थितियों में राष्ट्रपति के सामने नये प्रधानमंत्री के चयन का चुनौतीपूर्ण कार्य आसान हो गया।

1 दिसम्बर, 1989 को जनता दल के नव निर्वाचित सांसदों की बैठक मधुदंडवते की अध्यक्षता में हुई, जिसमें वी.पी. सिंह को एक नाटकीय ढ़ंग से संसदीय दल का नेता चुना। नेता पद के लिए वी.पी. सिंह ने देवीलाल का नाम प्रस्तावित किया और चन्द्रशेखर ने इस प्रस्ताव का अनुमोदन किया। देवीलाल को निर्वाचित घोषित कर दिया गया, किन्तु देवीलाल ने कहा यह चुनाव राजीव सरकार के भ्रष्टाचार के खिलाफ संघर्ष था जिसके प्रमुख योद्धा वी.पी. सिंह ही हैं व नेता पद के लिए वी.पी. सिह के नाम का प्रस्ताव किया जिसका अनुमोदन अजीत सिंह ने तत्काल कर दिया। तालियों की गड़गड़ाहट के बीच जबरदस्त उत्साह के माहौल में वी.पी. सिंह को आम सहमति से निर्वाचित घोषित कर दिया गया। चन्द्रशेखर ने नेता के चयन के तरीके पर अप्रसन्नता व्यक्त की। बाद में चन्द्रशेखर ने कहा मुझे इन सबसे अंधेरे में रखा गया।[44]

राष्ट्रपति ने ब्रिटेन के पूर्वोदाहरण का अनुसरण करते हुए सदस्य संख्या के क्रम में दूसरे सबसे बड़े जनता दल तथा राष्ट्रीय मोर्चा के नेता वी.पी. सिंह को सरकार बनाने का औपचारिक निमंत्रण दिया और 2 दिसम्बर, 1989 को प्रधानमंत्री पद की शपथ ग्रहण की। इस प्रकार वी.पी. सिंह के नेतृत्व में राष्ट्रीय मोर्चा की तीसरी गठबंधन सरकार बनी। भारतीय जनता पार्टी एवं वामपंथी दलों द्वारा राष्ट्रीय मोर्चे के नेता वी.पी. सिंह को प्रधानमंत्री नियुक्त किए जाने के संबंध में लिखित समर्थन दिया था। अतः तत्कालीन राष्ट्रपति आर. वेंकटरमन ने वी.पी. सिंह को प्रधानमंत्री के रूप में नियुक्त किया और अल्पमत होने के बाबजूद

उनको प्रधानमंत्री के रूप में शपथ दिलाई। राष्ट्रपति भवन से जारी एक सूचना में कहा गया था, ''नौवीं लोकसभा के लिए चुनाव में सबसे ज्यादा सीटें पाने वाली कांग्रेस (आई) ने चूंकि सरकार बनाने का दावा न करने का निर्णय लिया है, इसलिए मैंने दूसरी सबसे बड़ी पार्टी/समूह जिसका नाम जनता दल/राष्ट्रीय मोर्चा है, के नेता वी.पी. सिंह को सरकार बनाने और पद संभालने के 30 दिनों के अन्दर लोकसभा का विश्वासमत हासिल करने का निमंत्रण दिया है।'[45]

राष्ट्रपति द्वारा आरोपित शर्त कि एक महीने की अवधि में लोकसभा का विश्वास मत हासिल करने के अनुसार 21 दिसम्बर, 1989 को प्रधानमंत्री वी.पी. सिहं ने संसद में प्रस्ताव रखा जिसमें यह कहा गया कि सदन मंत्रिपरिषद के प्रति अपना विश्वास व्यक्त करता है। सदन में इस समय हुई चर्चा में बोलते हुए लालकृष्ण आडवाणी ने कहा कि यह प्रस्ताव राष्ट्रपति के निर्देश के अनुरूप है और ऐसा करके राष्ट्रपति ने एक बहुत ही उपयुक्त परम्परा स्थापित कर दी है।[46] राष्ट्रीय मोर्चा सरकार ने 21 दिसम्बर, 1989 को लोकसभा का विश्वास मत हासिल कर लिया। वी.पी. सिंह के नेतृत्व में गठित राष्ट्रीय मोर्चे की सरकार न केवल मिली-जुली सरकार वरन् इसके साथ ही एक 'अल्पमतीय सरकार' भी थी, जो परस्पर विरोधी ध्रुवों (प्रथम मार्क्सवादी दल सहित भारतीय राजनीति के वामपंथी दल और द्वितीय ध्रुव भाजपा) के बाहरी समर्थन पर टिकी हुई थी। संसदीय इतिहास में पहली बार भारत में 'बहुमत के समर्थन वाली अल्पमत सरकार' सत्ता में आई।

चन्द्रशेखर का प्रधानमंत्री पद के लिए चयन (नवम्बर, 1990)

राष्ट्रीय मोर्चा सरकार के निर्माण के कुछ समय बाद ही इसके स्वाभाविक और अन्तर्निष्ट मतभेद खुलकर सामने आ गए। राष्ट्रीय मोर्चा सरकार का गठन गैर–कांग्रेसवाद के आधार पर निषेधात्मक स्वरूप था। वी.पी. सिंह के नेतृत्व में बनी यह जनता दल की सरकार एक ओर अपने दल की आंतरिक गुटबंदी का शिकार हो गई तथा दूसरी ओर अपने समर्थक दलों का अधिक दिनों तक समर्थन प्राप्त न कर सकी।

वी.पी. सिंह सरकार एक वर्ष तक स्थिर रूप से चली परन्तु शीघ्र ही ऐसी घटनाएं सामने आई जिसकी वजह से इसका अस्तित्व डगमगाने लगा। रामजन्म भूमि पर मन्दिर बनाने का मुद्दा जोर पकड़ने लगा। जनता दल की सरकार ने अचानक मंडल आयोग रिपोर्ट को लागू करते हुए अन्य पिछडे वर्गों को नौकरियों में आरक्षण देने की घोषणा कर दी। सरकार ने यह निर्णय समर्थित दलों की

मंत्रणा के बिना ले लिया। वी.पी. सिंह का निर्णय शहरी उच्च जाति और मध्यम वर्ग हिन्दुओं जो कि भारतीय जनता पार्टी का वोट बैंक था, के लिए अलोकप्रिय था। इसके अतिरिक्त, लालकृष्ण आडवाणी को बिहार में रथ-यात्रा के दौरान राज्य की जनता दल सरकार ने गिरफ्तार करके भारतीय जनता पार्टी को राष्ट्रीय मोर्चा सरकार के समर्थन वापसी के निर्णय के लिए प्रेरित किया। लालकृष्ण आडवाणी की गिरफ्तारी के तुरन्त बाद 23 अक्तूबर, 1990 को भाजपा ने घोषणा की कि राष्ट्रीय मोर्चा की सरकार को समर्थन देने में वह असमर्थ है, इसलिए पार्टी अपना समर्थन वापिस लेती है।[47] समर्थन वापसी से राष्ट्रीय मोर्चा की सरकार अल्पमत में आ गई, क्योंकि सरकार भाजपा तथा वामपंथी दलों की वैशाखियों से चल रही थी। समर्थन वापिस ले लेने के कारण केन्द्रीय सरकार अस्थिरता की स्थिति में आ गई।[48] इन परिवर्तित परिस्थितियों के कारण राष्ट्रपति ने प्रधानमंत्री को सदन में अपना बहुमत सिद्ध करने का निर्देश दिया[48ए]। राष्ट्रपति के निर्देशानुसार 7 नवम्बर, 1990 को लोकसभा में विश्वास प्रस्ताव पर मतदान के समय प्रधानमंत्री वी.पी. सिंह ने लोकसभा के सदस्यों से आत्मा की आवाज पर मतदान करने का अनुरोध किया, परन्तु उनकी यह नीति सफल न हो सकी और उनकी सरकार सदन में पराजित हो गई। अतः देश के संसदीय इतिहास में यह पहला अवसर था जब सदन में कोई सरकार गिरी।[49]

7 नवम्बर, 1990 की रात को वी.पी. सिंह द्वारा त्यागपत्र देने के समय से ही राजनीतिक मोर्चे पर जोड़-तोड़ के प्रयास शुरू हो गए। अगले दो दिनों में राजनीतिक गतिविधियों में तेजी देखी गई। वास्तव में सरकार के पतन से दो दिन पहले 5 नवम्बर, 1990 से ही यह प्रक्रिया प्रारंभ हो गई थी। वी.पी. सिंह के त्याग-पत्र देते ही चन्द्रशेखर के नेतृत्व में जनता दल दो हिस्सों में विभाजित हो गया। वी.पी. सिंह सरकार के पतन से राजनीतिक गतिविधियों ने जोर पकड़ लिया और देश में नई सरकार बनाने तथा अपने-अपने समीकरण बिठाने के लिए राजनीतिक दलों में चहल कदमी तेज हो गई, जबकि जनता दल के दोनों खेमों में राजनीतिक जोड़-तोड़ पूरे जोर-शोर से चल रहे थे, वी.पी. सिंह ने राष्ट्रपति से भेंट कर उनसे अनुरोध किया कि वे किसी अलग हुए छोटे-मोटे गुट को सरकार बनाने के लिए आमंत्रित न करें। इस प्रकार की रिपोर्ट आने पर कि चन्द्रशेखर गुट जनता दल (सोशलिस्ट) के नाम से कांग्रेस (इ) के समर्थन से सरकार बनाने की योजना बना रहे हैं, वामपंथी दलों तथा भाजपा ने भी यही रूख अपनाया। इसके साथ ही राष्ट्रपति आर. वेंकटरमन के सम्मुख नए प्रधानमंत्री को नियुक्त किए जाने की समस्या उठ खड़ी हुई।

राष्ट्रपति ने सर्वप्रथम कांग्रेस को सरकार बनाने के लिए निमंत्रण दिया। कांग्रेस के द्वारा असमर्थता प्रकट करने पर राष्ट्रपति ने संसदीय परम्पराओं को जीवित रखते हुए क्रमशः भाजपा तथा वामपंथी मोर्चा को सरकार बनाने का निमत्रंण दिया, लेकिन इन पार्टियों ने सरकार बनाने का निमंत्रण अस्वीकार कर दिया।[50] वी.पी. सिंह सरकार के पतन का तत्काल प्रभाव यह हुआ कि जनता दल (समाजवादी) नाम से चन्द्रशेखर के नेतृत्व में एक नया राजनैतिक दल बना। चन्द्रशेखर और देवीलाल के नेतृत्व में बने नवीन दल ने कांग्रेस के सहयोग से सरकार बनाने का निर्णय लिया। इस समय लोकसभा में सबसे बड़े राजनीतिक दल कांग्रेस ने राष्ट्रपति को लिखित रूप में चन्द्रशेखर को प्रधानमंत्री नियुक्त किए जाने में समर्थन देने का संकल्प व्यक्त किया। इसके अतिरिक्त अखिल भारतीय अन्ना द्रमुक, जनता पार्टी और कतिपय क्षेत्रीय दलों ने चन्द्रशेखर को प्रधानमंत्री नियुक्त किए जाने में अपना समर्थन करने की राष्ट्रपति को लिखित सूचना दी। हालांकि राष्ट्रपति आर. वेंकटरमन ने राजीव गांधी से पूछा कि समर्थन कम-से-कम एक साल चलेगा या नहीं। उन्होंने कहा, ''एक साल क्यों? यह संसद के पूरे कार्यकाल तक चल सकता है।''[51] इस राजनैतिक घटनाचक्र के परिणामस्वरूप चन्द्रशेखर को लोकसभा में स्पष्ट बहुमत प्राप्त हो गया। राष्ट्रपति ने सभी राजनीतिक घटनाओं का बारीकी से अध्ययन कर चन्द्रशेखर को सरकार बनाने का औपचारिक निमंत्रण दिया। 9 नवम्बर, 1990 को राष्ट्रपति भवन द्वारा निम्नलिखित सूचना जारी की गई–

> वी.पी. सिंह की अगुआई वाली राष्ट्रीय सरकार गिरने के बाद राष्ट्रपति ने विपक्ष और कांग्रेस (आई) के नेता से पूछा कि वे व्यवहार्य सरकार बनाने में सक्षम तथा इच्छुक है या नहीं। कांग्रेस (आई) ने सरकार बनाने का दावा पेश नहीं किया, पर चन्द्रशेखर को बिना शर्त समर्थन देने की पेशकश की। इसके बाद राष्ट्रपति ने भारतीय जनता पार्टी तथा वामपंथी मोर्चा से पूछा कि वे व्यवहार्य सरकार बनाने के लिए इच्छुक और सक्षम हैं या नहीं। जब दोनों पार्टियों ने यह जिम्मेदारी लेने से मना कर दिया तो राष्ट्रपति ने चन्द्रशेखर से पूछा कि वे व्यवहार्य सरकार बनाने में सक्षम हैं या नहीं। चन्द्रशेखर ने इस प्रस्ताव पर सहमति जताई और ए.आई.ए.डी.एम.के., बहुजन समाजवादी पार्टी, मुस्लिम लीग, नेशनल कांफ्रेंस, केरल कांग्रेस (एम), शिरोमणि अकाली दल (पंथक) तथा कुछ अन्य निर्दलीय सदस्यों के समर्थन का प्रमाण प्रस्तुत किया।

राष्ट्रपति प्रथम दृष्टया इस बात से संतुष्ट हैं कि चन्द्रशेखर के नेतृत्व वाला गुट उपरोक्त पार्टियों के समर्थन से व्यवहार्य सरकार बनाने की स्थिति में है।[52] सोच विचार के बाद राष्ट्रपति की राय में देश को आम चुनाव की ओर ढ़केलना राष्ट्रहित में नहीं होगा। इसलिए राष्ट्रपति ने चन्द्रशेखर को 10 नवम्बर, 1990 को प्रधानमंत्री के रूप में शपथ दिलाई[53] जो कि चौथी गठबंधन सरकार थी और साथ ही उन्हें 30 नवम्बर, 1990 या उससे पहले लोकसभा में अपना बहुमत सिद्ध करने के लिए कहा। चन्द्रशेखर ने शपथ ग्रहण करने के तुरन्त बाद घोषणा की कि उनकी सरकार 16 नवम्बर, 1990 को सदन में अपना विश्वासमत हासिल करेगी। 16 नवम्बर, 1990 को चन्द्रशेखर के नेतृत्व वाली छह दिन पुरानी जनतादल (समाजवादी) सरकार ने विश्वास मत प्रस्ताव, 204 के मुकाबले 269 मतों से प्राप्त कर लिया, 15 सदस्यों ने मतदान में भाग नहीं लिया। चन्द्रशेखर सरकार बाहरी समर्थन पर टिकी सूक्ष्मतीय या अति अल्पमतीय सरकार थी। वी. पी. सिंह नेतृत्व वाली सरकार के सदन में 7 नवम्बर, 1990 को विश्वासमत पर पराजित होने के बाद उत्पन्न कठिन संवैधानिक संकट को जिस तरह राष्ट्रपति आर. वेंकटरमन ने टाला उस की हर ओर प्रशंसा हुई। फैसला लेने के लिए अपनाई गई प्रक्रिया को त्रुटिहीन कहा गया। न्यायमूर्ति खन्ना, ए.जी. नूरानी और वेणुगोपाल जैसे न्यायविदो ने इस प्रक्रिया की प्रशंसा की और कहा कि यह एकदम संविधान सम्मत है। कइयों ने माना कि चुनाव से बचने का राष्ट्रपति का फैसला एकदम ठीक है। वैसे कुछ लोगों ने यह कहकर इस फैसले की निंदा की कि दल बदलुओं को सरकार बनाने का निमंत्रण देना अनैतिक और लोकतंत्र की धारणा के प्रतिकूल है।

पी.वी. नरसिंहा राव का प्रधानमंत्री पद के लिए चयन (जून, 1991)

117 दिन पुरानी जनता दल (एस) सरकार 6 मार्च, 1991 को गिर गई, जब चन्द्रशेखर ने अपना एवं अपनी मंत्रिपरिषद का त्यागपत्र राष्ट्रपति को सौंपा और इसके साथ ही लोकसभा भंग कर नए चुनाव कराने की सिफारिश की। राष्ट्रपति ने उनके त्यागपत्र को स्वीकार कर, उन्हें वैकल्पिक व्यवस्था होने तक पद पर बने रहने को कहा। राष्ट्रपति ने 13 मार्च, 1991 को नौवीं लोकसभा भंग कर 5 जून, 1991 तक नयी लोकसभा गठित करने का निर्देश दिया। मई-जून, 1991 में दसवीं लोकसभा के चुनाव हुए। 20 जून, 1991 को दसवीं लोकसभा का विधिवत् गठन हुआ। इस चुनाव में विभिन्न राजनीतिक दलों की स्थिति इस प्रकार रही:-

तालिका 4.2

दसवीं लोकसभा चुनाव परिणाम (मई–जून, 1991)[54]

राजनीतिक दल	प्राप्त स्थान
भारतीय जनता पार्टी	120
बहुजन समाज पार्टी	2
भारतीय साम्यवादी पार्टी	14
भारतीय साम्यवादी पाटी (मार्क्सवादी)	35
भारतीय राष्ट्रीय कांग्रेस (आई)	232
इंडियन कांग्रेस (सोशलिस्ट–शरतचन्द्र सिन्हा)	1
जनता दल	59
जनता पार्टी	5
आल इंडिया अन्ना द्रविड मुनैत्र कड़गम	11
असम गण परिषद	1
आल इंडिया फारवर्ड ब्लाक	3
झारखंड मुक्ति मोर्चा	6
केरल कांग्रेस (एम)	1
मणिपुर पीपुल्स पार्टी	1
मुस्लिम लीग	2
नागालैंड पीपुल्स कौंसिल	1
रिवोल्यूशनरी सोशलिस्ट पार्टी	4
शिवसेना	4
सिक्किम संग्राम परिषद	1
तेलुगू देशम	13
आटोनॉमस स्टेट डिमांड कमेटी	1
हरियाणा विकास पार्टी	1
जनता दल (गुजरात)	1
आल इंडिया मजलिस–ए–इतेहादुल मुसलमीन	1
निर्दलीय	1
कुल	521

दसवें आम चुनावों के परिणामों से यह स्पष्ट है कि इस चुनाव में भी किसी राजनीतिक दल को स्पष्ट बहुमत नहीं मिला। कांग्रेस बहुमत के बिना सबसे बड़े

दल के रूप में उभरकर आई। 20 जून, 1991 को कांग्रेस संसदीय दल की बैठक हुई और प्रसन्नता भरे माहौल में नरसिम्हा राव निर्विरोध पार्टी के नेता चुन लिये गए। अतः राष्ट्रपति ने पी.वी नरसिम्हा राव को प्रधानमंत्री नियुक्त किया और उन्हें इस आशय की एक चिट्ठी दी, जो इस प्रकार थी–

> "लोकसभा में सबसे बड़ी पार्टी कांग्रेस (आई) के नेता के रूप मैं आपको भारत का प्रधानमंत्री नियुक्त करता हूँ और आपको मंत्रिमंडल बनाने के लिए आमंत्रित करता हूँ। मैं आपको चार सप्ताह में लोकसभा में अपना बहुमत सिद्ध करने की सूचना देता हूँ।"[55]

पी.वी. नरसिंहाराव को 21 जून, 1991 को शपथ दिलाई गई तथा राष्ट्रपति के निर्देशानुसार उन्होंने 12 जुलाई, 1991 को विश्वास प्रस्ताव प्रस्तुत किया। यह विश्वास प्रस्ताव 15 जुलाई, 1991 को 190 के मुकाबले 240 मतों से स्वीकृत हुआ।

अटल बिहारी वाजपेयी का प्रधानमंत्री पद पर चयन (मई, 1996)

ग्यारहवीं लोकसभा चुनाव अप्रैल-मई, 1996 में सम्पन्न हुए। इन चुनावों ने सम्पूर्ण अर्थों में एक 'त्रिशुंक लोकसभा' को जन्म दिया। नौवीं लोकसभा और दसवीं लोकसभा की भांति इस बार भी कोई भी दल या समूह लोकसभा में स्पष्ट बहुमत के नजदीक नहीं पहुँच पाया। विखंडित जनादेश के परिणामस्वरूप त्रिशुंक लोकसभा सामने आयी। ग्यारहवीं लोकसभा में विभिन्न राजनीतिक दलों को निम्न स्थान मिले–

तालिका 4.3

ग्यारहवीं लोकसभा चुनाव परिणाम (मई, 1996)[56]

राजनीतिक दल	प्राप्त स्थान
भारतीय जनता पार्टी	161
भारतीय साम्यवादी पार्टी	12
भारतीय साम्यवादी पार्टी (मार्क्सवादी)	32
भारतीय राष्ट्रीय कांग्रेस (आई)	140
आल इंडिया इन्दिरा कांग्रेस (तिवारी)	4
जनता दल	46
समता पार्टी	8
द्रविड मुनैत्र कड़गम	17

आटोनॉमस स्टेट डिमांड कमेटी	1
असम गण परिषद	5
आल इंडिया फारवर्ड ब्लाक	3
झारखंड मुक्ति मोर्चा	1
केरल कांग्रेस (एम)	1
कर्नाटक कांग्रेस पार्टी	1
हरियाणा विकास पार्टी	3
रिवोल्यूशनरी सोशलिस्ट पार्टी	4
शिवसेना	15
सिक्किम डेमाक्रेटिक फ्रंट	1
बहुजन समाज पार्टी	11
महाराष्ट्रवादी गोमांतक	1
मुस्लिम लीग	2
शिरोमणि अकाली दल	8
समाजवादी पार्टी	16
तेलुगू देशम	16
तमिल मनीला कांग्रेस (मूपनार)	20
यूनाइटिड गोआ डेमोक्रेटिक पार्टी	1
आल इंडिया मजलिस–ए–इतेहादुल मुसलमीन	1
मध्यप्रदेश विकास कांग्रेस	1
राष्ट्रीय समाजवादी पार्टी	1
निर्दलीय	9
कुल	543

ग्यारहवीं लोकसभा चुनाव में तीन प्रमुख गठबंधन सामने आए। पहला गठबंधन जिसमें भारतीय जनता पार्टी के नेतृत्व में अकाली दल (बादल), हरियाणा विकास पार्टी, शिवसेना और जार्ज फर्नांडीस के नेतृत्व वाली समता पार्टी शामिल थी।

दूसरा गठबंधन, राष्ट्रीय मोर्चा–वामपंथी मोर्चा तथा विभिन्न क्षेत्रीय दलों के रूप में उभरा। तीसरा गठबंधन, लोकसभा में पराजित कांग्रेस तथा मुस्लिम लीग का था। उपरोक्त तीनों गठबंधनों में से भारतीय जनता पार्टी के नेतृत्व वाले गठबंधन को लोकसभा में सर्वाधिक स्थान प्राप्त हुए। इसमें शामिल राजनीतिक

दलों ने लोकसभा चुनाव के पूर्व ही गठबंधन कर चुनाव लड़ा था। इसे लोकसभा में 194 स्थान प्राप्त हुए। इसमें भारतीय जनता पार्टी 161 स्थान प्राप्त कर सबसे बड़े दल के रूप में उभरी। दूसरे गठबंधन में, राष्ट्रीय मोर्चा व वामपंथी मोर्चे के अलावा अनेक क्षेत्रीय दलों की उपस्थिति में उसकी सदस्यता संख्या लोकसभा में 179 थी। तीसरा गठबंधन कांग्रेस नेतृत्व का था, इसमें कांग्रेस के 136 और मुस्लिम लीग और अन्य दलों को मिलाकर 139 सदस्य शामिल थे।

इस प्रकार की 'त्रिशुंक लोकसभा' की स्थिति ने राष्ट्रपति शंकर दयाल शर्मा की स्थिति को विषम बना दिया। भारतीय जनता पार्टी इस चुनाव में अकेली सबसे बड़ी पार्टी के रूप में उभरकर सामने आई। अटल बिहारी वाजेपयी को एकमत से भाजपा संसदीय दल का नेता चुना गया। लालकृष्ण आडवाणी के नेतृत्व में एक प्रतिनिधिमंडल भारत के राष्ट्रपति से मिला और अगली सरकार बनाने का दावा किया।[57] इसी बीच समता पार्टी की राष्ट्रीय कार्यकारिणी ने भाजपा को मुद्दों पर आधारित समर्थन देने का निश्चय किया और राष्ट्रपति से भाजपा नेता को सरकार बनाने के लिए आमंत्रित करने का अनुरोध किया।[58]

दूसरी ओर कांग्रेस ने इस चुनाव में करारी पराजय के बाबजूद पी.वी. नरसिम्हा राव को एकमत से पुनः संसदीय दल का नेता निर्वाचित किया।[59] पी.वी. नरसिम्हा राव के नेतृत्व में कांग्रेस (आई) ने स्वयं अपनी ओर से सरकार बनाने की पहल करने के स्थान पर विपक्ष में बैठने तथा बाहर रहकर 'धर्मनिरपेक्ष दलों' को समर्थन देने की घोषणा की।[60] कांग्रेस कार्य समिति ने भाजपा के सरकार बनाने के दावे को नामंजूर करते हुए अपने प्रस्ताव में कहा कि इस चुनाव में जनादेश धर्मनिरपेक्ष दलों के पक्ष में रहा है और इन दलों को अस्सी प्रतिशत वोट प्राप्त हुए हैं। प्रस्ताव में यह स्पष्ट नहीं किया गया कि क्या कांग्रेस 'धर्मनिरपेक्ष सरकार' में शामिल होगी अथवा उसे बाहर से समर्थन देगी। उधर राष्ट्रीय मोर्चा तथा वामपंथी दल भाजपा को सत्ता में आने से रोकने के लिए कृत–संकल्प थे। मार्क्सवादी कम्युनिस्ट पार्टी ने केन्द्र में भारतीय जनता पार्टी की सरकार बनने से रोकने के हर संभव प्रयास करने किन्तु स्वयं गैर–कांग्रेसी धर्मनिरपेक्ष सरकार में शामिल न होकर बाहर से समर्थन देने की घोषणा की। अन्य वामपंथी दलों ने भी तीव्र अंदरूनी मतभेदों के बावजूद मार्क्सवादी कम्युनिस्ट पार्टी का अनुसरण करते हुए गैर–कांग्रेसी धर्मनिरपेक्ष सरकार को बाहर से समर्थन देने की घोषणा की।[61]

पूर्व प्रधानमंत्री वी.पी. सिंह ने राष्ट्रीय मोर्चे, वामपंथी दलों और क्षेत्रीय दलों को एक जुट करने की दिशा में उल्लेखनीय भूमिका का निर्वाह किया। राष्ट्रीय

मोर्चा, वामपंथी दल व अन्य क्षेत्रीय दल इस मोर्चे के नेता के रूप में वी.पी. सिंह के नाम पर एकमत थे लेकिन वी. पी. सिंह ने सक्रिय राजनीति से अलग रहने की घोषणा की थी। अतः उन्होंने मोर्चे का नेतृत्व संभालने से इनकार कर दिया। इसके बाद मोर्चे के नेताओं में नेता पद के लिए पश्चिम बंगाल के मुख्यमंत्री ज्योति बसु के नाम पर सहमति हुई, लेकिन उन्होंने अपनी असमर्थता व्यक्त की। इसके बाद मोर्चे में शामिल दलों ने कर्नाटक के मुख्यमंत्री एच.डी. देवगौड़ा को अपना नेता निर्वाचित किया, जिस पर एच.डी. देवगौड़ा ने अपनी सहमति व्यक्त की। इसके साथ ही केन्द्र में भाजपा–विहीन सरकार बनाने के लिए प्रबल संभावना हो गई। जिन नेताओं ने देवगौड़ा का समर्थन किया और हस्ताक्षर सहित राष्ट्रपति को सूचना भेजी थी उनमें एच.एस. सुरजीत, इन्द्रजीत गुप्ता, लालू प्रसाद यादव, एम. करूणानिधि, जी.के. मूपनार, मुलायम सिंह यादव, चन्द्रबाबू नायडू, दुर्गादास बोरो, माधवराव सिंधियाँ और एन.डी. तिवारी शामिल थे।[62] इस प्रकार संयुक्त मोर्चा में समाविष्ट सोलह दलों में से दस नेताओं ने अपने हस्ताक्षर सहित एक पत्र राष्ट्रपति को सौंपा। एच.डी. देवगौड़ा ने नेता चुने जाने के बाद औपचारिक तौर पर कांग्रेस (आई) को तीसरे मोर्चे की सरकार बनाने के लिए समर्थन देने के लिए कहा। राष्ट्रीय मोर्चा–वामपंथी नेताओं की नई दिल्ली की बैठक में तीसरे मोर्चे का नया नामकरण संयुक्त मोर्चा किया गया और एच. डी. देवगौड़ा को संयुक्त मोर्चा संसदीय दल का नेता चुना गया। संयुक्त मोर्चा में राष्ट्रीय मोर्चा की नौ पार्टियाँ (जनता दल, तेलुगू देशम, डी.एम.के., टी.एम.सी, ए.जी.पी., एस.पी, के.सी.पी, एम.पी.वी.सी, कांग्रेस तिवारी और चार वामपंथी दल (सीपीआई–एम, सी.पी.आई, एफ.बी., आर.एस.पी.) शामिल थी। देवगौड़ा के नाम का प्रस्ताव मार्क्सवादी साम्यवादी पार्टी के नेता सोमनाथ चटर्जी ने किया और संयुक्त मोर्चा के सभी तेरह दलों के नेताओं ने उसका अनुमोदन किया।[63]

उपर्युक्त राजनीतिक परिस्थितियों में प्रधानमंत्री पद के दो सशक्त दावेदार सामने आए–अटल बिहारी वाजपेयी और एच.डी. देवगौड़ा। दोनों ने ही सरकार बनाने के लिए आमंत्रित किए जाने के पक्ष में अपने-अपने तर्क प्रस्तुत किए। भाजपा और तीसरे मोर्चे द्वारा सरकार बनाने के दावों-प्रतिदावों के बीच 'राष्ट्रपति भवन' राजनीतिक सरगर्मियों का केन्द्र बिन्दु बन गया। राष्ट्रपति शंकरदयाल शर्मा ने विभिन्न राजनीतिक दलों के नेताओं, संविधान विशेषज्ञों के साथ विचार-विमर्श करने के बाद ग्यारहवीं लोकसभा के 15 मई, 1996 को औपचारिक गठन के तुरन्त बाद लोकसभा में सबसे बड़े दल के नेता अटल बिहारी वाजपेयी को विचार-विमर्श के लिए आमंत्रित किया तथा उनके स्पष्टीकरण से संतुष्ट

होकर उन्हें सरकार गठन के लिए तत्काल ही आमंत्रित कर दिया। वाजपेयी ने विश्वास के साथ सरकार बनाने के आमत्रंण को स्वीकार कर लिया। 16 मई, 1996 को अटल बिहारी वाजपेयी के नेतृत्व में भाजपा ने भारतीय राजनीति के इतिहास में पांचवीं गठबंधन सरकार बनाई और राष्ट्रपति ने वाजपेयी को 31 मई, 1996 तक लोकसभा में अपना बहुमत सिद्ध करने का निर्देश दिया।[64] इसे भी नवनियुक्त प्रधानमंत्री ने स्वीकार कर लिया।

राष्ट्रपति के इस निर्णय पर मिश्रित प्रतिक्रियाएँ हुई। जहाँ भाजपा संसदीय बोर्ड ने राष्ट्रपति के आमंत्रण पर अपनी स्वीकृति सर्वसम्मति से दी तथा राष्ट्रपति के प्रति आभार प्रकट करते हुए उनके निर्णय को संसदीय एवं लोकतांत्रिक परम्परा के सम्मान के अनूकुल बताते हुए धन्यवाद प्रस्ताव पारित किया। प्रस्ताव में कहा गया कि 1996 का जनादेश बदलाव के लिए था एवं भाजपा के पक्ष में था। प्रस्ताव के अनुसार यह जनादेश भ्रष्टाचार मुक्त समाज एवं सत्ता के विकेन्द्रीकरण के लिए था। वहीं दूसरी ओर तीसरे मोर्चे के नेताओं ने राष्ट्रपति के निर्णय का विरोध करते हुए इसकी कड़ी आलोचना की। उन्होंने इसको 'दुर्भाग्यपूर्ण' बताया। इतना ही नहीं तीसरे मोर्चे के नेताओं ने 'राष्ट्रपति भवन' जाकर राष्ट्रपति के सम्मुख उनके निर्णय के प्रति उग्र रोष और असंतोष प्रकट किया। लालू प्रसाद यादव ने कहा कि "राष्ट्रपति का भाजपा की अल्पसंख्यक सांप्रदायिक सरकार बनाने का निर्णय भारतीय राजनीति के इतिहास में एक कलंक है।" कांग्रेस ने इस पर यह कहते हुए चुप्पी साधी कि राष्ट्रपति सर्वोच्च संवैधानिक पदाधिकारी है, अतः उनके फैसले पर टिप्पणी करना उचित नहीं होगा, तथापि उसने लोकसभा में विश्वास मत पर भाजपा सरकार के विरूद्ध मत देने की घोषणा की। सुविख्यात संवैधानिक न्यायविद् विशेषज्ञ नानी. ए. पालखीवाला ने राष्ट्रपति के निर्णय को अत्यन्त उत्तरदायी और मूल्य आधारित निर्णय बताया और यह कहा कि यह निर्णय विश्व समुदाय के विश्वास को भारतीय लोकतंत्र में पुनः स्थापित करेगा।

इस प्रकार भारतीय जनता पार्टी के पहले प्रधानमंत्री अटल बिहारी वाजपेयी को राष्ट्रपति ने 16 मई, 1996 को उनके ग्यारह कैबिनेट मंत्रियों के साथ पद की शपथ दिलाई। केन्द्र में भारतीय जनता पार्टी और शिवसेना की सरकार का सत्तारूढ होना एक असाधारण और ऐतिहासिक घटना थी, लेकिन प्रारम्भ से ही इसकी स्थिरता और अस्तित्व पर प्रश्न चिह्न लगा हुआ था। प्रधानमंत्री पद संभालने के बाद 19 मई, 1996 को राष्ट्र के नाम संदेश में वाजपेयी ने राष्ट्रीय मोर्चा-वाम मोर्चा गठबंधन तथा कांग्रेस पर कड़ा प्रहार करते हुए उन पर

सिद्धांतहीन राजनीति का आरोप लगाया[65] तथा देश के समक्ष उपस्थित राजनीतिक असमंजस की स्थिति के संबंध में अपनी सरकार की प्राथमिकताओं की भी विस्तार से चर्चा की। उन्होंने यह विश्वास दिलाया कि बहुमत जुगाड़नें में वे कोई गलत तरीका नहीं अपनाएंगे।

कांग्रेस कार्य समिति ने एक प्रस्ताव पारित करके वाजपेयी सरकार को अपदस्थ करने के लिए तीसरे मोर्चे के सहयोग से सभी गैर भाजपा सांसदों को एकजुट और सक्रिय करने का प्रस्ताव पारित किया। इससे यह प्रमाणित हो गया कि कांग्रेस वाजपेयी सरकार को गिराने के लिए कृत-संकल्प थी। इसके अतिरिक्त तीसरे मोर्चे के प्रवक्ताओं ने मोर्चे के सांसदों के टूटने की संभावनाओं से इनकार किया।

राष्ट्रपति की शर्त अनुसार 27 मई, 1996 को प्रधानमंत्री वाजपेयी ने विश्वासमत का प्रस्ताव प्रस्तुत किया।[66] लोकसभा में विश्वास प्रस्ताव पर जोरदार बहस हुई। प्रधानमंत्री वाजपेयी ने 'विश्वासमत' पर हुई इस ऐतिहासिक बहस का उत्तर देते हुए अपने प्रभावशाली भाषण से सभी को प्रभावित किया। अंत में उन्होंने 28 मई, 1996 को संख्या बल के आगे सिर झुकाते हुए विश्वासमत पर मतदान कराए जाने से पूर्व सदन में ही अपनी मंत्रिपरिषद के त्यागपत्र को राष्ट्रपति शंकरदयाल शर्मा को देने के लिए जाने की घोषणा की। प्रधानमंत्री वाजपेयी ने राष्ट्रपति को अपनी मंत्रिपरिषद का त्याग पत्र सौंप दिया, जिसे उन्होंने स्वीकार करते हुए वैकल्पिक व्यवस्था होने तक अपने पद पर बने रहने के लिए कहा।[67] इसके साथ ही तेरह दिन पुरानी वाजपेयी सरकार का पतन हो गया। यह भारत के संसदीय इतिहास में अब तक की सबसे कम अवधि की सरकार थी।

एच.डी. देवगौडा का प्रधानमंत्री पद पर चयन (जून, 1996)

अटल बिहारी वाजपेयी के प्रधानमंत्री पद से त्याग-पत्र देने के बाद राष्ट्रपति ने संयुक्त मोर्चे के निर्वाचित नेता, कर्नाटक के मुख्यमंत्री तथा जनता दल के नेता एच.ड़ी देवगौड़ा को नई सरकार बनाने के लिए आमंत्रित किया।[68] भारत के संसदीय इतिहास में यह भी एक अद्वितीय घटना थी कि किसी राज्य के मुख्यमंत्री को उसके पद पर रहते हुए प्रधानमंत्री के रूप में मनोनीत किया गया। राष्ट्रपति शंकर दयाल शर्मा ने 1 जून, 1996 को उन्हें प्रधानमंत्री पद की शपथ दिलाते हुए 12 जून, 1996 तक लोकसभा में अपना बहुमत सिद्ध करने के लिए कहा।[69]

इस प्रकार एच. ड़ी देवगौड़ा के नेतृत्व में 13 दलों से बनी यह छठी गठबंधन सरकार थी। इसकी मुख्य विशिष्टता यह थी कि इसको कांग्रेस पार्टी समर्थन दे रही थी और अन्य दल भाजपा के विरोध में इकठ्टे हुए थे। यह चुनाव के बाद का गठबंधन था और इसके सहयोगी दल एक दूसरे के खिलाफ चुनाव में लड़े थे। पहली बार यह गठबंधन कांग्रेस पार्टी के विरोध में स्थापित नहीं था।

राष्ट्रपति के निर्देशानुसार एच.डी. देवगौडा ने 11 जून, 1996 को लोकसभा में विश्वास प्रस्ताव पेश किया और सदन में उस पर बहस कराई गई। सदन में हुई बहस का उत्तर देते हुए प्रधानमंत्री एच.डी. देवगौडा ने विपक्ष के आरोपों का खंडन करते हुए संयुक्त मोर्चा सरकार की रीति-नीति पर प्रकाश डालते हुए कहा, ''वे सभी पक्षों को विश्वास में लेकर सभी के सहयोग से राष्ट्रीय समस्याओं को हल करेगें।'' विपक्षी दल भाजपा के मत-विभाजन पर जोर नहीं दिए जाने के कारण लोकसभा में ध्वनि मत से विश्वास मत पर अपनी स्वीकृति दे दी। संयुक्त मोर्चे की सरकार ने कांग्रेस (आई) के समर्थन से 12 जून, 1996 को विश्वास मत प्राप्त कर लिया। कांग्रेस (आई) अध्यक्ष पी.वी. नरसिम्हा राव ने आश्वस्त किया कि कांग्रेस ''किन्ही भी परिस्थितियों में'' सरकार को गिरने नहीं देगी।[70] इस प्रकार तेरह दलों की संयुक्त सरकार जो कि एक सामान्य कार्यक्रम के प्रति वचनबद्ध थी और जिसको एक बडी पार्टी बिना शामिल हुए बाहरी समर्थन दे रही थी भारत में केन्द्रीय स्तर पर पहली बार ऐसी सरकार अस्तित्व में आई।

इन्द्र कुमार गुजराल का प्रधानमंत्री पद पर चयन (अप्रैल, 1997)

एच.डी. देवगौडा की सरकार कांग्रेस के समर्थन से लगभग दस महीने चल सकी। इसी समय नरसिम्हा राव पर अनेक घोटालों की चर्चा उभरकर आयी। फिर धीरे-धीरे इन घोटालों में फँसते चले गए। अतः उन्होंने कांग्रेस अध्यक्ष पद से त्याग-पत्र दे दिया। पी.वी. नरसिम्हा राव के स्थान पर सीताराम केसरी को दल का अंतरिम अध्यक्ष बनाया गया। बाद में दल के संगठनात्मक चुनावों में उन्हें विधिवत् रूप से अध्यक्ष निर्वाचित किया गया। कांग्रेस अध्यक्ष सीताराम केसरी ने प्रधानमंत्री एच.डी. देवगौड़ा पर कांग्रेस की उपेक्षा करने का आरोप लगाया। उन्होंने 30 मार्च, 1997 को तत्कालीन राष्ट्रपति शंकर दयाल शर्मा को तुरन्त प्रभाव से सरकार से समर्थन वापस लेने का पत्र सौंपा और एच.डी. देवगौड़ा के त्याग-पत्र की माँग की। कांग्रेस अध्यक्ष सीताराम केसरी ने सरकार पर कांग्रेस की उपेक्षा, गम्भीर मामलों, सांप्रदायिकता अलगाववादी ताकतों पर रोक न लगाने जैसे आरोप लगाए।[71] कांग्रेस कार्यसमिति ने केसरी के निर्णय का समर्थन किया

और सरकार बनाने के दावे के लिए उचित निर्णय लेने के लिए उन्हें प्राधिकृत किया, लेकिन अनेक कांग्रेसी नेता स्वयं कांग्रेस अध्यक्ष के अचानक बदलाव से हैरान थे। अप्रैल, 1997 में अत्यन्त नाटकीय राजनीतिक घटनाचक्र के चलते केन्द्र में संयुक्त मोर्चे की सरकार कांग्रेस के समर्थन वापसी के परिणामस्वरूप 11 अप्रैल, 1997 को अपदस्थ हो गई। राष्ट्रपति ने वैकल्पिक व्यवस्था होने तक प्रधानमंत्री एच.डी. देवगौड़ा को अपने पद पर बने रहने को कहा।[72]

कांग्रेस ने अविश्वास प्रस्ताव पर बहस के दौरान कहा कि प्रधानमंत्री के पद पर अन्य व्यक्ति को रखा जाता है तो कांग्रेस अपना समर्थन संयुक्त मोर्चा को पुनः देगी। जनता दल और वामपंथी मोर्चे की नेतृत्व परिवर्तन न करने की जिद के कारण एक सप्ताह तक राजनीतिक परिदृश्य में अनिश्चितता बनी रही। कांग्रेस ने फिर से स्पष्ट किया कि यदि संयुक्त मोर्चा देवगौड़ा को हटाए तो वह उसे समर्थन के लिए तैयार है। दूसरी तरफ संयुक्त मोर्चे के नेता मध्यावधि चुनाव को टालने के लिए समझौता करने के लिए तैयार थे।[73] अतः नया नेता कांग्रेस के साथ-साथ मोर्चे के सभी सहयोगियों को स्वीकार्य होना चाहिए। वामपंथी दलों ने संयुक्त मोर्चे के घटक दलों को इस बात के लिए तैयार किया कि अगला प्रधानमंत्री सर्व सहमति से चुना जाए। मार्क्सवादी पार्टी के नेता हरकिशन सिंह सुरजीत उन प्रत्याशियों के मार्ग में किसी-न-किसी तर्क के आधार पर रोड़ा अटकाने लगे, जिन्हें वामपंथी दल नए प्रधानमंत्री के रूप में देखने के लिए अनिच्छुक थे।[74] बिहार के मुख्यमंत्री जनता दल के अध्यक्ष लालू प्रसाद यादव के नाम पर इसलिए सहमति नहीं थी, क्योंकि उन पर बड़े पैमाने पर भ्रष्टाचार के आरोप थे। मुलायम सिंह यादव की उम्मीदवारी को इसलिए रोका गया क्योंकि इन दिनों समाजवादी पार्टी और साम्यवादी पार्टी के संबंधों में कटुता उत्पन्न हो गई थी। जी. के. मूपनार की उम्मीदवारी को इन तर्कों के आधार पर रोका गया कि सोनिया गांधी के निकट हैं। मार्क्सवादियों ने उन्हें निम्न दो तर्कों के आधार पर रोका।

नेता का चुनाव मोर्चे की सबसे बड़ी पार्टी में से किया जाना चाहिए। भाजपा के प्रभाव को रोकने के लिए प्रधानमंत्री उत्तरी भारत का कोई नेता होना चाहिए।

वैसे जी.के. मूपनार प्रधानमंत्री के प्रबल दावेदार थे, किन्तु उन्हें तेलुगू देशम और डी.एम.के. जैसे प्रादेशिक दलों का भी खुलकर समर्थन प्राप्त नहीं हुआ। अंतिम समय में एच.डी. देवगौड़ा जो मूपनार को अपना उत्तराधिकारी नहीं उभारना चाहते थे, ने कर्नाटक के दूसरे नेता एस.आर. बोम्बई का नाम सुझाया।

मार्क्सवादी कम्युनिस्ट पार्टी ने अपनी ओर से किसी प्रत्याशी का नाम नहीं सुझाया, लेकिन प्रधानमंत्री के चयन के लिए मापदंड आगे बढ़ाया और मंत्रिपरिषद से दूर रहने का निश्चय किया। अतः सर्वसम्मत नेता के रूप में इन्द्रकुमार गुजराल का प्रधानमंत्री पद पर चयन सहज हो गया और उनकी उम्मीदवारी का समर्थन सयुक्त मोर्चे की संचालन समिति ने भी किया। इन्द्रकुमार गुजराल ने विदेशमंत्री के रूप में लोकप्रियता अर्जित की थी, उन पर किसी प्रकार के आरोप नहीं थे और सयुक्त मोर्चे के सबसे बड़े घटक जनता दल से ही संबंधित थे। सारी स्थिति अंत में स्पष्ट हो गयी जब कांग्रेस ने 18 अप्रैल, 1997 को राष्ट्रपति को यह कहते हुए एक पत्र सौंपा कि उनकी पार्टी संयुक्त मोर्चा की सरकार को समर्थन देगी यदि गठबंधन एच.डी. देवगौड़ा के स्थान पर अन्य नेता चुने।[75] कांग्रेस पार्टी, जो कि लोकसभा में संयुक्त मोर्चे का एक समर्थक दल थी, ने भी इन्द्रकुमार गुजराल के नाम पर अपनी स्वीकृति प्रदान कर दी। अतः सौम्य एवं सुविज्ञ राजनीतिज्ञ तथा विदेशमंत्री इन्द्रकुमार गुजराल को 19 अप्रैल, 1997 को संयुक्त मोर्चे का नेता चुना।[76] 21 अप्रैल, 1997 को राष्ट्रपति ने संयुक्त मोर्चे के संसदीय दल के नेता इन्द्रकुमार गुजराल को प्रधानमंत्री नियुक्त किया और उन्हें 22 अप्रैल, 1997 को लोकसभा का विश्वास मत प्राप्त करने का भी आदेश दिया।[77] राष्ट्रपति के निर्देशानुसार उन्होंने 22 अप्रैल, 1997 को लोकसभा का विश्वास मत प्राप्त कर लिया। 21 अप्रैल, 1997 को इन्द्रकुमार गुजराल के नेतृत्व में संयुक्त मोर्चा सरकार का दूसरा दौर आरम्भ हुआ। यह सन् 1977 के बाद भारत में सातवीं गठबंधन सरकार थी।

अटल बिहारी वाजपेयी का 1998 तथा 1999 में प्रधानमंत्री पद पर चयन

अटल बिहारी वाजपेयी की सरकार 13 दिन बाद गिर गई थी और एच.डी. देवगौड़ा और फिर इन्द्रकुमार गुजराल के नेतृत्व में अस्थिर सरकारों का गठन हुआ। अल्पमत में आई इन्द्रकुमार गुजराल के नेतृत्व वाली संयुक्त मोर्चा सरकार ने 28 नवम्बर, 1997 को त्याग-पत्र देने के पश्चात् किसी भी राजनीतिक दल अथवा गठबंधन द्वारा बहुमत प्राप्त सरकार बनने की स्थिति न होने के कारण राष्ट्रपति ने लोकसभा भंग करके 15 मार्च, 1998 तक नई लोकसभा गठित करने का आदेश जारी कर दिया।

निर्वाचन आयोग ने 12वीं लोकसभा के चुनाव का कार्यक्रम 1 जनवरी, 1998 को घोषित किया। चुनावों से पूर्व स्पष्ट रूप से तीन गठबंधन प्रतियोगिता के लिए सामने आए—भारतीय जनता पार्टी और उसके सहयोगी, कांग्रेस और उसके सहयोगी दल और संयुक्त मोर्चे के घटक दल। फरवरी-मार्च, 1998 में

सम्पन्न बारहवीं लोकसभा के चुनावों में विभिन्न राजनीतिक दलों की स्थिति इस प्रकार रही–

तालिका 4.4
बारहवीं लोकसभा के चुनाव परिणाम, (मार्च, 1998)[78]

राजनीतिक दल	प्राप्त स्थान
भाजपा	182
इंडियन नेशनल कांग्रेस	141
समता पार्टी	12
जनता दल	6
साम्यवादी पार्टी (मार्क्सवादी)	32
भारतीय साम्यवादी पार्टी	9
बहुजन समाज पार्टी	5
अरूणाचल कांग्रेस	2
आल इंडिया अन्ना द्रमुक	18
आल इंडिया इंदिरा कांग्रेस (सेक्युलर)	1
आटोनॉमस स्टेट डिमांड कमेटी	1
द्रविड़ मुनेत्र कडघम्	6
आल इंडिया फारवर्ड ब्लॉक	2
हरियाणा विकास पार्टी	1
जम्मू कश्मीर नेशनल कांफ्रेंस	3
जनता पार्टी	1
केरल कांग्रेस (एम.)	1
मुस्लिम लीग	2
पट्टालि मक्कल कोच्चि	4
रिपब्लिक पार्टी ऑफ इंडिया	4
रिवोल्यूशनरी सोशलिस्ट पार्टी	5
शिरोमणि अकाली दल	8
सिक्किम डेमोक्रेटिक फ्रंट	1
शिवसेना	6
समाजवादी पार्टी	20
तेलुगू देशम	12

तमिल मनीला कांग्रेस (एम)	3
आल इंडिया–मजलिस–ए–इतेहादुल मुसलमीन	1
आल–इंडिया राष्ट्रीय जनता पार्टी	1
बीजू जनता दल	9
हरियाणा लोकदल (राष्ट्रीय)	4
लोकशक्ति	3
एम.डी.एम.के	3
मणिपुर स्टेट कांग्रेस पार्टी	1
पीजेंटस एंड वर्कस पार्टी ऑफ इंडिया	1
राष्ट्रीय जनता दल	17
समाजवादी जनता पार्टी (राष्ट्रीय)	1
यूनाइटिड माइनॉरिटी फ्रंट आसाम	1
वेस्ट बंगाल तृणमूल कांग्रेस	7
निर्दलीय	6
कुल	543

इस प्रकार बारहवीं लोकसभा चुनाव परिणामों ने त्रिशुंक संसद को जन्म दिया। चुनाव परिणामों ने देश को अल्पमतीय, मिली–जुली सरकार तथा राजनीतिक अस्थिरता की ओर धकेल दिया। एक बार फिर बारहवीं लोकसभा भी स्पष्ट बहुमत से वंचित रही तो राष्ट्रपति के लिए इस बार भी प्रधानमंत्री की नियुक्ति एक चुनौती बन गई। इस त्रिशंकु संसद में भारतीय जनता पार्टी तथा उसके सहयोगी गठबंधन को सर्वाधिक स्थान प्राप्त हुए, लेकिन राष्ट्रपति के. आर. नारायणन् ने प्रधानमंत्री की नियुक्ति में बहुत सावधानी के साथ काम किया। राष्ट्रपति ने इस विषय पर संविधान विशेषज्ञों, कानूनविदों, समीक्षकों व अनेक बुद्धिजीवियों से गहन विचार–विमर्श किया। इसके अतिरिक्त राष्ट्रपति ने बारहवीं लोकसभा के बारे में निम्नलिखित बातों पर गौर किया–[79]

– किसी भी पार्टी अथवा चुनाव पूर्व गठबंधन ने सदन में बहुमत लायक सीटें प्राप्त नहीं की।

– भारतीय जनता पार्टी अकेली सबसे बड़ी पार्टी के रूप में उभरी, हालांकि इसे भी बहुमत प्राप्त नहीं हुआ।

– भाजपा के नेतृत्व वाला चुनाव पूर्व गठजोड़ भी सदन में इस तरह का सबसे बड़ा गठबंधन था।

– अटल बिहारी वाजपेयी संसद में भाजपा के विधिवत नेता चुने गए।

इन सबके मद्देनजर राष्ट्रपति ने अटल बिहारी वाजपेयी को इस आशय का पत्र लिखा कि क्या वे एक ऐसी स्थायी सरकार बनाने में सक्षम हैं जो सदन का विश्वास हासिल कर सके। 10 मार्च, 1998 को अटल बिहारी वाजपेयी राष्ट्रपति से मिले और उन्होंने सरकार बनाने का दावा राष्ट्रपति द्वारा यह पूछे जाने के बाद किया कि वे केन्द्र में स्थायी सरकार के गठन में 'समर्थ व इच्छुक हैं।' वाजपेयी ने राष्ट्रपति से कहा कि वे स्थिर सरकार बनाने की स्थिति में हैं जिसे सदन का विश्वास हासिल होगा। इसके साथ ही 252 सांसदों के समर्थन के संकेत वाला एक पत्र पेश किया। राष्ट्रपति ने वाजपेयी से कहा कि वे अपनी समर्थक राजनीतिक पार्टियों एवम् सांसदों के समर्थन के दावे को प्रमाणित करने वाले दस्तावेज प्रस्तुत करें। 12 मार्च, 1998 को वाजपेयी समर्थन पत्रों के साथ 240 सांसदों की ही सूची पेश कर पाए। यह संख्या सदन की कुल संख्या के निर्धारित आधे से कम बैठी।

राष्ट्रपति ने पूर्व प्रधानमंत्रियों–वी.पी. सिंह, चन्द्रशेखर, एच.डी. देवगौडा से भी इस विषय पर बातचीत की। राष्ट्रपति ने भाजपा के कुछ सहयोगी दलों के उस बयान पर भी गौर किया जिसमें कहा गया था कि वे बाहर से समर्थन देगें। तेलुगू देशम ने कांग्रेस को समर्थन न देने, लेकिन विपक्ष में बैठकर भाजपा को मुद्दों पर आधारित समर्थन देने का निश्चय किया।[80] तेलुगू देशम के नेता चन्द्रबाबू नायडू ने राष्ट्रपति को सूचित किया कि उनकी पार्टी के 12 सांसद भाजपा व कांग्रेस के बीच लोकसभा में विश्वास प्रस्ताव पर मतदान के समय निष्पक्ष रहने को वरीयता देंगे। कांग्रेस, संयुक्त मोर्चा के नेताओं, मार्क्सवादी कम्युनिस्ट पार्टी व भारतीय कम्युनिस्ट पार्टी के महासचिवों ने राष्ट्रपति को सूचित किया वे सरकार निर्माण में कांग्रेस–मोर्चा के बीच सहमति की संभावनाओं को लेकर एक-दूसरे के सम्पर्क में बने हुए है फिर भी उन्हें इस प्रक्रिया के लिए कुछ समय चाहिए, विशेषकर इस स्थिति में जबकि कांग्रेस के संसदीय दल के नेता का चुनाव अभी होना बाकी है। अंत में गैर भाजपा सरकार बनाने का अवसर समाप्त हो गया जब वामपंथी दलों में से आर.एस.पी और फारवर्ड ब्लॉक ने कांग्रेस को समर्थन न देने का फैसला किया। 14 मार्च, 1998 को अपराह्न अन्नाद्रमुक की महासचिव जयललिता की ओर से राष्ट्रपति को एक पत्र भेजा गया, जिसमें अन्नाद्रमुक सांसदों का भाजपा के नेतृत्व वाली नई सरकार को 'पूर्ण और बिना शर्त समर्थन देने'[81] की बात कही गई। 15 मार्च, 1998 को अपराह्न राष्ट्रपति ने अन्नाद्रमुक की महासचिव की उस घोषणा पर भी गौर किया, जिसमें अन्नाद्रमुक और इसके गठजोड़ वाले दल पी.एम.के तथा तमिझागा राजीव कांग्रेस के भाजपा के नेतृत्व वाली सरकार में शामिल होने की बात कही

गई थी। उनकी (जयललिता) ओर से बाद में राष्ट्रपति को भेजे गए एक पत्र में इस बात की पुष्टि भी कर दी गई।

सोनिया गांधी ने 14 मार्च, 1998 को कांग्रेस अध्यक्ष पद संभालने के बाद 15 मार्च, 1998 को राष्ट्रपति से मुलाकात की। कांग्रेस और संयुक्त मोर्चे ने सरकार बनाने के दावे नहीं किए थे। अतः राष्ट्रपति के. आर. नारायणन के लिए निर्णय लेना आसान हो गया। भाजपा की सरकार को समर्थन करने वाले सांसदों की संख्या अब 264 हो चुकी थी। जो कि सदन की संख्या के आधे से कम थी, परन्तु तेलुगू देशम द्वारा निष्पक्ष रहने के फैसले को देखते हुए 264 की संख्या आधे के निशान को पार कर जाती है। अतः राष्ट्रपति के. आर. नारायण ने सभी परिस्थितियों को सामने रखते हुए लोकसभा में सबसे बड़े दल भाजपा और उसके सहयोगी दलों के नेता अटल बिहारी वाजपेयी का समर्थन करने वाले दलों से लिखित रूप में यह आश्वासन हासिल किया कि क्या वे वास्तव में भाजपा की सरकार का समर्थन करते हैं। इस प्रकार राष्ट्रपति ने एक नई परम्परा स्थापित की।

राष्ट्रपति के. आर. नारायणन ने स्थायी सरकार की सभी संभावनाओं का पता लगाकर ही 15 मार्च, 1998 को भाजपा नेता अटल बिहारी वाजपेयी को प्रधानमंत्री नियुक्त किया और उन्हें शपथ ग्रहण के बाद दस दिन के भीतर विश्वास मत हासिल करने को कहा।[82] अटल बिहारी बाजपेयी को सरकार बनाने के लिए आंमत्रित किए जाने के बाद राष्ट्रपति भवन से जारी प्रैस विज्ञप्ति में कहा गया–

> "प्रधानमंत्री के चयन और नियुक्ति में राष्ट्रपति को पूरा विवेकाधिकार प्राप्त है। फिर भी उनके समक्ष इस आशय का नियम स्थापित हो चुका है कि प्रधानमंत्री के रूप में चयनित होने वाला व्यक्ति सदन में विश्वास हासिल करने में सक्षम होना चाहिए। किसी भी पार्टी अथवा चुनाव पूर्व गठजोड़ को स्पष्ट बहुमत नहीं मिलने पर भारत समेत अन्य देशों के राज्याध्यक्ष सबसे बड़ी पार्टी के नेता को पहला अवसर देते आए हैं। इसके साथ ही उसे एक निश्चित समयावधि में सदन में बहुमत साबित करना होता है। फिर भी यह प्रक्रिया हर सफलता के लिए एकमात्र फॉर्मूला नहीं है क्योंकि ऐसी भी स्थिति पैदा हो सकती है जब सबसे बड़े दल या गठजोड़ से बाहर के सांसदों की संख्या मिलकर सबसे बड़ी पार्टी या गठजोड़ से ज्यादा हो जाए। राष्ट्रपति की पसंद उस भावी प्रधानमंत्री के बहुमत के दावे पर केन्द्रित रहती है।"[83]

प्रधानमंत्री वाजपेयी को 19 मार्च, 1998 को राष्ट्रपति भवन में पद एवं गोपनीयता की शपथ दिलवाई गई। अटल बिहारी वाजपेयी के नेतृत्व में 19 मार्च, 1998 को 18 राजनीतिक दलों के समर्थन से आठवीं गठबंधन सरकार अस्तित्व में आई जिसने राष्ट्रपति के निर्देशानुसार 28 मार्च, 1998 को दो दिन की बहस के बाद 260 के मुकाबले 275 मतों से विश्वास प्रस्ताव जीत लिया।

बारहवीं लोकसभा एक त्रिशुंक लोकसभा थी इसलिए प्रारम्भ से ही यह सम्भावना थी कि इसका भविष्य अल्प होगा। यह संभावना हकीकत में तब बदली जब भाजपा सरकार में शामिल अन्नाद्रमुक ने अपना समर्थन वापिस ले लिया। समर्थन वापसी के पश्चात् राष्ट्रपति के निर्देशानुसार 17 अप्रैल, 1999 को भाजपा के नेतृत्व वाली सरकार लोकसभा में विश्वास प्रस्ताव पर हार गई। परिणामस्वरूप सरकार को सताच्युत होना पड़ा। वैकल्पिक सरकार की संभावनाओं के सारे प्रयास विफल होने पर लोकसभा भंग कर दी गई और नये चुनाव कराए गए। तेरहवीं लोकसभा के चुनाव सितम्बर-अक्तूबर, 1999 में पांच चरणों (5, 11, 28, 25 सितम्बर और 3 अक्तूबर) में सम्पन्न करवाए गए। चुनाव आयोग ने तेरहवीं लोकसभा के गठन की सूचना 10 अक्तूबर, 1999 को राष्ट्रपति को सौंप दी।[84] 13वीं लोकसभा के चुनावों में विभिन्न दलों, गठबंधनों की स्थिति लोकसभा में इस प्रकार रही–

तालिका 4.5

तेरहवीं लोकसभा चुनाव परिणाम, (अक्तूबर, 1999)[85]

राजनीतिक दल	प्राप्त स्थान
भाजपा	182
बहुजन समाज पार्टी	14
भारतीय साम्यवादी दल	4
भारतीय साम्यवादी दल (मार्क्सवादी)	33
इंडियन नेशनल कांग्रेस	114
जनता दल (एस)	1
जनता दल (यूनाइटिड)	21
अन्नाद्रमुक	10
आल इंडिया तृणमूल कांग्रेस	8
बीजू जनता दल	10
द्रविड मुनेत्र कडघम्	12

आल इंडिया फारवर्ड ब्लॉक	2
हरियाणा विकास पार्टी	1
इंडियन नेशनल लोकदल	5
जम्मू एंड कश्मीर नेशनल कांफ्रेंस	4
केरल कांग्रेस	1
केरल कांग्रेस (एम0)	1
एम.डी.एम.के.	4
मणिपुर स्टेट कांग्रेस पार्टी	1
मुस्लिम लींग	2
नेशनलिस्ट कांग्रेस पार्टी	8
पट्टालि मक्कल कोच्चि	5
राष्ट्रीय जनता दल	7
रिवोल्यूशनरी सोशलिस्ट पार्टी	3
शिरोमणि अकाली दल	2
सिक्किम डेमोक्रेटिक फ्रंट	1
शिवसेना	15
समाजवादी जनता पार्टी (राष्ट्रीय)	1
समाजवादी पार्टी	26
तेलुगू देशम	29
अखिल भारतीय लोकतांत्रिक कांग्रेस	2
आल इंडिया मजलिस–ए–इतेहादुल मुसलमीन	1
बी.बी.एम	1
सी.पी.आई(एम.एल.)(एल)	1
एम.ए.डी.एम.के	1
पी.डब्ल्यू.पी.आई	1
राष्ट्रीय लोकदल	2
शिरोमणि अकाली दल(मान)	1
निर्दलीय	6
कुल	543

तेरहवीं लोकसभा के चुनाव परिणामों से स्पष्ट होता है कि जनता ने इस बार भी खंडित जनादेश ही दिया और किसी राजनीतिक दल को स्पष्ट बहुमत

प्राप्त नहीं हुआ। तेरहवीं लोकसभा के चुनावों में भाजपा नेतृत्त्व वाला राष्ट्रीय जनतांत्रिकं गठबंधन सबसे बड़ी राजनीतिक शक्ति के रूप में उभरा। लोकसभा चुनाव से पूर्व भाजपा समर्थित दलों ने राष्ट्रीय जनतांत्रिक गठबंधन का निर्माण किया था।

10 अक्तूबर, 1999 को अटल बिहारी वाजपेयी राष्ट्रीय जनतांत्रिक गठबंधन[86] तथा भाजपा संसदीय दल के सर्वसम्मति से नेता चुन लिए गए। सिक्किम डेमोक्रेटिक फ्रंट तथा मिजो नेशनल फ्रंट भी भाजपा गठबंधन में शामिल हो गए। इस प्रकार भाजपा गठबंधन सहयोगी मेनका गांधी सहित बढ़कर 18 हो गए। गठबंधन के विभिन्न घटक दलों की ओर से नेता के लिए आए विभिन्न प्रस्ताव भी वाजपेयी के पक्ष में थे।

भारत के राष्ट्रपति को नई सरकार के गठन में एक नेता के चयन के लिए पहले की भांति कोई कठिनाई नहीं हुई। राष्ट्रीय जनतांत्रिक गठबंधन की ओर से सरकार बनाने का औपचारिक दावा पेश किए जाने के तुरन्त बाद राष्ट्रपति ने गठबंधन के बहुमत से संतुष्ट होकर वाजपेयी को प्रधानमंत्री की नियुक्ति का पत्र सौंपा।[87] इस बार राष्ट्रपति ने प्रधानमंत्री को बहुमत सिद्ध करने का निर्देश नहीं दिया। तीसरी बार अटल बिहारी वाजपेयी के नेतृत्व में 13 अक्तूबर, 1999 को एक मिली-जुली सरकार ने शपथ ग्रहण की। यह भारतीय राजनीति के इतिहास में 1977 के बाद बनी गठबंधन सरकारों की श्रेणी में नौवीं गठबंधन सरकार थी।

मनमोहन सिंह का प्रधानमंत्री पद पर चयन (मई, 2004)

6 फरवरी, 2004 को तेरहवीं लोकसभा के विघटन के साथ भारतीय लोकतंत्र के महापर्व की तैयारी फिर से शुरू हो गयी। 29 फरवरी, 2004 को चुनाव आयोग ने चौदहवीं लोकसभा के लिए चुनाव संबंधी अधिसूचना जारी की। 14 वीं लोकसभा के चुनाव चार चरणों में (20, 26 अप्रैल और 5, 10 मई, 2004) को करवाने की व्यवस्था की गई थी। यह लोकसभा चुनाव प्रमुख रूप से दो गठबंधनों में लड़ा गया। एक राजग जिसका नेतृत्व भाजपा कर रही थी और दूसरा यू.पी.ए. जिसका नेतृत्व कांग्रेस कर रही थी।

14 वीं लोकसभा के गठन संबंधी अधिसूचना 17 मई, 2004 को जारी की गई। इसमें 543 स्थानों के लिए चुनाव हुए थे, लेकिन 17 मई को चुनाव आयोग द्वारा राष्ट्रपति को 539 सदस्यों के नामों की सूची सौंपी गई थी। इस चुनाव में विभिन्न राजनीतिक दलों की स्थिति इस प्रकार रही–

तालिका 4.6

चौदहवीं लोकसभा चुनाव परिणाम, (मई, 2004)[88]

राजनीतिक दल	प्राप्त स्थान
भाजपा	138
बसपा	19
सी.पी.आई.	10
सी.पी.आई.(एम.)	43
इंडियन नेशनल कांग्रेस	145
नेशनलिस्ट कांग्रेस पार्टी	9
असम गण परिषद	2
आल इंडिया फारवर्ड ब्लॉक	3
आल इंडिया तृणमूल कांग्रेस	2
बीजू जनता दल	11
द्रविड मुनेत्र कड़घम	16
जनता दल (सेक्यूलर)	3
जनता दल (यूनाइटिड)	8
जम्मू कश्मीर नेशनल कांफ्रेंस	2
जम्मू एंड कश्मीर पीपुल्स डेमोक्रेटिक पार्टी	1
झारखंड मुक्ति मोर्चा	5
केरल कांग्रेस	1
एम.डी.एम.के	4
मिजो नेशनल फ्रंट	1
मुस्लिम लीग	1
नागालैंड पीपुल्स फ्रंट	1
पट्टालि मक्कल कोच्चि	6
राष्ट्रीय जनता दल	24
राष्ट्रीय लोकदल	3
रिवोल्यूशनरी सोशलिस्ट पार्टी	3
शिरोमणि अकाली दल	8
सिक्किम डेमोक्रेटिक फ्रंट	1
शिवसेना	12
समाजवादी पार्टी	36

तेलुगू देशम	5
आल इंडिया मजलिस–ए–इतेहादुल मुसलमीन	1
बी.एन.पी. (भारतीय नवशक्ति पार्टी)	1
इंडियन फेडरल डेमोक्रेटिक पार्टी	1
लोक जनशक्ति पार्टी	4
नेशनल लोकतांत्रिक पार्टी	1
रिपब्लिकन पार्टी आफ इंडिया (ए)	1
समाजवादी जनता पार्टी (राष्ट्रीय)	1
तेलगांना राष्ट्र समिति	5
निर्दलीय	5
कुल	543

14वीं लोकसभा के चुनाव परिणामों से स्पष्ट है कि लोकसभा में किसी भी दल को या गठबंधन को स्पष्ट बहुमत प्राप्त नहीं हुआ। भारतीय लोकतंत्र का यह चुनाव और जनादेश अपने आप में अनोखा रहा। भारतीय संसदीय इतिहास में अब तक के सबसे पेचीदा चुनाव में मतदाताओं ने सत्ताधारी राष्ट्रीय जनतांत्रिक गठबंधन को नकार दिया। कांग्रेस पार्टी इस चुनाव में सबसे बड़ी पार्टी (145) रही जबकि भाजपा 138 स्थानों के साथ दूसरे स्थान पर रही। कांग्रेस के नेतृत्व वाले गठबंधन को वामपंथी राजनीतिक दलों (साम्यवादी दल, भारतीय साम्यवादी दल, मार्क्सवादी) और अन्य राजनीतिक दलों ने समर्थन की घोषणा की। इस संबंध में उन्होंने लिखित रूप में राष्ट्रपति को सूचित कर दिया। इन दलों के समर्थन के फलस्वरूप कांग्रेस के नेतृत्व में बने संयुक्त प्रगतिशील गठबंधन को लोकसभा में बहुमत का समर्थन प्राप्त हो गया। भारतीय राष्ट्रीय कांग्रेस ने पहले सोनिया गांधी को संसदीय दल का नेता चुना[89] और गठबंधन के सभी भागीदारों एवं समर्थकों ने इस निर्णय का स्वागत किया। इसके उपरांत कांग्रेस के सभी सहयोगी दलों, वाम पार्टियों और एसपी ने सोनिया गांधी को संयुक्त प्रगतिशील गठबंधन का नेता चुन लिया। डी.एम.के. के नेता एम. करूणानिधि ने सोनिया गांधी की अगुवाई में सरकार बनाने के लिए उन्हें गठबंधन के संसदीय दल का नेता चुनने के लिए प्रस्ताव रखा, जिसका आर.जे.डी. अध्यक्ष लालू प्रसाद यादव और राष्ट्रवादी कांग्रेस पार्टी के अध्यक्ष शरद पवार ने अनुमोदन किया। इसके बाद सर्वसम्मति से सोनिया गांधी को नेता चुने जाने का ऐलान कर दिया गया।[90]

राष्ट्रपति ए.पी.जे. अब्दुल कलाम ने कांग्रेस गठबंधन की नेता सोनिया गांधी को सरकार बनाने के लिए आमंत्रण की चिठ्ठी भेज दी। राष्ट्रपति ने

सोनिया गांधी को आमंत्रित करने का फैसला इन तथ्यों पर गौर करने के बाद किया कि सोनिया गांधी को 14वीं लोकसभा में सबसे बड़े राजनीतिक दल, कांग्रेस ने अपनी संसदीय पार्टी का नेता चुन लिया। साथ ही कांग्रेस के सहयोगी दलों ने भी सर्वसम्मति से उन्हें गठबंधन का नेता चुना।[91]

सोनिया गांधी ने 18 मई, 2004 को प्रधानमंत्री पद स्वीकारने से इनकार कर दिया एवं कांग्रेस संसदीय दल की बैठक में सोनिया गांधी ने भावुक शब्दों में कहा कि 'मेरा अन्तर्मन कह रहा है कि मैं प्रधानमंत्री न बनूँ। मेरा लक्ष्य सत्ता प्राप्त करना नहीं रहा है। मैं फैसला नहीं बदलूँगी।'[92] कांग्रेस नेताओं और गठबंधन में शामिल अन्य राजनीतिक दलों के नेताओं द्वारा दबाब डालने के बाबजूद भी उन्होंने प्रधानमंत्री का पद स्वीकार नहीं किया। इसी बैठक में सोनिया गांधी के सुझाव पर मनमोहन सिंह को कांग्रेस संसदीय दल का नया नेता चुना गया। मनमोहन सिंह के नाम पर कांग्रेस संसदीय दल सहित सहयोगी दलों ने सहमति व्यक्त कर दी।[93] बदले हुए घटनाचक्र में सहयोगी दलों ने अपने संशोधित समर्थन पत्र भी कांग्रेस को सौंप दिए। इन पत्रों में 14 सहयोगी दलों ने राष्ट्रपति को सूचित किया कि वह मनमोहन सिंह के नेतृत्व में गठित होने वाली नई सरकार को समर्थन देने को तैयार हैं। इनके अलावा समाजवादी पार्टी और राष्ट्रीय लोकदल पहले ही कांग्रेस के नेतृत्व वाली सरकार को समर्थन संबंधी पत्र राष्ट्रपति को सौंप चुके थे।[94]

अतः राष्ट्रपति ने 20 मई, 2004 को मनमोहन सिंह को भारत का प्रधानमंत्री नियुक्त किया और 22 मई, 2004 को उन्हें पद की शपथ दिलाई गई। इस प्रकार कांग्रेस पार्टी के नेतृत्व वाले संयुक्त प्रगतिशील गठबंधन ने मनमोहन सिंह के प्रधानमंत्रित्व में दसवीं गठबंधन सरकार बनाई। राष्ट्रपति ने मनमोहन सिंह को लोकसभा का विश्वास मत प्राप्त करने के लिए नहीं कहा।

2004 में गठित 14वीं लोकसभा का कार्यकाल 1 जून, 2009 को समाप्त होने जा रहा था हालांकि कांग्रेस के नेतृत्व में गठित यूपीए को लोकसभा में स्पष्ट बहुमत प्राप्त नहीं था किन्तु उसने वामपंथी दलों, समाजवादी पार्टी एवं बहुजन समाज पार्टी से सहयोग लेकर मनमोहन के नेतृत्व वाली यूपीए सरकार ने अपना कार्यकाल पूरा किया। अतः 2 मार्च, 2009 को भारत निर्वाचन आयोग ने 15वीं लोकसभा के लिए चुनाव कार्यक्रम की घोषणा की। 15वीं लोकसभा की निर्वाचन वाली 543 सीटों के लिए चुनाव 16 अप्रैल–13 मई, 2009 के दौरान पांच चरणों में कराए गए। इन चुनावों में 7 राष्ट्रीय दलों, 44 क्षेत्रीय दलों के साथ-साथ अन्य दलों ने भी चुनाव लड़ा। 15वीं लोकसभा चुनावों से पूर्व परिदृश्य

को देखने से स्पष्ट होता है कि इस चुनाव में चार गठबंधन प्रमुख रूप से भागीदार थे–

संयुक्त प्रगतिशील गठबंधन, राष्ट्रीय जनतांत्रिक गठबंधन, तीसरा मोर्चा एवं चौथा मोर्चा। हालांकि चुनावों में मुख्य मुकाबला कांग्रेस के नेतृत्व में संयुक्त प्रगतिशील गठबंधन, भाजपा के नेतृत्व में राष्ट्रीय जनतांत्रिक गठबंधन तथा वामदलों के नेतृत्व में बने तीसरे मोर्चे के बीच था। तीसरा मोर्चा पूर्व मार्क्सवादी साम्यवादी दल के महासचिव प्रकाश करात की पहल से अस्तित्व में आया जिसमें वामपंथी दलों समेत मायावती, जयललिता और चन्द्रबाबू नायडू जैसे नेता शामिल हुए। यह मोर्चा आकांक्षी नेताओं का ढीलाढाला समूह था जिसका कोई सांझा वैचारिक आधार नहीं था। चुनावों के दौरान पहले और बाद में कई पार्टियों ने अपने गठबंधन बदले जिसके परिणामस्वरुप चुनावों से पूर्व चौथा मोर्चा भी अस्तित्व में आ गया जिसमें कांग्रेस से किनारा करने वाले नेता शामिल थे। लालू प्रसाद यादव, मुलायम सिंह यादव और रामबिलास पासवान आदि। नेताओं की 'किंग मेकर' की भूमिका में आने के लिए यूपीए से अलग थलग होकर चौथा मोर्चा बना लिया था।

16 मई, 2009 को घोषित परिणामों के अनुसार लोकसभा में विभिन्न राजनीतिक दलों की स्थिति इस प्रकार रही–

तालिका 4.7[95]

15वीं लोकसभा चुनाव परिणाम–2009

राजनीतिक दल	प्राप्त स्थान
इंडियन नेशनल कांग्रेस	206
भारतीय जनता पार्टी	116
समाजवादी पार्टी	23
बहुजन समाज पार्टी	21
जनता दल युनाइटेड	20
आल इंडिया तृणमूल कांग्रेस	19
द्रविड मुनेत्र कड्गम्	18
मार्क्सवादी साम्यवादी दल	16
बीजू जनता दल	14
शिवसेना	11
राष्ट्रवादी कांग्रेस पार्टी	9
आल इंडिया अन्ना द्रविडमुनेत्र कडधम	9

तेलगूदेशम	6
राष्ट्रीय लोकदल	5
भारतीय साम्यवादी दल	4
राष्ट्रीय जनता दल	4
शिरोमणि अकाली दल	4
जनता दल सेक्यूलर	3
जम्मू एवं कश्मीर नेशनल कांफ्रैंस	3
ऑल इंडिया फॉरवर्ड ब्लॉक	2
झारखण्ड मुक्ति मोर्चा	2
रिवोल्यूशनरी सोशलिस्ट पार्टी	2
तेलंगाना राष्ट्र समिति	2
मुस्लिम लीग केरला स्टेट कमेटी	2
असम गण परिषद	1
असोम यूनाइटेड डेमोक्रेटिक फ्रंट	1
केरल कांग्रेस (मणि)	1
मारूमलार्ची द्रविड मुनेत्र कड़धम	1
नागालैंड पीपुल्स फ्रंट	1
सिक्किम डेमोक्रेटिक फ्रंट	1
ऑल इंडिया मजलिस–ए–इतेहादुल मुस्लमीन	1
बहुजन विकास अगाधी	1
बोडोलैंड पीपुलस फ्रंट	1
हरियाणा जनहित कांग्रेस (बी.एल.)	1
झारखण्ड विकास मोर्चा (प्रजातांत्रिक)	1
स्वाभिमानी पक्ष	1
विरूतलै चिरूतैगल काची	1
निर्दलीय	9
कुल	543

अप्रैल-मई, 2009 में संपन्न 15वीं लोकसभा के चुनाव परिणामों से स्पष्ट है कि लोकसभा में किसी भी दल को या गठबंधन को स्पष्ट बहुमत प्राप्त नहीं हुआ। इस बार के आम चुनावों का सबसे महत्त्वपूर्ण, स्पष्ट और जोरदार संदेश था क्षेत्रीय पार्टियों का कमजोर व दो राष्ट्रीय पार्टियों कांग्रेस और भाजपा का मजबूत होना। 2009 के चुनाव एक तरह से ऐतिहासिक हैं, क्योंकि इनसे हमारी राजनीति के खण्डित होने का डर खत्म हो गया।

इस चुनाव में कांग्रेस के नेतृत्व वाले संयुक्त गठबंधन को सर्वाधिक 262 सीटें मिलें एवं कांग्रेस पार्टी ने 1991 के बाद अब तक की सर्वाधिक 206 सीटें जीती। इन चुनावों में राष्ट्रीय जनतांत्रिक गठबंधन को 159 तथा तीसरे मोर्चे को केवल 7 सीटें मिली। जबकि चौथे मोर्चे को 27 सीटें ही मिल पाई।

चुनाव के इन परिणामों के चलते अधिकांश चुनाव पूर्व समीकरण टूटकर बिखर गए तथा तीसरे, चौथे मोर्चे का जहाँ अस्तित्व ही समाप्त हो गया, वहीं सत्ता की आस लगाए बैठे राष्ट्रीय जनतांत्रिक गठबंधन में भी बिखराव हो गया। मुलायम सिंह, लालू प्रसाद यादव व रामबिलास पासवान को समर्थन के बदले में सौदेबाजी के लिए चौथे मोर्चे का गठन महंगा पड़ा। कांग्रेस के नेतृत्व में यूपीए की अपने ही दम पर सरकार बनती देखकर सपा, व राजद जैसे क्षेत्रीय दलों ने सत्ता से जुड़ने के लिए बिना शर्त यूपीए को समर्थन की घोषणा सरकार के गठन से पूर्व ही कर दी। इससे यूपीए की सरकार हेतु 322 सांसदों का समर्थन शपथ ग्रहण से पूर्व ही प्राप्त हो गया था। राष्ट्रपति ने 19 मई, 2009 को मनमोहन सिंह को सरकार बनाने का न्यौता दिया। विभिन्न पार्टियों द्वारा स्वयं ही जाकर समर्थन पत्र सौंपने के बावजूद राष्ट्रपति श्रीमती प्रतिभा देवी सिंह पाटिल ने 22 मई, 2009 को मनमोहन सिंह को प्रधानमंत्री पद की शपथ दिलाई।

उपरोक्त विवेचन से स्पष्ट है कि नवम्बर, 1989 से अप्रैल–मई 2009 तक के लोकसभा चुनावों में किसी भी दल को स्पष्ट बहुमत प्राप्त नहीं हुआ, जिसके कारण अल्पमत सरकारें अथवा गठबंधन सरकारें बनी, जिन्हें अपने अस्तित्व के लिए विभिन्न दलों के सहयोग पर निर्भर रहना पड़ा। इसके कारण ही त्रिशंकु संसद का जन्म हुआ। त्रिशंकु लोकसभा में प्रधानमंत्री की नियुक्ति में राष्ट्रपति का स्वविवेक का अधिकार चुनौतीपूर्ण बना। भारतीय राजनीतिक प्रणाली में त्रिशंकु लोकसभाओं के युग के आरम्भ ने सरकार बनाने की प्रक्रिया में राष्ट्रपति की शक्ति और भूमिका में वृद्धि की। विखंडित जनादेश की स्थिति में राष्ट्रपति ने केन्द्रीय गठबंधन सरकारों के निर्माण में तथा प्रधानमंत्री की नियुक्ति में अपने स्वविवेक से सक्रिय भूमिका निभाई।

सन्दर्भ

1. शुक्ला, विमला, *भारतीय संविधान में प्रधानमंत्री की भूमिका,* राजपाल एन्ड संस, नई दिल्ली. 1978, पृ. 19
2. *संविधान सभा वाद विवाद.* खण्ड 7, पृ. 1144
3. *वही*
4. *वही.* पृ. 1144–1145

5. *वही.* पृ. 1141
6. *वही.* पृ. 1152–1153
7. शुक्ला, विमला, *पूर्वोक्त,* पृ. 21
8. *कॉस्टीटयुअंट असेम्बली डिबेट्स,* व्होल्यूम VII, पृ. 1141
9. शुक्ला, बी.आर. पार्लियामेंट, दी एक्जीक्यूटिव एन्ड दी ज्यूडिषरी इन इंडिया, *दी जर्नल ऑफ पार्लियामेंट्री इन्फॉरमेषन,* 22(1), जनवरी–मार्च, 1976, पृ. 38
10. राव, बी.एन, *भारतीय संविधान का प्रथम प्रारूप, अक्टूबर 1947,* लोकसभा सचिवालय, नई दिल्ली, मार्च, 1960, पृ. 18
11. *कॉस्टीटयूअंट असेम्बली डिबेट्स,* व्होल्यूम iv, लोकसभा सचिवालय, नई दिल्ली, 28 जुलाई 1947, पृ. 860
12. *भारत का संविधान, 26 जनवरी 2005 को यथाविद्यमान,* भारत सरकार, विधि और न्याय मंत्रालय, नई दिल्ली 2005, पृ. 27
13. *वही*
14. *कॉस्टीट्युअंट असेम्बली डिबेटस,* व्होल्यूम ix, पृ. 911–16
15. शुक्ला, विमला, *पूर्वोक्त,* पृ. 174–175

15ए. सिवाच, जे.आर., *दी इंडियन प्रेसीडेंसी,* हरियाणा प्रकाशन, दिल्ली, 1971, पृ. 141

16. शर्मा, लाल नारायण, प्रधानमंत्री की नियुक्ति, *लोकतंत्र समीक्षा,* 6(3), जुलाई–सितम्बर, 1974, पृ. 431
17. जैन, पुखराज, *भारतीय प्रधानमंत्री,* साहित्य भवन, आगरा, 1981, पृ. 17
18. *कॉस्टीटयुअंट असेम्बली डिबेटस,* व्होल्यूम vii, पृ. 1158
19. *वही*
20. ब्रेचर, माइकल, *सक्सेशन इन इंडिया,* आक्सफोर्ड यूनिवर्सिटी प्रैस, लन्दन, 1966, पृ. 34–35
21. *दी इंडियन एक्सप्रैस,* नई दिल्ली, 13 जून, 1964
22. ब्रेचर, माइकल, *पूर्वोक्त*
23. लाल, जे.एन., रिलेशन बिटविन इंडियन पी.एम एन्ड पार्लियामेंट, *मार्डन रिव्यू ,* 128(1), जनवरी, 1971, पृ. 49
24. शर्मा, वीना, *दी इंडियन प्रेसीडेंट इन इंडियन पोलिटिकल सिस्टम,* रावत पब्लिकेशंस, जयपुर, 2001, पृ. 132
25. शर्मा, लाल नारायण, *पूर्वोक्त,* पृ. 435
26. ब्रेचर, माइकल, *पूर्वोक्त,* पृ. 191–192
27. *मेमोरिज ऑफ ज्ञानी जैल सिंह : दी सेवन्थ प्रेसीडेंट ऑफ इंडिया,* हर आनंद पब्लिकेशंस, नई दिल्ली, 1997, पृ. 203–204

28. सिंघवी, लक्ष्मीमल्ल, *लोकसभा निर्वाचन, 1980,* राजपाल एन्ड संस, दिल्ली, 1980, पृ. 2
29. *वही,* पृ. 3
30. जैन, धर्मचन्द, *भारतीय राजनीति,* प्रिंटवैल पब्लिशर्स, जयपुर, 1990, पृ. 120
31. *दी इंडियन एक्सप्रैस,* नई दिल्ली, 25 मार्च, 1968. साथ में देखें सिवाच, जे.आर. *पूर्वोक्त,* पृ. 142
32. जैन, पुखराज, *पूर्वोक्त,* पृ. 33
33. *वही*
34. जैन, धर्मचंद, *पूर्वोक्त,* पृ. 21
35. रेड्डी, नीलम संजीवा, *राष्ट्रपति के संस्मरण,* राजपाल एन्ड संस, देहली, 1989, पृ. 43
36. *दी इंडियन एक्सप्रैस,* नई दिल्ली, 28 जुलाई, 1979
37. *दी इंडियन एक्सप्रैस,* नई दिल्ली, 29 जुलाई, 1979
38. जैन, धर्मचन्द, *पूर्वोक्त,* पृ. 122
39. प्रखर, आचार्य भालचन्द्र गोस्वामी, *लोकतंत्र और विधानमंडल,* पोइन्टर पब्लिशर्स, जयपुर, 2005, पृ. 157
40. *भारत में लोकसभा के नौवें साधारण निर्वाचनों की रिपोर्ट, 1989,* सांख्यिकीय, भारतीय निर्वाचन आयोग, नई दिल्ली, 1989, पृ. 6–12
41. *दि हिन्दू* नई दिल्ली, 29 नवम्बर, 1989

41ए. निकोलेन्वी, कसाबा, मॉइनोरिटी गवर्नमेंटस इन इंडिया, रोल्टेज, न्यूयार्क, 2010, पृ. 100

42. *दी टेलीग्राफ,* कलकता, 29 नवम्बर, 1989
43. *दी टाइम्स ऑफ इंडिया,* नई दिल्ली, 30 नवम्बर, 1989
44. जैन, एच.एम, *इंडिया कैबिनेट एन्ड पोलिटिक्स,* ज्ञान पब्लिशिंग हाउस, नई दिल्ली, 2003, पृ. 60
45. वेंकटरमन, रामास्वामी, *जब मैं राष्ट्रपति था,* वाणी प्रकाशन, दिल्ली, 2000, पृ. 263
46. *संसदीय पत्रिका,* 36(1), मार्च, 1990, लोकसभा सचिवालय, नई दिल्ली, पृ. 49
47. *नवभारत टाइम्स,* नई दिल्ली, 24 अक्तूबर, 1990
48. *दी टाइम्स ऑफ इंडिया,* नई दिल्ली, 25 अक्तूबर, 1990

48ए. निकोलेन्वी, कसाबा, पूर्वोक्त, पृ. 102

49. *हिन्दुस्तान,* नई दिल्ली, 8 नवम्बर, 1990
50. *जनसता,* नई दिल्ली, 9 नवम्बर, 1990
51. चन्द्र. एन. जोश, *कोलिएशन पोलिटिक्सः दी इंडियन एक्सपीरियंस,* कान्सेपट पब्लिशिंग कम्पनी, नई दिल्ली, 2004, पृ. 39

52. वेंकटरमन, रामास्वामी, *पूर्वोक्त,* पृ. 353
53. *डेटा इंडिया,* 5–11 नवम्बर, 1990, पृ. 530
54. *भारत में लोकसभा के दसवें साधारण निर्वाचनों की रिपोर्ट 1991,* सांख्यिकीय, भारत निर्वाचन आयोग, नई दिल्ली, 1991, पृ. 8–16
55. वेंकटरमन, रामास्वामी, *पूर्वोक्त,* पृ. 436
56. *स्टटिसटीकल रिपोर्ट ऑन जनरल इलेक्शंस, 1996 टू दी इलेवन्थ लोकसभा,* व्हाल्यूम 1, नेशनल एंड अबस्ट्रेक्टस, इलेक्शन कमीशन ऑफ इंडिया, नई दिल्ली, 1996, पृ. 40–51
57. चन्द्र, एन. जोश, *पूर्वोक्त,* पृ. 40
58. *वहीं*
59. *दी हिन्दुस्तान टाइम्स,* नई दिल्ली, 14 मई, 1996
60. *डायरी ऑफ पोलिटिकल इंवेटस,* 23(5), मई, 1996, लोकसभा सभा सचिवालय, नई दिल्ली, पृ. 89
61. जैन. एस.एन., *भारतीय संविधान, शासन और राजनीति,* राजस्थान हिन्दी ग्रन्थ एकादमी, जयपुर, 1997, पृ. 272
62. *दी हिन्दुस्तान टाइम्स,* नयी दिल्ली, 15 मई, 1996
63. *दी स्टेटसमैन,* नई दिल्ली, 23 मई, 1996
64. चन्द्र एन. जोश, *पूर्वोक्त,* पृ. 40
65. *दि हिन्दुस्तान टाइम्स,* नई दिल्ली, 20 मई, 1996
66. *दि हिन्दुस्तान टाइम्स,* नई दिल्ली, 28 मई, 1996
67. *दि हिन्दुस्तान टाइम्स,* नई दिल्ली, 29 मई, 1996
68. *वहीं*
69. *दि टाइम्स ऑफ इंडिया,* नई दिल्ली, 2 जून, 1996
70. *डायरी ऑफ पोलिटिकल इवेंटस,* 23(6), जून, 1996, लोकसभा सचिवालय, नई दिल्ली, पृ. 112
71. राय, मीनू, *इलेक्शंस, 1998 : ए कंटीन्यूटी इन कोलिएशन,* नेशनल पब्लिशिंग हाउस, नई दिल्ली, 1999, पृ. 4
72. *वही,* पृ. 6
73. चन्द्र, एन. जोश, *पूर्वोक्त,* पृ. 44
74. *पोलिटिक्स इंडिया,* 1(2), जून, 1997, पृ. 44
75. *डायरी ऑफ पोलिटिकल इवेंटस,* 24(4), अप्रैल, 1997, लोकसभा सचिवालय, नई दिल्ली, पृ. 60
76. *वही*

77. राय, मीनू, *पूर्वोक्त,* पृ. 7
78. *स्टटिसटीकल रिपोर्ट ऑन जनरल इलेक्शंस, 1998, टू दी टूवेल्थ लोकसभा,* व्होल्यूम 1, नेशनल एन्ड स्टेट अब्स्ट्रेक्ट, इलेक्शन कमीशन ऑफ इंडिया, नई दिल्ली, 1996, पृ. 49–56
79. *दी इकॉनोमिक टाइम्स,* नई दिल्ली, 16 मार्च, 1998
80. *दी हिन्दू,* नई दिल्ली, 5 मार्च, 1998
81. *डायरी ऑफ पोलिटिकल इवेंटस,* 25(3), मार्च, 1998, लोकसभा सचिवालय, नई दिल्ली, पृ. 29
82. *वही*
83. *दी इकॉनोमिक टाइम्स,* नई दिल्ली, 16 मार्च, 1998
84. *दी हिन्दुस्तान टाइम्स,* नई दिल्ली, 11 अक्तूबर, 1999
85. *स्टटिसटीकल रिपोर्ट ऑन जनरल इलेक्शंस, 1999 टू दी थर्टीन्थ लोकसभा,* व्होल्यूम 1, नेशनल एंड स्टेट अब्स्ट्रेक्ट एन्ड डिटेल्ड, इलेक्शन कमीशन ऑफ इंडिया, नई दिल्ली, पृ. 49–56
86. *डायरी ऑफ पोलिटिकल इवेंटस,* 26(10), अक्तूबर, 1999, लोकसभा सचिवालय, नई दिल्ली, पृ. 142
87. *वही*
88. *स्टटिसटीकल रिपोर्ट ऑन जनरल इलेक्शंस, 2004, टू दी फोर्टिन्थ लोकसभा,* व्होल्यूम 1, नेशनल एन्ड स्टेट अब्स्ट्रेक्टस एंड डिटेल्ड रिजल्टस, इलेक्शन कमीशन ऑफ इंडिया, नई दिल्ली, पृ. 110–121
89. *हिन्दुस्तान,* नई दिल्ली, 17 मार्च, 2004
90. *नवभारत टाइम्स,* नई दिल्ली, 17 मई, 2004
91. *नवभारत टाइम्स,* नई दिल्ली, 18 मई, 2004
92. *पंजाब केसरी,* जालन्धर, 19 मई, 2004
93. रक्षित, निर्मलेन्दु विकास, अप्वाइंटमेंट ऑफ दी प्राइममिनिस्टर, *मैनस्ट्रीम,* 42(30), 17 जुलाई, 2004, पृ. 30
94. *दैनिक जागरण,* नई दिल्ली, 20 मई, 2004
95. स्टटिसटीकल रिपोर्ट ऑन जनरल इजेक्शंस, 2009, टू दी फिफ्टीन्थ, व्होल्यूम 1, नेशनल एन्ड स्टेट अब्रेक्टस एंड डिटेल्ड रिजल्टस, इलेक्शन कमीशन ऑपफ इंडिया, नई दिल्ली, पृ. 12–14

5 गठबंधन सरकारों के दौरान लोकसभा भंग करने के सम्बन्ध में राष्ट्रपति की भूमिका (१९८९-२००९)

भारतीय संविधान निर्माताओं ने बड़े ही चिंतन और मनन से दूरगामी परिणामों को दृष्टिगत रखते हुए देश के लिए संसदीय शासन व्यवस्था को स्वीकार किया। संसदीय शासन व्यवस्था को स्वीकार करते समय इस देश की ऐतिहासिक, सामाजिक, आर्थिक, राजनीतिक और सांस्कृतिक पृष्ठभूमि को ध्यान में रखा गया। अतः हमारी संसदीय शासन प्रणाली की नींव अत्यधिक सुदृढ़ है। देश की शासन व्यवस्था में संसद की केन्द्रीय भूमिका है। भारतीय संसद के दो सदन हैं लोकसभा और राज्यसभा। लोकसभा को प्रथम सदन कहा जाता है जबकि राज्यसभा उच्च सदन के रूप में जानी जाती है। संविधान निर्माताओं ने राज्यसभा की तुलना में लोकसभा को अधिक शक्तिशाली बनाया है। लोकसभा को जन निर्वाचित सदन होने के कारण शक्ति सम्पन्न जन प्रतिनिधि सदन की भी संज्ञा दी जाती है। इसे देश की अपेक्षाओं और आशाओं का भी प्रतीक माना जाता है।

प्रतिनिधिक संसदीय संस्थाओं के इतिहास के साथ विघटन की अवधारणा का अटूट संबंध है। कोई जनसभा, चाहे कितनी ही लोकप्रिय ढ़ंग से निर्वाचित क्यों न हो, हमेशा के लिए जनता का प्रतिनिधित्व नहीं कर सकती। इसलिए इस बात की आवश्यकता है कि वह निश्चित अवधि के उपरांत पुनः जनादेश प्राप्त करें।[1] सामान्यतः सभा का कार्यकाल सांविधानिक दस्तावेज में निर्धारित होता है। 'विघटन' संसद अथवा उसका जन प्रतिनिधि सभा के कार्यकाल की समाप्ति का द्योतक होता है। अपनी निर्धारित कार्यावधि पूरी कर लेने पर सामान्यतः एक निर्वाचित लोकसभा स्वतः ही विघटित हो जाती है। लोकसभा का इस प्रकार विघटित होना एक सुविदित संवैधानिक बात है, लेकिन बारीकी से देखने पर ज्ञात होगा कि कार्यपालिका द्वारा लोकसभा का कार्यकाल पूरा होने से पूर्व उसे समाप्त करने की कोई कार्यवाही करना भी 'विघटन' का द्योतक है। ऐसी कार्यवाही का उद्देश्य निर्वाचकमंडल से नया जनादेश प्राप्त करना अथवा तात्कालिक

संसदीय बहुमत के विचारों के विरूद्ध अग्रिम निर्णायक जनता जनार्दन से अपील करना हो सकता है। निर्धारित कार्यकाल पूरा होने के पश्चात लोकसभा का स्वतः विघटन हो अथवा राज्य प्रमुख द्वारा उसकी कार्यावधि पूरी होने से पूर्व उसे भंग किया जाना हो, दोनों ही मामलों मे विघटन पूरी तरह से युक्तियुक्त, वैद्य और संवैधानिक होता है क्योंकि संविधान और देश की विधियों के अंतर्गत इसकी विशेष रूप से अनुमति होती है तथा उनमें ऐसा उपलब्ध होता है।[2]

भारत के संविधान के अनुच्छेद 83(2) में उल्लेख है कि लोकसभा यदि पहले ही विघटित न कर दी जाए, तो अपने प्रथम अधिवेशन के लिए नियुक्त तारीख से पाँच वर्ष तक चालू रहेगी और इससे अधिक नहीं तथा पांच वर्ष की उक्त कालावधि की समाप्ति का परिणाम लोकसभा का विघटन है, परन्तु इस कालावधि को जब तक आपात की उद्घोषणा प्रवर्तन में हो, संसद विधि द्वारा किसी कालावधि के लिए बढ़ा सकेगी, जो एक बार में एक वर्ष से अधिक न होगी तथा किसी अवस्था में भी उद्घोषणा के प्रवर्तन का अंत हो जाने के पश्चात् छः मास की कालावधि से अधिक विस्तृत न होगी। संविधान के अनुच्छेद 85(2)(ख) में उपबंधित है कि राष्ट्रपति समय-समय पर लोकसभा का विघटन कर सकेगा–

– लोकसभा की सामान्य कालावधि पांच वर्ष है,

– लोकसभा के प्रथम अधिवेशन के लिए नियुक्त तारीख से पांच वर्ष की कालावधि समाप्ति स्वतः ही विघटित,

– राष्ट्रपति लोकसभा को कालावधि से पूर्व भी विघटित कर सकते हैं।[3]

अब प्रश्न उठता है कि क्या राष्ट्रपति प्रधानमंत्री के द्वारा कहे जाने पर भी लोकसभा को भंग करने से इनकार कर सकता है या क्या राष्ट्रपति स्वयं अपने विवेक के आधार पर प्रधानमंत्री के परामर्श के बिना अथवा उसके विरूद्ध जाकर भी लोकसभा को भंग कर सकता है? गठबंधन सरकारों के युग में बदलते हुए राजनीतिक परिवेश में अल्पमत की बाहरी समर्थन से बनी सरकारों में किसी समर्थित दल द्वारा अपना समर्थन वापस लिए जाने पर अथवा गठबंधन की दबाव की राजनीति के चलते प्रधानमंत्री द्वारा त्यागपत्र दिए जाने से उत्पन्न परिस्थिति में वैकल्पिक सरकार के सभी प्रयास विफल हो जाने पर राष्ट्रपति ने लोकसभा को भंग करने के लिए कौन कौन से कदम उठाए? और किस प्रकार लोकसभा को भंग किया? इस अध्याय में इन्हीं महत्त्वपूर्ण प्रश्नों का विवेचन किया गया है।

लोकसभा विघटित करने की शक्ति

संसदीय राज्य-व्यवस्था में, संसद को विघटित करने की शक्ति कार्यपालिका के पास उसी तरह है जिस तरह संसद के पास लोकसभा के प्रति मंत्रिपरिषद की जबाब देही-सुनिश्चित करने का अधिकार है ये दोनों पक्ष परस्पर संतुलन बनाते हैं। लोकसभा यदि सरकार को बर्खास्त कर सकती है तो सरकार लोकसभा को विघटित कर सकती है। तथापि, विघटन लोकसभा को सरकार की इच्छाओं के अधीन नहीं बनाता है, किन्तु वह अपने सर्वोच्च स्वामियों अर्थात स्वयं जनता-जनार्दन की इच्छाओं के अधीन बनाता है।

अनुच्छेद 85(2) के द्वारा राष्ट्रपति को प्रदत लोकसभा को विघटित करने की शक्ति, राष्ट्रपति पद का कार्यपालिका कृत्य है और इसलिए इसे मंत्रिपरिषद की सहायता और मंत्रणा से सम्पादित करना होता है। इंग्लैंड की तरह राष्ट्रपति को विघटन की शक्ति किसी विशेषाधिकार से प्राप्त नहीं होती है। अतः प्रथम दृष्टया इसका सम्पादन केवल मंत्रिपरिषद की मंत्रणा के अनुसार ही किया जा सकता है। जैसा कि संविधान में उपबंधित है राष्ट्रपति 'अपने कृत्यों का सम्पादन ऐसी मंत्रणा के अनुसार करेगा।' संविधान अधिनियम, 1976 द्वारा (बयालीसवां संशोधन) अनुच्छेद 74(1) में शब्द "करेगा" जोड़े जाने से पूर्व जो स्थिति थी उसके अंतर्गत मंत्रिपरिषद की मंत्रणा के बंधनकारी स्वरूप के संबंध में कुछ संदेह व्यक्त किए गए थे और कभी-कभी यह भी कहा गया था कि राष्ट्रपति ऐसा विघटन करने से इनकार कर सकता है जिसकी मांग अनुपयुक्त हो, या जहाँ इस प्रकार की मंत्रणा, प्रधानमंत्री द्वारा शक्ति का दुरूपयोग किए जाने की आशंका उत्पन्न करती हो। संविधान (चवालीसवां संशोधन) अधिनियम, 1978 राष्ट्रपति को इस संबंध में विशेषाधिकार देता है, कि वह मंत्रिपरिषद को मंत्रणा पर पुनर्विचार के लिए कह सकेगा परन्तु मंत्रणा पुनर्विचार के उपरांत दोबारा प्रस्तुत की जाती है तो उसके अनुसार कार्य करने से इनकार नहीं कर सकेगा।

भारतीय राष्ट्रपति का लोकसभा भंग करने का अधिकार

भारतीय राष्ट्रपति को असाधारण परिस्थितियों में असाधारण किस्म के अधिकार प्राप्त हैं। सामान्यतया यह विश्वास किया जाता रहा है कि वह उन अधिकारों का प्रयोग लोकतांत्रिक परम्पराओं और राजनीतिक परिस्थितियों को ध्यान में रखते हुए अपने विवेक के आधार पर करेगें। भारत के संविधान के अनुच्छेद 85(2) के अन्तर्गत राष्ट्रपति को प्रदत लोकसभा को विघटित करने की शक्ति उसके पद का कार्यपालक कृत्य है और इसलिए राष्ट्रपति को मंत्रिपरिषद

की सहायता और मंत्रणा से सम्पादित करना होता है। भारतीय संविधान में ही लोकसभा के विघटन की दो परिस्थितियाँ स्पष्ट की गई हैं–

प्रथम, लोकसभा की निश्चित समयावधि के समाप्त होने पर अर्थात पांच वर्ष के कार्यकाल और आपातकाल में बढ़ाए गए कार्यकाल की समाप्ति पर, और द्वितीय, भारतीय संविधान की धारा 85(2) के अन्तर्गत राष्ट्रपति लोकसभा को भंग किए जाने की स्थिति।[4]

परन्तु यह प्रश्न कि क्या राष्ट्रपति प्रधानमंत्री की सलाह पर लोकसभा को भंग कर सकता है? भारतीय संविधान विशेषज्ञों में व्यापक मतभेद देखने को मिलते हैं। प्रथम, इस मत के समर्थकों की मान्यता है कि प्रत्येक स्थिति में राष्ट्रपति लोकसभा भंग करने की सलाह मानने को बाध्य है। प्रसिद्ध विधिवेता एम.सी. छागला के मत में, भारतीय संविधान का अनुच्छेद 74 राष्ट्रपति को इस बात के लिए बाध्य करता है कि वह लोकसभा को भंग करने के संबंध में मंत्रिपरिषद की सलाह को स्वीकार कर ले। संविधान बहुमत का समर्थन प्राप्त और बहुमत रहित मंत्रिपरिषद में कोई अन्तर नहीं करता है।[5]

भारतीय विधि आयोग के भूतपूर्व सदस्य पी.के. त्रिपाठी के विचार में कुछ परिस्थितियों में प्रधानमंत्री सदन में पराजित हुए बिना सदन भंग करने की मांग कर सकता है। ऐसी परिस्थितियाँ तब होगी, जब कुछ कार्यक्रमों के आधार पर निर्वाचित प्रधानमंत्री यह महसूस करे कि वह सदन जनता को दिए गए आश्वासन पूरे नहीं कर रहा है। उनका कहना है कि राष्ट्रपति के लिए जहाँ प्रधानमंत्री की सलाह मानना आवश्यक नहीं है, वहाँ ठुकराने का भी कोई कारण नहीं है प्रधानमंत्री की सलाह को ठुकराने का तात्पर्य है राष्ट्रपति का सक्रिय राजनीति में शामिल होना। भारतीय संविधान का यह उद्देश्य कदापि नही हैं।[6]

भारतीय संविधान के सुविख्यात टीकाकार दुर्गादास बसु के विचार में लोकसभा को भंग करने की सलाह देने वाले प्रधानमंत्री को भी याद रखना चाहिए कि सदन को भंग करने का अधिकार का दलीय-हितों में दुरुपयोग न हो। सदन भंग करने की उचित सलाह का अवसर तब पैदा होता है, जब कुछ नये प्रश्नों के कारण मतदाताओं से नया आदेश, जो निर्वाचित प्रतिनिधियों से प्राप्त नहीं हो सकता हो, प्राप्त करना जरुरी बन गया हो।[7]

भारतीय संविधान के रचयिता भीमराव अम्बेडकर ने संविधान सभा में राष्ट्रपति की लोकसभा भंग करने की शक्ति पर प्रकाश डालते हुए कहा था कि "भारतीय संघ का राष्ट्रपति सदन की भावना की जाँच करेगा कि क्या सदन

इसके लिए सहमत है कि सदन को भंग किया जाना चाहिए, या क्या सदन चाहता है कि उसे भंग किए बिना ही उसका कार्य किसी अन्य नेता से चलाया जाए। यदि राष्ट्रपति यह देखे कि सदन भंग करने के अलावा और कोई दूसरा चारा ही नहीं है तो वह प्रधानमंत्री की सदन को भंग करने की सलाह को मानेगा। मेरा विचार है कि हम राष्ट्रपति पर सही निर्णय लेने का भरोसा कर सकते हैं।[8]

सर्वोच्च न्यायालय के प्रसिद्ध अधिवक्ता जे.पी. गोयल के अनुसार राष्ट्रपति लोकसभा को भंग किए जाने संबंधी मंत्रिमंडल की सलाह मानने के लिए बाध्य है। उन्होंने कहा कि संविधान के अनुच्छेद 74 के अन्तर्गत मंत्रिपरिषद की सलाह से राष्ट्रपति बंधे हुए हैं। उच्चतम न्यायालय कई बार यह निर्णय दे चुका है कि राष्ट्रपति नाममात्र के कार्यपालक प्रधान है। उन्हें अपने विवेक से शासन करने का कोई अधिकार नहीं है।[9]

उपर्युक्त विश्लेषण से स्पष्ट होता है कि राष्ट्रपति मंत्रिमंडल की सलाह मानने के लिए बाध्य है, परन्तु मंत्रिमंडल का भी कर्तव्य बनता है कि वह सदन के विघटन की सलाह राष्ट्रपति को अपने दल के स्वार्थ से प्रेरित होकर न दे।

दूसरा मत, इस धारणा का प्रतिपादन करता है कि राष्ट्रपति लोकसभा भंग करने की प्रधानमंत्री की सलाह मानने के लिए बाध्य नहीं है। के.एम. मुंशी, के संथानम् और न्यायमूर्ति एम.एम. इस्माइल के अनुसार लोकसभा को भंग करना राष्ट्रपति के विवेक पर निर्भर करता है।[10] राष्ट्रपति निम्न परिस्थितियों में ऐसा निर्णय ले सकते हैः–[11]

प्रथम, कोई प्रधानमंत्री अपने दलीय स्वार्थों की पूर्ति करने हेतु ही सदन को भंग करवाने की इच्छा रखता हो।

द्वितीय, कोई प्रधानमंत्री सदन में विश्वास मत प्राप्त करने में असफल रहने के बावजूद भी सदन को भंग करने की सिफारिश करे।

तृतीय, कोई प्रधानमंत्री लोकसभा में अविश्वास प्रस्ताव या किसी नीति संबंधी प्रश्न पर पराजित हो गया हो।

चतुर्थ, अगर विपक्ष या कोई व्यक्ति सुदृढ, वैकल्पिक सरकार बनाने की स्थिति में हो, और अन्त में, राष्ट्रपति देश में दूरगामी हितों को ध्यान रखते हुए विकल्प के रूप में राष्ट्रीय सरकार का गठन करने की स्थिति में हो।

गठबंधन सरकारों के उद्‌भव से पूर्व भारतीय राष्ट्रपति द्वारा भंग की गई लोकसभाएं

जब से संविधान लागू हुआ है, राष्ट्रपति द्वारा संविधान के अनुच्छेद 85(2)(ख) के अधीन पांचवीं लोकसभा को छोड़कर जिसको भी उसकी बढ़ी हुई कालावधि पूर्ण होने से पूर्व विघटित कर दिया गया था, लोकसभा को हर बार उसकी कालावधि समाप्त होने से पूर्व विघटित कर दिया गया।[12] अतः तकनीकी अथवा विधिक दृष्टि से कहा जाये तो प्रथम से तेरहवीं लोकसभा 83(2) के अधीन पांच वर्ष की सामान्य कालावधि समाप्त होने के आधार को लेकर स्वतः ही विघटित कभी नहीं हुई, परन्तु पहली, दूसरी, तीसरी, सातवीं, आठवीं ओर दसवीं लोकसभाओं के मामलों में विघटन नई लोकसभा के लिए आम-निर्वाचन के लिए हुआ। चौथी, छठी, नौवीं, ग्यारहवीं, बारहवीं, तेरहवीं लोकसभा का विघटन हर दृष्टि से समय पूर्व विघटन माना जाएगा।

स्वतंत्रता प्राप्ति के बाद समय पूर्व लोकसभा के विघटन का विषय पहली बार भारतीय राजनीति में सन् 1970 में एक ज्वलंत मुद्‌दा बना। जब 27 दिसम्बर, 1970 ई. को तत्कालीन राष्ट्रपति श्री वी.वी. गिरि ने प्रधानमंत्री इंदिरा गांधी की सलाह पर लोकसभा को सामान्य कालावधि पूर्ण होने से एक साल पहले ही विघटित कर जल्दी से जल्दी मध्यावधि चुनाव कराने का आदेश दिया। सन् 1969 में कांग्रेस पार्टी के विभाजन से इंदिरा गांधी सरकार अल्पमत में आ गई और इंदिरा गांधी को सरकार चलाना मुश्किल हो गया, अतः उन्हें सरकार चलाने के लिए गैर-कांग्रेसी व साम्यवादी दलों से समझौता करना पड़ा। प्रधानमंत्री इंदिरा गांधी को आर्थिक कार्यक्रमों व नीतियों को कार्यान्वित करने में कठिनाई महसूस होने लगी। दलीय संघर्ष का सामना भी उनके लिए एक चुनौती था, जो कि मध्यावधि चुनाव की मांग कर रहे थे। इंदिरा गांधी को अनेक जगह अपनी और राजनीतिक नीतियों के संबध में हार खानी पड़ी थी, अतः उन्होंने निश्चय किया की सुदृढ़ सरकार के गठन के बिना किसी भी आर्थिक व राजनीतिक कार्यक्रम को कार्यरूप में परिणित करना संभव नहीं है। इसलिए केन्द्र में सुदृढ एवं प्रभावशाली सरकार की स्थापना के लिए 27 दिसम्बर, 1970 को राष्ट्रपति ने इंदिरा गांधी की सलाह पर ही चौथी लोकसभा को अपने कार्यकाल पूर्ण होने से पूर्व ही भंग कर दिया। इंदिरा गांधी द्वारा चौथी लोकसभा भंग करवाने के संबंध में न्यू स्टेटसमैन के संवाददाता ने लिखा कि– "हिम्मत से, किन्तु शांतिपूर्वक इंदिरा गांधी ने लोकसभा को भंग कर दिया।"[13]

संविधान लागू होने के बाद पहली बार 1970 में लोकसभा का विघटन उसके कार्यकाल की समाप्ति से पहले किया गया था। 27 दिसम्बर, 1970 को तत्कालीन राष्ट्रपति वी.वी. गिरि ने तत्कालीन प्रधानमंत्री इंदिरा गांधी की सलाह पर लोकसभा को भंग करके, समाजवादी और धर्मनिरपेक्ष नीति पर जनसमर्थन के लिए नए चुनाव कराने की घोषणा की। भारतीय संसदीय इतिहास में यह अभूतपूर्व घटना थी, क्योंकि अब तक कांग्रेस के विशाल बहुमत के साम्राज्य में ऐसी परिकल्पना ही नहीं की जा सकती थी। पहली बार भारतीय राजनीति में नई संभावनाओं का सूत्रपात हुआ।

प्रधानमंत्री की सलाह पर राष्ट्रपति द्वारा लोकसभा विघटित करने के निर्णय की राष्ट्रीय स्तर पर तीव्र प्रतिक्रिया हुई। कुछ प्रतिक्रियाएं इस प्रकार हैं–

प्रजा समाजवादी दल के वरिष्ठ सदस्य नाथ पाई का विचार था कि केवल उसी सरकार को सदन विघटित करने का अधिकार है, जिसे सदन में बहुमत का समर्थन प्राप्त हो। वर्तमान समय में सदन में किसी भी दल को स्पष्ट बहुमत का समर्थन प्राप्त नहीं था, अतः यह अधिकार सदन को ही हो सकता है। प्रधानमंत्री की सलाह को राष्ट्रपति वी.वी. गिरि द्वारा तत्काल स्वीकार किया जाना भी विवाद का मुद्दा बना। विराधी दलों का आरोप था कि राष्ट्रपति अपने विवेक के निर्णय लेने में सक्षम नहीं हैं और उनका कार्य केवल मंत्रिमंडल की सिफारिशों पर मोहर लगाना मात्र रह गया है। भारतीय जनसंघ के नेता अटल बिहारी वाजपेयी ने कहा कि "राष्ट्रपति ने हवा से प्रभावित होकर सभी संवैधानिक उपबंधों और लोकतांत्रिक परम्पराओं को भुला दिया।"[14]

मार्क्सवादी दल तो मानते थे कि प्रधानमंत्री के पास सदन को विघटित करने का कोई संवैधानिक अधिकार था ही नहीं। लोकसभा को विघटित करने पर विपक्षी दलों ने संवैधानिक आपत्ति भी उठाई थी। विपक्षी दलों के मत में प्रधानमंत्री इंदिरा गांधी के निर्णय के पीछे कोई संवैधानिक आधार नहीं था–स्वतंत्र पार्टी के नेता मीनू मसानी के मत में अपनी आर्थिक असफलताओं के कारण एक वर्ष बाद पूर्ण पराजय की आशंकाओं ने ही प्रधानमंत्री को ऐसा निर्णय लेने के लिए बाध्य किया था।[15]

संगठन कांग्रेस के नेता एस.के. पाटिल का मानना था कि संसद में अल्पमतीय सरकार के लिए यह जरूरी था कि अपने अधिकारों का प्रयोग करने से पूर्व सर्वोच्च न्यायालय की सलाह लेकर कोई निर्णय करती। उनको यह भय था कि अगर प्रधानमंत्री को एक बार यह अधिकार प्राप्त हो गया तो उन्हें प्रत्येक

अवसर पर चुनाव कराने का औचित्य प्राप्त हो जाएगा।[16] विपक्षी दलों ने लोकसभा को विघटित करने के कदम पर संवैधानिक आपत्तियां तथा राष्ट्रपति को स्वतंत्र निर्णय न लेने के लिए आलोचनाएं की थी। संविधान के अनुसार राष्ट्रपति मंत्रिमंडल की सलाह मानने के लिए बाध्य है। यहां यह भी स्पष्ट कर देना आवश्यक है कि राष्ट्रपति ने लोकसभा को विघटित करने का निर्णय अपने विवेक से लिया था। 27 दिसम्बर, 1970 को संविधान के अनुच्छेद 85 के खण्ड(2) के उपखण्ड (ख) द्वारा प्रदत शक्तियों का प्रयोग करते हुए राष्ट्रपति ने लोकसभा को विघटित किया था। राष्ट्रपति भवन से जारी सरकारी विज्ञप्ति में दर्शाया गया था कि 24 दिसम्बर, 1970 को प्रधानमंत्री की राष्ट्रपति के साथ प्रथम भेंट जब उन्होंने लोकसभा के विघटन के संबंध में प्रस्ताव रखा था कि तारीख और 27 दिसम्बर, 1970 को हुई, दूसरी भेंट, जब उन्होंने इस संबंध में मंत्रिमंडल के निर्णय से अवगत कराया था[17] कि तारीख के बीच चार दिन का अंतराल था। इससे स्पष्ट पता चलता है कि विघटन, मंत्रिमंडल की मंत्रणा पर स्वीकार किया गया था न कि केवल प्रधानमंत्री की सलाह पर और राष्ट्रपति ने सभी पहलुओं पर जिनमें विपक्ष के नेताओं, जो इस दौरान उनसे मिले थे के दृष्टिकोण भी शामिल हैं, पर "ध्यानपूर्वक विचार करने" के पश्चात् ही मंत्रणा स्वीकार की थी। इससे पता चलता है कि राष्ट्रपति ने संवैधानिक महत्त्व के पहलुओं पर "ध्यानपूर्वक विचार" किया।

दूसरी तरफ अनेक संविधान विशेषज्ञों, न्यायशास्त्रियों, राजनीतिज्ञों और अध्येताओं ने राष्ट्रपति वी.वी. गिरि द्वारा प्रधानमंत्री इंदिरा गांधी की सलाह पर लोकसभा को भंग किए जाने के निर्णय को संसदीय परम्पराओं के अनुकूल बताया। देश में राजनीतिक अस्थिरता और अनिश्चय की स्थिति को समाप्त करने की दृष्टि से यही एकमात्र विकल्प था। सन् 1971 के लोकसभा के मध्यावधि चुनाव में इंदिरा गांधी द्वारा लोकसभा में दो तिहाई बहुमत प्राप्त करने की स्थिति ने राष्ट्रपति के निर्णय की औचित्यता को सिद्ध कर दिया था।

दूसरी बार लोकसभा का विघटन 18 जनवरी, 1977 को राष्ट्रपति फखरूद्दीन अली अहमद द्वारा प्रधानमंत्री की सलाह पर किया गया। राष्ट्रपति द्वारा संविधान के अनुच्छेद 85(2)(ख) के अधीन पांचवी लोकसभा को उसकी बढ़ी हुई कालावधि पूर्ण होने से एक वर्ष पूर्व विघटित कर दिया गया था।[18] पांचवीं लोकसभा का गठन मार्च, 1971 में हुआ था, उसकी सामान्य कालावधि 18 मार्च, 1976 को समाप्त हो जानी थी, किंतु संसद ने विधि द्वारा 4 फरवरी,1976 को लोकसभा की कालावधि बढ़ा दी थी। उसके पश्चात पुनः 5 दिसम्बर, 1976 को लोकसभा का

कार्यकाल एक वर्ष ओर बढ़ा दिए जाने के कारण पांचवीं लोकसभा का निर्वाचन मार्च, 1978 में होना निश्चित हुआ, किन्तु प्रधानमंत्री इंदिरा गांधी ने निर्णय लिया कि छठी लोकसभा के चुनाव एक वर्ष पूर्व अर्थात मार्च, 1977 में ही सम्पन्न कराए जाएं। अतः 18 जनवरी, 1977 को ही राष्ट्रपति फखरूद्दीन अली अहमद ने प्रधानमंत्री इंदिरा गांधी के परामर्श पर पांचवीं लोकसभा को भी उसकी बढ़ी हुई कालावधि पूर्ण होने से एक वर्ष पूर्व ही विघटित कर दिया और प्रधानमंत्री ने घोषणा की, कि लोकसभा के चुनाव मार्च, 1977 में ही सम्पन्न होगें। जनता की शक्ति में पूर्णतः विश्वास होने के कारण उन्होंने राष्ट्रपति से लोकसभा भंग करने की सिफारिश की। विभिन्न विद्वानों और समाचार पत्रों ने इंदिरा गांधी के द्वारा लोकसभा चुनाव की घोषणा होने पर अपने अपने विचार प्रस्तुत किएः–

> 'नवभारत टाइम्स' ने लिखा– "लोकतंत्र के चुनाव की घोषणा करके प्रधानमंत्री ने यह प्रमाणित कर दिया है कि लोकतंत्र व संसदीय शासन प्रणाली में उनकी आस्था है।"[19] 'दी इकॉनामिक टाइम्स ने लिखा'– "जनशक्ति में आस्था रखने वाला और देश की भलाई चाहने वाला हर व्यक्ति यह स्वीकार करेगा कि अब लोकतांत्रिक प्रक्रिया जारी रखने का यही एक सर्वोतम तरीका था।" भूतपूर्व प्रधानमंत्री मोरारजी देसाई तथा जनसंघ अध्यक्ष अटल बिहारी वाजपेयी आदि ने इस लोकसभा चुनाव की घोषणा का स्वागत किया, एवं प्रधानमंत्री इंदिरा गांधी के निर्णय में पूर्णतः आस्था व्यक्त की।[20]

छठी लोकसभा भंग करनाः अगस्त, 1979

छठी लोकसभा के मार्च, 1977 के ऐतिहासिक चुनावों में जनता पार्टी की विजय ने भारतीय राजनीतिक व्यवस्था में कांग्रेस के केन्द्र में 30 वर्ष के कांग्रेसी शासन को समाप्त कर दिया। स्वतंत्रता के बाद यह पहला अवसर था कि केन्द्र में गैर-कांग्रेसी सरकार सत्तारूढ हुई, लेकिन जनता पार्टी की आपसी फूट एवं अनवरत् सत्ता-संघर्ष के कारण यह सरकार जनाकांक्षाओं पर खरी नहीं उतर सकी।

जनता पार्टी में बड़े व्यापक दल-बदल के बाद मोरारजी देसाई ने प्रधानमंत्री के पद से त्यागपत्र दे दिया। उनके त्यागपत्र के बाद राजनीतिक गत्यावरोध बना रहा। राष्ट्रपति लगातार राजनीतिक दलों के नेताओं से सम्पर्क बनाये रखते हुए नयी सरकार बनाने की संभावनाओं का पता लगाते रहे। विपक्ष के नेता द्वारा सरकार बनाने में असमर्थता व्यक्त किये जाने के बाद राष्ट्रपति नीलम संजीवा

रेड्डी ने चरण सिंह को इस शर्त पर प्रधानमंत्री नियुक्त किया कि उन्हें अगस्त, 1979 के तीसरे सप्ताह तक लोकसभा का विश्वास मत अर्जित करना होगा। लोकसभा का सत्र 20 अगस्त, 1979 को आरम्भ हुआ। सत्रावधि में नए मंत्रिमंडल को लोकसभा में विश्वास का मत लेना था। उस दिन सभा का कार्य आरम्भ होने से पहले कांग्रेस (इ) संसदीय बोर्ड की बैठक में पार्टी ने चरण सिंह की सरकार को समर्थन न देने का निर्णय लिया। जैसे ही प्रधानमंत्री को कांग्रेस (इ) के इस निर्णय की जानकारी मिली, उन्होंने मंत्रिमंडल की आपात बैठक बुलाई, जिसमें राष्ट्रपति से लोकसभा भंग करने और मध्यावधि चुनाव कराने की अनुशंसा की[21] और 20 अगस्त, 1979 को ही अपना त्यागपत्र राष्ट्रपति को दे दिया। प्रधानमंत्री द्वारा राष्ट्रपति को प्रेषित पत्र में कहा गया था कि "हमने प्रभावशाली ढ़ंग से लोकसभा और धर्मनिरपेक्षता को पुनःस्थापित करने के लिए सरकार का गठन किया था। हमें आशा थी कि हम उपेक्षित और दलित वर्गों में आशा की किरणें लाने, अल्पसंख्यकों और कमजोर वर्गों में पुनः विश्वास स्थापित करने, जो कि पिछली सरकार में बुरी तरह से टूट गया था, पुनः समर्थ होगें। हमें खेद है कि अधिनायकवादी और सांप्रदायिक शक्तियों कें षड़यंत्र के फलस्वरूप हमारा महात्मा गांधी की शिक्षाओं पर आधारित समाज निर्माण का उद्देश्य विफल हो गया। इसलिए मंत्रिमंडल ने त्यागपत्र देने का निश्चय किया है। मंत्रिमंडल राष्ट्रपति से आगे यह अनुरोध करती है कि वर्तमान स्थिति में जनादेश प्राप्त करने के लिए नए चुनाव की व्यवस्था की जाए। उपर्युक्त स्थिति में, मैं, मेरा और अपनी मंत्रिपरिषद का त्यागपत्र दे रहा हूँ। मैं पुनः अनुरोध करता हूँ कि वर्तमान परिस्थितियों में जनादेश प्राप्त करने के लिए नए चुनाव कराने की व्यवस्था की जाए।''[22]

राष्ट्रपति ने चरणसिंह का त्यागपत्र स्वीकार कर लिया तथा चरणसिंह और उसके सहयोगियों से अन्य प्रबंध किए जाने तक पद पर बने रहने के लिए कहा। चरणसिंह मंत्रिमंडल द्वारा त्यागपत्र देते समय राष्ट्रपति से लोकसभा भंग करके मध्यावधि चुनाव कराने के अनुरोध ने देश में विषम राजनीतिक स्थिति उत्पन्न कर दी। राष्ट्रपति को इस असाधारण परिस्थितियों में अत्यन्त सोच समझकर निर्णय लेना था। सभी राजनीतिक दलों ने अपनी स्थिति को स्पष्ट करते हुए अपने दावे-प्रतिदावे प्रस्तुत किये थे।

राष्ट्रपति नीलम संजीवा रेड्डी ने समस्या का समाधान खोजने के लिए सभी सम्भव प्रयास किये। निर्णय लेने से पूर्व राष्ट्रपति ने देश के राजनीतिक दलों के नेताओं, संविधान विशेषज्ञों, राजनीतिक समीक्षकों और प्रख्यात विधिवेताओं

की राय प्राप्त की। चरण सिंह के त्यागपत्र के बाद राष्ट्रपति तीन दिन तक निरंतर विचार-विमर्श में तल्लीन रहे। इस दौरान उन्होंने परखा और जांचा कि लोकसभा में किसी नेता को बहुमत मिलने की संभावना है या नहीं और यह भी कि क्या संसद के अधिकांश लोग मध्यावधि चुनाव चाहते हैं। इसके बाद राष्ट्रपति इस निष्कर्ष पर पहुँचे कि बहुमत जगजीवनराम के साथ नहीं है और सदन के अधिकांश सदस्य मध्यावधि चुनाव चाहते हैं।

अन्ततोगत्वा, भारी राजनीतिक गतिविधियों के बीच राष्ट्रपति ने 22 अगस्त, 1979 को चरणसिंह के नेतृत्व वाली संविद सरकार का त्यागपत्र स्वीकार करते हुए, मंत्रिमंडल की सलाह पर लोकसभा भंग करने और मध्यावधि चुनाव कराने का अभूतपूर्व और ऐतिहासिक निर्णय लिया। राष्ट्रपति भवन की विज्ञप्ति में बताया गया था कि लगभग सभी दल नए चुनाव कराने के पक्ष में थे, केवल जनता पार्टी का मत भिन्न था। 22 अगस्त, 1979 को राष्ट्रपति ने चरण सिंह की लोकसभा भंग करने की सिफारिश स्वीकार कर ली, क्योंकि वे स्वयं संतुष्ट थे कि अन्य कोई नेता स्थायी सरकार नहीं बना सकता और आम चुनाव ही एक मात्र विकल्प था।[23] राष्ट्रपति ने सभी पहलुओं पर विचार करने के बाद संविधान के अनुच्छेद 85 की धारा 2 की उपधारा बी के अन्तर्गत निर्णय लिया और 22 अगस्त, 1979 को राष्ट्रपति नीलम संजीवा रेड्डी ने लोकसभा भंग करने की अधिसूचना पर हस्ताक्षर कर दिए तथा दिसम्बर, 1979 में मध्यावधि चुनाव कराने के आदेश दिए। राष्ट्रपति की उद्घोषणा से ही सता के लिए द्वन्द्व समाप्त हो गया।

छठी लोकसभा भंग करने के संबंध में प्रतिक्रियाएँ

22 अगस्त, 1979 को राष्ट्रपति नीलम संजीवा रेड्डी द्वारा चरण सिंह मंत्रिमंडल की सिफारिश पर लोकसभा को भंग करने तथा मध्यावधि चुनाव सम्पन्न कराए जाने के निर्णय पर तीव्र प्रतिक्रियाएँ हुई।

भंग लोकसभा में जनता पार्टी के नेता जगजीवन राम ने इस कार्यवाही को सुनियोजित षड़यंत्र का परिणाम बताया। उन्होंने कहा कि वे बहुत कठोर शब्दों का प्रयोग नहीं करना चाहते, लेकिन आम व्यक्ति भी राष्ट्रपति के इस व्यवहार को उच्च पद की गरिमा के अनुसार नहीं मानेगा, देश की प्रतिष्ठा को उन्होंने गिराया है और इससे लोकतांत्रिक परम्पराओं को धक्का लगा है और भारत जैसे गरीब देश को खर्चीले चुनाव की ओर धकेला है।[24] प्रसिद्ध संविधान विशेषज्ञ नानी पालखीवाला ने कहा था कि राष्ट्रपति का निर्णय संवैधानिक अनौचित्य की

हद तक गलत है। उनके अनुसार केवल ढ़ाई वर्ष में लोकसभा को तभी हाथ लगाना था जब इसके अलावा कोई अस्त्र न रह गया होता। संवैधानिक आचरण का तकाजा था कि राष्ट्रपति जगजीवनराम को सरकार बनाने का अवसर देते, जो सबसे बड़े दल के नेता थे। राष्ट्रपति चाहते तो लोकसभा को अपना नेता चुनने का ऐतिहासिक संदेश दे सकते थे। एक महान् देश राष्ट्रपति से धीरता का यह कदम अपेक्षित था; लेकिन उनके निर्णय में एक ऐसी सरकार महीनों तक देश पर राज करेगी, जिसने एक दिन भी संसद का विश्वास अर्जित नहीं किया, लेकिन अल्पसंख्यक मंत्रिमंडल प्रजातंत्रीय इतिहास में कोई नई बात नहीं है।[25] जनता पार्टी के अध्यक्ष चन्द्रशेखर ने राष्ट्रपति की कड़े शब्दों में निंदा करते हुए कहा था कि संजीवा रेड्डी 'राष्ट्र और लोकतंत्र के लिए कलंक' हैं। उनके निर्णय से लोकतंत्रीय परम्पराओं की हत्या हुई। उन्हें हमने चुना है, इसलिए आज शर्मिन्दगी महसूस कर रहे हैं।[26] भूतपूर्व प्रधानमंत्री मोरारजी देसाई ने राष्ट्रपति के निर्णय को असंवैधानिक बताया। उनके मत में राष्ट्रपति के सारे कार्य असंवैधानिक थे।[27] असंतुष्ट कांग्रेसी नेता अमृता नाहटा ने राष्ट्रपति के निर्णय का विरोध करते हुए इस कार्यवाही को "राजनीतिक निर्णय" बताया। उनके मत में लोकसभा भंग करने के पीछे जातिगत राजनेताओं द्वारा एक हरिजन को प्रधानमंत्री नहीं बनने देने का षडयंत्र था।[28] भूतपूर्व केन्द्रीय मंत्री और न्यायविद् एम.सी. छागला का कहना था कि "यद्यपि हमें राष्ट्रपति के निर्णय का सम्मान करना चाहिए, लेकिन यह निर्णय अत्याधिक दुर्भाग्यपूर्ण और त्रुटिपूर्ण है।"[29]

जनता पार्टी को छोड़कर प्रायः सभी राजनीतिक दलों ने राष्ट्रपति के लोकसभा भंग करने का स्वागत किया। प्रधानमंत्री चरण सिंह ने अपनी प्रतिक्रिया व्यक्त करते हुए कहा था कि "मैं राष्ट्रपति के निर्णय से पूरी तरह से संतुष्ट हूँ और उन्हें ह्रदय से धन्यवाद देता हूँ।"[30] जनता (एस) के अध्यक्ष राजनारायण ने इस निर्णय को उचित बताते हुए कहा था कि "राष्ट्रपति ने संविधान की गरिमा को कायम रखा है।"[31] कांग्रेस (इ) ने भी राष्ट्रपति के इस निर्णय का समर्थन करते हुए इसे लोकतांत्रिक बताया। दल के महासचिव बूटा सिंह ने लोकसभा भंग किए जाने का स्वागत करते हुए कहा कि इसके अलावा और कोई विकल्प नहीं था।[32] भारतीय समाजवादी दल द्वारा जारी एक व्यक्तव्य में कहा गया कि "इस निर्णय ने संविधान के सिद्धांतों को कायम रखा है और खरीद फरोख्त तथा अधिक धन की दौड़ समाप्त कर मामला फैसले के लिए जनता के सम्मुख पेश किया है।"[32ए] फारवर्ड ब्लाक के नेता चित बसु ने लोकसभा भंग करने के निर्णय का स्वागत करते हुए कहा, "कि यह उपयुक्त अवसर है कि वामपंथी, लोकतांत्रिक

तथा प्रगतिशील शक्तियाँ एकजुट होकर साम्प्रदायिक तथा तानाशाही शक्तियों का मुकाबला करें।''[32बी]

प्रमुख समाजवादी नेता मधु-लिमये का कहना था कि ''राष्ट्रपति ने मध्यावधि चुनाव की घोषणा करके सही किया है, जो उन्हें संविधान के अनुसार करना भी था।[32सी] प्रसिद्ध संविधान विशेषज्ञ टी. के. टोपे ने राष्ट्रपति के निर्णय का स्वागत करते हुए कहा कि इससे दलबदल को रोकने में मदद मिलेगी।[32डी] जम्मू कश्मीर के प्रमुख क्षेत्रीय दल नेशनल कांफ्रेस का कहना था कि ''राष्ट्रपति के सामने लोकसभा को भंग करने के अलावा अन्य कोई विकल्प ही नहीं था।'' इसी तरह डी. एम. के. का कहना था कि ''राष्ट्रपति के पास मध्यावधि चुनाव के अलावा कोई रास्ता नहीं था।''[32इ]

उपर्युक्त विश्लेषण से यह स्पष्ट हो जाता है कि राष्ट्रपति को लोकसभा भंग करने का निर्णय लेते समय अत्यन्त विषम परिस्थितियों का सामना करना पड़ा। लेकिन यह स्पष्ट हो जाता है कि सदन का बहुमत जगजीवन राम के नेतृत्व में नई सरकार की स्थापना के विरूद्ध था। अतः राष्ट्रपति ने तो ऐसा निर्णय लेकर अपने कर्तव्य का पालन ही किया। राष्ट्रपति ने ऐसा करके सारी स्थिति को जनता के निर्णय हेतु छोड़ दिया, क्योंकि जगजीवनराम ने राष्ट्रपति के साथ अपनी मुलाकातों में बार-बार इस बात को दोहराया कि उन्हें लोकसभा में बहुमत का समर्थन प्राप्त है लेकिन उन्होंने अपने बहुमत के साक्ष्य राष्ट्रपति के सामने प्रस्तुत नहीं किए और उन्होंने राष्ट्रपति के सम्मुख अपने समर्थक सांसदों की सूची प्रस्तुत करने से स्पष्ट तौर पर मना कर दिया था। अतः राष्ट्रपति के पास उनके बहुमत का आंकलन करने का कोई मापदण्ड ही नहीं था। इसके अतिरिक्त न तो उनके दल को लोकसभा में स्पष्ट बहुमत का समर्थन प्राप्त था और न ही किसी बड़े दल ने उनको सरकार बनाने में सहायता देने का ही आश्वासन दिया था।

गठबंधन सरकारों के दौरान राष्ट्रपति द्वारा लोकसभा भंग करना

नौवीं लोकसभा को भंग करना : मार्च, 1991

राजीव गांधी और चन्द्रशेखर के मध्य विवाद की शुरूआत मंत्रिमंडल के गठन से प्रारम्भ हो गयी थी, क्योंकि राजीव गाँधी चाहते थे कि ऐसे व्यक्तियों को मंत्रिमंडल में स्थान न दिया जाए जिन व्यक्तियों ने कांग्रेस तथा राजीव गांधी के स्वाभिमान को चोट पहुँचाई हो, जबकि चन्द्रशेखर मंत्रिमंडल के गठन में स्वतंत्र स्थिति का परिचय देना चाहते थे। इस कड़वाहट ने धीरे-धीरे राजीव गांधी और

चन्द्रशेखर को अमेरिकी विमानों को ईंधन देने के मुद्दे पर आमने–सामने कर दिया। इस मुद्दे पर राजीव गांधी ने राष्ट्रपति आर. वेंकटरमन को संकेत दिया था कि गुट-निरपेक्षता जैसे मुद्दे पर अलग नीति अपनाने से वे इंका के समर्थन को पक्का न मान लें।[33] वैचारिक मुद्दे पर राजीव गांधी और चन्द्रशेखर के संबंधों में दरार पैदा हो गयी । इसी समय भारतीय राजनीति में ऐसा मोड़ आया जब 4 मार्च, 1991 को हरियाणा पुलिस के गुप्तचर विभाग से संबंधित दो गुप्तचर–प्रेमसिंह और राजसिंह को कांग्रेस अध्यक्ष राजीव गांधी के निवास-स्थल के आसपास जासूसी करते हुए पकड़ा गया। संसद के दोनों सदनों में इस मामले पर काफी हंगामा हुआ।[34] इस प्रकरण को कांग्रेस ने मुद्दा बनाते हुए हरियाणा तथा केन्द्र सरकार पर जासूसी करवाने का आरोप लगा दिया और मांग की कि चन्द्रशेखर हरियाणा सरकार को बर्खास्त करें। चन्द्रशेखर ने यह शर्त मानने से इनकार कर दिया।[35]

प्रधानमंत्री ने जासूसी प्रकरण पर टिप्पणी करते हुए कहा कि "यह सचमुच गम्भीर एवं अनैतिक कृत्य है।" प्रधानमंत्री ने कहा कि सरकार इस प्रकरण की जांच शुरू कर चुकी है, शीघ्र ही परिणाम प्राप्त होने पर वे सदन में बताएंगे कि किसके कहने पर ऐसा किया गया।[36] तत्पश्चात् कांग्रेस के एक प्रवक्ता ने टिप्पणी करते हुए कहा कि राजीव गांधी की जासूसी करने का आदेश देने का काम कोई कनिष्ठ अधिकारी नहीं कर सकता। इसलिए इस प्रकरण में बलि का बकरा ढूँढ़ने से काम नहीं चलेगा।[37] कांग्रेसी सदस्यों ने राजीव गांधी की निगरानी कराने के सवाल पर सदन का बहिष्कार किया और शर्त रखी की कि जब तक दोषियों के खिलाफ 'उचित कार्यवाही' नहीं की जाती जब तक वह सदन की कार्यवाही में भाग नहीं लेंगे। उन्होंने इस मामले की जांच संयुक्त संसदीय समिति से कराने का भी प्रस्ताव रखा।[38] प्रधानमंत्री चन्द्रशेखर ने इस विषय पर उचित न्यायिक जांच का वायदा किया।

इस प्रकार अत्यन्त नाटकीय राजनीतिक घटनाचक्र में प्रधानमंत्री चन्द्रशेखर ने राष्ट्रपति के धन्यवाद प्रस्ताव पर अपने भाषण में कहा, "समर्थक पार्टी के पिछले दो-तीन दिन के व्यवहार से उनके लिए सरकार चलाना मुश्किल हो गया है। उन्होंने कहा कि उन्हें सहयोग मिलता है तो उसका स्वागत और नहीं मिलता तो उनकी मर्जी।" आगे बोलते हुए उन्होंने कहा कि, "सिर्फ दो कांस्टेबलों के कारण पूरे देश को संवैधानिक संकट में डाल देने को किसी भी तरह उचित नहीं ठहराया जा सकता। विपक्षी दलों की आलोचना और सरकार पर उनका आक्रमण वे समझ सकते हैं, लेकिन समर्थक दल की गैर-हाजिरी इतिहास की

निराली घटना है।"[39] उन्होंने कहा कि हर बात को मानने के पीछे एक मर्यादा होती है और मैं हर बात मानने के लिए विवश नहीं हूँ। अपने बीस मिनट के भाषण के अंत में उन्होंने कहा कि वे अपना त्याग-पत्र देने के लिए तुरन्त राष्ट्रपति भवन जा रहे हैं।

सदन से निकलकर प्रधानमंत्री ने कैबिनेट की बैठक ली, उसमें एक प्रस्ताव के जरिये राष्ट्रपति से सिफारिश की गयी कि वे लोकसभा भंग करके नये चुनाव की घोषणा करें और उन्होंने अपना त्याग पत्र राष्ट्रपति को सौंप दिया। राष्ट्रपति ने उनका इस्तीफा स्वीकार कर लिया तथा वैकल्पिक व्यवस्था होने तक पद पर रहने को कहा और लोकसभा भंग करने के बारे में उन्होंने अपना फैसला 24 घंटे में देने को कहा।[40]

कांग्रेस अध्यक्ष राजीव गांधी ने प्रधानमंत्री चन्द्रशेखर के इस्तीफे के निर्णय को एक तरफा और दुर्भाग्यपूर्ण बताते हुए गहरा खेद व्यक्त किया और कहा कि उन्हीं के समर्थन से बनी सरकार उनकी जासूसी कराए और वह सख्त कार्रवाई की मांग करे तो उस पर गौर भी नहीं किया जाए। उन्होंने स्पष्ट कहा कि कांग्रेस (इ) ने अपना समर्थन वापस नहीं लिया है।[41] भाजपा नेता अटल बिहारी वाजपेयी ने कहा कि कांग्रेस ने अपने बचकाना व्यवहार से चन्द्रशेखर को इस्तीफा देने के लिए बाध्य किया है। उन्होंने कहा कि यह दूसरा मौका है जब कांग्रेस (इ) समर्थन में बनी सरकार के साथ धोखा किया गया है।[42] जैसे ही मंत्रिपरिषद ने इस्तीफा दिया, राष्ट्रपति ने संविधान विशेषज्ञों से निम्नलिखित मसलों पर सलाह ली –

- क्या लोकसभा भंग करने वाली चन्द्रशेखर सरकार की सलाह को मानना राष्ट्रपति के लिए जरूरी है।
- क्या इस्तीफा स्वीकार किए जाने के बाद पद पर बने रहने वाले प्रधानमंत्री सदन में कोई विधेयक लाने में सक्षम हैं, और
- यदि संसद ने वित्तीय मामलों को मंजूरी नहीं दी तो प्रशासन चलाने के लिए वित्तीय प्रावधान सुनिश्चित करने के संदर्भ में राष्ट्रपति क्या कर सकते हैं?

राष्ट्रपति आर. वेंकटरमन ने चन्द्रशेखर के प्रधानमंत्री पद से इस्तीफे के कारण उत्पन्न स्थिति में आगे की कार्रवाई के लिए विभिन्न विधि और संविधान विशेषज्ञों से विचार-विमर्श किया, लेकिन इन विशेषज्ञों में किसी एक राय पर सहमति नहीं दिखाई दी। प्रमुख कानून विशेषज्ञ वाई.एस. चिताले का जहाँ मत

था कि राष्ट्रपति चन्द्रशेखर की सलाह मानने के लिए बाध्य नहीं हैं, वहीं रामजेठमलानी का कहना था कि चन्द्रशेखर की सलाह के अनुसार लोकसभा भंग करके नए चुनाव कराना अब राष्ट्रपति के लिए अनिवार्य है। कुछ अन्य विशेषज्ञ इस मत के थे कि वर्तमान परिस्थितियों में देश नए चुनाव का खर्च नहीं उठा सकता इसलिए नए चुनाव कराने से पहले राष्ट्रपति को यह देख लेना चाहिए कि क्या कोई और राजनीतिक नेता टिकाऊ सरकार बना सकता है।

11 मार्च, 1991 को लोकसभा ने संघीय अंतरिम बजट, रेल बजट के साथ–साथ, असम, पंजाब, तमिलनाडु, जम्मू कश्मीर तथा पांडिचेरी आदि जहाँ राष्ट्रपति शासन लागू था के लिए बजट पास कर दिया और संविधान संशोधन विधेयक (75वां संशोधन) पास कर दिया।[43] सारे विधायी कार्य निपटाने के बाद अध्यक्ष रविराय ने लोकसभा की कार्यवाही अनिश्चित काल के लिए स्थगित कर दी।

लोकसभा को भंग करने के पक्ष और विपक्ष में राष्ट्रपति को कई ज्ञापन दिए गए। यह सवाल भी सामने आया कि संसद अगर 1991-1992 के दौरान होने वाले खर्चों के बजट का प्रस्ताव पास नहीं कर पाई, तो राष्ट्रपति अध्यादेश जारी कर सकते हैं या नहीं। राष्ट्रपति ने महत्त्वपूर्ण अधिवक्ताओं, न्यायविद्ों और पार्टी नेताओं से चर्चा की और इस निष्कर्ष पर पहुँचे कि संसद से वित्तीय प्रस्ताव पास करा लेना ज्यादा सुरक्षित रहेगा।[44]

जब संसद के दोनों सदनों ने बजट से संबंधित एवं अन्य विधायी प्रस्ताव पास कर दिए जाने के बाद और चन्द्रशेखर के नेतृत्व वाली मंत्रिपरिषद पहले ही इस्तीफा दे चुकी और फिर से चुनाव कराने की सिफारिश की है तथा किसी और राजनीतिक दल ने वैकल्पिक सरकार बनाने का दावा नहीं किया तो राष्ट्रपति ने तत्काल प्रभाव से संविधान के अनुच्छेद 85 की धारा (2) की उपधारा (बी) के तहत 13 मार्च, 1991 को नौवीं लोकसभा को भंग कर दिया तथा नए चुनाव के आदेश दे दिए।[45]

नौवीं लोकसभा भंग करने के संबंध में प्रतिक्रियाएं

प्रधानमंत्री चन्द्रशेखर ने 6 मार्च, 1991 को अपनी सरकार का इस्तीफा राष्ट्रपति आर. वेंकटरमन को सौंपकर लोकसभा भंग करने तथा नए चुनाव का सुझाव दिया। प्रधानमंत्री की इस सलाह से राजनैतिक दलों में प्रतिक्रियाएँ होनी प्रारम्भ हो गई थी।

प्रधानमंत्री चन्द्रशेखर के त्याग-पत्र के बाद विपक्षी दलों, राष्ट्रीय मोर्चा, वाम मोर्चा और भाजपा के सांसदों के प्रतिनिधिमंडल ने राष्ट्रपति से मिलकर तत्काल लोकसभा भंग कर नए चुनाव कराने की मांग की। सी.पी. एम. के नेता सोमनाथ चटर्जी ने राष्ट्रपति से अनुरोध किया कि चूंकि प्रधानमंत्री लोकसभा में बहुमत के नेता हैं और वोट के जरिये सरकार को नहीं गिराया गया। इसलिए केन्द्रीय मंत्रिमंडल की सिफारिश उन्हें मान लेनी चाहिए। भूतपूर्व प्रधानमंत्री वी.पी. सिंह ने लोकसभा भंगकर तुरन्त चुनाव कराने की मांग की। उन्होंने कहा नया जनादेश प्राप्त करना ही इस संकट का एकमात्र उत्तर है।

राष्ट्रपति आर. वेंकटरमन को लोकसभा भंग करने की सिफारिश पर फैसला देना था। फैसला देने के लिए उनके पास जो तथ्य थे, उससे उन्हें अपने विवेकानुसार कुछ और फैसला देने की गुंजाईश नहीं थी। यह सिफारिश करने से पहले न तो कांग्रेस ने सरकार से समर्थन वापस लिया था, न सरकार सदन में पराजित हुई थी, और न ही इसके पीछे प्रधानमंत्री का गलत इरादा था। इसके अतिरिक्त सदन का बहुमत उसे भंग करने के पक्ष में था।

13 मार्च, 1991 को राष्ट्रपति ने लोकसभा को भंग कर नए चुनाव कराए जाने का निर्देश दिया। प्रधानमंत्री चन्द्रशेखर ने राष्ट्रपति की घोषणा का स्वागत करते हुए कहा कि इससे राजनीतिक अस्थिरता खत्म होगी और मतदाताओं को अपनी राय देने का मौका मिलेगा।[46] लोकसभा में विपक्ष के नेता लालकृष्ण आडवाणी ने राष्ट्रपति की उद्घोषणा पर प्रसन्नता व्यक्त करते हुए कहा कि इस घोषणा की काफी लम्बे समय से प्रतीक्षा थी। राष्ट्रीय मोर्चा के अध्यक्ष नंदमूरितारक रामाराव ने लोकसभा भंग करने के राष्ट्रपति के फैसले को सही कदम बताया। मार्क्सवादी कम्युनिस्ट पार्टी के नेताओं ने चुनाव की घोषणा का स्वागत करते हुए कहा था कि हम चुनाव की मांग करते रहे थे, अब फैसला जनता को करना है।[47] कांग्रेस(एस) के नेता के.पी. उन्नीकृष्णन् ने कहा था कि राष्ट्रपति ने राजनीतिक गतिरोध को समाप्त करने के लिए सोच–समझ कर न्यायपूर्ण कदम उठाया। लोकसभा भंग करने के विरोध में स्वर बुंलद करने वाले उपप्रधानमंत्री चौधरी देवीलाल का कहना था कि 'जनता उन लोगों को सबक सिखायेगी, जिन्होंने सरकार को मध्यावधि निर्वाचन करने पर मजबूर किया। कांग्रेस (इ) राष्ट्रीय मोर्चे तथा अन्य सभी राजनीतिक दलों ने राष्ट्रपति द्वारा लोकसभा को भंग किए जाने का स्वागत करते हुए इसे न्यायसंगत तथा तर्कसंगत निर्णय बताया।

देश के संविधान विशेषज्ञों के अलावा देश के सभी राज्यों में भी लोकसभा भंग करने तथा नए चुनाव कराए जाने की राष्ट्रपति की उद्घोषणा पर प्रतिक्रियाएं

व्यक्त की गयी। पश्चिमी बंगाल के मुख्यमंत्री ज्योति बसु ने प्रतिक्रिया व्यक्त करते हुए कहा कि यह एक अच्छा फैसला है, लेकिन लोकसभा को काफी पहले ही भंग कर दिया जाना चाहिए था। आंध्र प्रदेश के मुख्यमंत्री एन. जनार्दन रेड्डी ने लोकसभा को भंग किए जाने का स्वागत किया। बिहार विधानसभा में विपक्ष के नेता जगन्नाथ मिश्र ने कहा था कि राजनीतिक गतिरोध दूर करने के लिए लोकसभा भंग करके राष्ट्रपति ने बुद्धिमता पूर्ण फैसला किया। विधानसभा में प्रतिपक्ष के नेता श्यामाचरण शुक्ल ने अपना मत व्यक्त करते हुए कहा था, मध्यावधि चुनाव से अनिश्चय एवं अस्थिरता का माहौल समाप्त होगा।

ग्यारहवीं लोकसभा भंग करनाः दिसम्बर, 1997

ग्यारहवीं लोकसभा का गठन बहुत सारी विसंगतियों के बीच घिरे वातावरण में हुआ था। भाजपा जो सबसे बड़े दल के रूप में उभरी उसे सरकार बनाने के लिए आमंत्रित किया और इसने ही अटल बिहारी वाजपेयी के नेतृत्व में सरकार बनाई, परन्तु निर्धारित अवधि में अपना बहुमत सिद्ध न कर पाने के पश्चात तेरह दिन की छोटी सी अवधि में ही गिर गई। एकमात्र रास्ता गठबंधन की प्रक्रिया को पुनः चालू रखना था अतः कांग्रेस के समर्थन से केन्द्र में एच. डी. देवगौड़ा के नेतृत्व में संयुक्त मोर्चा की सरकार बनी, लेकिन, कुछ समय के बाद ही कांग्रेस ने संयुक्त मोर्चा सरकार से समर्थन वापस ले लिया जिससे पुनः अनिश्चितता पैदा हो गई। कांग्रेस के नेतृत्व परिवर्तन की मांग को स्वीकार करते हुए इन्द्र कुमार गुजराल के नेतृत्व में एक ओर संयुक्त मोर्चा की गठबंधन सरकार बनी। इन्द्रकुमार गुजराल की नीति उदार रही और कांग्रेस अध्यक्ष से भी मिलते रहे और कभी-कभी फोन भी करते रहे। परंतु धीरे-धीरे कांग्रेसी सांसदों में भय बैठ गया कि सत्ता के समीकरण में न तो उसका वर्तमान है और न कोई भविष्य। कांग्रेस पार्टी कुछ राज्यों में अपनी प्रासंगिकता खो चुकी थी और कई राज्यों में उसका अस्तित्व खतरे में पड़ता दिखाई दे रहा था।[48] देश में यह पहला अवसर था जबकि राष्ट्रपति द्वारा लोकसभा भंग किए जाने के निर्णय का सभी राजनीतिक दलों के नेताओं, संविधान-विशेषज्ञों, राजनीतिक विश्लेषणों तथा समालोचकों द्वारा स्वागत करते हुए इसे संविधानिक 'लोकतांत्रिक, न्यायसंगत तथा तर्कसंगत निर्णय बताया क्योंकि राष्ट्रपति का निर्णय संवैधानिक तथा लोकतांत्रिक परंपराओं के अनुरुप ही था।

चौतरफा हताशा के वातावरण में कांग्रेसी सांसदों की संयुक्त मोर्चा सरकार को समर्थन पर पुनः विचार की मांग जून, 1997 से ही जोर पकड़ने लगी थी।

अंत में कांग्रेसी सांसद यह कहने लगे कि समर्थन कांग्रेस के लिए घाटे का सौदा है और कांग्रेस को गुण-दोष के आधार पर समर्थन पर पुनर्विचार करना चाहिए। ऐसी स्थिति में राजीव गांधी हत्याकांड की जांच कर रहे एक सदस्यीय जैन आयोग की अंतरिम रिपोर्ट ने कांग्रेस को मौका दिया। आयोग की रिपोर्ट संसद के पटल पर रखे जाने से पूर्व उसके कुछ अंश प्रकाशित हो गए इससे राजनीतिक क्षेत्र में बावेला मच गया। इस रिपोर्ट में राजीव गांधी की हत्या में द्रमुक की भूमिका पर संदेह प्रकट किया गया था।[49] द्रमुक संयुक्त मोर्चा सरकार का एक प्रमुख घटक था अतः कांग्रेस ने संयुक्त मोर्चा से द्रमुक के मंत्रियों को हटाने की बात कही और इतने से भी संतुष्ट न होकर उन्होंने द्रमुक को मोर्चा से बाहर करने तथा इसके साथ-साथ करूणानिधि की सरकार की बर्खास्तगी की मांग रखी।

प्रधानमंत्री इन्द्रकुमार गुजराल ने कांग्रेस अध्यक्ष सीताराम केसरी तथा पार्टी के दूसरे नेताओं के साथ मुलाकात में उनको विश्वास दिलाया कि संयुक्त मोर्चा सरकार शीतकालीन अधिवेशन के प्रथम दिन जैन आयोग की अंतरिम रिपोर्ट संसद में रखेगी।[50] संसद के शीतकालीन सत्र् प्रारम्भ होने पर लोकसभा और राज्यसभा में कांग्रेसी सांसदों ने सदन की कार्यवाही नहीं चलने दी और लोकसभा अध्यक्ष पी.ए. संगमा को लोकसभा स्थगित करनी पड़ी। कई दिन तक कार्यवाही न चलने से कांग्रेसी सांसदों के व्यवहार को देखकर अनिश्चित काल के लिए अध्यक्ष ने लोकसभा स्थगित कर दी और इसी प्रकार राज्यसभा के सभापति ने भी राज्यसभा को स्थगित कर दिया।

कांग्रेस की मांग के विपरीत वाममोर्चा और संयुक्त मोर्चा द्रमुक को मंत्रिमंडल से निकालने के पक्ष में नहीं थे, क्योंकि इससे मोर्चे में फूट पड़ सकती थी। 20 नवम्बर, 1997 को कांग्रेस संसदीय दल की बैठक में प्रस्ताव पारित हुआ कि यदि गुजराल सरकार द्रमुक को नहीं हटाती तो संसद को नहीं चलने दिया जाएगा। कांग्रेस अध्यक्ष सीताराम केसरी ने एक पत्र के द्वारा प्रधानमंत्री इन्द्रकुमार गुजराल को स्पष्ट कह दिया कि द्रमुक मंत्रियों को तत्काल संघीय कैबिनेट से हटाया जाए या जैन आयोग की रिपोर्ट के आधार पर समर्थन वापसी का सामना करे अर्थात कांग्रेस अपना समर्थन जारी नहीं रख पाएगी। संयुक्त मोर्चा ने द्रमुक को सरकार से बाहर निकालने की कांग्रेस की मांग को अस्वीकार करते हुए इस निर्णय से कांग्रेस अध्यक्ष सीताराम केसरी को अवगत कराने के लिए भी प्रधानमंत्री इन्द्रकुमार गुजराल को अधिकृत किया।[51] प्रधानमंत्री गुजराल ने स्पष्ट शब्दों में लिखा कि मोर्चा द्रमुक का साथ नहीं छोडेगा।

28 नवम्बर 1997 को कांग्रेस कार्यकारिणी की बैठक हुई जिसमें निर्णय लिया गया कि कांग्रेस गुजराल सरकार को समर्थन जारी नहीं रखेगी। सीताराम केसरी अपने सहयोगियों के साथ उसी दिन शाम को राष्ट्रपति भवन गये और समर्थन वापसी का पत्र राष्ट्रपति को सौंप दिया। पत्र में उन्होंने लिखा था कि आपसे अनुरोध करता हूँ कि संसद को भंग न करके केन्द्र में वैकल्पिक सरकार बनाने की सम्भावनाओं की खोज करें। इस सिलसिले में, मैं आपसे कहना चाहूँगा कि कांग्रेस पार्टी सरकार बनाने का दावा पेश करती है और हमें विश्वास है कि अगर हमें अवसर दिया गया तो हम सदन में अपना बहुमत सिद्धं कर देंगे।[52] प्रधानमंत्री इन्द्रकुमार गुजराल ने कांग्रेस के समर्थन वापस लेने के बाद राष्ट्रपति के. आर. नारायणन् को पत्र लिखकर त्याग पत्र दे दिया। उन्होंने पत्र में लिखा किः–

> "कांग्रेस (इ) मेरी सरकार के तीन द्रमुक मंत्रियों को हटाने की मुझसे मांग करती आ रही है। इसका कोई औचित्य नहीं बनता। कांग्रेस अध्यक्ष के नाम अपने पत्र में मैंने कहा कि सिर्फ जैन आयोग की अंतरिम रिपोर्ट के आधार पर उस पार्टी को बदनाम करना अनुचित और अनैतिक है, जबकि आयोग ने साथ में पुष्टि के लिए साक्ष्य नहीं दिए हैं। मुझे गहरे दुःख के साथ कहना पड़ रहा है कि द्रमुक और तमिलनाडु की सारी जनता पर आरोप मढ़ा गया। मैं इस बात को स्वीकार नहीं कर सकता। इसके अलावा कांग्रेस पार्टी के माननीय सदस्यों ने संसद का कामकाज नहीं चलने दिया जिससे संसद अपने संवैधानिक दायित्वों का निर्वाह नहीं कर पाई। राष्ट्रहित को प्राथमिकता देते हुए मैं इस नतीजे पर पहुँचा हूँ कि मुझे अपने पद से इस्तीफा दे देना चाहिए। इसके साथ ही मैं और मेरी मंत्रिपरिषद अपना इस्तीफा देते हैं। मुझे इतने दिनों तक आपसे सहयोग और मार्गदर्शन मिला, इसके लिए मैं आपके प्रति अपना आभार जताना चाहूँगा।"[53] प्रधानमंत्री इन्द्र कुमार गुजराल द्वारा 29 नवम्बर, 1997 को अपना त्यागपत्र भारतीय राष्ट्रपति को सौंपने के बाद भारत के राजनीतिक क्षितिज पर संवैधानिक अनिश्चितता के बादल मंडराने लगे।[54] 4 दिसम्बर, 1997 को मंत्रिपरिषद के फैसले के अनुसार प्रधानमंत्री द्वारा राष्ट्रपति से 11वीं लोकसभा भंग करके नया जनादेश प्राप्त करने की सिफारिश की गई।[55] "अब देश के सामने अहम् समस्या उत्पन्न हो गयी कि अब क्या होगा?. . . चुनाव या फिर कोई नई सरकार बनेगी? इस सवाल का जबाब तलाशने के लिए सबकी निगाहें राष्ट्रपति भवन पर टिक गई।"

राष्ट्रपति के. आर. नारायणन् ने भी उत्पन्न राजनीतिक अनिश्चितता को समाप्त करने का प्रयास शुरू कर दिया। इस क्रम में उन्होंने संवैधानिक विशेषज्ञों के साथ-साथ मुख्य चुनाव आयुक्त एम.एस. गिल से भी विचार-विमर्श किया और बाद में प्रमुख राजनीतिक दलों से विचार-विमर्श करने का कार्यक्रम निर्धारित किया।[56] राष्ट्रपति भवन के प्रवक्ता के अनुसार इन्द्रकुमार गुजराल के इस्तीफे के बाद राष्ट्रपति बिधि विशेषज्ञों के साथ लगातार विचार-विमर्श करने में तल्लीन रहे। राष्ट्रपति ने भारतीय जनता पार्टी, कांग्रेस और संयुक्त मोर्चा नेताओं से अलग-अलग विचार-विमर्श का कार्यक्रम निर्धारित किया।

राष्ट्रपति ने तत्कालीन स्थिति का संवैधानिक हल ढूँढ़ने के लिए 29 नवम्बर, 1997 को ही सबसे पहले एटार्नी जनरल अशोक देसाई से विचार-विमर्श किया। इसके बाद कानूनी पहलू पर विस्तार से विचार-विमर्श के लिए उन्होंने पूर्व सोलिसिटर जनरल सोली सोराबजी को बुलाया और उनका परामर्श लिया। इससे पूर्व लोकसभा अध्यक्ष पी.ए. संगमा ने राष्ट्रपति से मुलाकात की। दोनों ने तत्कालीन स्थिति पर लगभग आधे घंटे तक विचार-विमर्श किया। पिछले एक सप्ताह में लोकसभा अध्यक्ष की राष्ट्रपति से यह तीसरी मुलाकात थी।

भारतीय राष्ट्रपति के समक्ष दो वैकल्पिक स्थितियों में से एक का चयन करना था. . . या तो 11 वीं लोकसभा में चौथी सरकार के गठन की प्रक्रिया शुरू करना या लोकसभा भंग कर मामला निर्णय हेतु जनता की अदालत में भेजना तथा चुनाव कराना।[57]

राष्ट्रपति द्वारा राजनीतिक दलों से प्रारम्भिक वार्ता, तदुपरांत निर्णय

अपनी पूर्व घोषणा के अनुसार भारतीय राष्ट्रपति ने आसन्न राजनीतिक संकट के मद्देनजर कोई निर्णय लेने से पूर्व सभी राजनीतिक दलों का विचार लेने की प्रक्रिया 30 नवम्बर, 1997 को प्रारम्भ की। सबसे पहले उन्होंने भारतीय जनता पार्टी और सहयोगी दलों को आमंत्रित किया जिसमें पूर्व प्रधानमंत्री अटल बिहारी वाजपेयी, भाजपा अध्यक्ष लालकृष्ण आडवाणी, शिवसेना के मधुकर सरपोतदार, समता पार्टी के जार्ज फर्नांडीस, हरियाणा विकास पार्टी के सुरेन्द्र सिंह व अकाली दल (बादल) के सुरजीत सिंह बरनाला शामिल थे।[58]

भाजपा ने लोकसभा में सबसे बड़ी पार्टी होने के नाते राष्ट्रपति से अनुरोध किया, कि चूंकि सभी राजनीतिक दलों के आंतरिक समीकरणों में तेजी से परिवर्तन के रूप आ रहे हैं, इसलिए उसे कुछ और दिनों का समय मिलना चाहिए। राष्ट्रपति द्वारा 1 दिसम्बर, 1997 को आमंत्रण के उपरांत संयुक्त मोर्चा

तथा कांग्रेस के नेताओं ने अलग-अलग भेंट की। मोर्चा नेताओं ने जहाँ एक स्वर में लोकसभा भंग कर चुनाव कराने का अनुरोध किया, वहीं कांग्रेस ने सरकार बनाने के अपने पूर्व दावे को दोहराया।[59] राष्ट्रपति से मुलाकात के वक्त मोर्चा के सभी घटक दलों के प्रतिनिधि मौजूद थे। मोर्चा के नेताओं ने राष्ट्रपति से कहा कि वर्तमान लोकसभा के अंकगणित में किसी सरकार के गठन की संभावना नहीं है। कोई राजनीतिक दल बहुमत जुटाने में सक्षम नहीं है। मोर्चा सदस्यों का यह भी कहना था कि कांग्रेस पार्टी सरकार गठन के प्रयास में सफल नहीं हो सकती, क्योंकि बहुमत की संख्या भाजपा की अपेक्षा कांग्रेस के लिए मुश्किल है।[60] राष्ट्रपति से मुलाकात के बाद माकपा महासचिव हरकिशन सिंह सुरजीत ने पत्रकारों से कहा कि संयुक्त मोर्चा चट्टान की तरह मजबूत है एवं मोर्चा के सभी घटक मौजूद हैं, जिन्होंने कांग्रेस और भाजपा के नेतृत्व वाली सरकार को समर्थन न देने संबंधित पत्र राष्ट्रपति को सौंपे थे। उन्होंने स्पष्ट किया कि मध्यावधि चुनाव के अलावा अन्य कोई विकल्प नजर नहीं आता।[61] भाजपा एवं कांग्रेस कें सरकार बनाने के दावे के अतिरिक्त लोकसभा में पहली बार चुनकर आए 284 नए सांसदों का भी एक समूह था, जो नहीं चाहता था कि लोकसभा भंग की जाए।

11वीं लोकसभा में किसी को भी सरकार बनाने का जनादेश नहीं मिला था। चुनाव के बाद अप्राकृतिक गठजोड़ संयुक्त मोर्चा के रूप में सामने आया था। ग्यारहवीं लोकसभा में डेढ़ साल में तीन सरकारें गिरी और चौथी सरकार बनाने की कवायद चल रही थी।[62] राष्ट्रपति की नजर में यह स्पष्ट दिखने लगा कि कोई भी पार्टी लोकसभा में बहुमत के आधार पर सरकार बनाने की स्थिति में नहीं है। उन्होंने राजनीतिक दलों से स्पष्ट कर दिया था कि देश की आर्थिक स्थिति इस तरह की नहीं है कि बार-बार इतने कम समय पर चुनाव झेले। लोकसभा अध्यक्ष पी.ए. संगमा के नेतृत्व में नवनिर्वाचित सांसदों के समूह की भावना से भी राष्ट्रपति अवगत थे।[63]

अगला लोकसभा चुनाव कराने के पश्चात यह सुनिश्चित करना किसी भी दृष्टिकोण से मुश्किल था कि निर्वाचन के उपरांत जो लोकसभा गठित होगी, वह त्रिशंकु न हो सकेगी और स्थायी सरकार देगी। इन परिस्थितियों ने राष्ट्रपति को वैकल्पिक सरकार गठन करने की कवायद हेतु प्रेरित किया, परंतु राष्ट्रपति ने यह गौर कर लिया कि बहुमत किसी भी राजनैतिक दल के पास इस कदर का नहीं है कि स्थायी सरकार हेतु किसीं को आमंत्रित किया जाए, यह अंकगणित उनके समझ में आना मुश्किल नहीं था।[64]

राष्ट्रपति ने लोकसभा भंग न करने के सुझाव के अंतर्गत कांग्रेस का यह अनुरोध स्वीकार कर लिया कि सांसदों की सूची, कांग्रेस द्वारा तीन तारीख की शाम तक या 4 दिसम्बर, 1997 की सुबह तक प्रस्तुत कर दी जाए, क्योंकि मोर्चा के नेताओं और कांग्रेस में नए सिरे से सुलह-सपाटे की बातचीत चल रही थी।[65] लेकिन ऐसा नहीं हो सका, क्योंकि कांग्रेस का द्रमुक को साथ रखने के प्रश्न पर विचार अभी भी नकारात्मक था।

ऐसी दलदल वाली राजनीतिक परिस्थितियों के आलोक में व्यक्तिगत तौर से नहीं चाहने के बाद भी राष्ट्रपति को मजबूर होकर लोकसभा विघटन के अतिरिक्त अन्य कोई दूसरा विकल्प नजर नहीं आ रहा था। फिर भी वे नहीं चाहते थे कि वे स्वयं लोकसभा को बिना मंत्रिमंडल की सिफारिश के भंग कर दें। दरअसल राष्ट्रपति ने कार्यवाहक प्रधानमंत्री गुजराल से 4 दिसम्बर, 1997 को ही बुलाकर कह दिया था कि लोकसभा भंग करने हेतु सिफारिश कर दें। मोर्चा संचालन समिति ने तय किया था कि सरकार अपनी ओर से लोकसभा भंग करने की सिफारिश नहीं करेगी, इस आशय की जानकारी मोर्चा संयोजक चन्द्रबाबू नायडू के नेतृत्व में मोर्चा प्रतिनिधिमंडल ने राष्ट्रपति को तीन दौर की मुलाकात में दे दी थी, लेकिन राष्ट्रपति का तर्क था कि पिछले 50 साल के इतिहास में अब तक राष्ट्रपति ने कभी भी अपनी ओर से लोकसभा भंग करने की सिफारिश नहीं की। ऐसा मंतव्य देने से पूर्व राष्ट्रपति ने महाधिवक्ता अशोक देसाई से 3 दिसम्बर, 1997 को सलाह मशविरा कर लिया था। लिहाजा वह इस संबंध में कोई नयी परम्परा को जन्म नहीं देना चाहते थे।[66] राष्ट्रपति के इस सुझाव पर मोर्चा नेताओं ने विचार-विमर्श के बाद मुहर लगा दी और मंत्रिपरिषद की आपातकालीन बैठक में लोकसभा भंग करने की सिफारिश को मंजूरी प्रदान कर दी गई।[67]

राष्ट्रपति ने वही किया जो अवश्यंभावी था। 4 दिसम्बर, 1997 को लोकसभा भंग कर दी गई। राष्ट्रपति ने इस तथ्य को ध्यान में रखते हुए 11वीं लोकसभा भंग करने वाली उद्घोषणा पर हस्ताक्षर किए कि जनता को राजनीतिक अस्थिरता से राहत की जरूरत है, और उसे ऐसी एक व्यवस्था का हक है, जिसमें सरकार जनता की बेहतरी के लिए अपने संवैधानिक दायित्वों को निभाने में समर्थ हो।[68] राष्ट्रपति ने अपने आदेश में कहा कि लोकसभा के विघटन का फैसला करते हुए उन्होंने राष्ट्रीय एकता, राजनीतिक प्रमाणिकता और जनता के आदेश को जानने की आवश्यकता को सबसे अधिक महत्व दिया।[69] 11 वीं लोकसभा भंग करने हेतु उद्घोषणा पर हस्ताक्षर करने के साथ ही राष्ट्रपति ने

15 मार्च, 1998 के पूर्व नए संसदीय चुंनाव कराने का आदेश भी दिया। राष्ट्रपति द्वारा संविधान के अनुच्छेद 85(2)(ब) में प्राप्त शक्ति का प्रयोग करते हुए 4 दिसम्बर, 1997 को लोकसभा भंग कर दी।

लोकसभा भंग करने पर प्रतिक्रियाएं

राष्ट्रपति द्वारा लोकसभा भंग करने और मध्यावधि चुनाव कराए जाने के निर्णय पर प्रतिक्रियाएँ हुई। ग्यारहवीं लोकसभा के प्रमुख विपक्षी दल भारतीय जनता पार्टी ने लोकसभा भंग किए जाने का स्वागत करते हुए कहा कि पार्टी चुनाव के लिए तैयार है। अन्य राजनीतिक दलों एवं प्रमुख नेताओं ने भी इसका स्वागत किया।

भारत की कम्युनिस्ट पार्टी मार्क्सवादी लेनिनवादी के पोलित ब्यूरो के सदस्य दीपकर भट्टाचार्य ने राष्ट्रपति के फैसले को 'देर आयद दुरूस्त आयद' की संज्ञा दी। उन्होंने कहा कि लोकसभा भंग करने की परिस्थिति कांग्रेस पार्टी ने पैदा की और बाद में उसने पुनर्विचार शुरू किया किन्तु जब तक बहुत विलंब हो चुका था। उन्होंने कहा कि अब इस पार्टी को जनता के सामने जवाब देना होगा। मार्क्सवादी कम्युनिस्ट पार्टी ने कहा कि वह शुरू से यह मांग कर रही थी कि वर्तमान राजनीतिक परिस्थितियों में मध्यावधि चुनाव ही एक मात्र विकल्प है तथा राष्ट्रपति का फैसला इस लिहाज से एकदम सही है।[70]

भारतीय कम्युनिस्ट पार्टी ने कहा कि सता के लिए कांग्रेस ने जो खेल खेला उसकी परिणति यही होनी थी। पार्टी के सचिव अतुल कुमार अनजान ने कहा कि जैसी परिस्थितियां बन गई थी उनमें मध्यावधि चुनाव कराने के अलावा कोई रास्ता नहीं बचा था। उन्होंने कहा कि राष्ट्रपति ने केन्द्रीय मंत्रिपरिषद की सिफारिश स्वीकार कर दल बदल के सहारे सिद्धांतहीन गठजोड़ की सरकार बनने की संभावना पर पानी फेर दिया, जिसके लिए देश उनका आभारी रहेगा।

भारतीय जनता पार्टी के महासचिव व प्रवक्ता एम. वैंकय्या नायडू ने कहा कि देश की जनता पर इतनी जल्दी चुनाव थोपने के लिए कांग्रेस तथा संयुक्त मोर्चा ही पूरी तरह दोषी है, उन्होंने कहा कि आने वाले चुनावों में भाजपा इन दोनों दलों को कटघरे में खड़ा करेगी। पूर्व प्रधानमंत्री तथा जनता दल (समाजवादी) के नेता चन्द्रशेखर का कहना था कि राष्ट्रपति के सामने लोकसभा भंग करने के अलावा कोई चारा ही नहीं रह गया था। उनका मानना था कि लोकसभा को भंग करने की परिस्थिति कांग्रेस ने पैदा की और बाद में उसने पुनर्विचार शुरु किया, किन्तु बहुत विलम्ब हो चुका था।

बहुजन समाज पार्टी के प्रमुख कांशीराम का कहना था कि ''राजनीतिक गतिरोध दूर करने का एकमात्र रास्ता चुनाव ही है और यह मांग हमने बीते संसद के सत्र में पहले ही दिन की थी।'' उन्होंने राष्ट्रपति द्वारा लोकसभा को भंग करके चुनाव कराए जाने के निर्णय का स्वागत किया।

समाजवादी पार्टी के महासचिव सत्यप्रकाश मालवीय तथा औमप्रकाश श्रीवास्तव ने लोकसभा के नये चुनाव कराये जाने के निर्णय का स्वागत किया।

सारांश में यही कहा जा सकता है कि लोकसभा भंग करने के निर्णय का सामान्यता स्वागत ही हुआ, लेकिन गैर कांग्रेसी दलों ने ऐसी परिस्थितियों उत्पन्न करने के लिए कांग्रेस को उत्तरदायी ठहराया। हालांकि राष्ट्रपति के. आर. नारायण द्वारा लोकसभा को भंग करके मध्यावधि चुनाव सम्पन्न कराये जाने के निर्णय को उचित, लोकतांत्रिक, संवैधानिक तथा तत्कालीन राजनीति परिस्थितियों में लिया गया सामयिक निर्णय कहा गया।

लोकसभा भंग किए जाने पर अपनी प्रतिक्रिया जाहिर करते हुए भारतीय उद्योग परिसंघ के अध्यक्ष एन. कुमार ने कहा कि मौजूदा राजनीतिक हालात में चुनाव कराना ही एक मात्र विकल्प रह गया था। उन्होंने कहा कि उद्योग जगत को ऐसी स्थिति में संचालन की सीख लेनी होगी जिसमें गठबंधन सरकारें शासन में हो। ऐसोसिएटेड चैम्बर ऑफ कामर्स एंड इंडस्ट्री के अध्यक्ष लक्ष्मण ने लोकसभा भंग किए जाने की घटना को दुर्भाग्यपूर्ण बताते हुए कहा कि नए चुनाव में जनता को स्पष्ट जनादेश देना चाहिए। दिल्ली एक्सपोटर्स एसोसिएशन के अध्यक्ष एस.पी. अग्रवाल ने कहा कि देश की अर्थव्यवस्था दबाव में है और नए चुनाव से उस पर ओर बोझ पड़ेगा।

बारहवीं लोकसभा को भंग करना: अप्रैल, 1999

अटल बिहारी वाजपेयी द्वारा 28 मार्च, 1998 को 15 मतों के अन्तर से (पक्ष में 275, विपक्ष में 260) सभा का विश्वास जीतने के तेरह महीने बाद ही 17 अप्रैल, 1999 को मंत्रिपरिषद ने बारहवीं लोकसभा का विश्वास उस समय खो दिया जब यह प्रस्ताव कि "यह सभा मंत्रिपरिषद में अपना विश्वास व्यक्त करती है" मात्र एक मत के अंतर से सभा में गिर गया।

वाजपेयी सरकार के लिए सभा में दूसरा शक्ति परीक्षण उस समय आवश्यक हो गया था जब 14 अप्रैल, 1999 को वाजपेयी सरकार के सहयोगी दल अन्नाद्रमुक, जिसके लोकसभा में 18 सदस्य थे, ने सरकार से अपना समर्थन वापस लेने का एक पत्र राष्ट्रपति के.आर. नारायणन् को सौंपा, जिसके परिणामस्वरूप

तेरह महीने पुरानी वाजपेयी सरकार अल्पमत में आ गई। इस पर राष्ट्रपति के. आर. नारायणन् ने वाजपेयी सरकार को लोकसभा में विश्वास मत हासिल करने का निर्देश दिया।[71] प्रसिद्ध न्यायविद एल.एम. सिंघवी ने राष्ट्रपति द्वारा अन्नाद्रमुक के समर्थन वापसी के बाद सरकार को विश्वास मत हासिल करने के निर्देश देने का निर्णय तात्कालिक तथा जल्दबाजी में लिया गया बताया।[72]

इससे पहले अन्नाद्रमुक की नेता जयललिता ने रक्षामंत्री जार्ज फर्नांडीस को हटाने, बर्खास्त नौ सेना प्रमुख एडमिरल विष्णु भागवत् को बहाल करने और रक्षामंत्री के विरूद्ध एडमिरल भागवत के द्वारा लगाए गए आरोपों की संयुक्त संसदीय समिति द्वारा जांच कराए जाने की मांग की थी। अन्नाद्रमुक नेता ने 3 अप्रैल, 1999 को कहा था कि वाजपेयी के नेतृत्व वाली सरकार में उनकी पार्टी का बना रहना इस बात पर निर्भर करेगा कि सरकार इन मांगों के बारे में क्या रूख अपनाती है। गठबंधन सरकार की समन्वय समिति ने एडमिरल विष्णु भागवत की बर्खास्तगी की जांच संयुक्त संसदीय समिति से कराने की विपक्ष की मांग को 27 मार्च, 1999 को सर्वसम्मति से अस्वीकार कर दिया था। केन्द्रीय मंत्रिमंडल ने 5 अप्रैल, 1999 को अन्नाद्रमुक की तीनों मांगों को अस्वीकार कर दिया था। मंत्रिमंडल की बैठक में अन्नाद्रमुक के मंत्री उपस्थित नहीं हुए। फलतः 6 अप्रैल, 1999 को अन्नाद्रमुक के मंत्रियों ने प्रधानमंत्री को अपने त्यागपत्र प्रस्तुत कर दिए जिन्हें 8 अप्रैल, 1999 को स्वीकार कर लिया गया। जब किसी समझौते की संभावना नहीं रही तो अन्नाद्रमुक पार्टी 9 अप्रैल 1999 को भारतीय जनता पार्टी के नेतृत्व वाले गठबंधन की समन्वय समिति से अलग हो गई।[73]

15 अप्रैल, 1999 को कांग्रेस अध्यक्ष सोनिया गांधी तथा अन्नाद्रमुक की प्रमुख जयललिता के बीच 80 मिनट तक हुई बैठक के बाद भी एक वैकल्पिक सरकार की प्रकृति के विषय में कोई सहमति नहीं बन पाई। जयललिता वैकल्पिक सरकार बनाने के लिए कांग्रेस से पहल करवाना चाहती थी, परन्तु कांग्रेस ने गैर-भाजपा दलों से आपस में इस विषय पर सहमति करने को कहा कि वे अल्पमत की कांग्रेस सरकार चाहते है या गठबंधन सरकार। इसी बीच चेन्नई में द्रमुक अध्यक्ष ने यह घोषणा की कि उनकी पार्टी के छह सांसद भाजपा के नेतृत्व वाली सरकार को उखाड़ फैंकने के लिए अन्नाद्रमुक के प्रयासों का समर्थन नहीं करेंगे।

राष्ट्रपति के निर्देशानुसार प्रधानमंत्री अटल बिहारी वाजेपयी द्वारा पेश किए गए विश्वास प्रस्ताव पर जब मतदान हुआ तो यह 270 वोटों के मुकाबले 269 से अस्वीकृत हो गया। विश्वास मत पर हुए मतदान का विवरण इस प्रकार रहा:-

तालिका 5.1[74]

पक्ष में (राजनीतिक दल)		विपक्ष में (राजनीतिक दल)	
भारतीय जनता पार्टी	182	कांग्रेस इ	139
समता पार्टी	12	माकपा	32
तेलुगू देशम	11	अन्नाद्रमुक	17
बीजू जनता दल	9	समाजवादी पार्टी	20
अकाली दल	8	राष्ट्रीय जनता दल	16
तृणमूल कांग्रेस	7	भाकपा	8
द्रमुक	6	जनता दल	6
शिवसेना	6	आर.एस.पी.	5
पीएमके	4	बहुजन समाज पार्टी	5
एम.डी.एम.के.	3	रिपब्लिकन पार्टी	4
लोक शक्ति	3	तमिल मनीला कांग्रेस	3
नेशनल कांफ्रेंस	2	फॉरवर्ड ब्लॉक	2
मेनका गांधी	1	मुस्लिम लीग	2
टी.आर.सी.	1	मजलिस (ओला)	1
आर.जे.पी. (आनन्द)	1	ए.एस.डी.आई.	1
हविपा	1	अरूणाचल कांग्रेस (एम.)	2
अरूणाचल कांग्रेस	1	कांग्रेस ओलाद्ध	1
एस.डी.एफ	1	एस.एस. जनता पार्टी	1
स्वतंत्र	3	नेशनल काफ्रेंस (सोज)	1
इनेलो	4	केरल कांग्रेस	1
एम.एस.सी.पी.	1	बूटा सिंह	1
नामांकित	2	पेजेंट वर्कर पार्टी	1
		जनता पार्टी	1
विश्वास	269	अविश्वास	270

नोट: आर. मुथैया (अन्नाद्रमुक) ने वोट नहीं दिया, किम गंगते (भाकपा) और मालती देवी (राजद) सदन में अनुपस्थित, स्पीकर और रिक्त स्थान–2 थे, स्पीकर सहित कुल संख्या 545।

बहुजन समाज पार्टी के, जिसके लोकसभा में पांच सदस्य थे, रवैये में परिवर्तन सरकार के पतन का एक कारण था। बहुजन समाज पार्टी ने पहले यह घोषणा की थी कि वह मतदान में भाग नहीं लेगी, लेकिन इसने विश्वास प्रस्ताव

के खिलाफ मतदान किया।[75] नेशनल कांफ्रेंस के सदस्य सैफुदीन सौज ने भी प्रस्ताव का समर्थन करने के अपनी पार्टी के निर्णय के विरूद्व प्रस्ताव के विरोध में मत दिया। उड़ीसा के मुख्यमंत्री गिरिधिर गोमांग द्वारा लोकसभा के सदस्य के रूप में प्रयोग किए गए मत प्रयोग से भाजपा नेतृत्व वाली सरकार एक मत से विश्वास मत प्राप्त करने में असफल रही और सदन में पराजित हो गई।

दूसरी ओर द्रमुक के छह सदस्यों और अखिल भारतीय राष्ट्रीय जनता पार्टी के अकेले सदस्य आनन्द मोहन, ने जो अब तक विपक्ष के साथ थे, वाजपेयी सरकार के पक्ष में मतदान किया।[76] विश्वासमत खोने के बाद, प्रधानमंत्री वाजपेयी राष्ट्रपति के. आर. नारायणन् के पास गए और उन्हें अपना त्याग-पत्र दे दिया। राष्ट्रपति ने उन्हें वैकल्पिक व्यवस्था हो जाने तक अपने पद पर बने रहने को कहा। भारतीय जनता पार्टी और उसके सहयोगी दलों के वरिष्ठ नेताओं ने राष्ट्रपति के. आर. नारायणन् से भेंटकर अनुरोध किया कि वैकल्पिक सरकार के गठन से पूर्व सरकार को समर्थन देने वाले दलों से अलग-अलग लिखित समर्थन सुनिश्चित करें जैसा कि वाजपेयी सरकार के गठन के समय किया गया था। उन्होंने यह भी कहा कि वे यह भी सुनिश्चित करें की नई सरकार केवल कार्यवाहक सरकार बनाने का रास्ता नहीं हो। इन नेताओं में रक्षामंत्री जार्ज फर्नांडीस, विदेश मंत्री जसवन्त सिंह भाजपा अध्यक्ष कुशाभाउ ठाकरे और तृणमूल कांग्रेस की अध्यक्ष ममता बनर्जी शामिल थी और अन्य नेताओं में नवीन पटनायक, सुरजीत सिंह बरनाला, के. राममूर्ति, नीतीश कुमार, प्रमोद महाजन तथा मेनका गांधी थी।

इन नेताओं ने राष्ट्रपति से यह भी अनुरोध किया कि वैकल्पिक सरकार का दावा करने वाला दल यदि लोकसभा के बहुसंख्यक सदस्यों के समर्थन की लिखित सूची नहीं देता है तो भाजपा गठबंधन सरकार को जारी रहने की अनुमति दी जाए क्योंकि इसे लोकसभा में 269 सदस्यों का प्रमाणित समर्थन प्राप्त है।[77]

सोनिया गांधी के नेतृत्व में कांग्रेस ने अन्य शीर्षस्थ नेताओं की सहमति से एक वैकल्पिक अल्पसंख्यक सरकार के निर्माण की संभावना पर विचार किया जिसे अन्य विपक्षी दलों का जिन्होंने वाजपेयी सरकार में अविश्वास प्रकट किया था, बाहर से समर्थन प्राप्त हो सके। माकपा के नेता हरकिशन सिंह सुरजीत ने वामपंथी दलों तथा अन्य धर्मनिरपेक्ष दलों के सभी नेताओं से बातचीत की ओर प्रस्तावित कांग्रेस के नेतृत्व वाली सरकार के लिए बाहर से समर्थन जुटाने की कोशिश की, परन्तु मुलायम सिंह की समाजवादी पार्टी, रिवोल्यूशनरी सोशलिस्ट पार्टी तथा फारवर्ड ब्लाक ने प्रस्तावित सरकार को समर्थन देने से इनकार कर दिया।[78]

21 अप्रैल, 1999 को राष्ट्रपति ने कांग्रेस दल की अध्यक्ष सोनिया गांधी को परामर्श के लिए आमंत्रित किया और केन्द्र में नई सरकार बनाने की संभावना का पता लगाने के लिए कहा। राष्ट्रपति को इस संबंध में विभिन्न राजनीतिक दलों, जिसमें भारतीय जनता पार्टी और उसके सहयोगी दल भी शामिल थे, तथा अन्य व्यक्तियों से भी सुझाव मिले। 21 अप्रैल, 1999 की शाम को भाजपा और उसके सहयोगी दलों के एक प्रतिनिधिमंडल ने भी राष्ट्रपति से मुलाकात की और लोकसभा अध्यक्ष सहित 270 सांसदों के समर्थन की सूची पेश करते हुए एक ज्ञापन दिया जिसमें विपक्ष को गैर-संसदीय व्यवहार के माध्यम से सांसदों का समर्थन इकट्ठा करने से रोकने के लिए अपील की। गृहमंत्री लालकृष्ण आडवाणी सहित भाजपा तथा इसके सहयोगी दलों का प्रतिनिधिमंडल राष्ट्रपति से मिला और दावा किया कि गठबंधन को अब भी बहुमत प्राप्त है। इसी बीच राष्ट्रपति के.आर. नारायणन् विधि तथा संविधान विशेषज्ञों के साथ इस विषय पर परामर्श करते रहे।

तीसरे मोर्चे ने सरकार बनाने के कांग्रेस के प्रयास को समाप्त कर दिया जब उसने मांग की कि या तो तीसरे मोर्चे की सरकार को बाहर से समर्थन या मिली-जुली सरकार के प्रस्ताव को स्वीकार करे। तीसरे मोर्चे के नेता और राष्ट्रीय जनता दल के अध्यक्ष लालू प्रसाद यादव आदि कांग्रेस की अध्यक्षा सोनिया गांधी से मिले और उनसे अल्पमत की कांग्रेस सरकार बनाने की अपेक्षा उनके सुझावों में से कोई एक स्वीकारने की अपील की। उनका कहना था कि जब कई दल कांग्रेस सरकार को समर्थन देने के लिए तैयार नहीं है तो क्यों न कांग्रेस तीसरे मोर्चा या अन्य किसी नाम पर कांग्रेस से समर्थन देने के लिए कहें ?[79]

राष्ट्रपति के साथ अपनी मुलाकात के बाद सोनिया गांधी ने घोषणा की कि कांग्रेस को 272 सांसदों का समर्थन प्राप्त है और कांग्रेस बाहरी समर्थन से अपनी सरकार बनाने के लिए अभिप्रेत थी। उन्होंने सूचित किया कि वह कांग्रेस को समर्थन देने वाले दलों एवं व्यक्तियों से समर्थन पत्र लेने के लिए संपर्क में है और वे दो दिन के अन्दर राष्ट्रपति को अपने प्रयासों के परिणाम से अवगत करा देगी।

माकपा पोलित ब्यूरो ने ज्योति बसु को प्रधानमंत्री का प्रत्याशी बनाए जाने से इनकार कर मुलायम सिह यादव, जयललिता तथा उनके समर्थकों को तीसरे मोर्चे के नेतृत्व में सरकार बनाए जाने की आशाओं पर पानी फेर दिया। इसके अतिरिक्त ज्योति बसु को नए प्रधानमंत्री बनाने का प्रस्ताव आगे नहीं बढ़ सका

क्योंकि कांग्रेस ने घोषणा की कि वह बातचीत के इस अंतिम चरण में किसी तीसरे मोर्चे के नेतृत्व में सरकार के निर्माण पर विचार नहीं कर सकती। 23 अप्रैल, 1999 को समाजवादी पार्टी अध्यक्ष मुलायम सिंह यादव ने राष्ट्रपति से मुलाकात की और उन्हें पत्र सौंपा। इसमें कांग्रेस और भाजपा की समान रूप से आलोचना की गई। उन्होंने पत्र में लिखा था कि उनकी पार्टी के बीस सांसद कांग्रेस के नेतृत्व वाली किसी भी सरकार को समर्थन नहीं देंगे और भाजपा नेतृत्व वाली किसी सरकार का भी विरोध जारी रखेंगे। फारवर्ड ब्लॉक तथा आर.एस.पी के प्रतिनिधियों ने राष्ट्रपति से मिलकर कांग्रेस तथा भाजपा से समान दूरी बनाए रखने का अपना निश्चय दोहराया जबकि माकपा ने कांग्रेस के नेतृत्व में ही नई वैकल्पिक सरकार के गठन पर जोर दिया। बहुजन समाज पार्टी की नेता मायावती ने राष्ट्रपति को सूचित किया कि उनकी पार्टी स्थिति पर नजर रखे हुए है और उचित समय पर निर्णय लेगी।[80]

23 अप्रैल, 1999 को ही कांग्रेस अध्यक्ष सोनिया गांधी ने राष्ट्रपति से भेंट कर उन्हें 233 सांसदों की एक सूची सौंपी[81] जिन्होंने कांग्रेस की अल्पमत सरकार के गठन के प्रति अपना समर्थन व्यक्त किया था। ये सभी सदस्य कांग्रेस और अन्य विपक्षी दलों तथा असंबद्ध थे। इस पर राष्ट्रपति ने सोनिया गांधी से कहा कि सांसदों की यह संख्या सरकार के गठन के लिए आवश्यक बहुमत से कम है तो कांग्रेस अध्यक्ष ने उनसे कहा कि वह उन दलों और असंबद्ध सदस्यों के साथ विचार-विमर्श जारी रखे हुए है जिन्होंने 17 अप्रैल, 1999 को विश्वास प्रस्ताव के खिलाफ वोट दिया था। राष्ट्रपति ने उनसे अनुरोध किया कि वे इस प्रक्रिया को जल्द से जल्द पूरा कर उसके निष्कर्ष से उन्हें अवगत कराए। जनता दल के अध्यक्ष शरद यादव ने 24 अप्रैल, 1999 को राष्ट्रपति को सूचित किया कि उनकी पार्टी केन्द्र में किसी भी धर्मनिरपेक्ष सरकार का समर्थन करेगी। पूर्व प्रधानमंत्री इन्द्रकुमार गुजराल ने इस सन्दर्भ में राष्ट्रपति को स्थिति से अवगत कराया और भूतपूर्व प्रधानमंत्री चन्द्रशेखर ने भी टेलीफोन द्वारा अपने दृष्टिकोण एवं विचार राष्ट्रपति को बताए।

राष्ट्रपति ने विदेशमंत्री जसवन्त सिंह, मुरासोली मारन (द्रमुक) और वाइको (एम डी एम के) के एक प्रतिनिधिमंडल से कहा कि विचार-विमर्श की यह प्रक्रिया जल्द ही समाप्त होगी और अगर ये विचार-विमर्श सफल नहीं हुए तो वे भाजपा गठबंधन को दोबारा बुलाने के उसके दावे पर विचार करेंगें। जसवन्त सिंह ने जब यह पूछा कि अगर भाजपा गठबंधन अपने समर्थकों की संख्या में वृद्धि को दर्शाता है तो क्या वह भी बातचीत की प्रक्रिया का हिस्सा होगा, राष्ट्रपति ने कहा, "निश्चित तौर पर।"

25 अप्रैल, 1999 को सोनिया गांधी राष्ट्रपति से मिली और सरकार बनाने में असमर्थता व्यक्त की। उन्होंने यह भी कहा कि उनकी पार्टी तीसरे मोर्चे की वैकल्पिक सरकार का भी समर्थन नहीं करेगी।[82] कांग्रेस पार्टी द्वारा असमर्थता व्यक्त करने और राजनीतिक अस्पष्टता को दृष्टिगत रखकर राष्ट्रपति ने प्रधानमंत्री वाजपेयी को विचार-विमर्श के लिए बुलाया और उन्हें अपने आकलन से अवगत कराया कि 12वीं लोकसभा, स्थिर सरकार देने की स्थिति में नहीं है अतः मंत्रिपरिषद लोकसभा भंग करने की सिफारिश करे। 26 अप्रैल, 1999 को केन्द्रीय मंत्रिमंडल ने राष्ट्रपति से लोकसभा को भंग करने और शीघ्रातिशीघ्र नए चुनाव कराने के लिए घोषणा करने की सिफारिश की।

राष्ट्रपति के.आर. नारायणन् ने केन्द्रीय मंत्रिमंडल के परामर्श पर 26 अप्रैल, 1999 को बारहवीं लोकसभा का विघटन कर दिया। राष्ट्रपति ने संविधान के अनुच्छेद 85 के अन्तर्गत नए आम चुनाव कराने का आदेश दिया। राष्ट्रपति की घोषणा ने संवैधानिक स्थिति का निम्नलिखित शब्दों में विवरण प्रस्तुत किया–

> "सत्ताधारी गठबंधन ने अपना बहुमत खो दिया क्योंकि उसके अनुयायियों में एकजुटता का अभाव था और जिन्होंने इस गठबंधन को अपने विरोध के द्वारा सत्ता से गिरा दिया, उनमें भी तीव्र आपसी फूट थी जो उस वक्त जाहिर हुई जब वे वैकल्पिक सरकार बनाने की कोशिश कर रहे थे। इस परिस्थिति में राष्ट्रपति इस निष्कर्ष पर पहुँचे कि अब समय आ गया है जब जनता की लोकतांत्रिक इच्छा का फिर से पता लगाया जाए, जिससे ऐसी सरकार का गठन किया जा सके जो विश्वासपूर्वक लोगों की तात्कालिक जरूरतों पर ध्यान दे सके।"[83]

राष्ट्रपति ने भाजपा की इस दलील पर विचार किया कि चूंकि विपक्ष सरकार बनाने में असफल रहा है, इसलिए उसे सरकार बनाने का फिर एक मौका मिलना चाहिए। राष्ट्रपति ने इस अनुरोध को अस्वीकार करते हुए कहा कि इस तर्क का कोई औचित्य नहीं है। राष्ट्रपति ने सोनिया गांधी से कहा कि कांग्रेस को सरकार बनाने का निमंत्रण देना वर्तमान परिस्थिति में असंभव है क्योंकि उसका समर्थन केवल 239 सांसद करते हैं, जबकि भाजपा के नेतृत्व में राष्ट्रीय जनतांत्रिक गठबंधन को 269 सांसदों का प्रमाणित समर्थन उपलब्ध है। राष्ट्रपति ने आगे कहाः–

> "अल्पसंख्यक संयुक्त सरकार की पराजय के बाद लोकसभा के विघटन का आश्रय लेना जरूरी हो जाता है, जब राष्ट्रपति को यह प्रतीत होता है कि

आम चुनाव के बिना स्थिर सरकार का निर्माण संभव नहीं है।"[84] इस प्रकार, बारहवीं लोकसभा का कार्यकाल अब तक की सभी लोकसभाओं की तुलना में सबसे कम रहा अर्थात 412 दिन या तेरह महीनों से कुछ ज्यादा।

प्रधानमंत्री वाजपेयी की अस्थिर सरकार केवल एक वोट की कमी की वजह से गिर गई। जब विपक्ष द्वारा सरकार बनाने के प्रयास में गतिरोध पैदा हो गया, तो राष्ट्रपति के सामने एक ही विकल्प शेष रह गया कि लोकसभा का विघटन करते हुए नए आम चुनाव कराए जाएं।

राष्ट्रपति द्वारा 12वीं लोकसभा भंग करने के संबंध में प्रतिक्रियाएं

केन्द्रीय मंत्रिमंडल द्वारा लोकसभा भंग करने की सिफारिश के निर्णय का ज्यादातर राजनीतिकों ने यह कहते हुए स्वागत किया कि इसके अलावा कोई विकल्प नहीं था। पूर्व प्रधानमंत्री एच.डी. देवगौड़ा ने जयललिता से भेंट के बाद मंत्रिमंडल के फैसले का स्वागत यह कहते हुए किया कि इसके अलावा कोई रास्ता नहीं था। उन्होंने भाजपा गठबंधन सरकार के एक साल के कामकाज की आलोचना की। मार्क्सवादी कम्युनिस्ट पार्टी के पोलित ब्यूरो सदस्य सीताराम येचुरी ने कहा कि किसी भी पार्टी या पार्टियों के गठबंधन को सरकार बनाने की स्थिति में न आ पाने के बाद इस निर्णय के अलावा कोई चारा नहीं था।[85] भारतीय कम्युनिस्ट पार्टी के सचिव अतुल कुमार अनजान ने कहा कि कांग्रेस व सपा के भजनकोपन के चलते केन्द्र में धर्मनिरपेक्ष शक्तियों की सरकार बनाने का मौका जाता रहा।

रिपब्लिकन पार्टी के अलग गुट के सांसद प्रकाश अम्बेड़कर ने केन्द्रीय मंत्रिमंडल के निर्णय का स्वागत करते हुए कहा कि सभी पार्टियों के लिए नया जनादेश हासिल करने के अलावा दूसरा विकल्प नहीं था। टी.डी.पी. नेता येरन नायडू ने एक बयान जारी कर कहा, कांग्रेस के गैर-जिम्मेदाराना व्यवहार के कारण देश को चुनाव झेलना पड़ रहा है। राजस्थान के तत्कालीन मुख्यमंत्री अशोक गहलोत ने 12वीं लोकसभा भंग कर नया जनादेश लेने संबंधी राष्ट्रपति के निर्णय का स्वागत करते हुए कहा कि वाजपेयी सरकार का तो यही हश्र होना था।

शिवसेना के वरिष्ठ नेता व महाराष्ट्र के पूर्व मुख्यमंत्री मनोहर जोशी ने कहा कि मध्यावधि चुनाव अक्षम विपक्ष ने देश पर थोपा है लेकिन इसमें भाजपा गठबंधन और मजबूत होकर उभरेगा। इंडियन नेशनल लोकदल के नेता औमप्रकाश चौटाला का कहना था कि "कांग्रेस की सिद्धांतहीन और मूर्खतापूर्ण सत्ता की

लालसा के कारण राजनीतिक तथा आर्थिक संकट उत्पन्न हुआ है। यह मौकापरस्त तथा भारतीय राजनीति को अस्थिर करने की प्रमुख ताकत है।

कांग्रेस के वरिष्ठ नेता अर्जुन सिंह ने कहा कि देश को मध्यावधि चुनाव में धकेलने के लिए समाजवादी पार्टी के अध्यक्ष मुलायम सिंह यादव जिम्मेदार हैं। मुलायम सिंह यादव भाजपा सरकार गिराने के लिए हमारे सिर पर सवार थे।

राष्ट्रीय जनता दल के अध्यक्ष लालू प्रसाद यादव ने अपनी प्रतिक्रिया में कहा कि "लोकसभा भंग किये जाने के लिए भारतीय जनता पार्टी ही असली दोषी है। सभी मोर्चो पर विफलता से यह हालात बने।"

उड़ीसा के तत्कालीन मुख्यमंत्री गिरिधर गोमांग ने लोकसभा की अवधि तय करने की दलील देते हुए कहा, बार-बार चुनाव देश के लिए घातक हैं। वहीं अन्नाद्रमुक ने कहा, हमें लोकसभा भंग होने के लिए जिम्मेदार नहीं ठहराया जाना चाहिए, क्योंकि हमने देश हित में समर्थन वापस लिया। फारवर्ड ब्लॉक के महासचिव देवव्रत विश्वास ने जारी एक विज्ञप्ति में कहा कि कांग्रेस द्वारा तीसरे मोर्चे को समर्थन देने से इनकार करने से यह लगता है कि पार्टी पर देश हित की बजाए निहित स्वार्थ हावी हो गए।

मशहूर न्यायविद् नानी ए. पालखीवाला ने मुम्बई में कहा कि वे लोकसभा भंग करने की मंत्रिमंडल की सिफारिश से चकित नहीं है, पालखीवाला ने प्रेस ट्रस्ट से कहा–"स्थिति ऐसी नहीं थी इससे बचा नहीं जा सकता था। हालांकि, देश के लिए यह उपयुक्त नहीं है।"

रिपब्लिकन पार्टी ऑफ इंडिया के वरिष्ठ नेता आर.एस. गेवई ने इस फैसले को दुर्भाग्यपूर्ण बताया तथा चुनाव टालने के लिए एक विकल्प के रूप में राष्ट्रीय सरकार के उनके सुझाव पर गौर किया जाना चाहिए।[86] अन्नाद्रमुक सांसद आर. मुथैया ने कहा कि उनकी पार्टी राष्ट्रीय सुरक्षा के हित में वाजपेयी सरकार को गिराने के अपने मिशन में कामयाब रही। महाराष्ट्र के मुख्यमंत्री नारायण राणे ने कहा कि राज्य में भारतीय जनता पार्टी और शिवसेना का गठबंधन किसी भी समय लोकसभा चुनाव का सामना करने के लिए तैयार है। उन्होंने कहा–जिस ढंग से कांग्रेस ने वाजपेयी के नेतृत्व वाली सरकार को गिराया उससे आम जनता नाराज है और माहौल अब भाजपा–शिवसेना गठबंधन के पक्ष में है।

तेरहवीं लोकसभा भंग करना: फरवरी, 2004

तेरहवीं लोकसभा का गठन 13 अक्तूबर, 1999 को हुआ था। यह लोकसभा अपने कार्यकाल से लगभग नौ महीने पहले भंग की गयी। फील गुड फैक्टर को

भुनाने को बेकरार राजग सरकार ने समय से पहले चुनाव कराने के निर्णय को मूर्त रूप देने के लिए 13वीं लोकसभा को 6 फरवरी, 2004 को भंग करने का फैसला किया क्योंकि दिसम्बर, 2003 में चार राज्यों की विधानसभाओं के चुनाव सम्पन्न हुए, जिसमें से राजस्थान, छतीसगढ़ और मध्यप्रदेश राज्यों की विधानसभाओं में भाजपा की विजय ने सभी राजनीतिक दलों को आश्चर्य में डाल दिया। इतना ही नहीं देश में अनेक जन संगठन भी भौंचक्के हो गए। भारतीय जनता पार्टी के 'थिंक टैंक' भी इन राज्यों में भारी सफलता से लाभ प्राप्त करने की योजना बनाते रहे। इसी समय हैदराबाद में भाजपा कार्यकारिणी में भी चुनाव समय से पूर्व कराने की चर्चा हुई। पार्टी ने प्रधानमंत्री अटल बिहारी वाजपेयी को अधिकृत किया कि राजग के विभिन्न घटकों से परामर्श करके समय से पूर्व लोकसभा का विघटन कर चौदहवीं लोकसभा के चुनाव घोषित कराने की योजना घोषित करे।[87] वाजपेयी ने राजग के सभी घटकों से पृथक्-पृथक तथा बाद में सम्मिलित बैठक में यह निर्णय लिया। हालांकि भाजपा की राष्ट्रीय परिषद की हैदराबाद में हुई बैठक के दौरान अप्रैल, 2004 तक केन्द्र में नई सरकार का गठन का ऐलान कर चुके वाजपेयी मंत्रिमंडल की बैठक के बाद राष्ट्रपति भवन गए और राष्ट्रपति को 6 फरवरी, 2004 को लोकसभा भंग करने की सरकार की सिफारिश का पत्र सौंपा।

केन्द्रीय मंत्रिमंडल ने 27 जनवरी, 2004 को लोकसभा भंग करने की सिफारिश की थी। उसी के बाद सरकार ने अंतरिम आम बजट और रेल बजट को पारित करने के संवैधानिक दायित्व को पूरा करने के लिए संसद का निस्तारित संक्षिप्त अधिवेशन बुलाया। 29 जनवरी, 2004 को शुरू हुए सत्र में कुछ विधायी कामकाज समाप्त होते ही प्रधानमंत्री अटल बिहारी वाजपेयी ने राष्ट्रपति भवन जाकर उन्हें विधायी एजेंडा के पूर्ण होने की और केबिनेट की सिफारिश के अनुरूप लोकसभा भंग करने की औपचारिक रूप से सिफारिश की। उसके बाद राष्ट्रपति ने लोकसभा भंग करने की अधिसूचना जारी कर दी। राष्ट्रपति भवन से जारी विज्ञप्ति में कहा गया कि संसद द्वारा सभी जरुरी व वित्तीय और अन्य कामकाज पूरे कर लिए गए हैं और राष्ट्रपति ने प्रधानमंत्री की सिफारिशों को मानते हुए 13 वीं लोकसभा को तत्काल प्रभाव से भंग करने के आदेश पर हस्ताक्षर कर दिए।[88] संविधान के अनुच्छेद 85(2) की उपधारा–दो के तहत राष्ट्रपति ने लोकसभा भंग करने का आदेश जारी कर दिया।[89] राष्ट्रपति ने मंत्रिमंडल की संस्तुति को मानकर लोकसभा 6 फरवरी, 2004 को विघटित कर नए चुनाव कराने की पहल करा दी। इस बार राष्ट्रपति अब्दुल कलाम ने 9 महीने पूर्व ही लोकसभा को विघटित कर दिया। न तो राष्ट्रपति का निर्णय

और न ही प्रधानमंत्री अटल बिहारी वाजपेयी के नेतृत्व वाले मंत्रिमंडल द्वारा ऐसी सिफारिश करना ही अप्रत्याशित था। जहां राष्ट्रपति ने अपने संवैधानिक उत्तरदायित्वों का निर्वाह किया, वहीं प्रधानमंत्री द्वारा अपने दल तथा सरकार के राजनैतिक हितों के प्ररिप्रेक्ष्य में ऐसा राजनीतिक निर्णय लिया। राजनीतिक समीक्षकों, विश्लेषकों, व्याख्याकारों तथा अध्येताओं को इस निर्णय पर तनिक भी आश्चर्य नहीं हुआ। लोकसभा के विघटन पर मिश्रित प्रतिक्रियाएं हुई। जहां सतारुढ़ राष्ट्रीय जनातांत्रिक गठबंधन ने इस निर्णय का स्वागत किया, वही गैर भारतीय जनता पार्टी विपक्षी राजनीतिक दलों ने इसकी आलोचना की।

राष्ट्रपति द्वारा लोकसभा को विघटित किया जाना संवैधानिक, न्यायसंगत, तर्कसंगत तथा एक लोकतांत्रिक कदम था। एक बहुमत प्राप्त सरकार द्वारा लोकसभा को समय से पूर्व भंग करना सरकार के क्षेत्राधिकार में था। देश में पूर्व में भी अनेक बार ऐंसा हुआ। अतः अटल बिहारी वाजपेयी के नेतृत्व वाली मंत्रिपरिषद की सलाह पर राष्ट्रपति द्वारा लोकसभा को विघटित करने के निर्णय के आगे राजनीतिक, नैतिक तथा वैधानिक प्रश्न या आपत्तियाँ खड़ी करने का कोई औचित्य नहीं है।

अतः संक्षेप में कह सकते है कि गठबंधन सरकारों के दौरान राष्ट्रपति ने लोकसभा को भंग करने से पहले उन सभी विकल्पों पर ध्यान दिया जिनसे लोकसभा को समयावधि से पूर्व भंग करने से बचाया जा सके अर्थात स्पष्ट है कि गठबंधन राजनीति के युग में विभिन्न राष्ट्रपतियों ने लोकसभा को भंग करने में कोई जल्दबाजी नहीं दिखाई, बल्कि इस विषय में गम्भीरतापूर्वक अपनी महत्त्वपूर्ण भूमिका का परिचय दिया। गठबंधन सरकारों में लोकसभा का अस्तित्व प्रधानमंत्री पर नहीं वरन् सरकार के सहयोगी दलों पर निर्भर करता है। अतः लोकसभा को भंग करने के संबंध में प्रधानमंत्री पहले की अपेक्षा कमजोर हुआ। मिली–जुली राजनीति के युग में लोकसभा को भंग करने के निर्णय के संबंध में राष्ट्रपति अपनी इच्छा के अनुसार कार्य ले सकता है, परन्तु केवल उस स्थिति में जबकि सरकार को लोकसभा में बहुमत प्राप्त न हो। निष्कर्ष रूप में कहा जा सकता है कि गठबंधन सरकारों में लोकसभा भंग करने या सरकार भंग करने के संबंध में राष्ट्रपति की भूमिका में सक्रियता आई।

भारत के मूल संविधान में अनुच्छेद 74 में यह उपबंध किया गया था कि "राष्ट्रपति के कृत्यों का प्रयोग करने में सहायता और सलाह देने के लिए एक मंत्रिपरिषद होगी जिसका प्रधान प्रधानमंत्री होगा।"[90] बस इतना ही उपबंध किया

गया था। इंग्लैंड के सम्राट की भांति भारत के राष्ट्रपति से यह अपेक्षा की गयी थी कि वह स्वयं के विचार से नहीं वरन् मंत्रिपरिषद की सलाह पर काम करेगा, क्योंकि मंत्रिपरिषद संविधान के अनुच्छेद 75(3) के अनुसार सामूहिक रूप से लोकसभा के प्रति उत्तरदायी होती है।[91] इसका कारण यह कि इसके सदस्य सीधे जनता द्वारा चुने जाते हैं। बाकी सब बुद्धिमतापूर्वक परिपाटियों और संवैधानिक प्रथाओं पर छोड़ दिया गया। जिसे पहले संविधानिक परिपाटी पर छोड़ दिया गया था उसे बाद में 42वें संविधान संशोधन 1976 के द्वारा लिखित पाठ में अधिदेश के रूप में शामिल कर लिया गया। इससे राष्ट्रपति की भूमिका नाममात्र के कार्याधिकारी तक ही सीमित रह गयी। लेकिन 1978 के 44वें संविधान द्वारा राष्ट्रपति को मंत्रिपरिषद के किसी सुझाव को पुनर्विचार के लिए वापस भेजने का अधिकार दिया गया।

यहां मंत्रिपरिषद की 'सहायता एवं परामर्श' शब्द रचना की ऐतिहासिक पृष्ठभूमि एवं विभिन्न दृष्टिकोणों को विवेचित किया गया है।

'सहायता एवं परामर्श' शब्द रचना की ऐतिहासिक पृष्ठभूमि

यह 'सहायता एवं परामर्श' शब्द सबसे पहले कनाड़ा के 1947 के 'ब्रिटिश नार्थ अमेरिका एक्ट' के अन्तर्गत निर्मित प्रिवी कौंसिल द्वारा गवर्नर-जनरल को दिए जाने वाले 'सहायता एवं परामर्श' के संबंध में सुनने को मिलता है।[92] परंतु जहाँ तक गवर्नर-जनरल के इससे प्रतिबद्ध होने का प्रश्न है वह प्रारम्भ में आज की भांति संवैधानिक प्रमुख नहीं था। आस्ट्रिया के गवर्नर-जनरल की स्थिति भी बिल्कुल कनाड़ा के समान है, परंतु वहाँ पर केवल 'परामर्श' शब्द प्रयुक्त किया गया है। आस्ट्रिया के 1900 के 'कॉमनवेल्थ ऑफ आस्ट्रिया एक्ट' की धारा 62 के अनुसार निर्मित संधीय कार्यपालिका को संवैधानिक अभिसमयों के विकास ने वास्तविक शासक से नाममात्रीय प्रमुख में परिवर्तित कर दिया है। साउथ अफ्रीका में 1909 के 'यूनियन आफ द साउथ अफ्रीका एक्ट' की धारा 12 के अनुसार गवर्नर जनरल को परामर्श देने के लिए एक कार्यपालिका परिषद है। यद्यपि संसद-भंग के मामले में गवर्नर जनरल उसके परामर्श से ही कार्य करता है परंतु वहाँ पर गवर्नर जनरल द्वारा स्वविवेक के प्रयोग के उदाहरण भी मिलते हैं। भारत में हमने ब्रिटिश कॉमनवेल्थ देशों और ब्रिटिश पद्धति का अनुकरण ब्रिटिश शासन-काल से ही प्रारम्भ कर दिया था। 1935 के भारतीय सरकार अधिनियम की धारा 9 से इन धाराओं को पहले ड्राफ्ट कांस्टीट्यूशन की धारा 61 में और अंत में संविधान की वर्तमान धारा 74(1) में आयात किया गया है।

संविधान–निर्माताओं का दृष्टिकोण

संविधान को अंतिम रूपरेखा दिए जाने से पूर्व मसविदा समिति में संवैधानिक परामर्शदाता बी. एन. राव द्वारा एक प्रस्ताव 30 मई, 1947 को प्रस्तुत किया गया था, जिसके अनुसार ब्रिटिश प्रिवी कौंसिल और आयरलैंड की 'कौंसिल ऑफ स्टेट' (धारा 31) की भांति भारत में भी राष्ट्रपति को उसके कुछ स्वविवेकीय कार्य में परामर्श देने के लिए मंत्रिपरिषद के अतिरिक्त एक अन्य संस्था 'कौंसिल ऑफ स्टेट' (राज्य सभा नहीं) को गठित किया जाना चाहिए। उसमें प्रधानमंत्री, उपप्रधानमंत्री (यदि हो), वर्तमान और भूतपूर्व मुख्य न्यायाधीश (सुप्रीम कोर्ट), लोकसभा और राज्यसभा के अध्यक्ष (स्पीकर, उपराष्ट्रपति), एटार्नी जनरल या अन्य उच्च स्तरीय् अनुभवी व्यक्ति राष्ट्रपति द्वारा लिए जाने चाहिए।[93] केन्द्रीय संविधान सभा समिति ने 8 जून, 1947 को इस पर विचार किया, परंतु समिति ने निर्णय किया कि चूंकि राष्ट्रपति में कोई विशेष उत्तरदायित्व नहीं है, अतः स्वविवेक प्रदान करने का प्रश्न ही नहीं है। उसे मंत्रिपरिषद के परामर्श के अनुसार ही कार्य करना चाहिए।

संविधान सभा में ड्राफ्ट कॉंस्टीट्यूशन की धारा 61(1) पर विचार करते समय सदस्यों द्वारा कई प्रस्ताव प्रस्तुत किए गए। मोहम्मद ताहिर मुस्लिम सदस्य ने राष्ट्रपति को स्वविवेक के अधिकार देने का संशोधन प्रस्ताव किया।[94] इसका विरोध करते हुए के. संथानम् ने कहा कि प्रधानमंत्री का कार्य राष्ट्रपति को उसके कार्यों में सहायता और परामर्श देना नहीं है बल्कि प्रधानमंत्री का कार्य अपनी मंत्रिपरिषद के परामर्श से देश का प्रशासन संचालित करना है तथा राष्ट्रपति को कभी-कभी मंत्रीपरिषद को परामर्श देने की अनुमति होगी।[95] बहस को संक्षिप्त रूप देते हुए बी. आर. अम्बेड़कर ने कहा कि ''राष्ट्रपति किसी भी मामले में मंत्रिपरिषद के परामर्श के बगैर कार्य नहीं करेगा। नए संविधान में राष्ट्रपति को कार्य नहीं बल्कि ब्रिटिश सम्राट की भांति प्रधानमंत्री की नियुक्ति और संसद-विघटन के दो विशेषाधिकार प्राप्त होंगे।''[96]

संविधान सभा के अध्यक्ष राजेन्द्र प्रसाद ने संवैधानिक सलाहकार बी.एन. राव को 6 अप्रैल, 1948 को लिखे गए अपने पत्र में इस बात पर संशय व्यक्त किया था कि क्या ड्राफ्ट संविधान की धारा 61(1) राष्ट्रपति को मंत्रिपरिषद के परामर्श से प्रतिबद्ध करने में सक्षम है? यही नहीं, संविधान सभा, में भी उन्होंने यही दृष्टिकोण अभिव्यक्त करते हुए बार-बार कहा था कि संविधान में राष्ट्रपति को मंत्रिपरिषद के परामर्श से बांधने वाली कोई धाराएँ नहीं हैं।

इन्हें संविधान में कहीं अवश्य रख देना चाहिए, अन्यथा राष्ट्रपति पर इन धाराओं के अभाव में परामर्श न मानने पर संविधान के उल्लंघन के कारण महाभियोग को ला सकना भी संभव नहीं होगा।[97] बी. आर. अम्बेडकर, अध्यक्ष राजेन्द्र प्रसाद द्वारा स्मरण दिलाए जाने के बाद भी, यही कहते रहे कि ऐसी धारा है जो राष्ट्रपति को मंत्रिपरिषद के परामर्श से बाध्य करती है। धारा 74(1) को अंतिम रूप देते समय इसे भी अनावश्यक समझकर छोड़ दिया गया। अतः संविधान निर्माण प्रक्रिया में संविधान निर्माताओं द्वारा संविधान सभा में अभिव्यक्त किए गए विचारों और स्वीकृत भावनाओं के अनुसार हमारे संविधान के लिए स्वीकृत उत्तरदायी संसदीय प्रजातंत्र में राष्ट्रपति औपचारिक प्रमुख मात्र के रूप में प्रधानमंत्री और मंत्रिपरिषद के परामर्श से प्रतिबद्ध है।

'सहायता और परामर्श' मुहावरे का व्युत्पतिक अर्थ

सहायता मुहावरे का व्युत्पतिक अर्थ है मदद करना या सहयोग। यह आवश्यक रूप से सहयोग का संकेत देता है। जिसका शाब्दिक अर्थ सलाह लेना या राय लेना है। दोनों शब्दों को संयोजक द्वारा जोड़ दिया गया, परिणाम स्वरूप परामर्श शब्द के अर्थ को सहायता के विस्तार के रूप में लिया जाना चाहिए अर्थात आवश्यक रूप से परामर्श को भी सहायता के उद्देश्य को पूरा करना चाहिए। इस प्रकार इस सिद्धांत का सामान्य अर्थ है–सहयोगी प्रकृति। इस सिद्धांत का विधिक अर्थ एक देश से दूसरे देश में तथा सरकार के एक रूप से दूसरे रूप में अलग-अलग निकाला जाता है।

सहायता एवं परामर्श सिद्धांत का बाध्यकारी स्वरूप ब्रिटिश संसदीय प्रणाली के लिए विलक्षण है। इसका विकास विशिष्ट प्रेम तथा आदर जो ब्रिटेन के लोग राजा की संस्था के प्रति रखते हैं तथा एक निरंकुश राजतंत्र द्वारा शासित न होने की अनिच्छा के बीच हुए समझौते से हुआ है। ऐतिहासिक परिप्रेक्ष्य में राजा ने अपनी संस्थानिक शक्ति को खो दिया जो कि अब मंत्रिमंडल के पास हस्तांतरित हो गयी, लेकिन उसने लोगों के अनुराग को नहीं खोया। यद्यपि राजा कुछ नहीं करता, परंतु प्रत्येक कार्य उसके नाम से किया जाता है। राजा मंत्रियों की सलाह एवं सहायता से कार्य करता है जो वास्तव में देश पर शासन करते हैं। फिर भी, ब्रिटिश लोगों का राजा के प्रति विशेष अंतर उन्हें विशेष परम्परा के प्रति कुशल बनाता है। वे राजा को नाममात्र का मुखिया कहना पसंद नहीं करते। अतः उन्होंने 'सहायता एवं परामर्श' वाक्यांश का प्रयोग किया जो राजा की संस्था के प्रति उनके आदर को प्रकट करता है। आरम्भ में राजा की शक्ति असीम थी, परन्तु बाद में प्रथाओं, पूर्वोदाहरणों तथा राजनीतिक संघर्ष

के परिणामस्वरूप राजा की असीम शक्तियों को संसदीय सर्वोच्चता तथा संसदीय सरकार द्वारा प्रतिस्थापित कर दिया गया। सम्राट केवल नाममात्र का मुखिया रह गया और वास्तविक शक्ति मंत्रिपरिषद के पास आ गई, क्योंकि मंत्रिमंडल को सामूहिक रूप से उत्तरदायी बनाया गया। वर्तमान में राजा मंत्रिमंडल की 'सहायता एवं परामर्श' के आधार पर ही कार्य करता है। लार्ड ईशर ने इस बात पर जोर दिया कि ''राजा के पास मंत्रियों के परामर्श को स्वीकार करने के अलावा कोई विकल्प नहीं है जब तक कि उनको हाउस ऑफ कॉमन्स में बहुमत प्राप्त है।''[98]

अमेरिकी अध्यक्षात्मक प्रणाली में इस सिद्धांत का केवल एक विश्वासोत्पादक महत्त्व है। वास्तविक कार्यपालिका शक्ति राष्ट्रपति में निहित हैं और उसी के द्वारा प्रयोग की जाती हैं। इस प्रणाली में कार्यप्रणाली का मुखिया मंत्रियों के द्वारा दी गई सलाह को मानने के लिए बाध्य नहीं है।

आयरलैंड में राष्ट्रपति राज्य का औपचारिक मुखिया है। 'सहायता एवं परामर्श' के सिद्धांत को सशक्त तथा बाध्यकारी स्वरूप में अपनाया गया है। राष्ट्रपति को प्रदान की गई सभी शक्तियाँ तथा कार्य सरकार के परामर्श के अनुसार ही उसके द्वारा प्रयोग की जाती हैं। फ्रांसीसी संविधान में भी इसी अनुरूप व्यवस्था की गई है। 'सहायता एवं परामर्श' के सिद्धांत के बाध्यकारी एवं अनिवार्य स्वरूप ने फ्रांसीसी राष्ट्रपति की प्रतिष्ठा को काफी हद तक कम कर दिया है। वह न तो शासन करता है और न प्रशासन चलाता है।

इस प्रकार 'सहायता एवं परामर्श' का वास्तविक अर्थ उस देश के संविधान द्वारा लिया जाता है। हमारे देश के संविधान निर्माताओं के पास इस सिद्धांत की बाध्यकारी और अबाध्यकारी प्रकृति अपनाने का पूरा विकल्प था। संविधान सभा के वाद-विवादों में भी दो विचार सामने आए। इसके अनिवार्य स्वरूप का विरोध करते हुए हुसैन इमाम ने सुझाव दिया कि ब्रिटिश मॉडल की अपेक्षा संयुक्त राज्य अमेरिका में अपनायी गई प्रणाली जिसमें राष्ट्रपति को अपने मंत्री नामांकित करने का अधिकार है, वास्तव में अधिक लोकतांत्रिक तथा ठोस सिद्धांतों पर आधारित थी। उनकी राय थी कि अमेरिका में कार्यपालिका पर विधानमंडल का नियंत्रण ब्रिटेन जितना ही प्रभावी था। दूसरा विचार इन निर्देशों में निहित है कि राष्ट्रपति मंत्रियों के परामर्श से बाध्य होगा जिसे संविधान सभा ने हटा दिया।

संघीय संविधान समिति व प्रांतीय समिति के संयुक्त अधिवेशनों में 'सहायता एवं परामर्श' के सिद्धांत की बाध्यकारी प्रकृति पर गरमागर्म बहस हुई। भारत के

संविधान में 'सहायता एवं परामर्श' के सिद्धांत की बाध्यकारी तथा अबाध्यकारी प्रकृति के बीच एक समझौता अपनाया। सहायता एवं सलाह का भारतीय सिद्धांत न तो ब्रिटिश संसदीय प्रणाली की प्रतिलिपि है और न ही अमेरिका की अध्यक्षात्मक प्रणाली की, बल्कि यह दोनों प्रणालियों का एक विशिष्ट मिश्रण है। अतः भारत में सहायता एवं परामर्श का अद्वितीय सिद्धांत अपनाया गया है।

सहायता और परामर्शः एक विवादीय प्रश्न

संविधान के अनुसार राष्ट्रपति को उसके कार्यों के संपादन में 'सहायता एवं परामर्श' देने के लिए प्रधानमंत्री की अध्यक्षता में एक मंत्रिपरिषद होगी। प्रधानमंत्री के कार्यों की तथा राष्ट्रपति और उसके मध्य संबंधों को निर्धारित करने वाली यह एक महत्त्वपूर्ण, अत्यधिक शैक्षणिक तथा राजनीतिक विवादीय धारा थी। संविधान सभा की गंभीर, लम्बी एवं विचार-विमर्शपूर्ण बहसों के अतिरिक्त इस धारा ने अनेक कानून-विशेषज्ञों, न्यायाधीशों, विधिशास्त्रीय विद्वानों एवं राजनीतिज्ञों का ध्यान अपनी ओर आकर्षित किया है। इसने जिस अनन्त, गंभीर एवं दीर्घ विवाद को भुखरित किया है, उस पर अभी तक शैक्षणिक विद्वानों, विधिवेत्ताओं एवं राजनीतिज्ञों में मतैक्य का अभाव था।

अंतर्राष्ट्रीय कानून-विशेषज्ञों ने 1953 में दिल्ली में होने वाले अन्तर्राष्ट्रीय कानून-सम्मेलन में इस धारा में निहित राष्ट्रपति और प्रधानमंत्री के संबंधों पर विस्तार से विचार किया, परंतु वह भी मतैक्य पर पहुँचने में असफल रहे।[99] बहस का प्रारंभ भारत के भूतपूर्व प्रसिद्ध विधि-विशारद एटार्नी जनरल एम.सी. सीतलवाड़ ने अपने विद्वत्तापूर्ण और विस्तृत व्याख्यान् को पढ़कर किया। वह इस निष्कर्ष पर पहुँचे कि राष्ट्रपति संवैधानिक और ब्रिटिश पारंपरिक दृष्टि से प्रधानमंत्री और मंत्रिपरिषद की सहायता और परामर्श से प्रतिबद्ध होने के कारण स्वतंत्र रूप से स्वविवेक और व्यक्तिगत निर्णय के आधार पर स्वयं कोई कार्य नहीं कर सकता है। इस दृष्टिकोण का संविधान सभा के संवैधानिक परामर्शदाता बी.एन. राव द्वारा भी दृढ़तापूर्वक समर्थन किया गया।

भारत के भूतपूर्व मुख्य न्यायाधीश पंतजलि शास्त्री द्वारा इससे विरोधी दृष्टिकोण प्रकट किया गया।[100] उन्होंने कहा कि भारत के राष्ट्रपति की सत्ता को अन्य संविधानों की परंपराओं के अनुसार नहीं बल्कि उसी सीमा तक सीमित किया जा सकता है जितना कि संविधान में विशेष रूप से उल्लेखित है। 1956 में, 'क्रॉउन और कॉमनवेल्थ इन एशिया' में संवैधानिक विशेषज्ञ आइवर जेनिंग्स ने लिखा, ''राजेन्द्र प्रसाद ने ब्रिटिश अभिसमयों का कुछ अधिक वफादारी से

परिपालन किया है जबकि संविधान उनसे या उनके उत्तराधिकारियों से इस प्रकार की कोई वांछनीयता की माँग नहीं करता है, भावी राष्ट्रपतियों में से कोई भी यह कह सकता है वह विदेशी राजतंत्र की संवैधानिक परंपराओं से प्रतिबद्ध नहीं होगे, बल्कि कानून का ही परिपालन करेंगे।''[101]

नवंबर 1960 को भूतपूर्व राष्ट्रपति राजेन्द्र प्रसाद की दिल्ली में 'इंडियन ला इंस्टीट्यूट' की आधारशिला रखते समय उनकी टिप्पणी के परिणामस्वरूप 1961 के प्रारंभ से ही प्रमुख विधिवेत्ताओं की गोलमेज परिषद में इस विवाद पर विचार–विमर्श किया गया।[102] इसमें केवल दो को छोड़कर अधिकांश विद्वानों ने ब्रिटिश परम्परागत पद्धति का अनुसरण राष्ट्रपति के लिए उचित ठहराया, केवल संसदीय नेतृत्व की अनिश्चितता में वह कुछ स्वविवेक का प्रयोग कर सकता है। दो प्रमुख विपरीत विचारधारा वाले व्यक्तियों में एक ने राष्ट्रपति का समर्थन कानूनी आधार पर किया। उन्होंने कहा कि कुछ राष्ट्रपतीय शक्तियों को कैबिनेट के परामर्श के बगैर प्रयोग में लाया जा सकता है। दूसरे ने उसे राजनीतिक आधार पर समर्थित करते हुए कहा कि निर्वाचन पद्धति के कारण राष्ट्रपति पद वंशानुगत सम्राट से भिन्न है।[103]

विशेषकर 1967 के बाद विभिन्न राज्यों में संवैधानिक प्रमुख राज्यपालों द्वारा जिस प्रकार अनेक सुस्थापित स्वस्थ परम्पराओं को तोड़ा गया है, उसने अनेक लोगों के दिमाग में इस प्रश्न को उत्पन्न किया है कि क्या विषम व असाधारण परिस्थितियों में राष्ट्रपति संवैधानिक प्रमुख की सुस्थापित एवं स्वस्थ परंपरा के प्रतिकूल आचरण नहीं कर सकता है? विधिवेत्ताओ, राजनीतिज्ञों तथा बौद्धिक वर्ग के अतिरिक्त विभिन्न दलों में भी राष्ट्रपति के अधिकारों, स्थितियों और प्रधानमंत्री से उसके संबंधों के विषय में मतैक्य नहीं है।

अध्ययन की सुविधा के लिए इन विचारों, एवं दृष्टिकोणों को तीन भागों में वगीकृत किया जा सकता है :

(क) ऐतिहासिक परिप्रेक्ष्य में संविधान निर्माताओं की भावनाओं, उत्तरदायी संसदीय सरकार की प्रतिष्ठापना एवं परिचित ब्रिटिश अभिसमयों का अनुशासन भारतीय राष्ट्रपति से ब्रिटिश सम्राट की भांति नाममात्रीय औपचारिक प्रमुख की अपेक्षा करता। कुछ सीमित विषयों, असाधारण परिस्थितियों को छोड़कर वह राष्ट्रपतियों को कोई स्वविवेकीय या व्यक्तिगत निर्णय के अधिकार प्रदान न कर, सदैव प्रधानमंत्री और मंत्रिपरिषद की सहायता और परामर्श से कार्य करने को प्रतिबद्ध मानते

हैं। उनके अनुसार अपवादीय स्थितियों में उसके सीमित स्वविवेक प्रयोग को छोड़कर साधारणतया वह अनुत्तरदायी नहीं हो सकता है।[104] इन विद्वानों के अनुसार ब्रिटिश संवैधानिक परम्पराओं का अनुगमन कर भारत में भी स्वस्थ परम्पराओं की स्थापना की जानी चाहिए।[105]

(ख) संवैधानिक और कानूनी विद्वानों एवं विधिवेताओं के अनुसार राष्ट्रपति की संवैधानिक शक्तियाँ वास्तविक हैं। संविधान-निर्माताओं की भावनाओं से संविधान की लिखित एवं स्पष्ट धाराओं की व्याख्या करके राष्ट्रपति के संवैधानिक स्वरूप को घटाना नहीं चाहिए।[106] इस विचारधारा के उग्र समर्थकों की कल्पनानुसार राष्ट्रपति अपने किसी मित्र को निर्वाचन अधिकारी नियुक्त कर, आम निर्वाचनों को इस प्रकार कुशलतापूर्वक सुनियोजित कर सकता है कि उसे लोकसभा का बहुमत एवं विश्वास प्राप्त हो जाए। तत्पश्चात वह अपनी इच्छानुसार मंत्रिपरिषद की स्थापना कर राष्ट्रपति तानाशाही स्थापित कर सकता है।

(ग) विचारकों के दृष्टिकोण से भारतीय कार्यपालिका अध्यक्षात्मक और संसदात्मक पद्धतियों का अद्भुत समन्वय है। संविधान-निर्माताओं ने समस्त प्रमुख देशों के संविधानों की सर्वश्रेष्ठ विशेषताओं को समाहित करने में गौरव का अनुभव किया है,[107] ताकि संसदीय सरकार की असफलता पर राष्ट्रपति स्थिति को संभाल सके, परस्पर एक-दूसरे पर नियंत्रण-संतुलन स्थापित कर सके। परंतु सर्वश्रेष्ठ समन्वय या सम्मिश्रण से श्रेष्ठ परिणाम ही प्राप्त होंगे। इसमें कोई तर्क नहीं है। दोनों पद्धतियाँ परस्पर एक दूसरे से भिन्न और विरोधी हैं तथा दोनों को मिलाना असंभव है।

'सहायता एवं परामर्श' सिद्धांत के विभिन्न दृष्टिकोण

'सहायता एवं परामर्श' के सिद्धांत के बारे में परस्पर विरोधी विचार पाए जाते हैं। यह सम्पूर्ण विवाद भारतीय संविधान के अन्तर्गत राष्ट्रपति की स्थिति के निर्धारण के चारों ओर घूमता है। इससे संबंधित विचारों को अध्ययन की दृष्टि से निम्न भागों में बाँटा जा सकता है:–

राष्ट्रपति प्रधानमंत्री की सहायता और परामर्श से प्रतिबद्ध है

इस दृष्टिकोण के विचारकों के अनुसार भारतीय संविधान में सहायता एवं परामर्श का सिद्धांत पूर्णतया संसदीय प्रणाली में प्रचलित रूप में अपनाया है और इसीलिए राष्ट्रपति सदैव मंत्रियों के परामर्श से बंधा हुआ है। उसे वही स्थिति

भारतीय संविधान में प्रदान की गई है जो कि ब्रिटिश सम्राट को प्राप्त है। भारत में उत्तरदायी संसदीय प्रजातंत्र की प्रतिष्ठापना करते समय जवाहर लाल नेहरू, बी.आर. आंबेडकर, एच.वी. कॉमथ, पी.सी. देशमुख, के. हनुमथैय्या, टी.टी. कृष्णामाचारी एवं अल्लादी कृष्णास्वामी अय्यर ने राष्ट्रपति से यही अपेक्षा की थी कि वह प्रधानमंत्री और मंत्रिपरिषद के परामर्श से सदैव प्रतिबद्ध रहेगा। इस विचार के प्रमुख समर्थकों, जैसे–ग्रेनविल आस्टिन, बी.एन. राव., एम.सी. सीतलवाड़ और वी.एस. देशपांडे आदि ने इसके पक्ष में निम्नलिखित तर्क दिए हैं:–

– भारत के संविधान में ब्रिटिश मॉडल को अपनाया है। ब्रिटिश राजा की भाँति भारतीय राष्ट्रपति नाममात्र का मुखिया है तथा वास्तविक शक्ति मंत्रिपरिषद में निहित हैं।

– राष्ट्रपति को किसी के प्रति उत्तरदायी नहीं बनाया गया है और मंत्रिपरिषद सामूहिक रूप से लोकप्रिय सदन के प्रति उत्तरदायी होती है। अतः जो उत्तरदायित्व ग्रहण करता है उसी के पास शक्तियाँ होनी चाहिए। इसलिए मंत्रिमंडल और इसका परामर्श राष्ट्रपति के लिए बाध्यकारी है।

– वित्तीय व्यवहार भी राष्ट्रपति को विवश करता है, क्योंकि संचित निधि में से कोई भी विनियोग संसद के अनुमोदन द्वारा ही खर्च किया जा सकता है।

– अनुच्छेद 61 के प्रावधान जो राष्ट्रपति पर महाभियोग लगाने से संबंधित है। वह भी राष्ट्रपति को मंत्रिमंडल का परामर्श स्वीकार करने के लिए बाध्य करता है।

– भारत सरकार अधिनियम, 1935 में गवर्नर जनरल को दिए गए स्वविवेकी अथवा व्यक्तिगत निर्णय लेने जैसे संगत प्रावधान संविधान में नहीं हैं। संविधान में राष्ट्रपति को स्वविवेकी शक्तियाँ नहीं दी गई।

– एम.सी. सीतलवाड़ तथा ए.के. अय्यर द्वारा प्रधानमंत्री जवाहरलाल नेहरू को राष्ट्रपति की स्थिति के बारे में दी गई सलाह/राय भी महत्त्वपूर्ण हैं। दोनों ही विधिवेताओं ने इस सिद्धांत के बाध्यकारी स्वरूप का समर्थन किया है।

– संविधान के लागू होने के बाद से चला आ रहा संवैधानिक व्यवहार भी इस सिद्धांत के बाध्यकारी स्वरूप को ही मजबूत बनाता है।

– संविधान का 74वाँ अनुच्छेद आदेशात्मक है और राष्ट्रपति मंत्रिपरिषद की सहायता तथा परामर्श को छोड़ नहीं सकता।

– न्यायिक दृष्टिकोण भी इस सिद्धांत की बाध्यकारी प्रकृति का समर्थन करता है। इसका आरम्भ रामजवाया कपूर बनाम पंजाब राज्य के मामले में मुख्य न्यायाधीश मुखर्जी के निरीक्षण से हुआ। जिसका संबंध केन्द्र और राज्यों की कार्यपालिका शक्तियों से संबंधित अनुच्छेद 73 और 162 से है। पाँच न्यायाधीशों की पीठ ने कहा कि "अनुच्छेद 53(1) के अनुसार संघ की कार्यपालिका शक्ति राष्ट्रपति में निहित हैं, लेकिन अनुच्छेद 74 के अंतर्गत प्रधानमंत्री के नेतृत्व में एक मंत्रिपरिषद जो राष्ट्रपति को अपने कार्यों को सम्पादित करने में सहयोग एवं परामर्श देगी। अतः इस प्रकार राष्ट्रपति को अपनी कार्यपालिका का एक संवैधानिक व औपचारिक मुखिया बनाया गया है और वास्तविक कार्यपालिका शक्तियाँ मंत्रिमंडल में निहित हैं।"

सलाह एवं सहायता के सिद्धांत का अबाध्यकारी एवं अनावश्यक स्वरूप

'सहायता एवं परामर्श' के सिद्धांत से संबंधित दूसरा विचार अबाध्यकारी तथा स्वतंत्र या अनावश्यक है। इसके समर्थकों में के.एम. मुंशी, के. संथानम, पी.बी. मुखर्जी, एम.एम. इस्माइल, के. सुब्बाराव और जाने माने विदेशी लेखक आईवर जेनिंग्ज आदि शामिल हैं। इस विचारधारा का मत है कि सहायता एवं सलाह के सिद्धांत को भारतीय संविधान में उसी भावना में आयातित नहीं किया गया है। उनके अनुसार राष्ट्रपति की विशेष संवैधानिक स्थिति है, इसीलिए वह मंत्रिपरिषद की सलाह मानने के लिए बाध्य नहीं है। इस विचार के पक्ष में उनके प्रमुख तर्क निम्नलिखित हैं–

– फ्रांसीसी संविधान का अनुसरण करने वाले प्रस्ताव जिसके अनुसार राष्ट्रपति न तो शासन करता है और न ही प्रशासन को भी संविधान निर्मात्री सभा द्वारा हटा दिया गया।

– राष्ट्रपति को मंत्रियों के परामर्श से बाध्य करने वाले निर्देश पत्र के प्रस्ताव को हटा दिया गया।

– आयरिश संविधान के प्रावधान की तरह राष्ट्रपति को सदा मंत्रियों का परामर्श स्वीकार करना चाहिए भी शामिल नहीं किया गया।

के.एम. मुंशी के तर्क

– राष्ट्रपति जनता का प्रतिनिधित्त्व करता है, जबकि मंत्रिपरिषद केवल

संसद में बहुमत प्राप्त दल का प्रतिनिधित्व करती है, अतः राष्ट्रपति न केवल संघ के मुखिया हैं बल्कि संघ की ठोस अभिव्यक्ति भी हैं।

– राष्ट्रपति अपने पद के कर्त्तव्यों के निवर्हन के लिए संविधान के परिरक्षण, संरक्षण और प्रतिरक्षण की तथा भारत की जनता की सेवा और कल्याण तथा देश की एकता और अखंडता को बनाए रखने की शपथ लेते हैं।

– राष्ट्रपति को प्रधानमंत्री की नियुक्ति तथा मंत्रियों की पदच्युति के विशेषाधिकार भी प्राप्त हैं।

– मंत्रिपरिषद केवल कार्यकारी निकाय है जबकि राष्ट्रपति की शक्तियाँ और कार्य केवल कार्यपालिका कृत्य नहीं है बल्कि विधायी, न्यायिक और संवैधानिक और विशेषाधिकार भी हैं।

– राष्ट्रपति को स्वविवेकी शक्तियाँ और अधिकार प्राप्त हैं। अनुच्छेद 74 केवल उन्हीं कार्यों पर लागू किया जा सकता है जिनका इस अध्याय में उल्लेख पाया जाता है।

– अनुच्छेद 78 प्रधानमंत्री का यह दायित्व निश्चित करता है कि वह राष्ट्रपति को मंत्रिपरिषद के सभी निर्णयों से संबंधित सूचनाएँ सम्प्रेषित करें।

– यह मान्यता है कि राष्ट्रपति को सदैव मंत्रियों के सहयोग एवं परामर्श के अनुसार कार्य करना है, न तो हमारे संविधान द्वारा और न ही किसी अन्य संवैधानिक व्यवहार द्वारा तर्क संगत दिखाई देती है।

सहायता एवं परामर्श सिद्धांत का मध्यमार्गी स्वरूप

इस सिद्धांत से संबंधित तीसरा विचार तुलनात्मक रूप से मध्यमार्गी है। इसका समर्थन करने वाले विख्यात् न्यायविद् एम.सी. छागला, एस.के. दास, रशीद तालिब, एच.एम. सीरवई और न्यायाधीश ए.के. सेन आदि हैं। उनका कहना है कि सामान्य रूप से राष्ट्रपति मंत्रिपरिषद की सहायता एवं सलाह से प्रतिबद्ध है, परंतु कुछ विशेष मामले हैं जिनमें उसे अपनी विवेकाधीन शक्तियों का प्रयोग करना चाहिए। 1970 के बार ऐसोसिएशन के तत्वाधान में राष्ट्रपति की शक्तियों पर एक सेमीनार का उद्घाटन करते हुए एम.सी. छागला ने एक घटना की ओर संकेत किया जबकि राष्ट्रपति ने जवाहरलाल नेहरू के आकस्मिक निधन के पश्चात् गुलजारीलाल नंदा को कार्यवाहक प्रधानमंत्री के रूप में कार्य

करने को कहा। तब राष्ट्रपति ने यह निर्णय अपने आप लिया था। छागला के अनुसार संसद को भंग करने के मामले में भी राष्ट्रपति को विवेकाधीन शक्तियाँ प्राप्त हैं। उन्होंने बड़े स्पष्ट रूप से कहा–उदाहरण के लिए राष्ट्रपति को विधानमंडल या संसद को भंग करने के परामर्श देने के लिए एक दिन पहले ही अविश्वास प्रस्ताव सदन में प्रस्तुत किया जाता है। क्या यह संविधान की भावना के अन्तर्गत है? इसलिए मैं कहता हूँ कि राष्ट्रपति को यह राय कि सदन को भंग करने का परामर्श साधारणतया नहीं अपितु विपक्ष के अधिकारों को पराजित करने के लिए लिया गया है अथवा मैं कहूँगा कि संविधान की भावना को नीचा करने के लिए लिया गया है। तब ऐसे परामर्श को अस्वीकार कर देने का विवेकाधीन अधिकार है।[108]

न्यायामूर्ति एस. के. दास ने इसी अवसर पर प्रधानमंत्री की नियुक्ति संसद को भंग करना, संसद द्वारा पास किए गए कानूनों को स्वीकृति, राज्यपाल द्वारा राष्ट्रपति के विचारार्थ रखे गए विधेयक तथा अनुच्छेद 123 के अतंर्गत राष्ट्रपति की अध्यादेश जारी करने की शक्ति आदि सभी को राष्ट्रपति के विवेकाधीन बताया।[109] रशीद तालिब ने इस बात की ओर संकेत किया है कि भारत के राष्ट्रपति की स्थिति ब्रिटेन के सम्राट तथा अमेरिका के राष्ट्रपति के बीच की है।[110] भारतीय संवैधानिक कानून के सुविख्यात् लेखक एच. एम. सीरवई कहते हैं कि ''मंत्रिपरिषद का अस्तित्व लोकसभा के प्रति उत्तरदायी तथा इसको हटाया जाना सामान्यतया सरकार की माँग को न मानना राष्ट्रपति के लिए असंभव होता है, परंतु जब मंत्रिपरिषद संविधान का उल्लंघन करने के लिए तुली हुई हो तो ऐसी असाधारण परिस्थिति में राष्ट्रपति को कुछ विशेष सुरक्षित शक्तियाँ प्राप्त हैं तथा अपनी शपथ के उत्तरदायित्व के अनुसार वह इनका प्रयोग कर सकता है। वह संसद को भंग कर सकता है और मतदाताओं से अपील कर सकता है।''[111] यदि मंत्रिपरिषदीय सलाह उत्तरदायी सरकार की भावना के विरूद्ध है तो राष्ट्रपति उसका उल्लंघन करने के लिए स्वतंत्र है। इससे प्रशासकीय कार्यों में गतिरोध पैदा हो जाएगा। अतः भारतीय सन्दर्भ में मध्यमार्गी विचार को अपनाने की आवश्यकता है।

संदर्भ

1. तोमर, पी. एस., *भारत में संसदीय मध्यावधि निर्वाचन,* कालेज बुक डिपो, जयपुर, 1999, पृ. 9

2. काश्यप, सुभाष, लोकसभा का विघटन, *संसदीय पत्रिका,* 35(1), मार्च, 1989, पृ. 1

3. *भारत का संविधान,* सेन्ट्रल लॉ पब्लिकेशंस, इलाहाबाद 2006, पृ. 42

4. बसु, दुर्गादास, *इन्ट्रोडक्शन टू दी कॉस्टीट्यूशन ऑफ इंडिया,* एस.सी. सरकार एन्ड संस, कलकत्ता, 1978, पृ. 184–85
5. *दी टाइम्स ऑफ इंडिया,* नई दिल्ली, 31 अगस्त, 1979
6. गुप्ता, डी.सी., *इंडियन गवर्नमेंट एन्ड पोलिटिक्स,* विकास पब्लिशिंग हाउस, दिल्ली 1972, पृ. 247
7. *वही*
8. जैन, धर्मचन्द, भारत में संसद का विघटन, *लोकतन्त्र समीक्षा,* 5(4), अक्तूबर–दिसम्बर, 1973, पृ. 189
9. *हिन्दुस्तान,* नई दिल्ली, 22 अगस्त, 1979
10. जैन, पुखराज, *भारतीय प्रधानमंत्री,* साहित्य भवन, आगरा, 1981, पृ. 97
11. जैन, धर्मचन्द, *पूर्वोक्त,* पाद टिप्पणी 10, पृ. 180
12. काश्यप, सुभाष, *पूर्वोक्त.* पृ. 12
13. गुरू, प्रियंका, *भारतीय राष्ट्रीय कांग्रेस पार्टीः विघटनों का इतिहास,* अमन प्रकाशन, सागर, 2005, पृ. 118
14. सिंह, निशांत, सारस्वत स्वप्निल, *लोकतंत्र और चुनाव सुधार,* राधा पब्लिकेशंस, नई दिल्ली, 2003, पृ. 152
15. *दी हिन्दुस्तान टाइम्स,* नई दिल्ली, 28 दिसम्बर, 1970
16. *वही*
17. तोमर, पी.एस., *पूर्वोक्त,* पृ. 69
18. शर्मा, वीना, *प्रेसीडेंट इन इंडियन पोलिटिकल सिस्टम,* रावत पब्लिकेशंस, जयपुर, 2001, पृ. 99
19. गुरू, प्रियंका, *पूर्वोक्त,* पृ. 134
20. *वही,* पृ. 135
21. तोमर, पी.एस., *पूर्वोक्त,* पृ. 36
22. जैन, धर्मचन्द, *पूर्वोक्त,* पाद टिप्पणी 10, पृ. 146
23. रेड्डी, नीलम संजीवा, *विदआउट फीयर ओर फेवर,* एलाइड पब्लिशर्ज, नई दिल्ली, 1989, पृ. 41–43
24. *नयी दुनिया,* इन्दौर, 23 अगस्त, 1979
25. *वही*

26. *नवभारत टाइम्स,* नई दिल्ली, 23 अगस्त, 1979

27. *दी टाइम्स ऑफ इंडिया,* नई दिल्ली, 24 अगस्त, 1979

28. *वही*

29. *वही*

30. *दी हिन्दुस्तान टाइम्स,* नई दिल्ली, 24 अगस्त, 1979

31. *वही*

32. *नवभारत टाइम्स,* नई दिल्ली, 24 अगस्त, 1979

32ए. *नयी दुनिया,* इन्दौर, 2 अगस्त, 1979, पृ. 1

32बी. *दी टाइम्स ऑफ इंडिया,* नई दिल्ली, 24 अगस्त, 1979, पृ. 7

32सी. नई दुनिया, *पूर्वोक्त,* पृ.

32डी. *वही*

32इ. *वही*

33. *इंडिया टुडे,* 28 फरवरी, 1991, पृ. 15

34. *एशियन रिकार्डर,* 38(16), 15–21 अप्रैल, 1991, पृ. 21672

35. *दी सण्डे ओब्जरवर,* नई दिल्ली, 17 मार्च, 1991

36. *नवभारत टाइम्स,* नई दिल्ली, 5 मार्च, 1991

37. *दी ट्रिब्यून,* चण्ड़ीगढ़, 6 मार्च, 1991

38. *दी हिन्दुस्तान टाइम्स,* नई दिल्ली, 6 मार्च, 1991

39. *दैनिक भास्कर,* भोपाल, 7 मार्च, 1991

40. *दी सण्डे आब्जरवर,* नई दिल्ली, 17 मार्च, 1991

41. *हिन्दुस्तान,* नई दिल्ली, 7 मार्च, 1991

42. तोमर, पी.एस. *पूर्वोक्त,* पृ. 49

43. *डायरी ऑफ पोलिटिकल इवेंटस,* 18(3), मार्च, 1991, लोकसभा सचिवालय, नई दिल्ली, पृ. 46

44. वेंकटरमन, रामास्वामी., *जब मैं राष्ट्रपति था,* वाणी प्रकाशन, नई दिल्ली, 2000, पृ. 390

45. *जनसता,* नई दिल्ली, 14 मार्च, 1991

46. *नवभारत टाइम्स,* नई दिल्ली, 14 मार्च, 1991

47. *दैनिक भास्कर,* ग्वालियर, 14 मार्च, 1991

48. गौतम, ब्रजेन्द्र प्रताप, *1998 बारहवीं लोकसभा : निर्वाचन एवं विश्लेषण,* भावना प्रकाशन, नई दिल्ली, 1998, पृ. 13

49. तोमर, पी.एस., *पूर्वोक्त,* पृ. 165

50. *डायरी ऑफ पोलिटिकल इवेंटस,* 24(11), नवम्बर, 1997, लोकसभा सचिवालय, नई दिल्ली, पृ. 211

51. *वही*

52. गौतम, ब्रजेन्द्र प्रताप, *पूर्वोक्त,* पृ. 16

53. *जनसता,* नई दिल्ली, 30 नवम्बर, 1997

54. *हिन्दुस्तान,* नई दिल्ली, 30 नवम्बर, 1997

55. *दी टाइम्स ऑफ इंडिया,* नई दिल्ली, 5 दिसम्बर, 1997

56. *आज,* पटना, 4 दिसम्बर, 1997

57. *हिन्दुस्तान,* नई दिल्ली, 2 दिसम्बर, 1997

58. *दी टाइम्स ऑफ इंडिया,* नई दिल्ली, 1 दिसम्बर, 1997

59. राय, औमप्रकाश, *भारत की राजनीति के बदलते आयाम,* विश्वविद्यालय प्रकाशन, वाराणसी, 2006, पृ. 77

60. *दी टाइम्स ऑफ इंडिया,* नई दिल्ली, 5 दिसम्बर, 1997

61. *दी इंडियन एक्सप्रैस,* नई दिल्ली, 3 दिसम्बर, 1997

62. *दी हिन्दुस्तान टाइम्स,* नई दिल्ली, 27 नवम्बर, 1997

63. *दी इंडियन एक्सप्रैस,* नई दिल्ली, 28 नवम्बर, 1997

64. *दी टाइम्स ऑफ इंडिया,* नई दिल्ली, 3 दिसम्बर, 1997

65. *दी टाइम्स ऑफ इंडिया,* नई दिल्ली, 30 नवम्बर, 1997

66. *जनसता,* नई दिल्ली, 29 नवम्बर, 1997

67. *दी इंडियन एक्सप्रैस,* नई दिल्ली, 4 दिसम्बर, 1997

68. *वही*

69. *हिन्दुस्तान,* नई दिल्ली, 5 दिसम्बर, 1997

70. *वही*

71. *जनसता,* नई दिल्ली, 15 अप्रैल, 1999

72. *हिन्दुस्तान,* नई दिल्ली, 16 अप्रैल, 1999

73. मल्होत्रा, गुरदीपचन्द, एक मत के अंतर से सरकार का पतन, *संसदीय पत्रिका,* 45(3), सितम्बर, 1999, पृ. 5

74. राणा, एम.एस., *इंडिया वोटस : लोकसभा एन्ड विधानसभा इलेक्शंस, 1999, 2000,* वी.आर. पब्लिशिंग कारपोरेशन लिमिटिड, दिल्ली, 2000, पृ. 1–2

75. *हिन्दुस्तान,* नई दिल्ली, 18 अप्रैल, 1999

76. मल्होत्रा, गुरदीपचंद, *पूर्वोक्त,* पृ. 11

77. *वही*

78. *दी हिन्दुस्तान टाइम्स,* नई दिल्ली, 24 अप्रैल, 1999

79. *हिन्दुस्तान,* नई दिल्ली, 22 अप्रैल, 1999

80. अग्रवाल, जे.सी., चौधरी, एन.के., *लोकसभा इलेक्शंस 1999 : लास्ट ऑफ दी मिलेनियम,* शिप्रा, देहली, 2000, पृ. 7

81. *हिन्दुस्तान,* नई दिल्ली, 24 अप्रैल, 1999

82. *डायरी ऑफ पोलिटिकल इवेटंस,* 26(4), अप्रैल, 1999, लोकसभा सचिवालय, नई दिल्ली, पृ. 42

83. *दी टाइम्स ऑफ इंडिया,* नई दिल्ली, 27 अप्रैल, 1999

84. *वही*

85. *दैनिक जागरण,* नई दिल्ली, 27 अप्रैल, 1999

86. *जनसता,* नई दिल्ली, 27 अप्रैल, 1999

87. गौतम, ब्रजेन्द्र प्रताप, *चुनावी महासागर : चौदहवीं लोकसभा,* भावना प्रकाशन, दिल्ली, 2005, पृ. 11

88. *दी ट्रिब्यून,* चण्डीगढ़, 7 फरवरी, 2004

89. *राष्ट्रीय सहारा,* नई दिल्ली, 7 फरवरी, 2004

90. *भारत का संविधान 26 जनवरी, 2005 को यथाविद्यमान,* भारत सरकार, विधि और न्याय मंत्रालय, नई दिल्ली, 2005, पृ. 27

91. *वही*

92. शुक्ला, विमला, *भारतीय संविधान में प्रधानमंत्री की भूमिका,* राजपाल एन्ड सन्स कम्पनी, नई दिल्ली, 1978, पृ. 190

93. राव, बी. शिवा., *दी फ्रेमिंग ऑफ इंडियाज कॉस्टीट्यूशन : ए स्टडी,* दी इंडियन इंस्टीट्यूट ऑफ पब्लिक एडमिनिस्ट्रेशन, नई दिल्ली, 1968, पृ. 338

94. *संविधान सभा बहस,* खण्ड 7, पृ. 1145

95. *संविधान सभा बहस,* खण्ड 9, पृ. 1155

96. *वही,* पृ. 1158

97. शुक्ला, विमला, *पूर्वोक्त,* पृ. 192

98. ग्रोवर, वीरेन्द्र, *पोलिटिकल सिस्टम इन इंडिया,* व्होल्यूम 2, दीप एन्ड दीप पब्लिकेशंस, नई दिल्ली, 1989 पृ. 405

99. चन्दा, अशोक, *अंडर दी इंडियन स्काई,* नचिकेता पब्लिकेशंस लिमिटिड़, बम्बई, 1971, पृ. 61

100. पंजाबी, के.एल. *राजेन्द्र प्रसाद,* मैकमिलन एन्ड कम्पनी लिमिटिड़, लन्दन 1960, पृ. 161

101. शुक्ला, विमला, *पूर्वोक्त,* पृ. 188

102. *लिंक,* संख्या 3, 26 जनवरी और 5 फरवरी, 1961, पृ. 25–26

103. मुंशी, के.एम., *दी. प्रेसीडेंट अंडर इंडियन कांस्टीट्यूशन,* भारतीय विद्या भवन, बम्बई, 1967, पृ. 32

104. पायली, एम.वी., *दी कांस्टीट्यूशनल गवर्नमेंट इन इंडिया,* एशिया पब्लिशिंग हाउस, नई दिल्ली, 1960, पृ. 334

105. शुक्ला, विमला, *पूर्वोक्त,* पृ. 189

106. राव, के.वी., *पार्लियामेंटरी डेमोक्रेसी ऑफ इंडिया, ए क्रिटिकल कामेंटरी,* दी वर्ल्ड प्रैस, कलकता, 1961, पृ. 52

107. बसु. डी.डी., *कामेंटरी आन दी कास्टीट्यूशन आफ इंडिया,* तृतीय संस्करण, एम.सी. सरकार एंड संस, कलकता, 1956, पृ. 417

108. शर्मा, वीना, *दी प्रेसीडेंट इन इंडियन पोलिटिकल सिस्टम,* रावत पब्लिकेशन, जयपुर 2001, पृ. 149

109. *वही*

110. *दी हिन्दुस्तान टाइम्स,* नयी दिल्ली, 21 अक्तूबर, 1970

111. सीरवई, एच.एम. *कास्टीटयूशनल लॉ ऑफ इंडिया,* व्होल्यूम 2, सेकिंड एडीशन, एन.एन. त्रिपाठी, बम्बई, 1975 पृ. 1057–58

6 गठबंधन राजनीति के युग में मंत्रिपरिषद की सलाह स्वीकारने एवं अन्य मामलों में राष्ट्रपति की भूमिका (१९८९-२००९)

उत्तर प्रदेश में गठबंधन सरकार द्वारा धारा 356 का प्रयोग: राष्ट्रपति की भूमिका

राज्य में राष्ट्रपति शासन लागू करने के लिए संविधान के 18वें भाग की धारा 356 के अन्तर्गत यह प्रावधान किया गया है कि यदि राष्ट्रपति को राज्यपाल के प्रतिवेदन अथवा किसी अन्य स्रोत से ज्ञात हो जाए कि किसी राज्य में ऐसी स्थिति उत्पन्न हो गई है कि संवैधानिक उपबंधों के अनुसार वहाँ का शासन नहीं चलाया जा सकता है तो उस राज्य सरकार को बर्खास्त किया जा सकता है एवं विधानसभा भंग की जा सकती है।

बी.आर. अम्बेड़कर ने संविधान सभा के वाद-विवाद में धारा 356 के प्रयोग के विषय में यह आशा प्रकट की थी कि यह 'मृतप्राय'[1] शब्द होगा, लेकिन कई बार इसका दुरूपयोग भी हुआ है। इसका प्रयोग केन्द्र में शक्ति सम्पन्न सत्तारूढ़ दल, राज्यों में अपनी सरकार बनाने, विपक्षी सरकारों को बर्खास्त करने, विपक्षी दल की सरकार बनाने से रोकने तथा विधानसभा के चुनावों में शासन का लाभ लेने हेतु करता रहा है। राष्ट्रपति द्वारा ऐसी अनुशंसाओं पर रबर-स्टाम्प की तरह हस्ताक्षर किए जाते रहे हैं, लेकिन गठबंधन सरकार में संसद में किसी एक दल के बहुमत का राष्ट्रपति पर दबाव न होने के कारण वह अधिक शक्तिशाली सिद्ध हुआ है। गठबंधन सरकारों के दौरान सर्वप्रथम उत्तर प्रदेश राज्य के संबंध में ऐसा हुआ। सन् 1996 ई. में लोकसभा के निर्वाचन के साथ उत्तर प्रदेश राज्य विधानसभा के निर्वाचन सम्पन्न हुए, जिसमें किसी भी दल को स्पष्ट बहुमत प्राप्त नहीं हुआ। राज्य के प्रमुख दलों द्वारा सरकार बनाने के सभी विकल्प खुले रखे गए, लेकिन इसमें सफलता प्राप्त नहीं हुई। इस पर राज्यपाल ने पुनः राष्ट्रपति के सम्मुख राज्य विधानसभा को निलंबित रखते हुए राष्ट्रपति शासन लागू करने की सिफारिश की। केन्द्रीय मंत्रिमंडल ने राज्यपाल की अनुशंसा को स्वीकार करते हुए राष्ट्रपति ने राज्य विधानसभा को निलंबित करके राष्ट्रपति शासन लागू

कर दिया। इससे राज्य में एक बार पुनः राजनीतिक अस्थिरता का वातावरण बना तथा जोड़-तोड़ की राजनीति को प्रोत्साहन मिला।

राज्य में राष्ट्रपति शासन को समाप्त करने के लिए बहुजन समाज पार्टी तथा भारतीय जनता पार्टी ने एक नए फार्मूले के आधार पर आपस में यह समझौता किया कि बहुजन समाज पार्टी की नेता मायावती सत्ता ग्रहण की तिथि से प्रथम छः महीने तक राज्य की मुख्यमंत्री बनी रहेगी तथा इस अवधि के पूरा होते ही वह भारतीय जनता पार्टी के नेता कल्याण सिंह को सत्ता का हस्तांतरण कर देगी। भारत की राज्य राजनीति में यह सर्वथा अभिनव प्रयोग था। सारे देश की निगाहें इस अभूतपूर्व समझौते पर लगी हुई थी। समझौते के अनुरूप मायावती के नेतृत्व में बहुजन समाज पार्टी तथा भारतीय जनता पार्टी की संविद सरकार सत्तारूढ़ हुई। छः महीने पूरे होने के बाद मुख्यमंत्री मायावती ने बड़ी ही अनिच्छा से मुख्यमंत्री पद से त्याग पत्र दे दिया। इसके बाद 22 सितम्बर, 1997 ई. को कल्याण सिंह ने मुख्यमंत्री पद की शपथ ली, लेकिन सत्ता का यह हस्तांतरण सहज तथा सामान्य परिस्थितियों में नहीं हुआ। मायावती ने सत्ता छोड़ने के पूर्व जो उग्र तेवर दिखाए, उसके परिप्रेक्ष्य में राजनीतिक पर्यवेक्षक इस बात की स्पष्ट भविष्यवाणी कर रहे थे कि बहुजन समाज पार्टी तथा भारतीय जनता पार्टी की यह सरकार दीर्घजीवी नहीं होगी तथा दोनों दलों में संघर्ष या टकराहट की स्थिति का उत्पन्न होना अपरिहार्य है।

पूर्व मुख्यमंत्री और बहुजन समाज पार्टी की नेता मायावती ने कल्याण सिंह के सत्ता संभालने के साथ ही तीखे तेवर दिखाने प्रारम्भ किए तथा भारतीय जनता पार्टी, के मुख्यमंत्री तथा इस पार्टी के केन्द्रीय नेतृत्व के विरूद्ध बयानबाजी प्रारम्भ कर दी। 19 अक्टूबर, 1997 ई. को बहुजन समाज पार्टी ने 28 दिनों पुरानी इस सरकार से अपना समर्थन वापस लेने का निर्णय किया।[2] भारतीय जनता पार्टी के लिए बहुजन समाज पार्टी का यह निर्णय कोई अप्रत्याशित नहीं था। बहुजन समाज पार्टी द्वारा कल्याण सिंह सरकार से अपना समर्थन वापस लेने के निर्णय के साथ ही राज्य का राजनीतिक घटनाचक्र बहुत तेजी के साथ घटित हुआ। मुख्यमंत्री कल्याण सिंह ने अविलम्ब राज्यपाल रोमेश भंडारी को पत्र लिखकर राज्य विधानसभा में बहुमत सिद्ध करने की पेशकश की। इसके प्रत्युत्तर में राज्यपाल ने मुख्यमंत्री को दो दिनों की अवधि में राज्य विधानसभा में बहुमत सिद्ध करने का अवसर दिया। 21 अक्तूबर को उत्तर प्रदेश के मुख्यमंत्री कल्याण सिंह राज्य विधानसभा में अपनी सरकार के बहुमत को सिद्ध करने के लिए कृतसंकल्प थे। उन्होंने जोड़-तोड़ तथा अन्य दलों के विभाजन कराने की

राजनीति का सहारा लिया। कल्याण सिंह ने जोड़-तोड़ की राजनीति को भौंडे ढ़ंग से अपनाते हुए कांग्रेस, बसपा और जनता दल से दल बदल कराकर अभूतपूर्व हिंसा के बीच 21 अक्तूबर, 1997 को विधानसभा में अपना बहुमत सिद्ध कर दिया।

राज्य विधानसभा में घटित अशोभनीय घटनाक्रम के तुरन्त बाद गैर भारतीय जनता पार्टी विपक्षी दलों के नेताओं ने राज्यपाल रोमेश भंडारी से भेंट करके उनसे यह शिकायत की कि मुख्यमंत्री कल्याण सिंह ने हिंसा, अपहरण तथा भ्रष्ट तरीके अपनाकर सदन में अपना बहुमत सिद्ध किया है। उन्होंने राज्यपाल से भाजपा नेतृत्व वाली सरकार को बर्खास्त करने की माँग की। इस माँग को लेकर समाजवादी पार्टी, बहुजन समाज पार्टी, भारतीय किसान कामगार पार्टी तथा मार्क्सवादी साम्यवादी दल के नेताओं ने राजभवन के सामने धरना दिया।[3] राज्यपाल ने विपक्षी दलों के नेताओं की बात को धैर्य के साथ सुना। इसी बीच विश्वास मत के दौरान नियुक्त किए तीन पर्यवेक्षकों के प्रतिवेदन तथा विपक्षी दलों के नेताओं की बात सुनने के बाद राज्यपाल ने राष्ट्रपति को भेजे अपने प्रतिवेदन में कल्याण सिंह सरकार को बर्खास्त करने तथा राज्य में राष्ट्रपति शासन लागू करने की अनुशंसा की।[4]

21 अक्तूबर, 1997 ई. को प्रधानमंत्री इन्द्रकुमार गुजराल के नेतृत्व में केन्द्रीय मंत्रिमंडल ने राज्यपाल के प्रतिवेदन पर विचार किया तथा राष्ट्रपति से तद्नुसार कार्य करने की अनुशंसा की।[5] उसी दिन राष्ट्रपति के. आर. नारायणन् ने केन्द्रीय मंत्रिमंडल की सिफारिश को लौटाते हुए इस पर मंत्रिमंडल को पुनर्विचार करने के लिए कहा।[6] राष्ट्रपति ने मंत्रिमंडल की सिफारिश वापस करते समय अपनी टिप्पणी में कहा कि वे सरकार के इस कथन से सहमत नहीं हैं कि उत्तर प्रदेश में कानून व्यवस्था टूट गई है। स्वतंत्रता के बाद यह पहला अवसर था जबकि किसी राष्ट्रपति ने किसी राज्य में राष्ट्रपति शासन लागू करने की केन्द्रीय मंत्रिमंडल की सिफारिश को अस्वीकार करके उसे पुनर्विचार करने हेतु लौटा दी हो। यहाँ यह उल्लेखनीय है कि राष्ट्रपति ने अनेक संविधानवेताओं तथा विधिवेताओं की राय लेने के बाद इस तरह का निर्णय लिया था।[7] 22 अक्तूबर, 1997 ई. को राष्ट्रपति के निर्णय के अनुरूप प्रधानमंत्री इन्द्रकुमार गुजराल की अध्यक्षता में केन्द्रीय मंत्रिमंडल की एक बैठक हुई जिसमें राज्य में यथास्थिति बनाए रखने का निर्णय लिया गया।[8] मंत्रिपरिषद को अपनी सलाह के अनौचित्य को स्वीकार करना पड़ा। इसके साथ ही राष्ट्रपति द्वारा पुनर्विचार करने की सिफारिश वाले प्रकरण का स्वतः ही अंत हो गया।

राष्ट्रपति के.आर. नारायणन् की इस भूमिका को भारतीय जनता पार्टी, शिवसेना, समता पार्टी तथा अकाली दल ने ऐतिहासिक बताते हुए इसका स्वागत किया। इन दलों के नेताओं का यह अभिमत था कि राष्ट्रपति ने ऐसा करके राज्य में लोकतांत्रिक प्रक्रिया की रक्षा की है। मुख्यमंत्री कल्याण सिंह ने राष्ट्रपति के इस कृत्य को 'सामयिक तथा साहसिक कदम'[9] बताया। इस प्रकार राष्ट्रपति ने अपनी भूमिका से राष्ट्रपति शासन की राजनीति को नया मोड़ दे दिया।

राष्ट्रपति शासन लागू करने वाले प्रकरण का पटाक्षेप होने के बाद राष्ट्रपति के. आर. नारायणन् ने प्रधानमंत्री इन्द्रकुमार गुजराल को एक पत्र लिखकर उनकी सलाह माँगी कि उत्तर प्रदेश की घटनाओं के बाद क्या राज्यपाल रोमेश भंडारी का पद पर बने रहना उचित है? राष्ट्रपति ने विभिन्न विधिवेताओं से संपर्क कर उनकी राय भी जानी। अधिकांश की राय यह थी कि रोमेश भंडारी ने संविधान की अवहेलना की है और उन्हें अपने पद से हटना चाहिए। केन्द्र में अटल बिहारी वाजपेयी के नेतृत्व में भाजपा गठबंधन सरकार बनते देख बर्खास्तगी के भय से रोमेश भंडारी ने 15 मार्च, 1998 को राज्यपाल पद से स्वतः त्यागपत्र दे दिया।

बिहार राज्य में राष्ट्रपति शासन लागू करने के संबंध में: (सितम्बर, 1998)

सन् 1995 ई. में राज्य विधानसभा चुनावों में जनता दल को राज्य विधानसभा में भारी समर्थन प्राप्त हुआ। लालू प्रसाद यादव राज्य के मुख्यमंत्री बने। इसके पश्चात् जनता दल पर उनका वर्चस्व निरंतर बढ़ता गया। लालू प्रसाद यादव को कथित घोटालों के कारण अगस्त, 1997 ई. को अपने पद से त्याग पत्र देना पड़ा। इसके पूर्व वे जनता दल से अलग होकर राष्ट्रीय जनता दल का गठन कर चुके थे। उनकी शक्ति का अनुमान इस बात से ही लगाया जा सकता है कि उन्होंने अपने उत्तराधिकारी के रूप में अपनी घरेलू पत्नी राबड़ी देवी को नामजद किया। उन्हें राष्ट्रीय जनता दल विधानमंडलीय दल का सर्वसम्मति से नेता निर्वाचित किए जाने पर उन्हें मुख्यमंत्री की शपथ दिलाई गई।

सन् 1998 में केन्द्र में अटल बिहारी वाजपेयी के नेतृत्व में भारतीय जनता पार्टी नीत गठबंधन के सत्ता में आने के बाद उनके सहयोगी दल समता पार्टी द्वारा राज्य में राष्ट्रपति शासन लागू करने की पुरजोर मांग की गई। इस माँग को भारतीय जनता पार्टी, शरद यादव तथा रामविलास पासवान का भी समर्थन प्राप्त था। बिहार के राज्यपाल सुन्दर सिंह भंडारी ने केन्द्रीय मंत्रिपरिषद को यह

सिफारिश की कि बिहार में राष्ट्रपति शासन लागू कर दिया जाए। बिहार के राज्यपाल ने अपनी सिफारिंश में यह कहा कि यहाँ कानून और व्यवस्था बिल्कुल विफल हो गई है और बिहार में सरकार का कोई अस्तित्व ही नहीं दिखाई पड़ता है।

22 सितम्बर, 1998 ई. को केन्द्रीय मंत्रिमंडल ने राज्यपाल सुन्दर सिंह भंडारी के प्रतिवेदन के आधार पर, राष्ट्रपति से राबड़ी मंत्रिमंडल को बर्खास्त करके, विधानसभा को निलंबित करने तथा राज्य में राष्ट्रपति शासन लागू करने की सिफारिश की।[10] प्रधानमंत्री अटल बिहारी वाजपेयी की अध्यक्षता में यह निर्णय लिया गया। केन्द्रीय मंत्रिमंडल के निर्णय से राष्ट्रपति को अवगत कराने के लिए प्रधानमंत्री अटल बिहारी वाजपेयी, गृहमंत्री लालकृष्ण आडवाणी तथा रक्षामंत्री जार्ज फर्नांडीस राष्ट्रपति भवन गए। राष्ट्रपति के. आर. नारायणन् से हुई 30 मिनट की वार्ता के दौरान इन नेताओं ने राज्य में राष्ट्रपति शासन लागू करने की आवश्यकता पर जोर दिया। इन नेताओं का तर्क था कि राज्य सरकार शान्ति और व्यवस्था बरकरार रखने में असफल रही है।[11]

केन्द्रीय मंत्रिमंडल के इस निर्णय पर व्यापक प्रतिक्रिया हुई। जहाँ भारतीय जनता पार्टी, समता पार्टी तथा जनता दल (शरद यादव) ने इस निर्णय का जोरदार स्वागत किया वहाँ सम्पूर्ण विपक्ष ने इस कदम का विरोध करते हुए राष्ट्रपति से इस सिफारिश को नहीं मानने का अनुरोध किया।[12] 23 सितम्बर, 1998 को कांग्रेस के एक प्रतिनिधिमंडल जिसमें शरद पवार, मनमोहन सिंह, प्रणव मुखर्जी, माधवराव सिंधिया तथा शिवशंकर शामिल थे, ने राष्ट्रपति से मुलाकात करके केन्द्रीय मंत्रिमंडल की सिफारिश को नहीं मानने का अनुरोध किया।[13]

समाजवादी पार्टी के नेता मुलायम सिंह यादव तथा राष्ट्रीय जनता दल के अध्यक्ष लालू प्रसाद ने भी इस निर्णय का तीव्र विरोध किया। ऐसी ही प्रतिक्रिया वामपंथी दलों की थी। इस तरह से कांग्रेस, वामपंथी दलों तथा राष्ट्रीय लोकतांत्रिक मोर्चे ने एकजुट होकर केन्द्रीय मंत्रिमंडल के इस निर्णय का विरोध किया। केन्द्रीय मंत्रिमंडल के इस निर्णय का विरोध करते हुए राज्य की मुख्यमंत्री राबड़ी देवी ने धमकी दी कि अगर उनकी सरकार को बर्खास्त करके राष्ट्रपति शासन लागू करने का निर्णय लिया तो वे आमरण-अनशन करेंगी।[14]

यहाँ पर यह उल्लेखनीय है कि केन्द्रीय मंत्रिमंडल ने इस तरह की सिफारिश करने से पूर्व महान्यायवादी सोली सोराबजी से सभी तथ्यों की

जानकारी प्राप्त की।[15] राष्ट्रपति ने इस प्रतिवेदन पर जल्दबाजी से काम नहीं लिया। 23 सितम्बर, 1998 ई. को ही केन्द्रीय मंत्रिमंडल की सिफारिश के संदर्भ में संवैधानिक तथा विधि-विशेषज्ञों से परामर्श किया। उन्होंने इस बारे में उनसे राजनीतिक, वैधानिक तथा संवैधानिक मंत्रणा की।[16] 23 सितम्बर को ही बिहार विधान सभा को निलम्बित किए जाने की केन्द्र की सिफारिश को नामंजूर करने की अपील विधानसभा ने राष्ट्रपति से की।[17]

23 सितम्बर को सतारूढ़ राष्ट्रीय जनता दल के आह्वान पर 'बिहार बन्द' का आयोजन किया गया।[18] उसी दिन प्रधानमंत्री अटल बिहारी वाजपेयी ने राबड़ी देवी सरकार को बर्खास्त करने की अपनी सरकार की सिफारिश को उचित ठहराया।[19] 24 सितम्बर तक राष्ट्रपति के. आर. नारायणन् ने बिहार में राष्ट्रपति शासन लागू करने संबंधी केन्द्रीय मंत्रिमंडल की सिफारिश पर राजनीतिक नेताओं तथा संविधान विशेषज्ञों से विचार-विमर्श की प्रक्रिया पूरी कर ली।[20] राष्ट्रपति ने बिहार में राबड़ी सरकार को बर्खास्त करने के समर्थन तथा विरोध करने वाले प्रतिनिधिमंडलों से भेंट की थी।

इस प्रकार से बिहार में राष्ट्रपति शासन लागू करने के संबंध में स्पष्ट रूप से दो तरह की अलग-अलग राय सामने आई। प्रथम, जो राजनीतिक दल राज्य में राबड़ी देवी के नेतृत्व वाली राष्ट्रीय जनता दल की सरकार को बर्खास्त करने, राज्य विधानसभा को निलंबित करने तथा राज्य में राष्ट्रपति शासन लागू करने के केन्द्रीय मंत्रिमंडल के निर्णय का समर्थन कर रहे थे, उनमें भारतीय जनता पार्टी, समता पार्टी, शिव सेना तथा हरियाणा विकास पार्टी प्रमुख थे। जबकि दूसरी तरफ, कांग्रेस (ई), लोकतांत्रिक मोर्चा, वामपंथी मोर्चा तथा अनेक छोटे दलों–नेशनल कांफ्रेंस, द्रविड़ मुनैत्र कड़धम, अकाली दल, अन्नाद्रमुक, तेलुगू देशम् तथा लोकशक्ति राबड़ी देवी सरकार को बर्खास्त करके राष्ट्रपति शासन लागू करने के विरोध में थे। इस तरह से आरोप-प्रत्यारोप की पृष्ठभूमि में राष्ट्रपति को केन्द्रीय मंत्रिमंडल की सिफारिश पर अपना निर्णय देना था। 25 सितम्बर, 1998 को राष्ट्रपति के. आर. नारायणन् ने राज्य में राष्ट्रपति शासन लागू करने संबंधी केन्द्रीय मंत्रिमंडल की सिफारिश को पुनर्विचार करने हेतु लौटा दिया। ऐसा करते समय राष्ट्रपति ने अन्य राज्यों में राष्ट्रपति शासन लागू करने संबंधी मांग को भी ध्यान में रखा।[21] इसके अतिरिक्त राष्ट्रपति ने भीमराव अम्बेड़कर के इस विचार को भी ध्यान में रखा कि अनुच्छेद 356 का अपवाद वाली परिस्थिति में ही प्रयोग करना चाहिए।[22]

केन्द्रीय मंत्रिमंडल की सिफारिश को पुनर्विचार के लिए लौटाते हुए राष्ट्रपति ने यह इंगित किया कि संविधान के अनुच्छेद 355 के अनुसार तथा एस.आर. बोम्बई के मामले में दिए उच्चतम न्यायालय के निर्णय अनुसार राज्य को चेतावनी नहीं दी गई थी अतः वे सिफारिश मानने में सहमत नहीं थे।[23]

यह दूसरा अवसर था जबकि राष्ट्रपति ने किसी राज्य में राष्ट्रपति शासन लागू करने की केन्द्रीय मंत्रिमंडल की सिफारिश को पुनर्विचार करने हेतु उसे पुनः लौटा दिया था। 26 सितम्बर, 1998 को गृहमंत्री लालकृष्ण आडवानी की अध्यक्षता में केन्द्रीय मंत्रिमंडल की एक बैठक हुई, जिसमें यह निर्णय लिया गया कि बिहार में राष्ट्रपति शासन लागू करने की सिफारिश को पुनः राष्ट्रपति के पास नहीं भेजा जाएगा।[24]

इस तरह धारा 356 का प्रयोग करके राष्ट्रपति शासन लागू करने की केन्द्रीय मंत्रिपरिषद की सिफारिश को पुनर्विचार के लिए भेजना इस ओर संकेत करता है कि कहीं मंत्रिपरिषद ने जल्दबाजी अथवा अपने राजनीतिक स्वार्थ के लिए तो सलाह नहीं दी है। राष्ट्रपति को अपनी इस शक्ति का प्रयोग करने पर जनता का व्यापक समर्थन मिला। चाहे केन्द्रीय मंत्रिपरिषद इस विषय में राष्ट्रपति के प्रति जैसा मर्जी दृष्टिकोण रखती हो लेकिन एक बात तय है कि राष्ट्रपति राष्ट्रीय परिदृश्य पर मूक दर्शक बना नहीं रह सकता।

लाभ के पद संबंधी विधेयक 2006

संविधान निर्माताओं ने संसद सदस्यों के स्वतंत्र कार्य प्रणाली को लोभ लालच से ऊपर उठाकर स्वविवेक से निस्तारित करने का अधिकार देने की मंशा से अनुच्छेद 102 का प्रावधान किया, जिसके अनुसार सांसद भारत सरकार या किसी राज्य सरकार के अधीन कोई लाभ का पद धारण नहीं करेगा, सभा की मंशा थी कि सरकारी पद की तृष्णा से ऊपर उठकर सदस्य के रूप में सांसद अपने दायित्व का भली-भांति निर्वहन कर सके। चूंकि उसी अनुच्छेद में मंत्रियों के पद लाभ के पद से अलग स्वीकार कर लिया गया और सांसद को भविष्य में कुछ पदों को लाभ से परे मानने का विनिश्चय करने का अधिकार भी दे दिया। आरम्भ में प्रधानमंत्री से परामर्श के बाद प्रथम लोकसभा स्पीकर जी.वी. मावलंकर ने संविधान सभा के वरिष्ठ सांसद ठाकुर दास भार्गव की अध्यक्षता में एक कमेटी बना दी, जो लाभ के पद से जुड़े सांसद की अयोग्यता के मामले पर विचार करे और एक संगत कानून बनाने का मशविरा संसद के समक्ष रखे। उस कमेटी को अनुच्छेद की मंशा के अनुसार कानून बनाने का सुझाव देने की बात कही गयी थी।

भार्गव कमेटी की भावना के अनुसार सरकार ने 5 दिसम्बर, 1957 को एक विधेयक लोकसभा में रखा, जिसे लोकसभा अध्यक्ष ने समीक्षा के लिए संयुक्त संसदीय समिति को दे दिया। इस कमेटी ने भी सितम्बर, 1958 में अपना प्रतिवेदन संसद को दिया, जिसके आधार पर 1959 में एक कानून बना। 1959 के कानून में कुछ पदों की सूची दी गई, जिन्हें कानूनी तौर पर लाभ का पद नहीं माना गया। भार्गव कमेटी ने लाभ के पद के जो मानक तैयार किए थे, उसी के आलोक में 1959 का कानून है, इसमें राज्यों और केन्द्रीय सरकार द्वारा गठित बोर्ड निकाय, संस्थानों की सूची का विस्तार कर दिया गया है। इस कमेटी द्वारा निर्धारित मानक के मुख्य बिंदु थे कि सदस्यों को ऐसी संस्थाओं में मनोनीत किया जाना चाहिए, जहाँ के उत्तरदायित्व के चलते सदन में उस व्यक्ति का दायित्व और अपने मतदाता के प्रति उसका दायित्व बाधित न होता हो। उन संस्थाओं का सदस्य मनोनीत करने के बहाने सरकार का दबाव संसदीय गतिविधि को बाधित न कर सके और सदस्य अपने दायित्व निर्वहन में मंत्रिपरिषद के दबावों से मुक्त रह सके।[25]

जब भी नई लोकसभा का गठन होता है तो उसके कार्यकाल तक संसद के दोनों सदनों की एक संयुक्त संसदीय समिति गठित करने का प्रावधान है, जिसे ऑफिस ऑफ प्रॉफिट संसदीय कमेटी के नाम से जानते हैं। यह कमेटी समय-समय पर सरकार को परामर्श देती रहती है कि निर्धारित मापदंड के अनुसार कौन-सा पद या किस संगठन के साथ संबद्धता लाभ का पद माना जाएगा और उस कमेटी की संस्तुतियों के आलोक में सरकार समय-समय पर विधेयक लाती रही है। इस कमेटी द्वारा निर्धारित कसौटी के आधार पर कहा जा सकता है कि सदस्य की अयोग्यता का आधार उस पद द्वारा प्राप्त होने वाली सुविधाएँ हैं।

कमेटी के सुझाव पर सरकार ने 1959 के सदस्य अयोग्यता निवारण कानून में संशोधन के प्रस्ताव 1973 में रखे थे। 1974 में लोकसभा में उसे पास कर दिया राज्यसभा में यह विधेयक लंबित रहा। देश में आपातकाल की घोषणा हो गई। इस तरह का विधेयक सरकार की प्राथमिकता में नहीं था। इसी बीच पाँचवीं लोकसभा 18 जनवरी, 1977 को विघटित कर दी गई और इस तरह उक्त विधेयक स्वतः निरस्त हो गया। 1984 में भी इसी तरह का एक विधेयक कमेटी ने बनाया, तब तक बहुत पानी बह गया था। नई-नई संस्थाएँ व कमेटी बन गयी थी। 1984 के विधेयक का दायरा विस्तृत था, लेकिन उस पर संसद मुहर नहीं लगा सकी।

'लाभ के पद' की न तो संविधान मे कोई परिभाषा दी गई और न ही इन शब्दों को लोक प्रतिनिधित्व अधिनियम, 1951 में ही परिभाषित किया गया है। इस अनुच्छेद को लेकर संसद और सर्वोच्च न्यायालय दोनों दुविधाग्रस्त रहे हैं। संसदीय समितियों ने इसकी विस्तृत व्याख्या नहीं की। सर्वोच्च न्यायालय और उच्च न्यायालयों ने समय-समय पर उनके समक्ष विचारार्थ आने वाले विषयों का संज्ञान लेकर एक अमूर्त स्थापना के आधार पर प्रकरण में गुण-दोष को देखकर अपने निर्णय दिए। समय-समय पर न्यायालयों की तथा चुनाव आयोग की दी हुई व्यवस्था परस्पर विरोधी रही है।

लाभ के पद वाले प्रकरण मे शिब्बू सोरेन पर भी एक बड़ी व्यवस्था स्वयं सर्वोच्च न्यायालय की पीठ ने 19 जुलाई, 2001 में दी। 1995 में भारत सरकार ने शिब्बू सोरेन को झारखंड एरिया आटोनॉमस कौंसिल का अध्यक्ष बना दिया। 1998 में शिब्बू सोरेन राज्यसभा के सदस्य निर्वाचित हुए। उच्च न्यायालय ने स्वायत परिषद के अध्यक्ष पद को पूर्ण लाभ का पद मानकर उनका निर्वाचन रद्द कर दिया, क्योंकि उन्हें इस पद पर नियुक्त करते समय 1750 रूपए माहवार ऑनरेरियम दिया जाता था। इसके अतिरिक्त यदि वह अपना मुख्यालय छोड़कर कहीं जाते थे तो उन्हें 150 रूपए रोज का दैनिक भत्ता मिलता था। उन्हें स्वायत परिषद के अध्यक्ष के रूप में साज सज्जा युक्त आवास मिलता था, ड्राइवर सहित गाड़ी की सुविधा प्राप्त थी। सर्वोच्च न्यायालय में अपील हुई। सबसे बड़ी अदालत ने उसी फैसले को बहाल करते हुए ऐसा स्वीकार किया कि लाभ के पद का दायरा इतना संकुचित और व्यापक न बना दिया जाए, जिससे किसी महत्त्वपूर्ण और सुयोग्य व्यक्ति का किसी निर्वाचन संगठन में आना कठिन हो जाए, उन्होंने भी इस अनुच्छेद की परिभाषा करने और व्यापक बनाने पर बल दिया। यद्यपि ऑनरेरियम वेतन से भिन्न शब्द है, जो प्राप्त कर्ता के लिए महत्त्वपूर्ण आय का साधन माना जा सकता है। इससे प्राप्त कर्ता को अपने जेब खर्च की भरपाई हो सकती है और इस तरह वह कार्यपालिका के प्रभाव में आ सकता है। इस अनुच्छेद की मंशा किसी सदस्य की स्वतंत्र क्रियाकलाप को कार्यपालिका के प्रभाव से मुक्त रखना है, लेकिन इतना धन प्राप्त करने पर चाहे शब्द और शब्दार्थ कुछ हों सदस्य के क्रियाकलाप प्रभावित होते रहेंगे। इसलिए यह पद लाभ का है और इस तरह सर्वोच्च न्यायालय ने शिब्बू सोरेन की उपलब्धि को लाभ मानकर उसका निर्वाचन निरस्त कर दिया।[26]

भारतीय संविधान का अनुच्छेद 103 यह उपबंधित करता है कि यदि ऐसा कोई प्रश्न उठता है कि संसद के किसी सदन का कोई सदस्य अनुच्छेद 102(1)

में वर्णित अनर्हताओं में से किसी का भागी हो गया है या नहीं तो राष्ट्रपति के विनिश्चय के लिए सौंपा जाएगा और उसका विनिश्चय अंतिम होगा। ऐसे किसी प्रश्न पर विनिश्चय करने से पूर्व राष्ट्रपति निर्वाचन आयोग की राय लेगा और ऐसी राय के अनुसार कार्य करेगा।[27]

भारतीय राजनीति में एक बड़े विवाद के रूप में लाभ का पद 2006 में सपा सांसद जया बच्चन की सदस्यता रद्द होने के साथ ही उभर कर सामने आया। चुनाव आयोग की सिफारिश पर राष्ट्रपति ने जया बच्चन की राज्यसभा की सदस्यता की अवैधता को स्वीकार कर लिया था जो उत्तर प्रदेश सरकार फिल्म परिषद के लाभ के पद पर होने की दोषी पाई गई थी। जया बच्चन की राज्यसभा की सदस्यता की समाप्ति के बाद देश में घटना चक्र बड़ा तेजी से घूमा। जया बच्चन के निष्कासन ने शिकायतों और आरोपों का पिटारा ही खोल दिया जो चुनाव आयोग को कई सांसदों के बारे में मिली जिनमें सोनिया गांधी और लोकसभा स्पीकर सोमनाथ चटर्जी भी शामिल थे इन पर आरोप था कि 'लाभ के पद' पर होने के कारण ये लोग लोकसभा की सदस्यता के अयोग्य हैं। यही नहीं, सोनिया गांधी ने मार्च, 2006 में तुरंत लोकसभा की सदस्यता से इस्तीफा दे दिया और फिर से लोकसभा के लिए चुनी गई, बावजूद इसके कि राष्ट्रीय सलाहकार परिषद की अध्यक्षता को लाभ का पद मानते हुए उनकी सदस्यता अवैध हो सकती थी।

'लाभ के पद' की लपेट में संप्रग के प्रमुख सहयोगी घटकों के बड़े नेता भी आ रहे थे। संप्रग सरकार के सांसदों की सदस्यता पर लटकी लाभ के पद की तलवार हटाने के लिए संसद अयोग्यता निवारण संशोधन विधेयक 2006 पारित किया। संसद में विपक्ष के जोरदार विरोध के बावजूद संप्रग सरकार ने संसद के दोनों सदनों में विधेयक पारित कराया। दोनों सदनों द्वारा पारित लाभ के पद संबंधी विधेयक को 25 मई, 2006 को राष्ट्रपति के पास हस्ताक्षर के लिए भेजा।

भारत के संविधान का अनुच्छेद 111 राष्ट्रपति को तीन विकल्प उपलब्ध कराता है–राष्ट्रपति विधेयक को अनुमति प्रदान करे या अनुमति रोक ले अथवा दोनों सदनों को संदेश सहित पुनर्विचार के लिए भेज दे। यदि विधेयक को संसद संशोधनों के सहित या उनके बिना पुनः पारित कर देती है और अनुमति के लिए राष्ट्रपति के समक्ष उपस्थित किया जाता है तो वह उस पर अनुमति नहीं रोकेगा।[28]

राष्ट्रपति ए.पी.जे अब्दुल कलाम जो एक अराजनीतिक व्यक्ति व वैज्ञानिक हैं ने 30 मई, 2006 को लाभ के पद संबंधी विधेयक पर हस्ताक्षर करने से

इनकार कर दिया और इसे पुनर्विचार के लिए संसद को वापिस लौटा दिया।[29] उन्होंने बिल के गुण-दोषों के बारे में संविधान व विधि-विशेषज्ञों से व्यापक विचार–विमर्श और बिल बारे निम्न आपतियाँ करते हुए कुछ सुझाव दिएः–

(अ) संसद अनुच्छेद 102 के तहत लाभ के पद की व्यवस्थित व्याख्या के संदर्भ में पुनर्विचार करे।[30]

(ब) इस बिल को पूर्ववर्ती प्रभाव से लागू किए जाने के लिए कानूनी औचित्य पर पुनर्विचार किया जाए।

(स) विधेयक के मापदंड ऐसे निष्पक्ष और उपयुक्त हों कि वह स्पष्ट और पारदर्शी तरीके से केन्द्र में नहीं बल्कि सभी राज्यों और केन्द्रशासित क्षेत्रों में समान रूप से लागू हों।[31]

(द) संसद लाभ के पदों से संबंधित उन याचिकाओं पर पड़ने वाले प्रभाव बारे भी विचार करें जो सक्षम प्राधिकरणों (चुनाव आयोग तथा अदालतों) में विचाराधीन हैं।[32]

राष्ट्रपति के द्वारा लाभ के पद संबंधी विधेयक को वापिस लौटाने के निर्णय का स्वागत करते हुए पूर्व राज्यसभा सदस्य तथा प्रमुख न्यायविद् फली नरीमन ने इस विधेयक को पूर्णतः स्वेच्छाधारी तथा असंवैधानिक दृष्टि से अनुमति न दिए जाने के योग्य बताया।[33] संविधान विशेषज्ञ सुभाष काश्यप ने भी कहा, लाभ के पद को मंजूरी देना संविधान के शब्द व भावना दोनों से खिलवाड़ है। राष्ट्रपति धारा 143 के तहत उच्चतम न्यायालय से सलाह ले सकते थे, या फिर सरकार को ऐसा करने के लिए निर्देश दे सकते थे। इससे पूर्व राजग प्रतिनिधिमंडल ने राष्ट्रपति से मुलाकात की और विपक्ष के नेता लालकृष्ण आडवाणी ने राष्ट्रपति से कहा कि वह इस मामले में सर्वोच्च न्यायालय से सलाह लें।[34] विधेयक को पूर्व प्रभाव से पारित करने के औचित्य पर सुप्रीम कोर्ट के वरिष्ठ अधिवक्ता एच.एस. फूलका ने कहा कि, "राष्ट्रपति ने वैध मुद्दे उठाए हैं क्योंकि इस मामले को बेतरतीब तरीके से नहीं निबटाया जा सकता। इसके दीर्घकालिक परिणामों के चलते यह महज औपचारिकता का मामला नहीं है।"

लाभ के पद विधेयक को जब राष्ट्रपति ने अपनी कुछ आपत्तियों सहित बिना स्वीकृति वापस भेज दिया तो मनमोहन सिंह नेतृत्त्व वाली संप्रग सरकार ने राष्ट्रपति की सभी आपत्तियों को खारिज कर मानसून सत्र में ज्यों का त्यों दोबारा संसद से पारित करा लिया और राष्ट्रपति के पास हस्ताक्षर के लिए दोबारा भेजा। गौरतलब है कि संसद द्वारा 31 जुलाई, 2006 को यह विधेयक ज्यों का

त्यों लौटाने के बाद संविधान के तहत इसे मंजूरी देना राष्ट्रपति के लिए भी बाध्यकारी था। संसद ने मई, 2006 में बजट सत्र के दौरान इस विधेयक को पारित कर 56 विभिन्न पदों को लाभ के पद के दायरे से बाहर कर दिया था।

संविधान के तहत किसी विधेयक को राष्ट्रपति के पास दोबारा भेजा जाता है तो उन्हें मंजूरी देनी ही होगी, लेकिन इसके लिए समय सीमा निर्धारित नहीं है। इसे जल्द पारित कराने के संबंध में प्रधानमंत्री मनमोहन सिंह ने बिना किसी पूर्व कार्यक्रम के राष्ट्रपति से मुलाकात की। प्रधानमंत्री ने उन्हें बताया कि अयोग्यता के संबंध में याचिकाओं के लंबित होने की वजह से कानूनी जटिलताएँ उत्पन्न हो सकती हैं, इसीलिए इस पर जल्दी मंजूरी दे देनी चाहिए। सरकार इसलिए भी परेशान थी क्योंकि चुनाव आयोग ने संकेत दे दिया था कि 25 अगस्त, 2006 तक बिल को राष्ट्रपति की मंजूरी न मिलने की स्थिति में, उसके पास सांसदों की अयोग्यता के बारे में जो याचिकाएँ लंबित पड़ी हैं उन पर कार्रवाई शुरू कर दी जाएगी।[35]

लाभ के पद संबंधी विधेयक पर चिंताग्रस्त हुई संप्रग सरकार ने राष्ट्रपति की नाराजगी और मौके की नजाकत को देखते हुए विधेयक पर विचार के लिए संयुक्त संसदीय समिति का गठन किया। संसद के दोनों सदनों से पन्द्रह सदस्यों वाली समिति (जे.पी.सी.) को लाभ के पद को व्यापक तौर पर परिभाषित करने एवं इसके लिए ऐसा व्यापक दायरा तय करने का काम सौंपा गया, जिसे सभी राज्यों और केन्द्रशासित प्रदेशों में उचित ढंग से निष्पक्ष और विवेक सम्मत् तरीके से लागू किया जा सके। सदस्यों को अयोग्य घोषित करने से रोकने के बारे में ब्रिटेन की तर्ज पर एक कानून व्यवस्था अपनाए जाने के व्यावहारिक पक्ष की जाँच करने का काम भी समिति को दिया गया।[36]

संयुक्त संसदीय समिति के गठन के बारे में उच्च न्यायालय के वरिष्ठ अधिवक्ता के.टी.एस. तुलसी ने कहा राष्ट्रपति ने धारा 111 के तहत संसद द्वारा कोई कानून दोबारा पारित करने पर उसे मंजूर करना मजबूरी है। लेकिन कानून बनने के बाद संयुक्त संसदीय समिति के गठन का कोई संवैधानिक आधार नहीं। यह कानून का मखौल भी है।[37] एक अन्य विधिवेत्ता प्रशांत भूषण के अनुसार संयुक्त संसदीय समिति की जगह कानून के विशेषज्ञों की समिति बनानी चाहिए थी। सरकार विधेयक पर उच्चतम न्यायालय की राय भी ले सकती थी, लेकिन सबको बचाने के लिए विधेयक पारित करा लिया गया। राष्ट्रपति के पास कोई चारा नहीं था।[38]

राष्ट्रपति ने संयुक्त संसदीय समिति के गठन के अमल में आते ही सत्रह दिन से लंबित लाभ के पद पर अन्ततः 18 अगस्त, 2006 को अपनी मुहर लगा दी,[39] लेकिन राष्ट्रपति संविधान की रक्षा एवं सुरक्षा के संदर्भ में अपरिवर्तित विवादास्पद विधेयक को अपनी स्वीकृति देने से मना कर सकते थे।[40]

अतः सार रूप में राष्ट्रपति ने संवैधानिक उपहास में भागीदार न बनकर संविधान के संरक्षक के रूप में सरकार द्वारा लाभ के पद विधेयक को अनुमति दिलाने के प्रयास का प्रतिरोध करने के लिए अपने पास उपलब्ध सभी संवैधानिक अधिकारों का प्रयोग बखूबी किया। संसद के दोनों सदनों का संदेश पर ध्यान करवाकर तथा उनके द्वारा उल्लेखित विसंगतियों का निराकरण लोकतांत्रिक मर्यादा के अनुसार करने को कहा।

गठबंधन सरकारों में अध्यादेशों को स्वीकृति प्रदान करने में: राष्ट्रपति की भूमिका

ब्रिटिश परिपाटी है कि सम्राट को अपने कृत्यों के निवर्हन में मंत्रिपरिषद की सलाह पर काम करना चाहिए और यही परिपाटी हमारे संविधान में समाहित कर ली गई है। सामान्यतया राष्ट्रपति मंत्रिपरिषद की सलाह के अनुसार कार्य करता है, तथापि यदि सरकार की सलाह किसी संवैधानिक अशक्तता से ग्रस्त हो या अन्यथा त्रुटिपूर्ण हो तो राष्ट्रपति ऐसी सलाह को संविधान के अनुच्छेद 74(1) के परतुंक के अनुसार मंत्रिपरिषद को पुनर्विचार के लिए वापस लौटा सकता है। वर्ष 1978 के पश्चात् वास्तव में राष्ट्रपति ने कुछेक अवसरों पर मंत्रिपरिषद से यह अपेक्षा की कि वह उसे दी गई सलाह पर लोकहित के स्थायी लाभ की दृष्टि से पुनर्विचार करे। 1989 के बाद संयुक्त सरकारों के निर्माण बाद कुछेक अध्यादेशों को राष्ट्रपति की स्वीकृति के लिए प्रस्तुत किया, जिनको राष्ट्रपति ने अपनी स्वीकृति प्रदान नहीं की या स्वीकृति प्रदान करने में काफी सोच–समझकर कर अपने विवेक का प्रयोग कर स्वीकृति प्रदान की।

सांसदों एवं पूर्व सांसदों के वेतन, पैंशन और परिलब्धियों से संबंधित विधेयकः मार्च, 1991

भारत में केन्द्र स्तर पर ताजा गठबंधन सरकारों का निर्माण 1989 के आम चुनावों के बाद आरंभ हुआ। नौवीं लोकसभा के अन्तिम दिन 12 मार्च, 1991 को संसदीय कार्य मंत्री ने संसद सदस्यों और पूर्व सांसदों के वेतन और परिलब्धियों के संबंध में एक विधेयक पुरास्थापित किया। इस विधेयक पर विचार करने के दौरान, जनता दल के एक सदस्य ने प्रत्येक ऐसे सदस्य को आनुपातिक राशि

प्रदान करने के लिए एक संशोधन प्रस्तुत किया 'जो कम से कम एक वर्ष की अवधि तक सदस्य रहा हो' और यह स्वीकृत हो गया था। जब यह विधेयक राष्ट्रपति की अनुमति के लिए आया तो उन्होंने पाया कि वह संशोधन राष्ट्रपति की सिफारिश के बिना प्रस्तुत किया गया था, जैसा कि संविधान के अनुच्छेद 117(1) के अंतर्गत अपेक्षित है जिसमें विशेष रूप से यह उपबंध किया गया है कि कोई विधेयक या धन विधेयक से संबंधित कोई संशोधन राष्ट्रपति की सिफारिश से ही पुरःस्थापित या प्रस्तावित किया जाएगा अन्यथा नहीं। चूंकि उक्त संशोधन को ऐसी सिफारिश के बिना प्रस्तुत किया गया था। अतः राष्ट्रपति ने कहा कि इस विधेयक पर अनुमति देने का उनका कोई विचार नहीं है।[41]

लोक प्रतिनिधित्व अध्यादेश तथा अनुसूचित जाति (संशोधन) अध्यादेशः मार्च, 1996

सरकार का चुनाव की तिथियों की घोषणा के समय राष्ट्रपति से दो-चार बातें होना गम्भीर और महत्त्वपूर्ण घटना है। सरकार ने राष्ट्रपति के पास हस्ताक्षर कर प्रख्यापित करने के लिए दो अध्यादेश भेजे थे। पहला, दलित ईसाइयों को आरक्षण देने से संबंधित था [अनुसूचित जाति (संशोधन) अध्यादेश 1996] दूसरा चुनाव अभियान की अवधि को तीन सप्ताह से घटा कर दो सप्ताह करना था [लोक प्रतिनिधित्व अध्यादेश 1996]। राष्ट्रपति ने इस आधार पर इन दोनों अध्यादेशों को वापस कर दिया था कि चुनावों के समय ऐसे अध्यादेश का प्रख्यापन संवैधानिक औचित्य की कसौटी पर खरा नहीं उतरता।[42]

दलित ईसाइयों का मसला संसद की अंतिम बैठक के आखिरी दिन उठाने का अनेक सदस्यों ने विरोध किया था। सरकार विलम्ब से बिना तैयारी किये ही संसद में इस मसले को लायी जो नियम विरूद्ध है और इस बात से लोकसभा अध्यक्ष भी सहमत थे। भाजपा को छोड़कर अन्य सभी पार्टियाँ इस बात पर तो सहमत थी परंतु सत्तारूढ़ पार्टी ने जिस ढंग से इस मुद्दे को आगे बढाया था उस पर उन्होंने अप्रसन्नता व्यक्त की थी।[43]

जहाँ तक चुनाव अभियान के समय को तीन से दो सप्ताह करने की बात थी, इस अध्यादेश के प्रारूप का सभी विपक्षी पार्टियों ने विरोध किया था। उनका कहना था कि सरकार ने संसद के समक्ष चुनाव सुधारों के समस्त व्यापक मुद्दों को लाने का वायदा किया था परन्तु उसने ऐसा नहीं किया। राष्ट्रपति ने एक महत्त्वपूर्ण संवैधानिक बिंदु पर विचार व्यक्त किए कि जब लोकसभा का सत्रावसान हो चुका हो तब इस तरह का अध्यादेश लाना कहाँ तक उचित है? दूसरा मात्र

संसद ही संवैधानिक संरचना के अनुसार ऐसे मुद्दों पर गहराई से विचार करने के बाद राष्ट्रपति के पास भेजती है।[44]

वस्तुतः सरकार ने इन अध्यादेशों की तात्कालिकता एवं आवश्यकता को भी तो स्पष्ट नहीं किया था और यह भी नहीं बताया था कि वह निर्धारित चुनाव अभियान के दिनों में कमी क्यों करना चाहती है। विपक्ष ने अपनी आपत्तियों को पहले ही जाहिर कर दिया था। इसके बावजूद सरकार अध्यादेश के माध्यम से अपनी बात लादना चाहती थी, जिसे राष्ट्रपति ने अस्वीकृत कर दिया। इस निर्णय का सभी विपक्षी दलों ने यह कहकर स्वागत किया कि इससे संसदीय लोकतंत्र की परम्परा और मजबूत ही होगी।[45] सरकार ने समझदारी का परिचय देते हुए चुपचाप राष्ट्रपति के निर्णय को स्वीकृति दे दी।

चुनाव सुधारों से संबंधित अध्यादेशः अगस्त, 2002

16 अगस्त, 2002 को संघीय कैबिनेट द्वारा पारित प्रस्ताव राष्ट्रपति भवन में 19 अगस्त, 2002 को आया जिसमें राष्ट्रपति से अध्यादेश जारी करने का अनुरोध किया गया था। भारतीय संविधान के अध्याय तीन में अनुच्छेद 123 के अंतर्गत राष्ट्रपति की विधायी शक्तियाँ उसे संसद के विश्रांति काल में अध्यादेश जारी करने की शक्ति प्रदान करती हैं। इस अनुच्छेद का विशिष्ट अर्थ है कि जब संसद के दोनों सदन सत्र में न हो तो आवश्यक विधि अधिनियम लागू करना। राष्ट्रपति द्वारा जारी किए गए अध्यादेश का वही बल और प्रभाव होगा जो संसद द्वारा पारित अधिनियम का होता है। प्रत्येक ऐसा अध्यादेश संसद के दोनों सदनों के समक्ष रखा जाएगा और संसद के पुनः समवेत होने की तारीख से छः सप्ताह की समाप्ति पर समाप्त हो जाएगा, जब तक कि छः सप्ताह के पूर्व दोनों सदन उसके अनुमोदन के संकल्प को पारित न कर दें। राष्ट्रपति की अध्यादेश जारी करने की शक्ति संसद की विधायनी शक्ति की सह–विस्तारी है।

अगस्त, 2002 में राष्ट्रपति को भेजे गए अध्यादेश जो जनप्रतिनिधित्व अधिनियम, 1951 को संशोधित करने के लिए था, जिसके द्वारा चुनाव संहिता नियम, 1961 में जोड़े फार्म 2ए तथा 2इ में संशोधन करते हुए उम्मीदवारों द्वारा एक हलफनामा दायर किया जाए ताकि विधायिका के निर्वाचित उम्मीदवारों द्वारा की गई अपनी परिसंपतियों और देनदारियों की घोषणा को तर्क संगत किया जा सके और इससे संबंधित संपूर्ण प्रक्रिया में पारदर्शिता लाई जा सके तथा निर्वाचित जनप्रतिनिधियों की विश्वसनीयता को बढ़ाया जा सके। इससे राजनीति के अपराधीकरण को रोकने की उम्मीद भी की गई।[46]

यह सारा मामला उच्चतम न्यायालय द्वारा एक विशिष्ट सिविल याचिका पर मई, 2002 में दिए गए निर्णय के बाद उठा। उच्चतम न्यायालय ने राजनीति के अपराधीकरण पर चिंता जताते हुए 2 मई, 2002 को सिविल अपील 2001 की संख्या 7178 (भारत सरकार बनाम एसोशिएशन फॉर डेमोक्रेटिक रिफॉर्मस एवं अन्य) के संबंध में निर्वाचन आयोग को निर्देश दिया कि वह लोकसभा तथा विधानसभाओं का चुनाव लड़ने वाले उम्मीदवारों से कहे कि अपने अपराधिक इतिहास का ब्यौरा, अगर कोई है तो, अनिवार्य रूप से दे, ताकि मतदाता वोट डालने से पहले उनके बारे में सोच-समझकर निर्णय ले सके।[47] निर्वाचन आयोग ने सरकार से प्रार्थना की कि वह निर्वाचन विधि में आवश्यक संशोधन कर इन सुझावों को स्वीकारे। उच्चतम न्यायालय के निर्देशानुसार 28 जून, 2002 को निर्वाचन आयोग ने लोकसभा और विधानसभाओं के चुनाव लड़ने वाले उम्मीदवारों के लिए अपनी सम्पति, देनदारियों, शैक्षिक योग्यता तथा किसी मामले में उनके अभियुक्त ठहराए जाने या उन पर आरोप पत्र दाखिल किए जाने संबंधी ब्यौरा शपथ-पत्र द्वारा देना अनिवार्य बनाया।

निर्वाचन आयोग के आदेश की तीखी प्रतिक्रिया हुई। 8 जुलाई, 2002 को हुई सर्वदलीय बैठक में तय किया गया कि संसद के मानसून सत्र् में ही एक विधेयक लाया जाए जिससे राजनीति में आपराधिक तत्त्वों के प्रवेश पर अंकुश लगे। राजनीतिक दलों की चुनाव आयोग के निर्देश पर दो आपत्तियाँ थी। पहली, यह कि आयोग को जनप्रतिनिधित्व कानून की मनमानी व्याख्या करने का अधिकार नहीं है और न ही उसे कानून बनाने का अधिकार है। दूसरी, आपत्ति थी कि यदि केवल आरोप पत्र दाखिल होने के आधार पर चुनाव लड़ने पर रोक लगाई गई तो इस प्रावधान का दुरुपयोग होगा। झूठे मुकद्दमें कर चुनाव लड़ने से रोका जा सकता है।

नामांकन पत्र के साथ व्यक्तिगत जीवन की पृष्ठभूमि और आर्थिक स्थिति का विवरण हलफनामे पर देना अनिवार्य करने संबंधी निर्वाचन आयोग के आदेश को निष्प्रभावी बनाने हेतु सरकार ने अध्यादेश लाने का फैसला किया। सभी राजनीतिक दल इस विषय पर एकमत दिखाई दिए कि शैक्षणिक योग्यता के बारे में सूचना माँगना अनुचित होगा और साथ ही, किसी संपत्ति आदि की घोषणा से सम्पत्ति और उसका स्वामी दोनों खतरे में पड़ सकते हैं।[48] विधेयक मानसून सत्र में पारित नहीं हो सका। सरकार ने एक राष्ट्रपतीय अध्यादेश द्वारा यह सुधार लाने का प्रयास किया।

राष्ट्रपति ने उच्चतम न्यायालय के दिए गए निर्णय के निर्देशों के संदर्भ में अध्यादेश का बहुत गहराई से अध्ययन किया। उन्होंने पाया कि प्रस्तावित अध्यादेश उच्चतम न्यायालय के कुछ निर्देशों जैसे कि उम्मीदवार, उसकी पत्नी तथा आश्रितों की संपति और देनदारियों की घोषणा तथा चुनाव लड़ने वाले उम्मीदवारों की शैक्षणिक योग्यता के बारे में निष्क्रिय है। उन्होंने संकेत किया कि प्रस्तावित अध्यादेश के उपबंध पूर्णरूप से उच्चतम न्यायालय की आवश्यकताओं के अनुरूप नहीं थे। इसलिए राष्ट्रपति ए.पी.जे. अब्दुल कलाम ने इस प्रस्तावित अध्यादेश को कैबिनेट के पास पुनर्विचार के लिए भेज दिया।[49]

राष्ट्रपति ने बहुचर्चित चुनाव सुधार अध्यादेश वापस करते हुए सरकार से यह जानना चाहा कि राजनीति का अपराधीकरण रोकने के लिए प्रत्याशियों के बारे में आवश्यक सूचना के अधिकार संबंधी उच्चतम न्यायालय की व्यवस्था का क्या हुआ? इसके अतिरिक्त उन्होंने यह भी जानना चाहा कि सरकार ने प्रस्तावित अध्यादेश के उस प्रावधान को क्यों हटा दिया जिसके तहत दो गंभीर अपराधों में आरोप तय हो जाने पर किसी व्यक्ति को चुनाव लड़ने के अयोग्य ठहराया जा सकता है।

यहाँ पर उल्लेखनीय है कि 16 अगस्त, 2002 को चुनाव सुधारों के लिए राष्ट्रीय अभियान के प्रतिनिधिमंडल जिसमें प्रतिष्ठित विधिवक्ता, न्यायविद् और नागरिक अधिकारों के नेताओं सहित दिल्ली उच्च न्यायालय के सेवानिवृत्त मुख्य न्यायाधीश राजेन्द्र सच्चर इस मामले में राष्ट्रपति से मिले और उन्होंने अध्यादेश पर हस्ताक्षर न करने का आग्रह किया, क्योंकि यह संविधान द्वारा अनुच्छेद 19 के अंतर्गत सूचना के मूल अधिकारों की कटौती करता है और यह अध्यादेश न केवल उच्चतम न्यायालय के आदेश की भावना के खिलाफ है बल्कि संविधान द्वारा स्वीकृत मौलिक अधिकारों की भावना के भी खिलाफ है।[50] प्रतिनिधिमंडल के सदस्य एवं पत्रकार कुलदीप नैय्यर सहित अनेक सदस्यों ने राष्ट्रपति से इस अध्यादेश को असंवैधानिक बताते हुए इसे उच्चतम न्यायालय के विचारार्थ भेजने का आग्रह किया था।

राष्ट्रपति द्वारा अध्यादेश को वापस भेजने पर केन्द्रीय मंत्रिपरिषद ने विचार-विमर्श के बाद चुनाव सुधारों से संबंधित अध्यादेश को जैसे का तैसा लौटा दिया। मंत्रिमंडल ने राष्ट्रपति से इस अध्यादेश को उसके वर्तमान स्वरूप में मंजूरी देने का अनुरोध करते हुए कहा कि यह अध्यादेश उस विधेयक का प्रतिरूप है जिसे सभी राजनीतिक दलों के बीच बनी सहमति के आधार पर तैयार किया गया था। मंत्रिमंडल द्वारा पुनः अध्यादेश जारी किए जाने की संस्तुति करने

पर राष्ट्रपति ने हस्ताक्षर कर दिए। इससे पहले एटार्नी जनरल सोली सोराबजी राष्ट्रपति से मिले थे और उन्हें अध्यादेश के बिन्दुओं से परिचित कराया था। सांविधानिक प्रावधानों और मर्यादाओं के आलोक में राष्ट्रपति के पास इस अध्यादेश पर हस्ताक्षर करने के अलावा कोई अन्य विकल्प नहीं था।

गठबंधन सरकारों के दौरान अन्य मामलों में राष्ट्रपति की भूमिका

काम चलाऊ सरकारः राष्ट्रपति की भूमिका

गठबंधन सरकार के साथ ही जुड़ा हुआ एक शब्द है–काम चलाऊ सरकार। संविधान में कार्यवाहक सरकार का कोई उल्लेख नहीं है, न संघ के स्तर पर और न राज्यों में। आम राजनीतिक चर्चा में इस पदावली का उपयोग ऐसी सरकार के लिए किया जाने लगा है जिसने सदन का विश्वास खो जाने पर अथवा जल्दी चुनाव कराने आदि किसी इरादे से त्याग पत्र दे दिया हो और राष्ट्रपति/राज्यपाल ने उसे वैकल्पिक व्यवस्था हो जाने तक कार्य करते रहने को कहा हो। समय से पूर्व कालकवलित हुई गठबंधन सरकारें चुनावों तक 'केयरटेकर' सरकार के रूप में कार्य करती हैं। लोकसभा भंग होने और नई लोकसभा गठित होने के बीच के अंतराल में भी एक मंत्रिपरिषद का होना भी जरूरी है और इस विषय में परम्परानुसार राष्ट्रपति निवर्तमान मंत्रिपरिषद को ही वैकल्पिक व्यवस्था होने तक काम करते रहने को कहते हैं। काम चलाऊ सरकार की परिकल्पना इसी व्यवस्था के अंतर्गत होती है परंतु संविधान में स्पष्ट रूप से ऐसा कोई उल्लेख नहीं है कि एक बहुमत प्राप्त सरकार और बहुमत खोने वाली काम चलाऊ सरकार में क्या अंतर होना चाहिए। यहाँ एक बात और ध्यान देने की है कि संविधान में यह साफ उल्लेख है कि भंग लोकसभा सत्र के अंतिम दिन और नई लोकसभा के प्रथम सत्र के पहले दिन के बीच में अधिक से अंधिक छः महीने का अंतराल हो सकता है। परंतु इसका अर्थ यह भी निकला कि लोकसभा में बहुमत खोने वाली एक काम चलाऊ सरकार छः महीने तक काम कर सकती है। हर स्थिति में, कार्यवाहक सरकार के पीछे भावना यह होती है कि वह एक अल्पकालिक व्यवस्था है और तभी तक चलनी चाहिए जब तक वह नितांत अनिवार्य हो, यदि निर्वाचन आवश्यक हों तो वह जल्दी से जल्दी कराए जाए तथा इस बीच कार्यवाहक सरकार यथा संभव कोई बड़े नीतिगत निर्णय न ले और कोई बड़ी नई योजनाएँ प्रारंभ न करे जब तक कि ऐसा करना राष्ट्रीय सुरक्षा के लिए जरूरी न हो जाए।

भारत में गठबंधन सरकारों के युग में 1989 से 2009 तक विभिन्न काम चलाऊ सरकारें बनी, चूंकि संविधान में काम चलाऊ सरकार की कोई परिभाषा

या मर्यादा निश्चित नहीं की गई है और उनका काम काज बहुत कुछ उसके नैतिक दायित्व बोध पर निर्भर है इसलिए राष्ट्रपति को यह देखना पड़ता है कि सरकार इस दौरान कोई गलत निर्णय न कर बैठे।[51]

संसदीय जनतंत्र मे राजा या राष्ट्राध्यक्ष के नाम पर संपूर्ण सत्ता का उपयोग प्रधानमंत्री और उसकी मंत्रिपरिषद के साथी करते हैं। संविधान के अनुच्छेद 75 के उपबंध 3 के अनुसार मंत्रिपरिषद संसद के प्रति सामूहिक रूप से उत्तरदायी होती है। अतः जब संसद का लोकप्रिय सदन मंत्रिपरिषद को अस्वीकार कर चुका हो, तो उसकी शक्ति पर प्रश्नचिह्न लग जाता है। ऐसी स्थिति में मंत्रिमंडल के निर्णयों को स्वीकृति देने के प्रश्न पर भारत के पूर्व विभिन्न राष्ट्रपतियों के दृष्टिकोण में विभिन्नता रही है। सन् 1979 में काम चलाऊ सरकार के नेता चरण सिंह ने अनेक महत्त्वपूर्ण फैसलों को लागू किया, लेकिन चुनावों को सरकारी खर्च पर करवाने के प्रस्ताव को तत्कालीन राष्ट्रपति नीलम संजीवा रेड्डी ने अस्वीकार कर दिया।[52]

इसी तरह पूर्व राष्ट्रपति आर. वेंकटरमन ने प्रधानमंत्री चन्द्रशेखर की काम चलाऊ सरकार द्वारा रखे गए चीनी मिलों को नया लाइसेंस एवं बोइंग विमान की खरीद के प्रस्ताव को अपनी स्वीकृति नहीं दी। अपनी पुस्तक 'माई प्रेसिडेंशियल ईयर्स' में उन्होंने लिखा है कि चन्द्रशेखर की सरकार 'केयरटेकर' थी। राष्ट्रपति नीलम संजीवा रेड्डी के समान आर. वेंकटरमन ने भी यह तथ्य स्वीकार किया कि काम चलाऊ सरकारें 'नीतिगत फैसले' नहीं ले सकती और न ही कोई ऐसा फैसला ले सकती हैं जिससे आने वाली सरकारों पर बोझ पड़े।

पूर्व राष्ट्रपति के.आर. नारायणन् का दृष्टिकोण इस संबंध में अपने पूववर्ती राष्ट्रपतियों के दृष्टिकोण से भिन्न व उदार रहा। दिसम्बर, 1997 से मार्च, 1998 तक इन्द्रकुमार गुजराल सरकार ने काम चलाऊ सरकार के रूप में कार्य किया। राष्ट्रपति के. आर. नारायणन् ने प्रधानमंत्री गुजराल को एक पत्र लिखा जिसमें यह स्पष्ट था कि ''हमारे संविधान के अंतर्गत मौजूदा सरकार काम चलाऊ नहीं है। इसे विवेक के साथ काम करने का पूरा अधिकार है।'' इन्द्र कुमार गुजराल की कार्यवाहक सरकार ने अनेक नीतिगत फैसले किए। जैसे प्रसार भारती अध्यादेश जारी किया, ब्रिटेन व दक्षिण अफ्रीका में उच्चायुक्तों की नियुक्ति की, गोवा व मिजोरम में नए राज्यपाल नियुक्त किए, पंजाब सरकार को केन्द्र से दिए गए ऋण में से आठ हजार करोड़ रूपये माफ कर दिए, आदि।[53]

भारत के राष्ट्रपति की इस भूमिका को लेकर भी विवाद रहा है। कलकत्ता उच्च न्यायालय ने 'मदनमुरारी वर्मा और चरण सिंह एवं अन्य 1980' के मुकदमें

में यह निर्णय दिया था कि 'कोई भी नीति विषयक निर्णय जो लोकसदन के प्रति उत्तरदायी हो उसे प्रस्तुत नहीं किया जा सकता।' दिन प्रतिदिन के प्रशासन के अलावा अगर कोई निर्णय राष्ट्रपति के पास भेजा जाता है तो राष्ट्रपति उसे मानने के लिए बाध्य नहीं होगा।[54]

17 अप्रैल, 1999 को विश्वास मत पर पराजित होने के बाद अटल बिहारी वाजपेयी के नेतृत्व वाली काम चलाऊ सरकार के कई निर्णयों के बारे में राष्ट्रपति असमंजस मे पड़ गए और उन्हें कभी किसी मंत्री को बुलाकर और कभी किसी सरकारी अफसर को बुलाकर तथ्यों की जानकारी प्राप्त करने की जरूरत महसूस हुई। इस संबंध में सबसे बड़ा उदाहरण था जब कारगिल, द्रास और बटालिक क्षेत्रों में पाकिस्तानी घुसपैठियों को खदेड़ने के लिए सेना ने कार्रवाई की और उस समय यह मांग उठी की संसद के स्थायी सदन अर्थात राज्य सभा की बैठक बुलाई जाए तो सरकार ने उस मांग को पूरी तरह नकार दिया। ऐसे और भी मामले हैं जिनमें राष्ट्रपति को तथ्यों की जानकारी के लिए खुद तत्परता दिखानी पड़ी। दूर संचार पैकेज के मामले में तो इस कार्यवाहक सरकार ने न तो राष्ट्रपति की चिंता पर कोई ध्यान दिया और न ही निर्वाचन आयोग की चिंता पर।

केन्द्रीय मंत्रिपरिषद ने इंडियन एयरलाइन्स के पूंजीगत ढ़ाँचे की पुनःरचना के लिए एक दूरगामी योजना मंजूर की। इस योजना के अंतर्गत सरकार ने इंडियन एयरलाइन्स में 320 करोड़ रूपए की पूंजी लगाने के लिए सार्वजनिक रूप से शेयरों की ब्रिकी का निर्णय किया था। बाद में केलकर समिति की सिफारिशों के अनुसार इंडियन एयरलाइन्स में 125 करोड़ रूपए के शेयर खुद खरीदने का फैसला किया। विपक्षी दलों ने ऐतराज उठाया कि काम चलाऊ सरकार को इतना बड़ा आर्थिक फैसला करने का नैतिक अधिकार नहीं है। राष्ट्रपति के.आर. नारायणन् ने इस विषय में मंत्रिपरिषद के सचिव प्रभात कुमार से जबाब तलब किया। जब राष्ट्रपति को प्रभात कुमार के स्पष्टीकरण से संतोष नहीं हुआ तो उन्होंने इंडियन एयरलाइन्स के अध्यक्ष व प्रबंध निदेशक अनिल बजाज को बुलाकर उनसे पूछताछ की।

कारगिल युद्ध के दौरान भी राष्ट्रपति ने युद्ध स्थिति पर कड़ी नजर रखी। प्रधानमंत्री द्वारा उन्हें समय-समय पर घटना क्रम की जानकारी दी गई फिर भी राष्ट्रपति ने तीनों सेनाध्यक्षों से सीधा संवाद कायम रखा और पूर्व प्रधानमंत्रियों तथा विपक्षी नेताओं से विचार विनिमय किया।[55]

6 जुलाई, 1999 को केन्द्रीय मंत्रिपरिषद ने निजी क्षेत्र की दूर संचार सेवा कंपनियों को संकट से उबारने के लिए एक नई परियोजना को मंजूरी दी। सभी विपक्षी दलों और समाचार पत्रों ने भी इस फैसले की कड़ी आलोचना की। विपक्षी दलों ने राष्ट्रपति से इस मामले में हस्तक्षेप करने को कहा। विपक्षी दलों की दलीलों के मद्देनजर राष्ट्रपति ने पूछताछ शुरू की और केन्द्रीय मंत्री जगमोहन को बुलाकर उनसे परामर्श करना और प्रधानमंत्री को पत्र लिख कर यह सलाह देना कि काम चलाऊ सरकार को इतने दूरगामी महत्व का निर्णय नहीं लेना चाहिए और यह निर्णय चुनाव के बाद आने वाली सरकार पर छोड़ देना चाहिए।[56] यद्यपि प्रधानमंत्री ने राष्ट्रपति के पत्र के उत्तर में दावा किया कि मंत्रिपरिषद का फैसला कोई नया नीतिगत निर्णय नहीं है; वह सरकार द्वारा संसद में घोषित दूर संचार नीति का ही अंग है, परंतु इस उत्तर से शंकाओं का पूर्णतः निवारण नहीं हो पाया। राष्ट्रपति ने नए फैसले को नई सरकार के गठन होने तक टाल देने का सुझाव दिया था, परन्तु प्रधानमंत्री वाजपेयी ने उक्त फैसले को 1 अगस्त, 1999 से लागू करने का सरकार का संकल्प व्यक्त किया।

अतः स्पष्ट है कि वाजपेयी के नेतृत्व वाली सरकार ने राष्ट्रपति की उपेक्षा करते हुए नीतिगत निर्णय लिए। लेकिन सुप्रसिद्ध संविधान विशेषज्ञ सुभाष कश्यप का मानना है कि 'काम चलाऊ सरकार' जैसा किसी चीज का संविधान में कहीं उल्लेख नहीं है और न ही उसकी कोई संकल्पना है। प्रत्येक सरकार पूर्णशक्ति सम्पन्न है, पूर्णतया सांविधानिक सरकार है। प्रत्येक मंत्रिपरिषद को सरकार की पूरी सत्ता और शक्ति के उपयोग करने का समान अधिकार है।[57]

राज्यपाल की नियुक्तियाँ, (जुलाई, 1999)

केन्द्र व राज्य संबंधों में राज्यपाल का पद तथा नियुक्ति भी विवादग्रस्त मुद्दा रहा है। यह खेद का विषय है कि भाजपा नीत सांझा सरकार ने भी "कांग्रेसी संस्कृति" के आधार पर ही इस पद से सरोकार रखा है। जुलाई 1999 में पं. बंगाल व अरूणाचल प्रदेश में राज्यपाल की नियुक्ति के प्रश्न पर राष्ट्रपति एवं प्रधानमंत्री के बीच टकराव उत्पन्न हुआ। कारण यह था कि राष्ट्रपति ने पश्चिमी बंगाल में प्रधानमंत्री की सिफारिश को एक नोट के साथ लौटा दिया कि चुनावों के बाद ही ऐसी नियुक्तियाँ की जाएँ तथा एक ही व्यक्ति (मुख्य न्यायाधीश) को दो राज्यों का कार्यवाहक राज्यपाल नियुक्त न किया जाए।[58] राष्ट्रपति यथास्थिति बनाए रखने के पक्ष में थे।[59] प्रधानमंत्री, राष्ट्रपति की सक्रियता से नाराज थे। इसके पूर्व भी राज्यपाल की नई नियुक्तियाँ, बिहार में राष्ट्रपति शासन के मुद्दे पर भी प्रधानमंत्री व राष्ट्रपति के बीच मनमुटाव उत्पन्न

हुआ था।[60] राष्ट्रपति का उद्देश्य प्रधानमंत्री के अधिकार को चुनौती देना नहीं रहा, वरन वे चाहते थे कि काम चलाऊ सरकार को कोई ऐसा निर्णय नहीं लेना चाहिए, जिस पर अत्यधिक धन खर्च होता हो, जिसका पालन करने के लिए आगे आने वाली सरकार बाध्य हो या संसद उसका विरोध करे।

राष्ट्रपति द्वारा विश्वासमत प्राप्त करने का निर्देशः विवादास्पद विषय

विश्वासमत पर जितनी और जिस स्तर की बहस हम देख सुन रहे हैं, उसकी कल्पना हमारे संविधान निर्माताओं ने नहीं की थी। इसीलिए हमारे संविधान में विश्वासमत जैसी कोई व्यवस्था उन्होंने नहीं दी। संविधान में (नो कॉन्फिडेंस मोशन अर्थात) अविश्वास प्रस्ताव का ही प्रावधान रखा गया है। विश्वासमत प्रस्ताव की व्यवस्था संसदीय नियमों के अन्तर्गत है, लेकिन पहली बार यह चर्चा में आया चरणसिंह के समय, जब वर्ष 1979 में उन्हें संसद में अपना बहुमत साबित करने को कहा गया था। तब से इसने एक परम्परा का रूप अख्यितार कर लिया है।

आमतौर पर जब भी विपक्ष को किसी सरकार से कोई शिकायत होती है, वह उसके खिलाफ अविश्वास प्रस्ताव रखता है। हालांकि यह हमारे संसदीय लोकतंत्र में विपक्ष को सरकार के समकक्ष एक मजबूत हथियार प्रदान करता है, लेकिन आजादी के बाद के शुरूआती वर्षों में इसका प्रयोग न के बराबर हुआ। पहली और दूसरी लोकसभा अर्थात 1952 से लेकर 1962 तक किसी ने नेहरू सरकार के खिलाफ अविश्वास प्रस्ताव पेश नहीं किया। ऐसा नहीं कि सारा विपक्ष नेहरू की नीतियों से खुश ही था। दरअसल वह शालीन राजनीति का दौर था और लोग नाहक सत्ता-शीर्ष पर कीचड़ उछालने से संकोच करते थे। साथ ही एक वजह यह भी थी कि अविश्वास प्रस्ताव रखने के लिए 50 सांसदों की जरूरत पड़ती है, उतने सांसद इकठ्टा कर पाना मुश्किल होता था।

अब तक लोकसभा में विभिन्न प्रधानमंत्रियों के खिलाफ अविश्वास प्रस्ताव रखे गये उनमें से केवल 1979 में मोरारजी देसाई की सरकार इस वजह से गिरी। जहाँ तक विश्वास का सवाल है मोरारजी देसाई के तत्काल बाद सत्ता में आए चरण सिंह से इसकी शुरूआत हुई। असल में, जब किसी एक दल को पूर्ण बहुमत नहीं मिलता, या कोई सरकार किन्हीं कारणों से अल्पमत में आ जाती है तब से ही इसकी जरूरत आन पड़ती है। संसदीय सिद्धांतों एवं आदर्शों के अनुसार त्रिशंकु लोकसभा में सबसे बड़े दल के नेता को राष्ट्रपति सरकार बनाने का न्यौता देते हैं और निश्चित समय में बहुमत साबित करने को कहते हैं तभी विश्वास मत की आवश्यकता पड़ती है।

चूंकि पिछले डेढ़ दशक से सदन में किसी दल को स्पष्ट बहुमत नहीं मिला, इसलिए विश्वास प्रस्ताव ज्यादा आए हैं। स्पष्ट बहुमत के अभाव में भारतीय राजनीति में मिली-जुली सरकारों का निर्माण हुआ है और वह सहयोगी दलों के समर्थन पर सत्ता में रही हैं परन्तु गठबंधन सरकारों के घटक दलों द्वारा सरकार से अपना समर्थन वापस लेने के परिणामस्वरूप राष्ट्रपति द्वारा विश्वासमत प्राप्त करने के निर्देश भी विवादास्पद बने हैं। 12वीं लोकसभा का पतन भी इसी का परिणाम था। राष्ट्रपति के निर्देश पर हुए सदन में विश्वास मत पर हुए मतदान में अटल बिहारी वाजपेयी के नेतृत्व वाली गठबंधन सरकार 269 के मुकाबले केवल 270 मतों अर्थात् केवल एक मत के अंतर से पराजित हो गई। राष्ट्रपति के. आर. नारायणन् ने यह निर्देश वाजपेयी सरकार को तब दिया था जब अन्नाद्रमुक ने अपना समर्थन वापस ले लिया था।[61] वाजपेयी सरकार के पतन और अगली सरकार के गठन की तैयारियों के बीच संवैधानिक विशेषज्ञ इस बात को लेकर एकमत नहीं थे कि क्या राष्ट्रपति को सत्तारूढ़ गठजोड़ के घटक दल अन्नाद्रमुक की समर्थन वापसी के बाद प्रधानमंत्री विश्वास मत प्राप्त करने के लिए कहना ठीक था?

प्रख्यात न्यायविद् लक्ष्मीमल सिंघवी और लोकसभा के पूर्व महासचिव सुभाष कश्यप ने यह कहते हुए राष्ट्रपति के निर्देश की आवश्यकता पर सवाल उठाया कि "विश्वासमत जैसा कोई संवैधानिक प्रावधान नहीं है।" सुभाष कश्यप कहते हैं कि राष्ट्रपति को कानूनी संवैधानिक या नैतिक दृष्टि से सही नहीं ठहराया जा सकता।

जवाहरलाल नेहरू विश्वविद्यालय के सी.पी. भांभरी ने राष्ट्रपति द्वारा उठाए गए कदम को बिल्कुल सही बताया। लेकिन सेंटर फॉर पॉलिसी रिसर्च के अजय मेहरा के अनुसार राष्ट्रपति की पहल ने माहौल बदल दिया। उन्होंने कहा सरकार को सदन का विश्वास मत प्राप्त करने के लिए कहे जाने की कोई आवश्यकता नहीं थी, खासकर जब वित विधेयक पर चर्चा की जा रही हो, विधेयक गिरता तो सरकार खुद गिर जाती।

सी.पी. भांभरी का कहना था कि राष्ट्रपति ने अटल बिहारी वाजपेयी को सहयोगी दलों के समर्थन पत्र के आधार पर सरकार बनाने के लिए आमंत्रित किया था और जब सबसे बड़े घटक दल ने ही औपचारिक रूप से समर्थन वापस ले लिया तो उनके पास प्रधानमंत्री को विश्वासमत प्राप्त करने के लिए कहने के अलावा कोई विकल्प नहीं था। उन्होंने उल्लेख किया कि राष्ट्रपति ने सदन का विश्वासमत पाने के लिए कोई अवधि निर्धारित नहीं की थी।

अनेक संविधानवेताओं की राय में राष्ट्रपति का यह कदम संवैधानिक नहीं था। उनका यह कहना है कि भारत के संविधान में विश्वासमत का कहीं उल्लेख नहीं है। सरकार केवल अविश्वास मत से ही हटाई जा सकती है। उनकी राय में बजट सत्र में राष्ट्रपति द्वारा विश्वासमत का प्रयोग अप्रासंगिक था, क्योंकि बजट सत्र चलने की स्थिति में किसी भी कटौती प्रस्ताव के द्वारा सरकार को परास्त किया जा सकता है। उनके अनुसार विश्वास प्रस्ताव का प्रयोग सत्रावसान की स्थिति में किया जाना चाहिए। जैसे कि सन् 1989 में वी. पी. सिंह की अगुवाई में बनी राष्ट्रीय मोर्चा की सरकार से भाजपा ने 23 अक्तूबर, 1990 को अपना समर्थन वापस लिया तब राष्ट्रपति आर. वेंकटरमन ने विश्वासमत प्राप्त करने का निर्देश दिया था। उसी प्रकार सन् 1996 में अटल बिहारी वाजपेयी और एच. डी. देवगौड़ा की सरकार को भी सत्रावसान की स्थिति में सदन में विश्वासमत हासिल करने का निर्देश दिया था, उस समय भी संसद का सत्र नहीं चल रहा था।

राष्ट्रपति के.आर. नारायणन द्वारा अटल बिहारी वाजपेयी सरकार को 1999 में विश्वासमत प्राप्त करने का निर्देश देने पर यह प्रश्न भी उठाया गया कि क्या राष्ट्रपति को सत्तारूढ़ सरकार को विश्वासमत प्राप्त करने के लिए निर्देश देने से पूर्व आश्वस्त नहीं हो जाना चाहिए था कि विपक्ष वैकल्पिक सरकार बनाने की स्थिति में है अथवा नहीं?

लोकसभा के वर्तमान नियमों में विश्वास प्रस्ताव का कोई उल्लेख नहीं है। जनहित से जुड़े मुद्दों को उठाने वाले नियम 25 के अंतर्गत ही सरकार सदन में स्वतः या राष्ट्रपति के निर्देश पर विश्वास मत का प्रस्ताव लाती है। जैसे–जुलाई, 2008 में मनमोहन सिंह के नेतृत्व वाली यू.पी.ए की गठबंधन सरकार को बाहर से समर्थन करने वाले वाम मोर्चा ने भारत-अमेरिका परमाणु करार पर सरकार से समर्थन वापस ले लिया। परमाणु करार पर तेजी से चले घटनाक्रम ने राष्ट्रीय राजनीति को अचानक ही गरमा दिया। चार साल से मनमोहन सिंह सरकार को बाहर से समर्थन दे रहे वाममोर्चा ने अन्ततः 9 जुलाई, 2008 को राष्ट्रपति प्रतिभा पाटिल से मुलाकात करके उन्हें समर्थन वापसी का पत्र सौंपा और उन्होंने राष्ट्रपति से सरकार को लोकसभा में बहुमत साबित करने का निर्देश देने का भी अनुरोध किया। इस पर राष्ट्रपति प्रतिभा देवी सिंह पाटिल ने प्रधानमंत्री मनमोहन सिंह को सदन का विश्वास मत हासिल करने का आदेश दिया। राष्ट्रपति के निर्देशानुसार प्रधानमंत्री मनमोहन सिंह ने 22 जुलाई, 2008 को 256 के मुकाबले 275 मतों से सदन में स्पष्ट बहुमत प्राप्त किया।

गठबंधन सरकारें गिरने पर बजट पास करवाने के संबंध में राष्ट्रपति की भूमिका

गठबंधन राजनीति के दौर में असाधारण परिस्थिति में जैसे प्रधानमंत्री एच.डी. देवगौड़ा की सरकार, जिसने 1997–98 का बजट पेश किया था, केन्द्रीय संसद द्वारा यह बजट पास करने से पहले ही यह सरकार गिर गई तो राष्ट्रपति ने लोकसभा के स्पीकर पी. ए. संगमा और अन्य दलों के नेताओं से विचार-विमर्श के पश्चात् ऐसा वातावरण तैयार किया, जिससे बजट ठीक समय में पास करने का मार्ग प्रशस्त हो गया। इसी प्रकार जब 17 अप्रैल 1999 को लोकसभा ने प्रधानमंत्री अटल बिहारी वाजपेयी द्वारा पेश किए विश्वास मत को रद्द कर दिया था तो देश में ऐसी राजनीतिक स्थिति उत्पन्न हो गई थी जिसमें राष्ट्रपति को क्रियाशील भूमिका निभानी आवश्यक हो गई थी। जब प्रधानमंत्री वाजपेयी ने 17 अप्रैल, 1999 को अपनी सरकार का त्यागपत्र दिया था तो उस समय लोकसभा ने 1999–2000 के वित्तीय वर्ष के लिए वार्षिक बजट पास नहीं किया था। राष्ट्रपति को शंका थी कि लोकसभा को भंग किया जा सकता है। इसीलिए राष्ट्रपति ने लोकसभा द्वारा शीघ्र बजट पास करवाने के लिए निजी प्रयत्न आरम्भ कर दिए थे। राष्ट्रपति को इस बात का अहसास था कि यदि लोकसभा वार्षिक बजट पास करने से पूर्व भी भंग कर दी जाती है तो देश में प्रशासनिक उथल-पुथल मच जाएगी क्योंकि संसद की स्वीकृति के बिना सरकार किसी तरह का कोई व्यय नहीं कर सकती है। अतः राष्ट्रपति ने 21 अप्रैल, 1999 को प्रधानमंत्री अटल बिहारी वाजपेयी और वित्तमंत्री यशवंत सिन्हा को बुलाकर निजी तौर पर कहा था कि वह लोकसभा से वार्षिक बजट पास करवाने के लिए आवश्यक कार्यवाही तुरन्त करें। राष्ट्रपति ने कुछ विरोधी दलों के नेताओं को भी टेलीफोन द्वारा यह कहा था कि वह बजट पास करवाने के लिए सरकार को सहयोग दें। राष्ट्रपति के इन प्रयत्नों के फलस्वरूप ही लोकसभा ने 22 अप्रैल, 1999 को वार्षिक बजट पास कर दिया था। केवल चार दिन के पश्चात् 26 अप्रैल, 1999 को लोकसभा भंग कर दी गई थी।

चुनाव आयुक्तों के मध्य उत्पन्न विवाद में भूमिका (दिसम्बर, 1997)

दिसम्बर, 1997 में मुख्य चुनाव आयुक्त एम. एस. गिल और चुनाव आयुक्त जी. वी. जी. कृष्णामूर्ति के बीच शिवसेना के मुद्दे पर कुछ मतभेद पैदा हो गए थे। मुख्य चुनाव आयुक्त ने अपनी टिप्पणी में कहा था कि शिवसेना का मामला अर्द्ध न्यायिक है इसलिए जी. वी.जी. कृष्णामूर्ति को मीडिया से बातचीत नहीं करनी चाहिए थी।[62] कृष्णामूर्ति मुख्य चुनाव आयुक्त की शिवसेना के मुद्दे पर

टिप्पणी को लेकर सख्त नाराज थे और विरोध स्वरूप उन्होंने नौ दिन का अवकाश ले लिया।

कृष्णामूर्ति ने एम. एस. गिल की कार्यशैली की तीखी आलोचना करते हुए उन पर शिवसेना के संगठनात्मक चुनाव के मामले में पक्षपातपूर्ण रवैया अपनाने का आरोप लगाया। उन्होंने राष्ट्रपति को लिखे पत्र में शिवसेना के मुद्दे पर आयोग के प्रशासकीय फैसले को सार्वजनिक करने की कार्रवाई को एम.एस. गिल द्वारा नकार दिए जाने को बहुत दुर्भाग्यपूर्ण बताया।[63]

उस समय बारहवीं लोकसभा के चुनाव करवाने की घोषणा हो चुकी थी। राष्ट्रपति ने स्थिति की नाजुकता को अनुभव करते हुए दोनों चुनाव आयुक्तों से राष्ट्रपति भवन में मुलाकात की। राष्ट्रपति के. आर. नारायणन ने अप्रसन्नता व्यक्त की और दोनों चुनाव आयुक्तों से कहा कि लोक सभा चुनाव शांतिपूर्वक और सद्भावनापूर्ण माहौल में होने चाहिए। राष्ट्रपति ने उन दोनों के बीच व्याप्त मतभेदों पर चिंता व्यक्त करते हुए इन्हें यथाशीघ्र समाप्त करने को कहा। राष्ट्रपति के साथ मुलाकात के बाद जी. वी. जी. कृष्णामूर्ति ने अपनी छुट्टी की समाप्ति करने और अपने पद को सम्भालने का निर्णय लिया। अतः राष्ट्रपति की उचित कार्यवाही के फलस्वरूप ही मुख्य चुनाव आयुक्त और चुनाव आयुक्त में मतभेद समाप्त हो गए।

न्यायाधीशों की नियुक्ति एवं स्थानांतरण के मामले में भूमिका

सन् 1998 में सर्वोच्च न्यायालय और उच्च न्यायालय के न्यायाधीशों की नियुक्ति तथा उच्च न्यायालयों के जजों के स्थानांतरण को लेकर सर्वोच्च न्यायालय के प्रधान न्यायाधीश और सरकार के मध्य विवाद उत्पन्न हो गया। विवाद इस बात को लेकर था कि क्या राष्ट्रपति अकेले मुख्य न्यायाधीश के परामर्श को मानने के लिए बाध्य हैं? इस विवाद के समाधान के लिए राष्ट्रपति ने उच्चतम न्यायालय से यह तय करने के लिए कहा कि क्या भारत के प्रधान न्यायाधीश परामर्श प्रक्रिया का पालन किए बिना जजों की नियुक्ति के लिए सिफारिश कर सकते हैं और क्या केन्द्र सरकार ऐसी सिफारिशों को मानने के लिए बाध्य है।[64]

राष्ट्रपति के. आर. नारायणन् ने न्यायाधीशों की नियुक्ति एवं तबादले से संबंधित कानून की व्याख्या को लेकर उत्पन्न संदेहों को दूर करने के उद्देश्य से संविधान के अनुच्छेद 143(1) के तहत इस मामले को उच्चतम न्यायालय के पास भेजा। राष्ट्रपति ने अपने पत्र में लिखा कि उच्चतम न्यायालय द्वारा इस बारे

में निर्धारित कानून की व्याख्या को लेकर संदेह पैदा हुए हैं, इसलिए यह सार्वजनिक हित में होगा कि न्यायाधीश की नियुक्ति एवं तबादले के बारे में संदेह को दूर किया जाए।[65]

यह उल्लेखनीय है कि केन्द्रीय मंत्री व प्रसिद्ध वकील रामजेठमलानी ने प्रधान न्यायाधीश पर बिना उचित माध्यम से सलाह-मशविरा किए उच्चतम न्यायालय के न्यायाधीश की नियुक्ति करने का आरोप लगाया था। तत्कालीन कानून मंत्री थंबी दुरई का कहना था कि उच्चतम न्यायालय के दूसरे न्यायाधीशों की नियुक्ति में पाँच न्यायाधीशों के बीच विमर्श जरूरी है, जबकि उच्चतम न्यायालय के मुख्य न्यायाधीश एम. एम. पुंछी का मानना था कि कानून मंत्री को इस बात से कुछ लेना देना नहीं है कि वह किसकी सलाह से उच्चतम न्यायालय के दूसरे न्यायाधीशों और उच्च न्यायालयों के न्यायाधीशों की नियुक्तियाँ और तबादले करते हैं।

उच्चतम न्यायालय के न्यायाधीशों की एक खंडपीठ ने ऐतिहासिक निर्णय दिया कि मुख्य न्यायाधीश व अन्य न्यायाधीशों की नियुक्ति करते समय सरकार को उच्चतम न्यायालय के वरिष्ठतम न्यायाधीशों से परामर्श लेना पड़ेगा। सर्वोच्च न्यायालय की संविधान पीठ ने अपने सर्वसम्मत निर्णय में कहा कि वरिष्ठतम न्यायाधीशों के समूह को एकमत से और लिखित में सिफारिश करनी चाहिए। जब तक न्यायाधीशों की समूह की राय मुख्य न्यायाधीश के विचार से मेल न खाए, तब तक मुख्य न्यायाधीश द्वारा राष्ट्रपति से कोई सिफारिश नहीं की जानी चाहिए।

उच्चतम न्यायालय ने यह भी स्पष्ट कर दिया कि "यदि भारत के मुख्य न्यायाधीश परामर्श की प्रक्रिया पूरी किए बिना न्यायाधीशों की नियुक्ति और उच्च न्यायालयों में न्यायाधीशों के स्थानांतरण के संबंध में राष्ट्रपति को सिफारिश करते हैं तो सरकार ऐसी सिफारिश मानने के लिए बाध्य नहीं है।" प्रस्तुत निर्णय से न्यायाधीशों की नियुक्ति के मामले में पर्याप्त निष्पक्षता होगी और न्यायपालिका की स्वतंत्रता एवं निष्पक्षता सुनिश्चित होगी।

आवास घोटाले से संबंधित विषय पर भूमिका

शीला कौल पी.वी. नरसिम्हा राव के मंत्रिमंडल में शहरी विकास मंत्री थी। उनके ऊपर आरोप था कि उन्होंने आठ हजार से अधिक मकानों का अवैध रीति से आबंटन किया। आरोप के समय वे हिमाचल प्रदेश की राज्यपाल थीं तत्कालीन राष्ट्रपति शंकर दयाल शर्मा ने दृढ़ता का परिचय देते हुए शीला कौल

को राज्यपाल के पद की गरिमा को बनाए रखने के लिए इस्तीफा देने के लिए मजबूर कर दिया। जब राष्ट्रपति के संकेतों का कोई वांछित परिणाम नहीं निकला और तत्कालीन प्रधानमंत्री पी. वी. नरसिम्हा राव मामले को टालते रहे तो राष्ट्रपति ने प्रधानमंत्री को पत्र लिखकर परामर्श दिया कि वह शीला कौल को अपने पद से इस्तीफा देने को कहें। राष्ट्रपति का मानना था कि शीला कौल के पद पर बने रहने तक केन्द्रीय जांच ब्यूरो द्वारा पूछताछ करना उस पद की गरिमा के अनुकूल नहीं होगा।[66] अन्ततः शीला कौल ने 21 अप्रैल, 1996 को राज्यपाल के पद से इस्तीफा दे दिया।

संविधान समीक्षा मुद्दे पर राष्ट्रपति की भूमिका

26 जनवरी, 1950 को भारत का नया संविधान लागू हुआ। तत्कालीन परिस्थितियों में संविधान निर्माताओं का यह विचार था कि भारत के लिए एक उत्तम तथा व्यावहारिक संविधान बनाया जाए जो सुधारक के रूप से कार्य करे और देश की प्रगति के लिए सजीव बन सके। भारतीय दर्शन "अच्छाई जहाँ से भी मिले ग्रहण कर लेनी चाहिए" के आधार पर संविधान निर्माताओं ने दूसरे देशों के संविधानों से अच्छे-अच्छे प्रावधान भारतीय संविधान में सम्मिलित किए। बदलती हुई शासन व्यवस्था एवं नवीन उदित होती मांगों व कमजोरियों के दृष्टिगत भारतीय संविधान में भी अनेक कमियाँ उजागर हुई। यदि संविधान दोषपूर्ण है तो उसमें न केवल संशोधन होना चाहिए बल्कि यदि आवश्यकता हो तो उसकी किसी धारा की ही नहीं बल्कि सम्पूर्ण संविधान की पूर्ण एवं गहन समीक्षा होनी चाहिए। समय-समय पर संविधान की धाराओं का राजनीतिक स्वार्थों के लिए उल्लंघन किया जाना इसका स्पष्ट प्रमाण है। इस दृष्टि से भारतीय संविधान की समीक्षा अनिवार्य है।

भारतीय संविधान की समीक्षा कोई नितांत नया विषय नहीं है। समय-समय पर उत्पन्न हुई चुनौतियों के दृष्टिगत विभिन्न विद्वानों, संविधान विशेषज्ञों, नेताओं और बुद्धिजीवियों ने संवैधानिक समीक्षा की बात की, किन्तु निरन्तर बढ़ती जा रही राजनीतिक अस्थिरता के दौर में सम्भवतः संवैधानिक समीक्षा का विषय अधिक प्रासंगिक हो गया। अगस्त, 1999 में 13वीं लोकसभा के चुनाव से ठीक पूर्व 24 दलों के सहयोग से मिलकर बने राष्ट्रीय जनतांत्रिक गठबंधन ने अपने घोषणा पत्र में यह स्पष्ट किया था कि वह सत्ता में आने पर अनुभवों के आधार पर भारतीय संविधान की समीक्षा के लिए आयोग गठित करेगा। सत्ता में आने के पश्चात् राष्ट्रीय जनतांत्रिक गठबंधन की सरकार ने 11 फरवरी, 2000 को राष्ट्रीय संविधान समीक्षा आयोग के गठन के लिए अधिसूचना जारी की तो 13

फरवरी, 2000 को केन्द्र सरकार ने औपचारिक रूप से 13 सदस्यीय संविधान समीक्षा आयोग के गठन की घोषणा कर दी।

देश में अध्यक्षीय शासन प्रणाली की संभावना को नकारते हुए आयोग को संसदीय लोकतंत्र के तहत ही संविधान की समीक्षा करने को कहा गया। आयोग के गठन का निर्णय लेते हुए सरकार ने आश्वासन दिया कि संविधान के मूलढांचे के साथ कोई छेड़छाड़ नहीं की जाएगी। भारत सरकार ने संविधान समीक्षा आयोग का गठन इस उद्देश्य से किया था कि पिछले वर्षों में संविधान का पालन सही ढंग से हुआ या नहीं? संविधान समीक्षा आयोग को यह भी देखना था कि आखिर वर्तमान संविधान देश को राजनीतिक स्थायित्व क्यों नहीं दे पा रहा है?

23 फरवरी, 2000 को संसद के संयुक्त अधिवेशन में राष्ट्रपति के.आर. नारायणन् ने कहा कि "संविधान के मूलढांचे ओर उसकी प्रमुख विशेषताओं में फेरबदल किए बिना यह आवश्यक हो गया है कि पिछले पचास वर्षों के अनुभव की जांच की जाए ताकि संविधान में निहित आदर्शों को बेहतर रूप से प्राप्त किया जा सके और यही कारण है कि सरकार ने व्यापक आधार वाले संविधान समीक्षा आयोग का गठन किया है।"[67]

भारतीय गणतंत्र और संविधान की स्वर्ण जयंती के 50वीं वर्ष गाँठ के अवसर पर संसद भवन के केन्द्रीय कक्ष में संविधान निर्माताओं के प्रति कृतज्ञता ज्ञापित करने के लिए आयोजित एक समारोह (26 जनवरी, 2000) में संविधान समीक्षा के मुद्दे पर राष्ट्रपति के. आर. नारायणन् एवं राष्ट्रीय जनतांत्रिक गठबंधन के बीच गंभीर मतभेद सामने आए। प्रधानमंत्री अटल बिहारी वाजपेयी संविधान की समीक्षा कर उसमें अपेक्षित संशोधन किये जाने के पक्षधर थे। उन्होंने कहा केन्द्र व राज्यों में स्थायित्व की आवश्यकता ही संविधान समीक्षा के औचित्य को सिद्ध करती है। इसके साथ ही प्रधानमंत्री ने कहा कि संविधान की मुख्य संरचना, मूल आत्मा वैसी ही रहेगी। उन्होंने चुनाव आयोग की स्वर्ण जयंती के अवसर पर आयोजित समारोह में लोकसभा और विधानसभा के कार्यकाल को सुनिश्चित किये जाने की वकालत की थी। गौरतलब है कि संविधान समीक्षा आयोग की ओर से जारी सुझाव में चुनाव अप्रत्यक्ष प्रणाली से कराए जाने की बात कही गयी। जब संविधान के मूल स्वरूप में फेरबदल की मानसिकता इतने सुनियोजित रूप से तैयार की जा रही हो तब देश का अभिभावक होने के नाते राष्ट्रपति का चिंतित होना स्वाभाविक था। उन्होंने राष्ट्र की जनता को इसके खतरों से आगाह कर अपने कर्तव्य का उचित निर्वहन किया।[68]

उन्होंने संविधान से छेड़छाड़ की किसी भी कोशिश को नकारते हुए आगाह किया कि पाकिस्तान के फील्ड मार्शल अयूब खान ने भी अपने कार्यकाल में परोक्ष चुनाव प्रक्रिया लागू की थी, जिसका हश्र सामने है।[69] लोकतंत्र हमारे संविधान की आत्मा है और वह वयस्क मताधिकार की व्यवस्था की वजह से ही सुरक्षित है। किसी भी रूप में यदि जनता के इस अधिकार को सीमित करने की चेष्टा होगी तो लोकतांत्रिक व्यवस्था की उल्टी गिनती की भी शुरूआत हो जायेगी। यदि राष्ट्र ने अपेक्षित प्रगति नहीं की तो इसकी समीक्षा अवश्य होनी चाहिए और मूल कारणों की शिनाख्त भी होनी चाहिए। इस प्रकरण के पहले भी राष्ट्रपति के. आर. नारायणन् ने कहा था कि आज जबकि संविधान समीक्षा किए जाने की बात की जा रही है, हमें इस बात पर भी विचार करना होगा कि क्या हम संविधान की वजह से विफल हुए है या संविधान को हमने विफल किया है। लोकसभा और विधानसभा के स्थायित्व का उपाय तलाशने के पहले इसकी खुले दिल से समीक्षा की जाए कि आपराधिक पृष्ठभूमि और अंडरवर्ल्ड के जो लोग सदनों में प्रवेश पाते जा रहे हैं उसके लिए राजनीतिक दल जिम्मेदार हैं या संविधान।[70] उनका इशारा राजनीतिक दलों के कार्यकरण की ओर था। उनके अनुसार संविधान का बुनियादी स्वरूप हर कीमत पर अक्षुण्ण रहना चाहिए।

राष्ट्रपति संविधान सुधार के पक्ष में नहीं थे। उन्होंने दीर्घ अवधि में राजनैतिक व्यवस्था में सरकार परिवर्तन की संभावना व सुविधा को स्थायित्व का एक तत्त्व बतांया। भाजपा नीत गठबंधन ने अपने चुनाव घोषणा पत्र में संविधान समीक्षा की बात कही थी, लेकिन राष्ट्रपति ने केवल इसी बिना पर संविधान समीक्षा के मामले से जोड़ते हुए संसदीय लोकतंत्र के पक्ष में पैरोकारी की और कहा कि भारत में वर्तमान में दिखायी देने वाली राजनीतिक अस्थिरता का विकल्प राष्ट्रपति प्रणाली नहीं हो सकती। बार-बार होने वाले चुनावों के मद्देनजर संसद का कार्यकाल एक विशेष अवधि तक निर्बाध सुनिश्चित कर देने के प्रयास को भी उन्होंने आदर्श प्रयास नहीं माना। इसके विपरीत अपने संबोधन में उन्होंने संसदीय लोकतंत्र को आदर्श प्रणाली बताया। उन्होंने कहा कि भारत में मौजूदा शासन दर्शन और चुनाव पद्धति को गहन चिंतन और व्यापक विचार-विमर्श के बाद ही लागू किया गया है। इस प्रणाली के पक्ष में उन्होंने बी. आर. अंबेडकर के संविधान संबंधी कथन को उद्धृत किया कि भारत का मौजूदा संविधान व्यावहारिक है, लचीला है तथा शांतिकाल में ही नहीं युद्ध काल में भी देश को एकजुट रखने में पर्याप्त रूप में सक्षम है। अगर इस संविधान के अंतर्गत देश की स्थिति बिगड़ती है तो उसका कारण संविधान नहीं होगा बल्कि इस

संविधान को लागू करने वाले या इस संविधान के अंतर्गत रहने वाले लोग ही होंगे।[71]

राष्ट्रपति के.आर. नारायणन् ने गणतंत्र दिवस की पूर्व संध्या पर राष्ट्र के नाम अपने संदेश में केवल परम्परा का निर्वाह नहीं किया वरन् जनसाधारण को आगाह किया कि वे संविधान के बुनियादी ढ़ाँचे के साथ किसी प्रकार की छेड़छाड़ के प्रति सचेत रहें। जिस प्रकार विधायिका के स्थायित्व के नाम पर संविधान में परिवर्तन लाने की मानसिकता राजनीतिक दलों द्वारा तैयार की गई उसे देखते हुए राष्ट्रपति की चिंता निरर्थक नहीं थी।

राष्ट्रपति ने संविधान सभा अध्यक्ष राजेन्द्र प्रसाद के शब्दों को उद्धृत किया कि, "यदि निर्वाचित लोग चरित्रवान, निष्ठावान तथा योग्य हुए तो दोषपूर्ण संविधान का भी बढिया प्रयोग कर सकते हैं। यदि वे सक्षम नहीं हुए और उनमें कमियाँ हुई तो संविधान देश की सहायता नहीं कर सकेगा।" स्वयं संविधान समीक्षा के आयोग के अध्यक्ष वेंकटचैलया ने संविधान की समस्याओं के लिए दलीय व्यवस्था को उत्तरदायी ठहराया और कहा कि संविधान विफल नहीं हुआ है, बल्कि हम संविधान के लिए असफल हुए हैं।

राष्ट्रपति ने सही तौर पर सावधान किया कि संविधान निर्माताओं ने सरकार के स्थायित्व के ज्यादा उसके उत्तरदायी चरित्र पर बल दिया। इसलिए राष्ट्रपति का यह बयान रेखांकित किया जाना चाहिए कि यह बहुदलीय प्रणाली वाली संसदीय पद्धति हमारे संविधान निर्माताओं ने गहन चिंतन, विचार-विमर्श और सार्वजनिक हितों को ध्यान में रखकर स्वीकार की है।

राष्ट्रपति व प्रधानमंत्री के मध्य संविधान समीक्षा के मुद्दे पर स्पष्ट दृष्टिगोचर वैचारिक विभिन्नता को केन्द्रीय विधिमंत्री रामजेठमलानी ने समाप्त किया। उन्होंने कहा कि प्रधानमंत्री व राष्ट्रपति के मध्य कोई वैचारिक मतभेद नहीं है और सरकार संविधान की मूल संरचना का पूर्ण सम्मान करती है।

कांग्रेस ने राष्ट्रपति के सचेतक शब्दों का स्वागत किया तथा उन्हें अपना मानकर ग्रहण कर लिया। पार्टी संविधान को स्वतंत्रता संग्राम के मूल्यों के साकार रूप में देखती है जो समय की परीक्षा और कसौटी पर खरा उतरा है। पार्टी के प्रवक्ता अजीत जोगी ने आशंका व्यक्त की कि समीक्षा की आड़ में सरकार अपने अलगाववादी कार्यक्रम को क्रियान्वित करने का प्रयास कर रही है।

राष्ट्रवादी कांग्रेस पार्टी के देवेन्द्र द्विवेदी का विचार है कि राष्ट्रपति का हस्तक्षेप पूर्णतया उनके द्वारा पद ग्रहण के समय संविधान के परिरक्षण, संरक्षण और प्रतिरक्षण की शपथ की सदभावना के अनुरूप था।

भारतीय कम्युनिस्ट पार्टी (मार्क्सवादी) के पोलित ब्यूरो सदस्य प्रकाश करात्त राष्ट्रपति द्वारा व्यक्त किए गए विचारों से पूर्णतया सहमत थे। उन्होंने कहा कि वर्तमान ढ़ाँचे में परिवर्तन तो किए जा सकते हैं, परंतु संविधान में निहित मौलिक मूल्यों के साथ किसी प्रकार की छेड़छाड़ करने की अनुमति देने का सवाल ही नहीं उठता। इसी प्रकार मार्क्सवादी कम्युनिस्ट पार्टी ने आरोप लगाया कि भाजपा संविधान समीक्षा का अभियान उन परिवर्तनों को लाने के लिए चला रही है जो संसदीय प्रणाली को कुचल देंगे और सरकार में उत्तरदायित्व की भावना को कम कर देंगे। राष्ट्रपति ने ऐसे प्रयासों के विरूद्ध सामयिक एवं शालीन तर्क प्रस्तुत किये हैं ऐसा पार्टी का मानना है। पार्टी किसी भी प्रकार की ऐसी संविधान समीक्षा के विरूद्ध है क्योंकि इससे संविधान पर ही एक प्रश्नचिह्न लग जाएगा।

गुजरात विधानसभा के चुनावों की अवधि के संबंध में राष्ट्रपति की भूमिका

गुजरात विधानसभा चुनाव पर निर्वाचन आयोग के विवादास्पद आदेश से उठे राजनीतिक बवंडर के बीच राष्ट्रपति ए. पी. जे. अब्दुल कलाम ने आयोग के इस निर्णय से जुड़े तीन महत्त्वपूर्ण सांविधानिक मुद्दों को उच्चतम न्यायालय के पास सलाह के लिए भेजा। गुजरात में जल्द से जल्द चुनाव कराने संबंधी केन्द्र सरकार की संवैधानिक अनिवार्यता की दलील और चुनाव आयोग द्वारा गुजरात में राष्ट्रपति शासन लगाने के सुझाव पर सर्वोच्च न्यायालय से परामर्श मांगा।

राष्ट्रपति ने राज्य में चुनाव कार्यक्रम निर्धारित करने के लिए असाधारण परिस्थितियों में संविधान के अनुच्छेद 174(1) की तुलना में अनुच्छेद 324 को तरजीह देने संबंधी निर्वाचन आयोग से उत्पन्न सवालों को अनुच्छेद 143 के तहत उच्चतम न्यायालय के पास राय के लिए भेजा।[72] गौरतलब है कि चुनाव आयोग ने गुजरात में चुनाव के अनुकूल माहौल न होने का कारण बताया था और निर्धारित समय के भीतर चुनाव कराने से इनकार कर दिया था। निर्वाचन आयोग ने गुजरात में शीघ्र चुनाव कराने की नरेन्द्र मोदी सरकार और भारतीय जनता पार्टी की माँग को दरकिनाए करते हुए 16 अगस्त, 2002 को 40 पेज का विस्तृत आदेश सुनाया था। चुनाव आयोग ने संविधान के अनुच्छेद 174(1) के तहत सदन के पिछले सत्र की अंतिम तिथि से छः महीने के भीतर चुनाव कराने

के भाजपा के दावे को अस्वीकार करते हुए कहा था कि संविधान के अनुच्छेद 174(1) का यह प्रावधान विधानसभा के दो सत्रों के बीच के अंतराल से संबंधित है और इसे अकेले पढ़ने की बजाए इसके अनुच्छेद 324 के प्रावधान को भी देखना होगा।[73]

राष्ट्रपति ने उच्चतम न्यायालय से जानना चाहा कि क्या निर्वाचन आयोग के आदेश अनुरूप विधानसभा के सत्र के बीच अंतराल के बारे अनुच्छेद 174(1) में निर्धारित समय सीमा का मसला अनुच्छेद 324 के समक्ष गौण है?

क्या अनुच्छेद 174(1) में निर्धारित समय सीमा का पालन न करके निर्वाचन आयोग अलग से ऐसा कार्यक्रम बना सकता है जिसके कारण संविधान के अनुच्छेद 356 के तहत राष्ट्रपति को हस्तक्षेप करना पड़े?

क्या निर्वाचन आयोग के लिए अनुच्छेद 174(1) का पालन करना अनिवार्य है और इसलिए उसे आवश्यकतानुसार केन्द्र सरकार तथा अन्य स्रोतों से आवश्यक सुरक्षा बल और संसाधनों की व्यवस्था करके निर्धारित समय सीमा के भीतर स्वतंत्र और निष्पक्ष चुनाव कराना अनिवार्य है?[74]

उच्चतम न्यायालय की पांच न्यायमूर्तियों की पीठ ने यह निर्णय दिया कि ऐसे मामले पर जब कोई प्रश्न उत्पन्न हुआ या होने की सम्भावना है जो सार्वजनिक महत्त्व का है और उस पर उच्चतम न्यायालय का कोई निर्णय नहीं है तो अनुच्छेद 143 के अन्तर्गत उच्चतम न्यायालय राष्ट्रपति की शंका के निवारण हेतु परामर्श देने के लिए कर्त्तव्यबद्ध है।

गुजरात राज्य की विघटित विधानसभा के विषय पर उच्चतम न्यायालय ने यह अभिनिर्धारित किया कि अनुच्छेद 174 एक 'जीवित विधानसभा' पर लागू होता है न कि 'विघटित विधानसभा' पर। अतः विघटित विधानसभा के मामले में तत्काल निर्वाचन आयोग चुनाव कराने के लिए बाध्य नहीं है।[75] अनुच्छेद 174 के अधीन किसी सीमा का उल्लेख नहीं है। यह भी तर्क दिया गया कि यदि इस मामले में किसी समय सीमा का उल्लेख नहीं है तो ऐसा भी हो सकता है कि निर्वाचन आयोग चुनाव ही न करावे और इस प्रकार लोकतांत्रिक व्यवस्था ही ध्वस्त हो जाए। न्यायालय ने कहा ऐसा नहीं है और विधानसभा के विघटन के पश्चात् उसे तत्काल निर्वाचन की प्रक्रिया आरम्भ कर देनी चाहिए और 6 मास के भीतर चुनाव करा लेना चाहिए। इस निर्णय से संविधान के उपबंधों को लेकर शंका का निवारण हो गया और सरकार और निर्वाचन आयोग दोनों के बीच इस विवाद का अंत हो गया।

झारखंड के संवैधानिक मामले में राष्ट्रपति की भूमिका, (फरवरी, 2005)

फरवरी, 2005 में झारखंड की विधानसभा के चुनाव हुए। उस चुनाव के फलस्वरूप किसी भी राजनीतिक दल अथवा राजनीतिक गठबंधन को विधानसभा में स्पष्ट बहुमत प्राप्त नहीं हुआ, परंतु राष्ट्रीय जनतांत्रिक गठबंधन के नेता अर्जुन मुंडा 41 विधायकों के समर्थन का दावा कर रहे थे। उन्होंने अपने समर्थक विधायकों की एक सूची झारखंड के राज्यपाल सैय्यद सिब्ते रजी को पेश की[76] और अपने 41 समर्थक विधायकों को राँची के राजभवन में राज्यपाल के समक्ष पेश किया परंतु इसके बावजूद, 2 मार्च, 2005 को राज्यपाल ने झारखंड मुक्ति मोर्चा के नेता शिब्बू सोरेन को मुख्यमंत्री के पद की शपथ दिलवा दी और शिब्बू सोरेन को 21 मार्च, 2005 तक विधानसभा में अपना बहुमत सिद्ध करने के लिए आदेश दिया।[77] राज्यपाल की इस कार्यवाही के विरूद्ध राष्ट्रीय जनतांत्रिक गठबंधन के नेताओं ने उन 41 विधायकों को राष्ट्रपति ए. पी. जे. अब्दुल कलाम के समक्ष 3 मार्च, 2005 को राष्ट्रपति भवन नई दिल्ली में पेश किया।[78] इन विधायकों में से 30 भारतीय जनता पार्टी के, 6 जनता दल(यूनाइटेड) और 5 स्वतंत्र विधायक शामिल थे।[79] इन सभी विधायकों ने राष्ट्रपति को यह विश्वास दिलवाया कि वह राष्ट्रीय जनतांत्रिक गठबंधन के नेता अर्जुन मुंडा का पूर्ण तौर पर समर्थन करते हैं। इस संवैधानिक समस्या को हल करने के लिए राष्ट्रपति ने राज्यपाल से स्पष्टीकरण मांगा और राज्यपाल को यह आदेश दिया कि वह शिब्बू सोरेन को विधान सभा में अपना बहुमत सिद्ध करने के लिए दी 21 मार्च की तिथि को बदलकर इससे पहले की कोई तिथि निश्चित करें। राष्ट्रीय जनतांत्रिक गठबंधन के नेता अर्जुन मुंडा ने शिब्बू सोरेन को मुख्यमंत्री नियुक्त करने की राज्यपाल की कार्यवाही के विरूद्ध सर्वोच्च न्यायालय में भी अपना प्रार्थना पत्र दायर किया। उस प्रार्थना पत्र की सुनवाई करने के पश्चात् सर्वोच्च न्यायालय ने 9 मार्च, 2005 को झारखंड विधानसभा के अंतरिम अध्यक्ष को यह आदेश दिया कि वह 11 मार्च, 2005 को विधानसभा में संयुक्त शक्ति परीक्षण करवाए[80] जिसके द्वारा यह सिद्ध हो सके कि विधानसभा के सदस्यों का बहुमत मुख्यमंत्री शिब्बू सोरेन का अथवा भूतपूर्व मुख्यमंत्री अर्जुन मुंडा का समर्थन करता है। सर्वोच्च न्यायालय के आदेश के पूर्व झारखंड के राज्यपाल ने राष्ट्रपति के आदेशानुसार शिब्बू सोरेन को अपना बहुमत सिद्ध करने के लिए दी 21 मार्च की तिथि को बदलकर 15 मार्च, 2005 कर दिया। सर्वोच्च न्यायालय के आदेशानुसार 11 मार्च, 2005 को विधानसभा का अधिवेशन अवश्य हुआ, परंतु विधानसभा के अंतरिम अध्यक्ष प्रदीप कुमार सदस्यों का शक्ति परीक्षण करवाने में सफल न हो सके; क्योंकि शिब्बू सोरेन के समर्थकों द्वारा शक्ति परीक्षण करवाने संबंधी

अंतरिम अध्यक्ष के अधिकारों के बारे में कई तरह के प्रश्न उठाए गए। इसीलिए शक्ति परीक्षण करवाए बिना ही विधानसभा का अधिवेशन स्थगित कर दिया, परंतु इसके साथ ही राज्यपाल ने शिब्बू सोरेन को मुख्यमंत्री के पद से त्याग-पत्र देने के लिए निर्देश दिया।[81] राज्यपाल के आदेशानुसार शिब्बू सोरेन ने उसी दिन अपने पद से त्याग-पत्र दे दिया। 12 मार्च, 2005 को भारतीय जनता पार्टी के नेता अर्जुन मुंडा को झारखंड राज्य का मुख्यमंत्री नियुक्त किया।

सन्दर्भ

1. *कॉस्टीटयुअन्ट असेम्बली डिबेट्स,* व्होल्यूम **ix,** पृ. 176
2. *दी हिन्दू,* नई दिल्ली, 20 अक्तूबर, 1997
3. जैन, धर्म चन्द्र, *राज्यों में राष्ट्रपति शासनः एक विश्लेषणात्मक अध्ययन,* भाग 2, आर. बी.एस.ए. पब्लिशर्स, जयपुर, 2004, पृ. 279
4. *दी इंडियन एक्सप्रैस,* नई दिल्ली, 22 अक्तूबर, 1997
5. जैन, धर्म चन्द्र, *पूर्वोक्त*
6. *दी टाइम्स ऑफ इंडिया,* नई दिल्ली, 23 अक्तूबर, 1997
7. *वही*
8. *वही*
9. जैन, धर्मचन्द्र, *पूर्वोक्त*
10. जैन, धर्म चन्द्र, *राज्यों में राष्ट्रपति शासनः एक विश्लेषणात्मक अध्ययन,* भाग 1, आर. बी.एस.ए. पब्लिशर्स, जयपुर, 2004, पृ. 51
11. *दी टाइम्स ऑफ इंडिया,* नई दिल्ली, 23 सितम्बर, 1998
12. *वही*
13. *वही*
14. *वही*
15. *वही*
16. *दी इंडियन एक्सप्रैस,* नई दिल्ली, 24 सितम्बर, 1998
17. *राजस्थान पत्रिका,* जयपुर, 24 सितम्बर, 1998
18. *दी टाइम्स ऑफ इंडिया,* नई दिल्ली, 20 सितम्बर, 1998
19. *दी इंडियन एक्सप्रैस,* नई दिल्ली, 24 सितम्बर, 1998

20. *दी इंडियन एक्सप्रैस,* नई दिल्ली, 25 सितम्बर, 1998
21. जैन, धर्मचन्द्र, *पूर्वोक्त.* पृ. 54
22. *दी टाइम्स ऑफ इंडिया,* नई दिल्ली, 27 सितम्बर, 1998
23. पांडेय, जयनारायण, *भारत का संविधान,* अड़तीसवां संस्करण, सैन्ट्रल लॉ एजेन्सी, इलाहाबाद, 2005, पृ. 636
24. *दी टाइम्स ऑफ इंडिया,* नई दिल्ली, 27 सितम्बर, 1998
25. *वही,* पृ. 243
26. फडिया, बी.एल., *भारत का संविधान 1 अप्रैल, 2001 को यथाविद्यमान,* साहित्य भवन पब्लिकेशंस, आगरा, 2002, पृ. 39
27. काश्यप, सुभाष, *हमारा संविधानः भारत का संविधान और संवैधानिक विधि,* नेशनल बुक ट्रस्ट इंडिया, नई दिल्ली, 1995, पृ. 174
28. *नयी दुनिया,* इन्दौर, 31 मई, 2006
29. नायर, पी.एम., *दी कलाम इफेक्टः माई ईयरस विद द प्रेसीडेंट,* हारपर कॉलिन्स पब्लिशर्स, नोएडा, 2008, पृ. 11
30. *दी ट्रिब्यून,* चण्डीगढ, 27 जुलाई, 2006
31. *पंजाब केसरी,* जालंधर, 1 जून, 2006
32. *पंजाब केसरी,* जालंधर, 6 जून, 2006
33. *पंजाब केसरी,* जालंधर, 6 जून, 2006
34. *जनसता,* नई दिल्ली, 25 जुलाई, 2006
35. *जनसता,* नई दिल्ली, 19 अगस्त, 2006
36. *नवभारत टाइम्स,* नई दिल्ली, 18 अगस्त, 2006
37. *राजस्थान पत्रिका,* नई दिल्ली, 19 अगस्त, 2006
38. *वही*
39. *राष्ट्रीय सहारा,* नई दिल्ली, 19 अगस्त, 2006
40. *दी ट्रिब्यून,* चण्डीगढ, 16 अगस्त, 2006
41. मल्होत्रा, गुरदीपचंद, *भारतीय संसद के पचास वर्ष,* लोकसभा सचिवालय, नई दिल्ली, 2002, पृ. 191
42. *वही,* पृ. 195
43. *आज,* वाराणसी, 25 मार्च, 1996

44. *वही*
45. *दी टाइम्स ऑफ इंडिया,* नई दिल्ली, 20 मार्च, 1996
46. नायर, पी.एम., *पूर्वोक्त,* पृ. 51
47. *भारत, 2003,* प्रकाशन विभाग सूचना और प्रसारण मंत्रालय, भारत सरकार, नई दिल्ली, 2003, पृ. 939
48. काश्यप, सुभाष, *पूर्वोक्त,* पृ. 256
49. नायर, पी.एम., *पूर्वोक्त,* पृ. 52
50. सिंह, महिपाल, न्यू प्रेसीडेन्ट एंड इलेक्ट्रॉरल रिफॉर्म आरडीनेंस, *मैनस्ट्रीम,* 40(40), 21 सितम्बर, 2002, पृ. 18
51. *हिन्दुस्तान,* नयी दिल्ली, 10 अगस्त, 1999
52. प्रवर, आचार्य भालचंद्र गोस्वामी, *लोकतंत्र और विधानमंडल,* पोइन्टर पब्लिशर्स, जयपुर, 2005, पृ. 160
53. *वही*
54. *नयी दुनिया,* इन्दौर, 31 जुलाई 1999
55. *नयी दुनिया,* इन्दौर, 31 जुलाई, 1999
56. *जनसता,* नई दिल्ली, 12 अगस्त, 1999
57. प्रखर, आचार्य भालचंद्र गोस्वामी, *पूर्वोक्त,* पृ. 160
58. गहलोत, एन.एस., *भारतीय राजनीतिक व्यवस्थाः दशा और दिशा,* रावत पब्लिकेशंस, जयपुर, 2001, पृ. 40
59. *दी इंडियन एक्सप्रेस,* नयी दिल्ली, 19 जुलाई, 1999
60. *दी टाइम्स ऑफ इंडिया,* नयी दिल्ली, 18 जुलाई, 1999
61. *दी टाइम्स ऑफ इंडिया,* नई दिल्ली, 15 अप्रैल, 1999
62. *हिन्दुस्तान,* नयी दिल्ली, 17 दिसम्बर, 1997
63. *वही*
64. *राष्ट्रीय सहारा,* नयी दिल्ली, 28 जुलाई, 1998
65. *राष्ट्रीय सहारा,* नयी दिल्ली, 29 जुलाई, 1998
66. *दी हिन्दुस्तान टाइम्स,* नयी दिल्ली, 21 अप्रैल, 1996
67. जैन, पुखराज, फडिया, बी,एल, *भारतीय शासन एवं राजनीति,* साहित्य भवन पब्लिकेशंस, आगरा, 2005, पृ. 914

68. *राष्ट्रीय सहारा,* नई दिल्ली, 27 जनवरी, 2001

69. *वही*

70. वेंकटेशन, वी., ए वेकअप काल, *फ्रंटलाइन,* 17(3), 5–18 फरवरी, 2000, पृ. 25

71. *वही*

72. *हिन्दुस्तान,* नयी दिल्ली, 21 अगस्त 2002

73. *वही*

74. *दी स्टेटसमैन,* नयी दिल्ली, 21 अगस्त, 2002

75. पांडेय, जयनारायण, *भारत का संविधान,* अड़तीसवां संस्करण, सेन्ट्रल ला एजेंसी, इलाहाबाद, 2005, पृ. 449

76. *जनसता,* नई दिल्ली, 2 मार्च, 2005

77. *हिन्दुस्तान,* नयी दिल्ली, 3 मार्च, 2005

78. *हिन्दुस्तान,* नयी दिल्ली, 4 मार्च, 2005

79. *नवभारत टाइम्स,* नयी दिल्ली, 3 मार्च, 2005

80. *जनसता,* नयी दिल्ली, 10 मार्च, 2005

81. *जनसता,* नई दिल्ली, 12 मार्च, 2005

7 निष्कर्ष

उपर्युक्त विवरण से स्पष्ट है कि भारत के संविधान निर्माताओं ने चैतन्य और उचित रूप से सरकार की मंत्रिमंडलीय प्रणाली वाले संसदीय लोकतंत्र के ब्रिटिश नमूने को अपनाया, जो भारत की आत्मा के सर्वाधिक अनुरूप सामूहिक उत्तरदायित्व की संकल्पना को मूर्त रूप प्रदान करता है। ब्रिटिश संसदीय कार्यपालिका अपनाने के निर्णय पर पहुँचने में ब्रिटिशकाल के सांविधानिक विकास के दौरान प्राप्त अनुभव ने सबसे अधिक महत्त्वपूर्ण भूमिका अदा की। 'संसदीय शासन प्रणाली को अपनाते हुए हमारे संविधान निर्माताओं ने संयुक्त राज्य अमेरिका और ब्रिटिश शासन प्रणाली का मिश्रण किया जिसके द्वारा अमेरिका की भांति देश के सर्वोच्च अधिकारी को राष्ट्रपति का नाम दिया गया, परंतु स्थिति इंग्लैंड के सम्राट तथा साम्राज्ञी के समान रखी गई। वह इंग्लैंड की साम्राज्ञी की भांति संघ का मुखिया है पर वास्तविक शक्तियाँ देश के मंत्रिमंडल के हाथ में है, जिसके परामर्श के बिना वह कुछ भी कार्य नहीं कर सकता। संविधान के रचनाकारों ने ब्रिटिश राजा के समकक्ष स्वतंत्र भारत के लिए राष्ट्रपति पद का सृजन किया, जो कि राज्य के अध्यक्ष के रूप में एक सांविधानिक पद है। संविधान सभा ने राष्ट्रपति को संवैधानिक अध्यक्ष बनाकर शक्तिशाली मंत्रिपरिषद के पक्ष में अपना मत व्यक्त किया। राष्ट्रपति के पद का प्रावधान संविधान के अनुच्छेद 52 में किया गया है।

भारतीय गणराज्य का सांविधानिक प्रधान होने के कारण भारत सरकार के सारे कार्य औपचारिक रूप से राष्ट्रपति के नाम से किए जाते हैं। भारत संघ का प्रमुख प्रधान होने के कारण राष्ट्रपति पद को अनेक शक्तियों से परिपूर्ण बनाया गया है। राष्ट्रपति को अपने उत्तरदायित्व को पूरा करने के लिए पर्याप्त शक्तियाँ प्रदान की गई हैं। संविधान में उल्लेखित प्रत्येक महत्त्वपूर्ण अधिकार प्रत्यक्ष या अप्रत्यक्ष रूप में राष्ट्रपति से जुड़े हुए हैं।

भारतीय संविधान द्वारा अपनाई गई संसदीय व्यवस्था के अंतर्गत राष्ट्रपति कार्यपालिका का औपचारिक प्रधान है। संविधान में प्रधानमंत्री तथा राष्ट्रपति के पारस्परिक संबंधों की व्याख्या करते हुए अनुच्छेद 53(1) में कहा गया है कि संघ की कार्यपालिका की शक्ति राष्ट्रपति में निहित होंगी तथा वह इसका प्रयोग संविधान के अनुसार या अपने अधीनस्थ पदाधिकारियों के द्वारा करेगा। इसी प्रकार अनुच्छेद 74 (1) उपबंधित करता है कि राष्ट्रपति को उसके कार्यों के संपादन में सलाह व सहायता देने के लिए एक मंत्रिपरिषद होगी जिसका प्रधान, प्रधानमंत्री होगा।

संविधान लागू होने के पश्चात् से राष्ट्रपति की भूमिका के इतिहास पर दृष्टि डालें तो विद्वानों, लेखकों, पर्यवेक्षकों की इस बात पर सहमत हो सकते हैं कि अधिकाँश राष्ट्रपतियों ने संवैधानिक अध्यक्ष के रूप में कार्य किया और वह सदैव ही मंत्रिमंडल के परामर्श के अनुसार कार्य करता है। यद्यपि पहले राष्ट्रपति राजेंद्र प्रसाद ने एक बार राष्ट्रपति की वास्तविक भूमिका और शक्ति की व्याख्या करने की आवश्यकता पर बल दिया था परंतु उन्होंने सदैव संवैधानिक मुखिया के रूप में कार्य किया और प्रधानमंत्री के परामर्श को स्वीकार किया। यह बात सर्वविदित है कि सामाजिक आर्थिक प्रश्नों पर राष्ट्रपति एवं प्रधानमंत्री जवाहरलाल नेहरू के बीच गहरे मतभेद थे। दोनों के दृष्टिकोण में मूलभूत अंतर विद्यमान था। हिंदू कोड बिल के प्रसंग में राष्ट्रपति ने संसद को भेजे अपने संदेश में कहा था, "व्यक्तिगत रूप से मैं इस विधेयक के विरुद्ध हूँ, किंतु अगर संसद इसे पास कर देती है तो मैं इस पर हस्ताक्षर कर दूंगा।" राजेन्द्र प्रसाद के इस वक्तव्य को हम संसदीय परम्परा के अनुकूल व्यवहार के रूप में व्याख्यायित करते हैं। संक्षेप में उन्होंने हिंदू कोड बिल के बारे में अपनी चिंता प्रकट की परन्तु मंत्रिपरिषद के परामर्शों के अनुसार ही कार्य किया।

1962 में भारत, चीन संघर्ष के दौरान तत्कालीन रक्षामंत्री कृष्णामेनन को हटाने के प्रसंग को लेकर राष्ट्रपति एस. राधाकृष्णनन् एवं प्रधानमंत्री दोनों के बीच मनमुटाव हो गया था। इस प्रसंग के अतिरिक्त शायद ही कोई ऐसी घटना हो जिसमें राष्ट्रपति ने कोई ठोस भूमिका निभाई हो। यद्यपि राष्ट्रपति एस. राधाकृष्णनन् ने अपने विचार प्रकट करने में कभी भी हिचकिचाहट नहीं दिखाई तथापि,. उन्होंने संविधान की परम्पराओं का अनुसरण. करते हुए सदैव देश के संवैधानिक और नाममात्र के मुखिया के रूप में अपनी भूमिका को स्वीकार किया।

जाकिर हुसैन प्रधानमंत्री इंदिरा गांधी की पसंद थे और उन्होंने मात्र संवैधानिक अध्यक्ष की तरह कार्य किया। राष्ट्रपति वी.वी. गिरि भी अपने राष्ट्रपति

काल में प्रधानमंत्री के कृतज्ञ और एहसानों के बोझ से दबे रहे। उन्होंने शासन प्रशासन के मामलों में हस्तक्षेप करने अथवा अपनी स्वतंत्र हैसियत जतलाने का कभी प्रयत्न नहीं किया। उन्होंने हमेशा बिंदुकित पंक्तियों पर हस्ताक्षर किए।

राष्ट्रपति फखरूद्दीन अली अहमद ने तत्कालीन प्रधानमंत्री की सलाह के अनुसार ही जून 1975 को देश में आपातकाल की घोषणा की थी। प्रधानमंत्री इंदिरा गांधी ने अपने सहयोगी मंत्रियों को घोषणा लागू होने के बाद ही सूचित किया था। इसी घटना से स्पष्ट हो जाता है कि 1976 तक संविधान में राष्ट्रपति के लिए मंत्रिपरिषद की सलाह मानने के संबंध में कोई स्पष्ट व्यवस्था न होने के बावजूद भी राष्ट्रपति मंत्रिपरिषद के परामर्शानुसार ही संवैधानिक मुखिया के तौर पर अपनी भूमिका निर्वहन करते थे।

वर्ष, 1976 तक राष्ट्रपति के संवैधानिक मुखिया होने पर कुछ संदेह था। इसीलिए सन् 1976 में संविधान में 42 वाँ संशोधन करके राष्ट्रपति को स्पष्ट रूप से संवैधानिक मुखिया बना दिया गया। इस संशोधन के पश्चात् राष्ट्रपति की भूमिका एकमात्र कार्याधिकारी तक ही सीमित रह गयी। उसके लिए स्वतंत्र कार्य करने की गुंजाइश नहीं थी उसे अपने मंत्रियों की इच्छाओं के अनुरूप ही कार्य करना था। जब मार्च, 1977 के चुनावों के पश्चात् जनता सरकार सत्ता में आयी तो उन्होंने वर्ष, 1978 में एक संविधान संशोधन पेश किया जिसके अंतर्गत वर्ष 1976 में पुरःस्थापित प्रतिस्थापित उपबंध में यह परंतुक जोड़ा गया, "परंतु राष्ट्रपति मंत्रिपरिषद से ऐसी सलाह पर साधारणतया या अन्यथा पुनर्विचार करने की अपेक्षा कर सकेगा और राष्ट्रपति उसे पुनर्विचार के पश्चात् दी गयी सलाह के अनुसार कार्य करेगा।" अतः संविधान की नवनिर्मित व्यवस्था भी राष्ट्रपति को संवैधानिक मुखिया ही बनाती है।

कार्यवाहक राष्ट्रपति बी.डी. जती ने जब मंत्रिमंडल की सलाह पर नौ राज्यों की विधानसभाओं को भंग करने के निर्णय पर 24 घंटे पश्चात् हस्ताक्षर किए तो उनकी बड़ी आलोचना की गई। जनता पार्टी के कई नेताओं ने इस बात की माँग की कि जाँच पड़ताल की जाए कि कार्यवाहक राष्ट्रपति ने हस्ताक्षर करने में इतनी देर क्यों लगाई? नीलम संजीवा रेड्डी ने जनता पार्टी के शासनकाल के दौरान संवैधानिक मुखिया की ही भूमिका निभाई, परंतु मोरारजी देसाई के प्रधानमंत्री के पद से त्याग पत्र देने पर राष्ट्रपति नीलम संजीवा रेड्डी ने अपनी शक्तियों का प्रयोग काफी हद तक स्वतंत्रता से किया।

राष्ट्रपति ज्ञानी जैल सिंह और प्रधानमंत्री इंदिरा गांधी में बहुत अच्छे संबंध थे और राष्ट्रपति ने संवैधानिक मुखिया के रूप में हीं कार्य किया। संक्षेप में

जाकिर हुसैन, वी.वी. गिरि, फखरूद्दीन अली अहमद, नीलम संजीवा रेड्डी, ज्ञानी जैल सिंह और आर. वेंकटरमन ने यद्यपि समय-समय के अनुसार अपने विचार प्रकट किए और अवरोधों की तरह कार्य करने का प्रयत्न किया परंतु उन्होंने संवैधानिक मुखिया के समान व्यवहार किया और प्रधानमंत्री से घनिष्ठ संबंधों को बरकरार रखा।

केवल राष्ट्रपति ज्ञानी जैल सिंह के समय के दौरान प्रधानमंत्री राजीव गाँधी से गहरे मतभेद उभरकर सामने आए और दोनों पदों में तनाव की स्थिति विद्यमान रही थी। ज्ञानी जैल सिंह के कार्यकाल के आखिरी महीनों में उग्रता भी थी और प्रधानमंत्री की हैसियत को खतरा भी था। राष्ट्रपति ज्ञानी जैल सिंह ने राजीव गांधी सरकार द्वारा पारित डाकघर अधिनियम को अपनी सहमति नहीं दी जिसके कारण कानून नहीं बन सका। यह अधिनियम प्रेस पर अघोषित सेंसरशिप लगाने की नीयत से पारित किया गया था। इस एक घटना के अलावा 1989 के मध्य तक भारत के राष्ट्रपति की सक्रिय भूमिका का कोई विवरण उपलब्ध नहीं है।

आजादी के बाद भारतीय राजनीतिक वातावरण लगभग स्थायी प्रकृति का था, क्योंकि भारत में बहुदलीय व्यवस्था में एक दल का प्रभुत्व था। 1947 से 1966 तक स्थिति यह थी कि कांग्रेस को न केवल केन्द्र वरन् अधिकांश राज्यों के स्तर पर भी प्रधानता की स्थिति प्राप्त थी। 1971–76 के वर्षों में और पुनः 1980–88 के काल में केन्द्र तथा अधिकांश राज्यों में उसने यह स्थिति प्राप्त कर ली। संक्षेप में 1989 के मध्य तक भारत के संसदीय शासन में कांग्रेस पार्टी की स्थिति सुदृढ़ थी, जिसके परिणामस्वरूप राष्ट्रपति की भूमिका संवैधानिक मुखिया की ही रही सिवाय 1979 की घटनाओं को छोड़कर।

1989 के नौवें आम चुनाव तथा उनके बाद भारतीय राजनीति में अनेक उतार–चढ़ाव आए। नौवें आम चुनावों के पश्चात् भारत में गठजोड़ की राजनीति का निरंतर विकास हुआ। एक दल की प्रधानता के स्थान पर अल्पमत और मिली-जुली सरकारों का दौर प्रारम्भ हुआ। जोड़-तोड़, खंडन-विलय, गठबंधन सरकारों का सहयोगी दलों के बाहरी समर्थन पर बनना एवं गिरना तथा राष्ट्रीय दलों का क्षेत्रीय दलों के सहयोग से संयुक्त सरकार बनाना जिसमें राजनीतिक विचारधारा का पूर्णतया अभाव का पाया जाना आदि तेजी से परिवर्तित परिस्थितियों ने भारतीय राजनीतिक व्यवस्था में राष्ट्रपति की परम्परागत भूमिका को बदल दिया। इसके अतिरिक्त भारतीय संघीय व्यवस्था में होने वाले क्रांतिकारी परिवर्तनों जैसे–क्षेत्रीय दलों का प्रभावशाली दबाव, प्रधानमंत्री की शक्तियों में ह्रास, शासन

में भ्रष्टाचार, संसद में सत्ताधारी पार्टी का घटता बहुमत, मध्यावधि चुनावों का भय, प्रधानमंत्री के करिश्माई नेतृत्व के अभाव में राष्ट्रपति के पद की प्रतिष्ठा बढ़ी।

गठबंधन सरकारों के गठन से संसद में दलीय स्थिति, मंत्रिपरिषद में प्रधानमंत्री की स्थिति तथा राज्य में सत्तारूढ़ दल की स्थिति आदि राजनीतिक परिस्थितियों में परिवर्तन आया। किसी एक दल को लोकसभा में स्पष्ट बहुमत का अभाव, गठबंधन के विभिन्न घटकों द्वारा सत्ता संतुलन का खेल तथा क्षेत्रीय दलों के अधिक प्रभावशाली बन जाने के कारण प्रधानमंत्री की शक्ति एवं प्रभाव में कमी आई। परिणामस्वरूप भारतीय राष्ट्रपति को स्वविवेकीय शक्तियों के प्रयोग के अधिक अवसर प्राप्त हुए हैं।

त्रिशंकु लोकसभाओं के कारण साँझी सरकारों की राजनीति के उद्‌भव से सिद्धांतहीन राजनीति का जन्म हुआ और अवसरवादिता के मौके बढ़ने से देश का राजनीतिक वातावरण अस्थिर हुआ जिसने भारतीय राष्ट्रपति को सक्रिय बना दिया। 1989 के बाद भारतीय राजनीतिक व्यवस्था में तेजी से परिवर्तित राजनीतिक परिदृश्य में बनने वाली त्रिशंकु लोकसभाओं में प्रधानमंत्री के चयन तथा सहयोगी घटकों द्वारा समर्थन वापसी के उपरांत नई वैकल्पिक सरकार के गठन की संभावनाएं न होने पर लोकसभा भंग करने के संबंध में और गठबंधन राजनीति के युग में मंत्रिपरिषद की सलाह स्वीकारने संबंधी भूमिका में राष्ट्रपति को अपने विशेषाधिकारों के प्रयोग के अवसर मिलें और इन विषयों पर राष्ट्रपति ने सक्रिय भूमिका निभाई।

गठबंधन राजनीति के युग में विखंडित जनादेश के समय राष्ट्रपति के सम्मुख प्रधानमंत्री की नियुक्ति चुनौती के रूप में सामने आयी। संसदीय शासन प्रणाली के मौलिक सिद्धांतों एवं संवैधानिक प्रावधानों के अनुसार राष्ट्रपति लोकसभा में बहुमत प्राप्त दल के नेता को ही नियुक्त करते हैं। चुनावों में किसी एक दल को स्पष्ट बहुमत मिल जाने पर राष्ट्रपति के लिए यह केवल संवैधानिक औपचारिक मात्र होती है। त्रिशंकु लोकसभा बनने की स्थिति में संविधान में स्पष्ट निर्देशन के अभाव में यह निर्णय करना राष्ट्रपति का उत्तरदायित्व हो जाता है कि क्या सबसे बड़े राजनीतिक दल को सत्ता में आने के लिए आमंत्रित करना उचित है? क्या वह स्थायी कार्यक्षम सरकार दे पाएगा। यद्यपि स्थायी सरकार बनाने वाले राजनीतिक दल की पहचान करना सरल कार्य नहीं है, तथापि राष्ट्रपति स्वविवेक से इसका निर्णय करता है। 1989 से 2009 तक संपन्न लोकसभा के सभी चुनावों में किसी भी राजनीतिक दल को स्पष्ट बहुमत प्राप्त

नहीं हुआ। अतः तत्कालीन राष्ट्रपतियों ने स्वविवेक का प्रयोग करते हुए उसी राजनीतिक दल को सरकार बनाने के लिए आमंत्रित किया जिसके पास अन्य दलों के मुकाबले अधिक सदस्य थे। ऐसे बड़े राजनीतिक दल के नेता को ही राष्ट्रपति ने प्रधानमंत्री नियुक्त किया और तत्कालीन राष्ट्रपति ने उन्हें निश्चित समय के भीतर लोकसभा का विश्वासमत प्राप्त करने के लिए भी निर्देश दिया।

सन् 1989 के नौवें आम चुनाव में किसी भी दल को स्पष्ट बहुमत नहीं मिलने की स्थिति में राष्ट्रपति आर. वेंकटरमन ने वी.पी. सिंह को सरकार बनाने के लिए तभी आमंत्रित किया जब सबसे बड़ी पार्टी के नेता राजीव गांधी ने सरकार बनाने से इनकार कर दिया। राष्ट्रपति आर. वेंकटरमन ने वी.पी. सिंह को प्रधानमंत्री बनने के लिए आमंत्रित करके एक तर्कसंगत और निष्पक्ष निर्णय लिया। आर. वेंकटरमन ने जिस कौशल तथा राजनीतिक दूरदर्शिता से संवैधानिक स्थिति संभाली, वह स्मरणीय रहेगी, उन्होंने सत्ता की संकटकालीन स्थिति में अपने संवैधानिक निर्देशों से लोकतंत्र को विफल होने से बचाया।

इसी प्रकार जब दसवीं लोकसभा में किसी भी दल को स्पष्ट बहुमत प्राप्त नहीं हुआ तब राष्ट्रपति ने चुनाव के बाद सबसे बड़ी पार्टी के रूप में उभरकर आई कांग्रेस पार्टी के नेता पी.वी. नरसिंहाराव को अल्पमत में रहते हुए भी प्रधानमंत्री नियुक्त किया था और उन्होंने राष्ट्रपति के निर्देशानुसार एक निश्चित अवधि में लोकसभा का विश्वास मत प्राप्त कर लिया था।

सन् 1996 में भी राष्ट्रपति ने अटल बिहारी वाजपेयी को सर्वाधिक बड़े दल का नेता होने के कारण सरकार बनाने के लिए आमंत्रित किया। यही स्थिति सन् 1998 में 12वीं लोकसभा के गठन के समय उत्पन्न हुई। चुनावों में भाजपा, कांग्रेस अथवा संयुक्त मोर्चा में से किसी भी दल को सदन में सरकार बनाने के लिए आवश्यक स्थान प्राप्त नहीं हुए। इस स्थिति में राष्ट्रपति के.आर. नारायणन् ने भी सबसे बड़े दल के नेता होने कारण अटल बिहारी वाजपेयी को सरकार बनाने का आमंत्रण तभी दिया जब राष्ट्रपति को विश्वास हो गया कि भाजपा और उसके सहयोगी दल लोकसभा में बहुमत प्राप्त कर सकते हैं और तब ही 19 मार्च, 1998 को अटल बिहारी वाजपेयी को प्रधानमंत्री के पद की शपथ दिलाई और साथ ही उन्हें दस दिनों के भीतर सदन का विश्वासमत प्राप्त करने का निर्देश भी दिया।

सितम्बर-अक्तूबर, 1999 में 13 वीं लोकसभा के चुनावों में 24 दलों द्वारा निर्मित राष्ट्रीय जनतांत्रिक गठबंधन को स्पष्ट बहुमत प्राप्त हुआ और राष्ट्रपति ने उनके नेता अटल बिहारी वाजपेयी को प्रधानमंत्री नियुक्त किया था। इसी

प्रकार, 14वीं लोकसभा चुनाव (अप्रैल–मई 2004) में भी किसी भी राजनीतिक दल को स्पष्ट बहुमत प्राप्त नहीं हुआ, लेकिन सबसे बड़े दल के रूप में उभरे कांग्रेस गठबंधन को अन्य दलों के सहयोग से साँझा सरकार बनाने पर मजबूर होना पड़ा, लेकिन तत्कालीन राष्ट्रपति ए.पी.जे. अब्दुल कलाम ने पूर्व में स्थापित परंपरा के अनुसार अन्य सहयोगी दलों के लिखित समर्थन पत्र प्राप्त होने के उपरांत ही कांग्रेस के नेतृत्व वाले संयुक्त प्रगतिशील गठबंधन के नेता मनमोहन सिंह को 22 मई, 2004 को प्रधानमंत्री पद की शपथ दिलाई। 2009 में कांग्रेस के नेतृत्व में यूपीए गठबंधन की सरकार अपने दम पर बनती देख और विभिन्न पार्टियों द्वारा स्वयं ही जाकर समर्थन पत्र सौंपने के बावजूद राष्ट्रपति प्रतिभा देवी पाटिल ने 22 मई, 2009 को मनमोहन सिंह को दोबारा शपथ दिलाई।

गठबंधन सरकारों में सत्तारूढ़ दल को बाहरी समर्थन भी एक ऐसा प्रश्न है जिस पर भारतीय संविधान मौन है। संविधान में यह कहीं भी स्पष्ट नहीं है कि यह गठबंधन में साँझेदार दलों के सहयोग से बनी हैं अथवा बाहरी समर्थन से। अतः राष्ट्रपति का यह उत्तरदायित्व बन जाता है कि वह विवेकपूर्ण तरीके से ऐसे राजनीतिक दलों को सरकार बनाने का अवसर दे जो अधिक स्थिर रह सके।

संक्षेप में, भारतीय राजनीति के गठबंधन युग मे प्रवेश करने के बाद लोकसभा में अस्पष्ट जनादेश के कारण केंद्रीय सरकार के निर्माण में राष्ट्रपति की भूमिका में एक नई सक्रियता आई है। गठबंधन सरकारों के युग में भारतीय राजनीतिक प्रणाली में त्रिशंकु लोकसभाओं के युग के आरंभ ने सरकार बनाने की प्रक्रिया में राष्ट्रपति की शक्ति और भूमिका में वृद्धि की है। 1989–1990–1991–1996–1997–1998–1999–2004 तथा 2009 में राष्ट्रपति ने संघ सरकार के निर्माण के समय एक सक्रिय और महत्त्वपूर्ण भूमिका अपने संवैधानिक कर्त्तव्यों तथा शक्तियों के प्रयोग द्वारा निभाई। वस्तुतः जैसे–जैसे राजनैतिक दलों और नेताओं का अवसरवाद बढ़ा है, वैसे–वैसे राष्ट्रपति के विवेक के सामने चुनौतियां बढ़ती चली गई हैं, बल्कि धीरे–धीरे अब कुछ परंपराएँ भी स्थिर हो गई हैं, मसलन्, यह स्पष्ट हो गया है कि सरकार बनाने के लिए लोकसभा का सबसे बड़ा दल होना पर्याप्त नहीं है, बल्कि स्पष्ट बहुमत प्राप्त दल या गठबंधन होना जरूरी है। स्पष्ट बहुमत के लिए भी मौखिक समर्थन नहीं चलेगा, बल्कि लिखित चिट्ठियाँ चलेगी।

भारत में गठबंधन सरकारों का निर्माण होने से प्रधानमंत्री की नियुक्ति ही नहीं, अपितु लोकसभा को भंग करने में भी राष्ट्रपति की भूमिका में परिवर्तन आया है। 23 अक्तूबर, 1990 में भारतीय जनता पार्टी के बाहरी समर्थन पर टिकी

वी.पी. सिंह के नेतृत्व वाली राष्ट्रीय मोर्चा सरकार उस समय अल्पमत में आ गई थी, जब भाजपा ने अपना समर्थन वापस ले लिया। अनेक राजनीतिक दलों ने राष्ट्रपति से माँग की कि लोकसभा को भंग कर दिया जाए और नए चुनाव करवाए जाएँ, लेकिन तत्कालीन राष्ट्रपति वेंकटरमन ने विपक्षी दलों की इस माँग को अस्वीकार करते हुए वी.पी. सिंह को लोकसभा में अपना बहुमत प्रमाणित करने को कहा। वी.पी. सिंह अपना बहुमत प्रमाणित नहीं कर सके और सरकार गिर गई। यहाँ पर राष्ट्रपति ने एकदम से लोकसभा भंग करने और नए चुनाव करवाने की माँग को स्वीकार नहीं किया। इसी प्रकार जब फरवरी, 1991 में चन्द्रशेखर ने अपना त्याग-पत्र देकर राष्ट्रपति को लोकसभा भंग करने की सिफारिश की तो राष्ट्रपति ने सबसे बड़े समूह के नेता को सरकार बनाने का निमंत्रण देकर नई सरकार बनाए जाने की संभावनाओं की जाँच करने का निर्णय लिया परंतु कांग्रेस नेता राजीव गांधी के द्वारा सरकार बनाने से इनकार किए जाने के बाद राष्ट्रपति ने भाजपा और वाम मोर्चा को सरकार बनाने के लिए विचार-विमर्श किया लेकिन इन्होंने भी नई सरकार बनाने की जिम्मेवारी न लेने पर ही राष्ट्रपति ने अंततः मजबूरन् लोकसभा भंग करने और नए चुनाव करवाने का आदेश दिया।

30 मार्च, 1997 में देवगौड़ा के नेतृत्व वाली संयुक्त मोर्चा सरकार से कांग्रेस ने समर्थन वापस ले लिया तो राष्ट्रपति ने पुरानी परंपरा को दोहराते हुए एच.डी. देवगौड़ा को अपना बहुमत लोकसभा में प्रमाणित करने का अवसर दिया। प्रधानमंत्री एच.ड़ी. देवगौड़ा राष्ट्रपति के आदेशानुसार विश्वासमत प्राप्त करने में विफल रहे और उन्होंने अपनी सरकार का त्याग-पत्र दे दिया। ऐसी स्थिति में राष्ट्रपति ने लोकसभा को भंग नहीं किया बल्कि नई सरकार बनाने की संभावनाओं की तलाश की और संयुक्त मोर्चा के नए नेता इन्द्र कुमार गुजराल को 21 अप्रैल, 1997 को देश का नया प्रधानमंत्री नियुक्त किया, परन्तु कांग्रेस ने 28 नवम्बर, 1997 को जैन आयोग की अंतरिम रिपोर्ट के आधार पर संयुक्त मोर्चा की सरकार से अपना समर्थन वापस ले लिया। इस पर प्रधानमंत्री इन्द्रकुमार गुजराल ने अपना त्याग-पत्र राष्ट्रपति को सौंपकर, लोकसभा भंग करने की सिफारिश की, परंतु राष्ट्रपति ने प्रधानमंत्री की सिफारिश पर एक दम अमल करने की अपेक्षा सरकार बनाने के अन्य विकल्पों पर भिन्न-भिन्न राजनीतिक दलों, कानूनविदों एवं संवैधानिक विशेषज्ञों से विचार विमर्श किया और जब राष्ट्रपति को यह विश्वास हो गया कि मौजूदा परिस्थितियों में कोई भी राजनीतिक दल या गठबंधन स्थायी सरकार नहीं दे सकता तब राष्ट्रपति ने 4 दिसम्बर, 1997 को लोकसभा भंग करके नए चुनाव करवाने की घोषणा की।

इसी प्रकार की परिस्थितियों का सामना राष्ट्रपति के.आर. नारायणन् को अप्रैल, 1999 में करना पड़ा। जब भाजपा के एक सहयोगी घटक अन्नाद्रमुक ने अटल बिहारी वाजपेयी की सरकार से 14 अप्रैल, 1999 को अपना समर्थन वापस ले लिया जिसके परिणामस्वरूप वाजपेयी सरकार अल्पमत में आ गई। राष्ट्रपति के आदेशानुसार वाजपेयी 17 अप्रैल, 1999 को विश्वास मत प्रस्ताव पर हार गए। विश्वासमत केवल मात्र एक मत से हारने के बाद प्रधानमंत्री अटल बिहारी वाजपेयी ने अपना त्याग-पत्र राष्ट्रपति को सौंप दिया। इसके बाद लोकसभा में कोई भी ऐसा दल या गठबंधन नहीं था जो सरकार बना सके। राष्ट्रपति ने लगभग 10 दिनों तक विभिन्न राजनीतिक दलों द्वारा सरकार बनाने के विकल्प खोजने का प्रयोग किया। अन्ततः 26 अप्रैल, 1999 को जब कोई भी दल या गठबंधन सरकार नहीं बना सका तो राष्ट्रपति के.आर. नारायणन् ने प्रधानमंत्री वाजपेयी की सलाह पर लोकसभा को भंग किया जबकि, भाजपा गठबंधन यह चाहता था कि उसको दोबारा नई सरकार बनाने का अवसर मिले। फरवरी, 2004 में राष्ट्रपति ने राजग सरकार के प्रधानमंत्री अटल बिहारी वाजपेयी के परामर्शानुसार 13वीं लोकसभा कार्यकाल पूर्ण होने से लगभग 1 वर्ष पहले ही भंग कर दी गई। इस प्रकार लोकसभा को भंग करने के निर्णय के संबंध में राष्ट्रपति अपनी इच्छानुसार कार्य कर सकता है, परन्तु केवल उसी स्थिति में जबकि सरकार को लोकसभा में बहुमत प्राप्त न हो।

इस प्रकार स्पष्ट हैं कि गठबंधन सरकारों के कार्यकाल में सहयोगी दलों के द्वारा अथवा बाहरी समर्थन करने वाले सहयोगी दलों द्वारा अपना समर्थन वापस लेने के परिणामस्वरूप उत्पन्न हुई परिस्थितियों में लोकसभा भंग करने के संबंध में विभिन्न राष्ट्रपतियों ने कोई जल्दबाजी नहीं दिखाई, बल्कि इस विषय में गंभीरतापूर्वक अपनी महत्त्वपूर्ण भूमिका का परिचय दिया।

राष्ट्रपतियों ने लोकसभा को भंग करने से पहले उन सभी विकल्पों पर ध्यान दिया जिनसे लोकसभा को समयावधि से पूर्व भंग करने से बचाया जा सके। गठबंधन राजनीति के युग में विभिन्न राष्ट्रपतियों ने तभी लोकसभा को भंग किया जब अन्य सभी विकल्प विफल हो गए। इन्द्रकुमार गुजराल के त्याग पत्र देने के पश्चात् एवं अटल बिहारी के विश्वासमत पर हारने के बाद की परिस्थितियों में वैकल्पिक व्यवस्था न होने पर राष्ट्रपति के.आर. नारायणन् ने संसदीय परम्पराओं के अनुसार मंत्रिपरिषद की सिफारिश पर ही लोकसभा को भंग किया।

भारतीय संविधान के अनुच्छेद 74 के अनुसार, "एक मंत्रिपरिषद होगी, जिसका मुखिया प्रधानमंत्री होगा। इसका कार्य राष्ट्रपति को देश का शासन चलाने में सहायता तथा परामर्श देना होगा।" यद्यपि संवैधानिक रूप से मंत्रिपरिषद राष्ट्रपति को शासन कार्यों में सलाह देती है, लेकिन व्यावहारिक रूप से राष्ट्रपति मंत्रिपरिषद की सलाह मानने के लिए बाध्य है। परंतु 44 वें संशोधन के अनुसार यह भी व्यवस्था है कि राष्ट्रपति मंत्रिमंडल की सलाह को पुनः विचार के लिए भेज सकता है, लेकिन पुनर्विचार के बाद दी गई सलाह राष्ट्रपति के लिए बाध्यकारी होगी। अक्तूबर, 1997 तक किसी भी राष्ट्रपति ने इस अधिकार का प्रयोग नहीं किया था। उत्तर प्रदेश में राष्ट्रपति शासन लागू करने की केन्द्रीय मंत्रिमंडल की सिफारिश (21 अक्तूबर, 1997) को आँख मूंदकर मानने से इनकार कर राष्ट्रपति ने न केवल एक वैध राज्य सरकार को बचा लिया बल्कि संविधान के रक्षक की अपनी भूमिका बखूबी निभाई। इसी प्रकार 22 सितम्बर, 1998 को जब बिहार के राज्यपाल एस.एस. भंडारी ने केन्द्रीय सरकार को बिहार की राबड़ी देवी सरकार को भंग करके राष्ट्रपति शासन लागू करने की सिफारिश की, परंतु राष्ट्रपति के.आर. नारायणन् ने एक बार फिर केंद्रीय सरकार को अपने निर्णय पर पुनः विचार करने के लिए कहकर अपने संवैधानिक अधिकारों का प्रयोग बखूबी करके वह कद हासिल कर लिया जो उनके कई पूर्ववर्त्ती अपने समूचे कार्यकाल में हासिल नहीं कर सके। भारतीय संसदीय लोकतंत्र के इतिहास में यह दूसरी घटना थी जब राष्ट्रपति ने मंत्रिमंडल के परामर्श को स्वीकार करने के स्थान पर उसे अपने परामर्श पर विचार करने के लिए कहा था।

इस तरह राष्ट्रपति द्वारा मंत्रिपरिषद को अपनी सिफारिश पर पुनर्विचार के लिए कहना सचमुच राष्ट्रपति की परिवर्तित भूमिका को दर्शाता है। राष्ट्रपति द्वारा सलाह को पुनर्विचार के लिए भेजना इस ओर संकेत करता है कि कहीं मंत्रिपरिषद ने जल्दबाजी या अपने राजनीतिक स्वार्थ के लिए तो सलाह नहीं दी है। गठबंधन सरकारों में राष्ट्रपति की इस भूमिका ने आपातकाल के निरकुंश प्रयोग को सीमित किया। संविधान निर्माताओं ने शक्तियों के बंटवारे में अवरोध व संतुलन की जिस नीति को अपनाया था, वर्तमान परिस्थिति में उसकी उपयोगिता सिद्ध हो रही है।

इसी प्रकार 2006 में "लाभ के पद की अयोग्यता से सुरक्षा" विधेयक को राष्ट्रपति ए.पी.जे. अब्दुल कलाम ने संसद को पुनर्विचार के लिए भेजा ताकि वह इसमें से अनावश्यक रूप में सम्मिलित अनेक पदों पर अपने विचार स्पष्ट कर सके। संक्षेप में राष्ट्रपति ने संवैधानिक उपहास में भागीदार न बनकर संविधान

के संरक्षक के रूप में सरकार द्वारा लाभ के पद विधेयक को अनुमति दिलाने के प्रयास का प्रतिरोध करने के लिए अपने पास उपलब्ध सभी संवैधानिक अधिकारों का प्रयोग बखूबी किया। संसद के दोनों सदनों का संदेश पर ध्यान करवाकर तथा उनके द्वारा उल्लेखित विसंगतियों का निराकरण लोकतांत्रिक मर्यादा के अनुसार करने को कहा।

जिस तरह राष्ट्रपति ज्ञानी जैल सिंह ने गठबंधन सरकारों से पूर्व भारतीय डाक संशोधन विधेयक पर सफाई माँगकर अपने सांविधानिक अधिकारों का प्रयोग किया था उसी प्रकार गठबंधन सरकारों के युग में राष्ट्रपति आर. वेंकटरमन ने नौवीं लोकसभा के अंतिम दिन पारित किए गए सांसदों एवं पूर्व सांसदों के वेतन (पेंशन) संबंधी विधेयक पर हस्ताक्षर करने से इनकार करके अपने अधिकारों का बखूबी प्रयोग किया। ग्यारहवीं लोकसभा के चुनाव की प्रक्रिया शुरू हो जाने के बाद जब मंत्रिमण्डल ने राष्ट्रपति को हस्ताक्षर हेतु दो अध्यादेश (लोक प्रतिनिधित्व अध्यादेश एवं अनुसूचित जाति संशोधन अध्यादेश) भेजे तो उन्हें राष्ट्रपति ने यह कहकर लौटा दिया कि "चुनाव तिथियाँ घोषित हो जाने के बाद औचित्य की बात तो यह है कि सरकार को कोई अध्यादेश जारी नहीं करना चाहिए।" इस प्रकार राष्ट्रपति शंकरदयाल शर्मा ने न केवल सांविधानिक दायित्वों का निर्वाह किया बल्कि अपनी सक्रियता दिखाते हुए यह प्रमाणित कर दिया कि राष्ट्रपति का पद मात्र रबड़ स्टाम्प नहीं, वह मंत्रिपरिषद को निर्देश भी दे सकता है और वह उसे चेतावनी देने में भी सक्षम है।

अगस्त, 2002 में राष्ट्रपति ने चुनाव सुधारों से संबंधित अध्यादेश में उच्चतम न्यायालय के निर्देश पर चुनाव आयोग द्वारा उम्मीदवारों की आपराधिक पृष्ठभूमि की जानकारी देने की अनिवार्यता शामिल नहीं किए जाने पर अध्यादेश को वापिस लौटाते हुए केन्द्रीय मंत्रिमण्डल से स्पष्टीकरण मांगा। सत्ता और सुविधाओं की अविराम होड़ में लिप्त सत्तापक्ष और विपक्ष के नेताओं से भिन्न राष्ट्रपति ने नैतिकता और औचित्य के तकाजों की ओर ध्यान दिया।

देश का मुखिया होने के कारण देश की सरकार के कुशल संचालन को विश्वसनीय बनाना राष्ट्रपति का संवैधानिक उत्तरदायित्व है। प्रशासन की असफलता, अकुशलता या किसी भी प्रकार का गतिरोध दूर करना राष्ट्रपति का कर्त्तव्य है। जब दिसम्बर, 1997 में मुख्य चुनाव आयुक्त एम.एस. गिल और चुनाव आयुक्त जी.वी.जी. कृष्णामूर्ति के बीच मतभेद दूर करने में तथा उच्चतम न्यायालय एवं उच्च न्यायालय के न्यायाधीशों की नियुक्ति एवं स्थानांतरण को लेकर सर्वोच्च न्यायालय के प्रधान न्यायाधीश और सरकार के मध्य विवाद में और अक्तूबर,

2002 में गुजरात विधानसभा के चुनावों की अवधि के संबंध में सर्वोच्च न्यायालय से परामर्श लेकर संवैधानिक प्रावधानों के तहत राष्ट्रपति ने क्रियाशील भूमिका का परिचय दिया। इसके अतिरिक्त गठबंधन युग में राष्ट्रपति ने उच्चतम न्यायालय में अनुसूचित जातियों, अनुसूचित जनजातियों में से न्यायाधीश नियुक्त करने की भी सलाह दी। मार्च, 2005 में झारखंड के संवैधानिक मामले में राष्ट्रपति ने राज्यपाल से स्पष्टीकरण मांगकर रचनात्मक भूमिका निभाई।

गठबंधनों की राजनीति में कुछ विशेष परिस्थितियों में भी राष्ट्रपति को सक्रिय भूमिका निभानी पड़ी जैसे–प्रधानमंत्री एच.डी. देवगौड़ा की सरकार जिसने 1997–1998 का बजट पेश किया था लेकिन केंद्रीय संसद के द्वारा यह बजट पास करने से पहले ही सरकार गिर गई थी तो राष्ट्रपति ने लोकसभा स्पीकर पी. ए. संगमा और अन्य दलों के नेताओं से विचार विमर्श के पश्चात् ऐसा वातावरण तैयार किया जिससे बजट ठीक समय में पास करने का मार्ग प्रशस्त हो गया। इसी प्रकार की स्थिति 1999 में पैदा हुई जबकि बजट पेश करने के पश्चात् तुरंत बजट पास करने से पहले भाजपा की सरकार गिर पड़ी थी और राष्ट्रपति ने संसद को निर्देश दिया था कि बजट को शीघ्र पास किया जाए। संविधान समीक्षा के मुद्दे पर देश का अभिभावक होने के नाते राष्ट्रपति ने राष्ट्र की जनता को इसके खतरों से आगाह कर अपने कर्त्तव्य का उचित निर्वहन किया।

गठबंधन के संक्रमण काल में संसदीय चुनावों में अस्पष्ट जनादेश और अस्थिर सरकारों के चलते एवं सहयोगी दलों द्वारा अपना समर्थन वापिस लेने पर अल्पमत में आई सरकारों को भंग करने की अपेक्षा राष्ट्रपति ने पूर्णतः सांविधानिक दायरे में रहकर प्रधानमंत्रियों को लोकसभा में अपना बहुमत सिद्ध करने का अवसर दिया। गठबंधनों के स्वार्थ एवं सत्ता हितों के निरन्तर संघर्ष के कारण सहयोगी घटकों या दलों द्वारा समर्थन वापसी से उत्पन्न संकट से उबारने में भी राष्ट्रपतियों ने पूर्व उदाहरणों, ब्रिटिश परम्पराओं, अभिसमयों तथा लोकतांत्रिक शासन प्रणाली के मान्य सिद्धांतों एवं आदर्शों के आलोक में उचित आचरण कर देश को संवैधानिक एवं राजनीतिक संकट से उबारा। विखंडित जनादेश की स्थिति में दलों में निरंतर विभाजन होने की अवस्था में सरकार के गठन के लिए अनुचित प्रयासों की अपेक्षा चुनावों को प्राथमिकता दी।

राष्ट्रपति ने जब ईसाइयों पर देशव्यापी हमला होने लगा तो प्रधानमंत्री को यह पत्र लिखना कि अल्पसंख्यकों की सुरक्षा की जाए, कारगिल संघर्ष के दौरान प्रधानमंत्री को यह सलाह देना कि वे उस पर विचार–विमर्श के लिए राज्यसभा

का विशेष सत्र बुलाएँ, जब वाजपेयी सरकार अल्पमत में आ गई और वह ऐसे फैसले करने लगी जो एक नियमित सरकार को करने चाहिए तो मंत्रिमंडलीय सचिव को पत्र लिखना कि काम चलाऊ सरकार को किन मर्यादाओं में काम करना चाहिए, विश्वासमत पर पराजित होने के बाद जब वाजपेयी सरकार ने इंडियन एयरलाइंस के आंशिक निजीकरण का निर्णय किया तो सरकार के सचिवों को बुलाकर उनसे कुछ चीजों का स्पष्टीकरण मांगना; इस पैकेज पर केन्द्रीय मंत्री जगमोहन को बुलाकर उनसे परामर्श करना और प्रधानमंत्री को पत्र लिखकर यह सलाह देना कि काम चलाऊ सरकार को इतने दूरगामी महत्त्व का निर्णय नहीं लेना चाहिए और यह निर्णय चुनाव के बाद आने वाली सरकार पर छोड़ देना चाहिए। राष्ट्रपति ने वाजपेयी सरकार को संवैधानिक चेतावनी दी कि वह एक काम चलाऊ सरकार है अतः उसे ऐसे निर्णय नहीं करने चाहिए जिनका दूरगामी महत्त्व हो। ये सभी घटनाएं राष्ट्रपति की परिवर्तित भूमिका को दर्शाती हैं।

इस प्रकार राष्ट्रपति ने तो सिर्फ राष्ट्र के प्रति अपना फर्ज अदा करने की चिंता दिखाई जो उनका अधिकार ही नहीं कर्त्तव्य भी है। के.आर. नारायणन् ने बतौर राष्ट्रपति अपनी इस सीमित सक्रियता के साथ बताया कि राष्ट्रपति सिर्फ इमरजेंसी लाइट ही नहीं होता है वह ऐसी टॉर्च भी होता है जिसका काम अंधेरे कोनों में रोशनी फैंकना है, वह अंधेरे को खत्म नहीं कर सकता, लेकिन उसकी ओर ध्यान खींच सकता है।

निष्कर्षतः गठबंधन सरकारें भारत की संसदीय व्यवस्था में कार्यपालिका व व्यवस्थापिका के परंपरागत संबंधों तथा भूमिकाओं में परिवर्तन लायी हैं। केंद्रीय संसद स्पष्ट जनादेश के अभाव में प्रादेशिक राजनीति से प्रभावित होने के कारण दुर्बल हो गई। फलतः उसे अनेक असामान्य परिस्थितियों का सामना करना पड़ा। जिनके संबंध में संविधान भी मौन है। साँझा सरकारों में जैसे-जैसे गठबंधन की राजनीति आगे बढ़ी वैसे-वैसे राजनीतिक व्यवस्था में अनेक महत्त्वपूर्ण परिवर्तन हुए जिन्होंने भारतीय राष्ट्रपति की भूमिका में बदलाव लाने का कार्य किया। यद्यपि राष्ट्रपति की भूमिका में परिवर्तन के लिए अस्थायी राजनीतिक परिदृश्य भी उत्तरदायी है, लेकिन 1989 से 2013 तक राष्ट्रपति पर विराजमान विभिन्न राष्ट्रपतियों ने यह साबित कर दिया कि वे राजनीतिक परिदृश्य से अनभिज्ञ नहीं है। निसंदेह मिली-जुली सरकारों की राजनीति ने राष्ट्रपतियों की रबड़ की मोहर की छवि को तोड़ करके गठबंधन काल में प्रधानमंत्री की नियुक्ति एवं सरकारें बनाने व सरकार को भंग करने तथा मंत्रिपरिषद द्वारा दी गई सलाह स्वीकारने या अन्य मामलों पर राष्ट्रपति ने मूक दर्शक नहीं, बल्कि सक्रिय एवं

जीवंत संस्था के रूप में कार्य किया। सांझा सरकार की प्रवृति ने राष्ट्रपति को सक्रिय बना दिया। सभी राष्ट्रपतियों ने दलगत राजनीति से ऊपर उठकर और अपनी व्यक्तिगत आकांक्षाओं को दबाकर व्यवस्था से जुड़ी परंपराओं तथा अभिसमयों का अनुकरण किया और संकट के समय में भी भारतीय लोकतंत्र में संसदीय प्रणाली की गरिमा को बनाए रखा।

यह ठीक है कि राष्ट्रपति देश का संवैधानिक मुखिया है, परंतु भारत में जब से संयुक्त सरकारों का दौर आरम्भ हुआ है, राष्ट्रपति ने सक्रिय भूमिका निभाई है। 1989 के पश्चात् तेजी से परिवर्तित राजनीतिक परिदृश्य में राष्ट्रपति ने प्रधानमंत्री की नियुक्ति के विषय में तथा लोकसभा को भंग करने में तथा मंत्रिपरिषद द्वारा दी गई सलाह को मानने एवं सांझा सरकारों की प्रवृति से उत्पन्न राजनीतिक वातावरण में निर्णय अपनी राजनीतिक सुझबूझ एवं स्वविवेक के आधार पर लिए।

त्रिशंकु लोकसभा के युग में राष्ट्रपति ने अपने स्वविवेक का प्रयोग संविधान सम्मत व तर्क संगत तरीके से कर, संविधान के प्रति रक्षा और संरक्षण के अपने उत्तरदायित्वों का निर्वहन संसदीय परम्पराओं अनुसार किया। गठबंधन सरकारों के युग में राष्ट्रपति की भूमिका पर पूर्व राष्ट्रपति आर. वेंकटरमन की उक्ति, "राष्ट्रपति का पद आपातकालीन दीपक की तरह है, जब कोई संकट आता है, यह स्वयं जल उठता है और आपातकाल समय समाप्त होने पर स्वयं बुझ जाता है" सही बैठती है।

उपरोक्त विवेचन से स्पष्ट है कि पिछले कुछ समय से राष्ट्रपति की सक्रियता देखने को मिली है। वस्तुतः वर्तमान में राष्ट्रपति की सक्रियता में आई वृद्धि हेतु निम्नांकित कारण उत्तरदायी हैं–

1. विधायिका एवं कार्यपालिका की गुणवत्ता में आई गिरावट।
2. काम चलाऊ सरकार की स्थिति में जब लोकसभा भंग की जा चुकी हो सरकार द्वारा महत्त्वपूर्ण निर्णय लेने में राष्ट्रपति का हस्तक्षेप दिखाई देता है।
3. राष्ट्रपति द्वारा संविधान के संरक्षक की भूमिका का निर्वाह किया जाता है। अतः राष्ट्रपति का यह संवैधानिक दायित्व होता है कि वह यह सुनिश्चित करे कि शासन व प्रशासन संविधान के प्रावधानों के अनुसार संचालित किया जाए।

4. वर्तमान समय में मिली जुली सरकारों का दौर जहाँ कि मंत्रिपरिषद में आपसी मतभेद होते हैं और उनका प्रभाव मंत्रिमंडल के सामूहिक उत्तरदायित्व पर पड़ता है, इस वजह से भी राष्ट्रपति का हस्तक्षेप आवश्यक हो जाता है।

5. त्रिशंकु लोकसभा की बढ़ती हुई प्रवृति और ऐसी प्रवृति में राष्ट्रपति की विवेकाधीन शक्तियों का प्रयोग आवश्यक है, परिणामस्वरूप राष्ट्रपति की सक्रियता में वृद्धि हुई।

6. विभिन्न राष्ट्रपतियों की व्यक्तिगत इच्छा शक्ति जहाँ राष्ट्रपति बेहतर रूप से सूचना प्राप्त करते रहना चाहते हों।

7. एक अच्छे शासन एवं प्रशासन को सुनिश्चित करने के लिए बढ़ते दबाव ने भी राष्ट्रपति की सक्रियता में वृद्धि की।

8. मध्यावधि चुनाव की बढ़ती हुई प्रवृति सक्रियता के लिए उत्तरदायी बनी। इन उपर्युक्त कारणों के परिणामस्वरूप ही राष्ट्रपति की सक्रियता में वृद्धि हुई है, लेकिन राष्ट्रपति की सक्रियता से कुछ समस्याएं भी देखने को मिली हैं–

- मंत्रिपरिषद के पास प्रत्यक्ष रूप से चुनी हुई लोकसभा का बहुमत होता है। अतः यह अपेक्षा की जा सकती है मंत्रिपरिषद संसद के मत को विशेष रूप से ध्यान में रखेगी।

- संसदीय प्रजातंत्र में वास्तविक एवं प्रत्यक्ष कार्यपालिका मंत्रिपरिषद होती है एवं राष्ट्रपति नाम मात्र का शासक है ऐसी स्थिति में यह आवश्यक है सरकार के काम में राष्ट्रपति का हस्तक्षेप कम से कम हो।

- बेहतर प्रशासन के लिए आवश्यक है कि मंत्रिपरिषद एवं राष्ट्रपति में अनावश्यक विवाद पैदा न हो, जबकि राष्ट्रपति की ज्यादा क्रियाशीलता से ऐसी संभावना बनी रहती है।

- राष्ट्रपति ज़ैसे पद की बेहतर स्वीकार्यता हेतु भी यह आवश्यक है कि यह पद अनावश्यक विवादों से दूर रहे, लेकिन यदि राष्ट्रपति की सक्रियता बढ़ती है तो कुछ विवादों का सामने आना स्वाभाविक ही है।

उपरोक्त विश्लेषण से यह स्पष्ट है कि आज राष्ट्रपति की भूमिका में स्पष्ट परिवर्तन आया है और इससे लोकतांत्रिक संस्थाओं की रक्षा सुनिश्चित हुई है, लेकिन कई बार राष्ट्रपति की नई भूमिका से प्रशासन में अनिश्चितता की भावना अलग प्रशासनिक ध्रुवों के निर्माण एवं लोकतांत्रिक संस्थाओं में तनाव का भाव परिलक्षित होता है जो कि संवैधानिक व्यवस्था के लिए उचित नहीं है।

राष्ट्रपति की भूमिका में आए परिवर्तनों में सकारात्मक एवं नकारात्मक पहलुओं के बावजूद देश की लोकतांत्रिक व्यवस्था को बनाए रखने हेतु एवं प्रशासनिक दृढ़ता के लिए राष्ट्रपति की सक्रिय भूमिका अधिक लाभदायी है।

संविद सरकारों के इस युग में राष्ट्रपति को इस प्रकार कार्य करना चाहिए जिससे संविधान की भावना का पालन हो और पद की गरिमा भी बनी रहे। यह सत्य है कि जब संसद के दोनों सदनों में किसी एक राजनीतिक दल को पूर्ण बहुमत प्राप्त हो तो राष्ट्रपति को अत्यधिक अवकाश नहीं रहता कि वह मन चाहे निर्णय ले किन्तु तब भी संविधान सम्मत निर्णय लेना ही उसके लिए उचित होगा, क्योंकि संविधान के प्रतिनिष्ठा की शपथ लेकर ही वह पदारूढ़ होता है और संविधान के विरूद्ध निर्णय लेने के लिए मंत्रिपरिषद बाध्य नहीं कर सकता। आज राजनीति में जिस प्रकार के चरित्र आ रहे हैं उसे देखते हुए देश के इस सर्वोच्च पद पर बैठे व्यक्ति के लिए सक्रिय किन्तु संविधान सम्मत भूमिका अपेक्षित है। राष्ट्रपति सरकार के क्षुद्र राजनीतिक कार्यों या गतिविधियों को रोकने हेतु एक फिल्टर की भूमिका निभा सकता है।

संदर्भ ग्रन्थावली

प्राथमिक एवं मूल स्रोत

- इंडिया, **कान्स्टीट्युअंट एसेम्बली डिबेट्स (आफिसीयल रिपोर्ट),** वाल्यूम 1–12, लोकसभा सेक्रेटेरियट, नई दिल्ली, 9.12.1946 से 24.1.1950.
- इंडिया, **कान्स्टीट्युअंट असेम्बली डिबेट्स,** 1946–1949, व्होल्यूम 1–12, लोकसभा सेक्रेटेरियट, नई दिल्ली.
- **एक्टस ऑफ पार्लियामेंट 1969,** गवर्नमेंट ऑफ इंडिया, मिनिस्ट्री ऑफ लॉ एन्ड जस्टिस, नई दिल्ली.
- **एक्टस ऑफ पार्लियामेंट 1974**, गवर्नमेंट ऑफ इंडिया, मिनिस्ट्री ऑफ लॉ, जस्टिस एन्ड कम्पनी अफेयर, नई दिल्ली, 1974.
- **एक्टस ऑफ पार्लियामेंट 1985**, विद ए टेबल शोइंग दी इफेक्ट ऑफ लेजीसलेशन एन्ड एन इन्डेक्स गवर्नमेंट ऑफ इंडिया, मिनिस्ट्री ऑफ लॉ एन्ड जस्टिस, नई दिल्ली.
- **एक्टस ऑफ पार्लियामेंट 1997,** विद एटेबल शोइंग दी इफेक्ट ऑफ लेजीसलेशन एन्ड एन इन्डेक्स, गवर्नमेंट ऑफ इंडिया, मिनिस्ट्री ऑफ लॉ, जस्टिस एन्ड कम्पनी अफेयर, नई दिल्ली.
- **एक्टस ऑफ पार्लियामेंट 1998,** गवर्नमेंट ऑफ इंडिया, मिनिस्ट्री ऑफ लॉ, जस्टिस एन्ड कम्पनी अफेयरस, नई दिल्ली.
- कास्टीट्युअंट एसेम्बली ऑफ इंडिया, **ड्राफ्ट कान्स्टीट्यूशन ऑफ इंडिया,** एज रिवाईजड बाई द ड्राफ्टिंग कमेटी, गवर्नमेंट आफ इंडिया प्रैस, नई दिल्ली, 1949.
- कॉस्टीट्युअन्ट असेम्बली ऑफ इंडिया, **ड्राफ्ट कांस्टीट्यूशन ऑफ इंडिया,** गवर्नमेंट ऑफ इंडिया प्रैस, नई दिल्ली, 1948.
- **ड्राफ्ट कान्स्टीट्यूशन ऑफ इंडिया,** प्रिपेयर्ड बाई द ड्राफ्टिंग कमेटी, प्रिण्टेड इन इंडिया बाई द मनैजर, गवर्नमेंट ऑफ इंडिया प्रेस, न्यू देहली, 1948.
- **फर्स्ट ड्राफ्ट ऑफ दी कान्स्टीट्यूशन ऑफ इंडिया एण्ड शिड्यूल्स,** ऐज प्रिपेयर्ड बाई द कास्टीट्यूशनल एडवाजर बी.एन. राऊ, अक्तूबर, 1947. लोकसभा सेक्रेटरियट, नई दिल्ली, मार्च 1960.
- **भारत का संविधान 1 जून, 1996 को यथाविद्यमान**, विधि और न्याय मंत्रालय विद्यायी विभाग, भारत्त सरकार, नई दिल्ली, 1996.

– **भारत का संविधान, 26 जनवरी 2005 को यथाविद्यमान,** भारत सरकार, विधि और न्याय मंत्रालय, नई दिल्ली, 2005.

– **भारत में लोकसभा के नौवें साधारण निर्वाचनों की रिपोर्ट, 1989,** सांख्यिकीय, भारतीय निर्वाचन आयोग, नई दिल्ली, 1989.

– **भारत 2003,** प्रकाशन विभाग, सूचना और प्रसारण मंत्रालय, भारत सरकार, नई दिल्ली, 2003.

– **भारत में लोकसभा के दसवें साधारण निर्वाचनों की रिपोर्ट–1991** (सांख्यिकीय) भारत निर्वाचन आयोग, नई दिल्ली, 1991.

– **स्टटिसटीकल रिपोर्ट ऑन जनरल इलेक्शंस 1996 टू दी इलेवन्थ लोकसभा,** व्होल्यूम 1, नेशनल एन्ड अबस्ट्रेक्टस, इलेक्शन कमीशन ऑफ इंडिया, नई दिल्ली, 1996.

– **स्टटिसटीकल रिपोर्ट ऑन जनरल इलेक्शंस 1998, टू दी टूवेल्थ लोकसभा,** व्होल्यूम 1, नेशनल एन्ड स्टेट अब्स्ट्रेक्ट, इलेक्शन कमीशन ऑफ इंडिया, नई दिल्ली, 1998.

– **स्टटिसटीकल रिपोर्ट ऑन जनरल इलेक्शंस 1999 टू दी थर्टीन्थ लोकसभा,** व्होल्यूम 1, नेशनल एन्ड स्टेट अब्स्ट्रेक्ट एन्ड डिटेल्ड, इलेक्शन कमीशन ऑफ इंडिया, नई दिल्ली, 1999.

– **स्टटिसटीकल रिपोर्ट ऑन जनरल इलेक्शंस 2004, टू दी फोर्टिन्थ लोकसभा,** व्होल्यूम 1, नेशनल एन्ड स्टेट अब्स्ट्रेक्टस एन्ड डिटेल्ड रिजल्टस, इलेक्शन कमीशन ऑफ इंडिया, नई दिल्ली, 2004.

– **स्टटिसटीकल रिपोर्ट ऑन जनरल इलेक्शंस 2009, टू दी फिफ्टींथ लोकसभा,** व्होल्यूम 1, नेशनल एन्ड स्टेट अब्स्ट्रेक्टस एन्ड डिटेल्ड रिजल्टस, इलेक्शन कमीशन ऑफ इंडिया, नई दिल्ली, 2009.

– **संविधान सभा के वाद विवाद की सरकारी रिपोर्ट,** (1 से 10 भाग), लोकसभा सचिवालय, नई दिल्ली, 1994.

द्वितीय स्रोत

अग्रवाल, जे.सी., चौधरी, एन.के., लोकसभा इलेक्शंस 1999 लास्ट ऑफ दी मिलेनियम, शिप्रा पब्लिकेशंस, देहली, 2004.

अटल, योगेश, मेंडेट फॉर पोलिटिकल ट्रांजिशंस रिमर्जेंश ऑफ वाजपेयी, रावत पब्लिकेशंस, जयपुर, 2000.

अमरनन्दी, दी कॉस्टीट्यूशन ऑफ इंडिया, बुक लैंड लिमिटिड, कलकता, 1952.

अय्यर, कृष्णा वी. आर., दी इंडियन प्रेसीडेंसी, दीप एन्ड दीप पब्लिकेशंस, नई दिल्ली, 1998.

आहुजा, एम.एल., प्रेसीडेंटस ऑफ इंडिया एन्ड देयर कान्स्टीटयूशनल पोर्ट–रायल, ओम पब्लिकेशंस, फरीदाबाद, 1997

आहुजा, एम.एल., इंडियन प्रेसीडेंसी एन्ड दी सक्सेसिव प्रेसीडेंटस, आइकॉन बुक्स पब्लिशड, नई दिल्ली, 2003.

..............., जनरल इलेक्शंस इन इंडिया, आइकॉन पब्लिकेशंस प्राइवेट लिमि. नई दिल्ली, 2005.

आस्टिन, ग्रेनविल, दी इंडियन कास्टीट्यूशनः ए कार्नर स्टोन ऑफ ए नेशन, आक्सफोर्ड यूनिवर्सिटी प्रैस, लन्दन, 1966.

इस्माइल, एम.एम., दी प्रेसीडेंट एंड दी गर्वमेंटस इन दी इंडियन कॉस्टीट्यूशन, ओरियन्ट लॉगमैंस लिमिटिड, मद्रास, 1972.

कश्यप, सुभाष, कोयलीशन गर्वमेंटस एन्ड पोलिटिक्स इन इंडिया, उप्पल पब्लिशिंग हाउस, नई दिल्ली, 1991.

कश्यप, सुभाष, दी टेन लोकसभा फरोम दी फर्स्ट टू दी टेन्थ (1951–1991), शिप्रा पब्लिकेशंस, देहली, 1992.

..............., हमारा संविधानः भारत का संविधान और संवैधानिक विधि, नेशनल बुक ट्रस्ट आफ इंडिया, नई दिल्ली, 1995.

..............., भारतीय राजनीति और संविधानः विकास, विवाद और निदान (1947 से 1997), राजकमल प्रकाशन, नई दिल्ली, 1999.

कुरेशी, जेड. एम., स्ट्रगल फॉर राष्ट्रपति भवन : ए स्टडी आफ प्रेसीडेंशियल इलैक्शंस, विकास पब्लिशिंग हाउस, देहली, 1973.

..............., दी प्रेसीडेंट ऑफ इंडियाः ए पोलिटिकल इन्टर–प्रेटेशन, अलवाज पब्लिर्शस, देहली, 1962.

करूणाकरण, के.पी., कोयलीशन गवर्नमेंटस इन इंडियाः प्रोबलम्स एन्ड प्रोसपेक्ट, इंडियन इंस्टीट्यूट ऑफ एडवांस स्टडीज, शिमला, 1975.

कुमार, अरूण, आन कोयलीशन कोर्स, प्रेस ट्रस्ट ऑफ इंडिया, नई दिल्ली, 1998.

कोहली, ए.बी., प्रेसीडेंटस ऑफ इंडिया, राजेन्द्र प्रसाद टू के. आर. नारायणन, रिलायंस पब्लिशिंग हाउस, नई दिल्ली, 1999.

कौल, एम.एन. एंड शकधर एस.एल., प्रेक्टिस एन्ड प्रोसीजर ऑफ पार्लियामेंट, मेट्रोपोलिटन बुक कम्पनी, देहली, 1991.

खेडा, एम.एस., दी सैंट्रल एक्जीक्यूटिव, ओरियन्ट लॉगमेन, नई दिल्ली, 1975.

गहलोत, एन.एस., ट्रेडंस इन इंडियन पॉलिटिक्स, दीप एन्ड दीप पब्लिकेशंस, नई दिल्ली, 1988.

..............., भारतीय राजनीतिक व्यवस्थाः दशा और दिशा, रावत पब्लिकेशंस, जयपुर, 2001.

ग्लेडहिल, ऐलन, दी रिपब्लिक ऑफ इंडियाः स्टीवंस एन्ड संस लिमिटिड, लन्दन, 1951.

गुप्ता, अनुज, त्रिशंकु लोकसभाएंः गठबंधन सरकारें, अपूर्वा प्रकाशन, नोएडा, 2003.

गुप्ता, यू.एन., इंडियन पार्लियामेंट्री डेमोक्रेसी, एटलांटिक पब्लिशर्स, नई दिल्ली, 2003.

गुप्ता, डी.सी., इंडियन गवर्नमेंट एन्ड पोलिटिक्स, विकास पब्लिशिंग हाउस प्रा. लिमिटिड, नई दिल्ली, 1994.

गुरू, प्रियंका, भारतीय राष्ट्रीय कांग्रेस पार्टी: विघटनों का इतिहास, अमन प्रकाशन, सागर, 2005.

गोयल, ओ.पी., इंडिया गवर्नमेंट एन्ड पोलिटिक्स, लाइट एन्ड लाइफ पब्लिशर्स, नई दिल्ली, 1977.

ग्रोवर, वीरेन्द्र एंड अरोडा, रंजना, इंडियन गवर्नमेंट एन्ड पोलिटिक्स एट क्रासरोड, दीप एन्ड दीप पब्लिकेशंस, नई दिल्ली, 1995.

ग्रोवर, वीरेन्द्र, पोलिटिकल सिस्टम इन इंडिया, व्होल्यूम 2, दीप एन्ड दीप पब्लिकेशंस, नई दिल्ली, 1989.

..............., सम्पादित, दी इंडियन कॉस्टीट्यूशन, दीप एन्ड दीप पब्लिकेशंस, नई दिल्ली, 1989.

गौतम, ब्रजेन्द्र प्रताप, जनादेश 13वीं लोकसभा, भावना प्रकाशन, दिल्ली, 2002.

..............., 1998 बारहवीं लोकसभा निर्वाचन एवं विश्लेषण, भावना प्रकाशन, दिल्ली, 1998.

..............., चुनावी महासमर चौदहवीं लोकसभा, भावना प्रकाशन दिल्ली, 2005.

गोस्वामी, प्रशांत, दी प्रेसीडेंटस ऑफ इंडिया डयूरिंग 50 ईयर्स, बी आर पब्लिशिंग कारपोरेशन; देहली, 1998.

चक्रवर्ती, विधुत, फोरजिंग पावर: कोयलीशन पोलिटिक्स इन इंडिया, ऑक्सफोर्ड यूनिवर्सिटी प्रैस, नई दिल्ली, 2006.

चतुर्वेदी, आर. जी., दी प्रेसीडेंट एन्ड दी कौंसिल ऑफ मिनिस्टरस, दी इंस्टीट्यूट ऑफ कास्टिट्यूशनल एन्ड पार्लियामेंट्री स्टडीज, नई दिल्ली, 1971.

चतुर्वेदी, कृष्णानन्द, भारत में केन्द्रीय स्तर पर गठबंधन सरकार, क्लासिकल पब्लिशिंग कम्पनी, नई दिल्ली, 2009.

चतुर्वेदी, मधुकर श्याम, दी इंडियन प्रेसीडेंसी: ए रि-अप्रेजल, आर बी एस ए पब्लिशर्स, जयपुर, 2002.

चतुर्वेदी, जगदीश प्रसाद, राष्ट्रपति संसद, प्रधानमंत्री, साहित्य संगम, इलाहाबाद, 1988.

चन्द्र, एन. जोश, कोलिएशन पोलिटिक्स दी इंडियन एक्सपीरियंस, कॉनसेप्ट पब्लिशिंग कम्पनी, नई दिल्ली, 2004.

चन्द्र, प्रकाश, इंडियन गवर्नमेंट एन्ड पोलिटिक्स, इलेवंथ एडीशन, कॉसमोस बुक हाइव्स, गुड़गांव, 2001.

चन्दा, अशोक, अंडर द इंडियन स्काई, नचिकेता पब्लिकेशंस लिमि. बम्बई, 1971.

चौधरी, वाल्मीकि, प्रेसीडेंट एंड दी इंडियन कान्स्टीट्यूशन, एलाइड पब्लिशर्स प्राइवेट लिमिटिड, नई दिल्ली, 1985.

..............., दी कारस्पोंडेंस एन्ड सलेक्ट डाक्यूमेंटस ऑफ डॉ. राजेन्द्र प्रसाद, व्होल्यूम 1, एलाइड पब्लिशर्स लिमिटिड, नई दिल्ली, 1984-1993.

चौधरी, वाल्मीकि, डायरी ऑफ राष्ट्रपति भवन, आत्माराम एन्ड संस, नई दिल्ली, 1995.

जैन, एच. एम., इंडियन कैबिनेट एन्ड पोलिटिक्स, ज्ञान पब्लिशिंग हाउस, नई दिल्ली, 2003.

..............., दी यूनियन एक्ज्यूकेटिव, चेतन्या पब्लिशिंग हाउस, इलाहाबाद, 1969.

जैन, एस. एन., भारतीय संविधान शासन और राजनीति, राजस्थान हिन्दी ग्रन्थ अकादमी, जयपुर, 1997.

..............., भारतीय राजनीतिक व्यवस्था : संस्थाएं एवं प्रक्रियाएं अनन्त पब्लिकेशंस, जयपुर, 1993.

जैन, धर्मचन्द्र, भारतीय राजनीति, प्रिंटवैल पब्लिशर्स, जयपुर, 1990.

..............., केन्द्र–राज्य संबंध, श्याम प्रकाशन, जयपुर, 1999,

..............., राज्यों में राष्ट्रपति शासनः एक विश्लेषणात्मक अध्ययन, भाग 1, आर.बी.एस.ए. पब्लिशर्स, जयपुर, 2004.

..............., राज्यों में राष्ट्रपति शासनः एक विश्लेषणात्मक अध्ययन, भाग 2, आर.बी.एस.ए. पब्लिशर्स, जयपुर, 2004.

जैन, पुखराज, भारतीय प्रधानमंत्री, साहित्य भवन, आगरा, 1981.

जैन, पुखराज, फड़िया, बी.एल., भारतीय शासन एवं राजनीति, साहित्य भवन पब्लिकेशंस, आगरा, 2005.

जैन, यू.सी., नायर जीवन, पावर ऑफ प्रेसीडेंट एन्ड कैबिनेट, पोइन्टर पब्लिशर्स, जयपुर, 2000.

जौहरी, जे.सी., इंडियन गवर्नमेंट एन्ड पोलिटिक्स, विशाल पब्लिकेशंस, देहली, 1979.

टोपे, टी.के., दी प्रेसीडेंट एंड काउंसिल आफ मिनिस्टरस, सम्पादित जकैब एलिस, कॉस्टीट्यूशन डवल्पमेंटस सिंस इंडिपेंडेंस, एन.एम. त्रिपाठी प्राइवेट, लिमिटिड, बम्बई, 1975.

ठाकुर, रमेश, दी गवर्नमेंट एन्ड पोलिटिक्स ऑफ इंडिया, मैकमिलन प्रैस लिमिटिड, लन्दन, 1995.

ढाल, पदमाचरण, इंडियन पोलिटी, आविष्कार पब्लिशर्स एन्ड डिस्ट्रीब्यूटर, जयपुर, 2004.

तिवारी, उमाकांत, मेकिंग ऑफ दी इंडियन कांस्टीट्यूशन, सेन्ट्रल बुक डिपो, इलाहाबाद, 1967.

तोमर, पी.एस., भारत में संसदीय मध्यावधि निर्वाचन, कॉलेज बुक डिपो, जयपुर, 1999.

थोरी, नरेन्द्र, नेतृत्व सरकार एवं राजनीति (भारतीय सन्दर्भ) आर.बी. एस पब्लिशर्स, जयपुर, 2003.

दत्ता, सी.एल., विद टू प्रेसीडेंटसः दी इनसाइड स्टोरी, विकास पब्लिकेशन, दिल्ली, 1970.

देसाई, ए.आर., स्टेट एन्ड सोसायटी इन इंडिया, पापुलर प्रकाशन प्राईवेट लिमिटिड, मुंबई, 1998.

दास, बी.सी., पोलिटिकल डवल्पमेंट इन इंडिया, आशीष पब्लिशिंग हाउस, नई दिल्ली, 1978.

..............., प्रील्यूड टू दी प्रेसीडेंसी इन इंडिया, आशीष पब्लिशिंग हाउस,नई दिल्ली, 1977.

..............., दी प्रेसीडेंट ऑफ इंडिया, एस. चन्द एन्ड कम्पनी लिमिटिड, नई दिल्ली, 1979.

दुर्गादास, इंडिया फरोम कर्जन टू नेहरू एन्ड आफ्टर, कोलिन्स, लन्दन, 1969.

दुबे, एम.पी., रोल ऑफ सुप्रीम कोर्ट इन इंडियन कॉस्टीट्यूशन, दीप एन्ड दीप पब्लिशर्स, नई दिल्ली, 1987.

नायर, पी.एम., दी कलाम इफेक्टः माई ईयर्ज विद दी प्रेसीडेंट, हारपर कॉलिन्स पब्लिशर्स, नोएडा, 2008.

नारंग, ए.एस., भारतीय शासन एवं राजनीति, गीतांजली पब्लिशिंग हाऊस, नई दिल्ली, 2004.

निकोलेन्वी, कसाबा, माईनोरिटी गवर्नमेंटस इन इंडिया, रोल्टेज, न्यूयार्क, 2010.

निर्मल, अंजलि, दी इंडियन प्रेसीडेंट, पोइंटर पब्लिशर्स, जयपुर, 1997.

पंजाबी, के.एल., राजेन्द्र प्रसादः फर्स्ट प्रेसीडेन्ट ऑफ इंडिया, मैकमिलन एन्ड कम्पनी लि., लन्दन, 1960.

पंडित, एच.एन., दी पीएम'स प्रेसीडेंटः ए न्यू कॉन्सेप्ट ऑन ट्रायल, एस चन्द एन्ड कम्पनी, नई दिल्ली, 1974.

प्रखर, आचार्य भालचन्द्र गोस्वामी, भारत का संविधान और उसमें संशोधन, पोइन्टर पब्लिशर्स, जयपुर, 1998.

..............., लोकतंत्र और विधानमंडल, पोइन्टर पब्लिशर्स, जयपुर, 2005.

प्रसाद, लाल बहादुर, भारतीय राजनीति और सरकार, यूनिवर्सिटी पब्लिकेशंस, नई दिल्ली, 2006.

परमानन्द, टूवार्डस ए न्यू इरा इन इंडियन पॉलिटिक्सः ए क्रिटीकल स्टडी ऑफ दी इलेवन्थ लोकसभा इलेक्शन, सेजमेंट बुकस, नई दिल्ली, 1996.

पाण्डेय जयनारायण, भारत का संविधान, 38वां संस्करण, सैंट्रल लॉ एजेंसी, इलाहाबाद, 2005.

पामर, एन.डी., इंडियन पोलिटिकल सिस्टम, जार्ज एलन एन्ड अनविन, लंदन, 1961.

पायली, एम.वी., कॉस्टीट्यूशनल गवर्नमेंट इन इंडिया, एशिया पब्लिशिंग हाउस, नई दिल्ली, 1977.

..............., क्राईसिस, कॉशंस एन्ड दी कॉस्टीट्यूशन, एशिया पब्लिशिंग हाउस, नई दिल्ली, 1982.

पालेकर, एस.ए., इंडियन कॉस्टीट्यूशन, गवर्नमेंट एन्ड पॉलिटिक्स, ए.बी.डी. पब्लिशर्स, जयपुर, 2003.

पूरणमल, भारत का संविधान, आविष्कार पब्लिशर्स डिस्ट्रीब्यूटर्स, जयपुर, 2005.

फड़िया, बी.एल., भारत का संविधान 1 अप्रैल, 2001 को यथाविद्यमान, साहित्य भवन पब्लिकेशंस, आगरा, 2002.

ब्यूनो, ब्रुस मसक्विटा, स्ट्रैटिजी, रिस्क एन्ड पर्सनैलिटी इन कोयलीशन पोलिटिक्सः द केश ऑफ इंडिया, कैम्ब्रिज यूनिवर्सिटी प्रैस, लन्दन, 1975.

बसु, डी.डी, कांमेटरी ऑन दी कॉस्टीट्यूशन ऑफ इंडिया, थर्ड एडिशन, एस.सी. सरकार एन्ड संस, कलकता, 1956.

बसु, दुर्गादास, इन्ट्रोडक्शन टू दी कॉस्टिट्यूशन ऑफ इंडिया, एस.सी. सरकार एन्ड संस, कलकता, 1978.

..............., भारत का संविधन एक परिचय, चौथा संस्करण प्रेंटिस हाल ऑफ इण्डिया, प्राइवेट लि., नई दिल्ली, 1994.

..............., शोर्टर कांस्टिट्यूशन ऑफ इंडिया, प्रेंटिस हाल ऑफ इंडिया, नई दिल्ली, 1981.

बीजू.एम.आर. पोलिटिक्स ऑफ डेमोक्रेसी एन्ड डिसेंट्रीलाईजेशन इन इंडिया, एटलांटिक पब्लिशर्स, नई दिल्ली, 1997.

............., पार्लियामेंटरी डेमोक्रेसी एंड पोलिटिकल चेंज इन इंडिया, कनिष्क पब्लिशर्स, नई दिल्ली, 1999.

ब्रास, पॉल.आर. दी पोलिटिक्स ऑफ इंडिया सिन्स इंडीपेन्डेंस, कैम्ब्रिज यूनीवर्सिटी प्रेस, कैंब्रिज, 1999.

ब्रेचर, माईकल, सक्सेशन इन इंडियाः ए स्टडी इन डिसीजनंमेकिंग, आक्सफोर्ड यूनिवर्सिटी प्रैस, लन्दन, 1966.

भाम्भरी, सी.पी., बीजेपी लैड गर्वनमेंट एन्ड इलैक्शन–99, शिप्रा पब्लिकेशंस, देहली, 2000.

मल्कानी. के.आर, इंडिया फर्स्ट, ओसियन बुक्स प्राइवेट लिमिटिड, नई दिल्ली, 2002.

मल्होत्रा, गुरदीप चन्द, भारतीय संसद के पचास वर्ष, लोकसभा सचिवालय, नई दिल्ली, 2002.

महेश्वरी, एस. आर. कोयलीशन गवर्नमेंट एन्ड पोलिटिक्स ऑन इंडिया, उप्पल पब्लिशिंग हाउस, नई दिल्ली, 1997.

माथुर, सुभाष, कवर कास्टीट्यूशनल हैड, लटेस प्रकाशन, जोधपुर, 1981.

मारकंडन, के.सी., ऑस्पेक्टस ऑफ इंडियन पोलिटी, व्होल्यूम 1, ए.बी.एस. पब्लिकेशंस, जालंधर, 1990.

मिश्र, कृष्णकांत, भारतीय शासन एवं राजनीति, ग्रन्थ शिल्पी, नई दिल्ली, 2003.

मिश्रा, आर.एन., दी प्रेसीडेन्ट एन्ड दी पार्लियामेंट, वोरा एन्ड कम्पनी पब्लिशर्स प्राईवेट लिमिटिड, बम्बई, 1964.

..............., दी प्रेसीडेन्ट ऑफ इंडियन रिपब्लिक, वोरा एन्ड कम्पनी, बम्बई, 1965.

मिश्रा, पंचानन्द, दी मेकिंग ऑफ दी इंडियन रिपब्लिक, सांइटिफिक बुक एजेन्सी, कलकत्ता, 1966.

मुखर्जी, पी.बी., दी क्रिटीकल प्रोब्लमस ऑफ दी इंडियन कॉस्टीट्यूशन, यूनिवर्सिटी ऑफ बम्बई, बम्बई, 1967.

मुंशी, के.एम., इंडियन कास्टीट्युशन डाक्यूमेंटसः मुंशी पेपरस, व्होल्यूम 2, फर्स्ट एडीशन, भारतीय विद्या भवन बम्बई, 1967.

..............., इंडियन कास्टीट्यूशनल डाक्यूमेंटस; पिलग्रिम्ज टू फ्रीडम (1902–1950), व्होल्यूम 1. फर्स्ट एडीशन, भारतीय विद्या भवन, बम्बई, 1967.

..............., दी प्रेसीडेंट अंडर दी इंडियन कास्टीट्यूशन, भारतीय विद्या भवन, बम्बई, 1963.

मोदी, महावीर प्रसाद, मोदी सरोज भारतीय राजनीति की प्रवृत्तियां, कॉलेज बुक डिपो, जयपुर, 2002.

रमन, सुन्दर, कॉस्टीट्यूशनल अमेंडमेंटस इन इंडिया 1950–1989, ईस्टन लॉ हाउस, कलकता, 1989.

राठौड, पी.बी., इंडियन कॉस्टीट्यूशन, गवर्नमेंट एन्ड पोलिटिकल सिस्टम, ए.बी.डी. पब्लिशर्स, जयपुर, 2004.

राठौड, मधु, भारतीय राजनीतिक व्यवस्था, आविष्कार पब्लिशर्स डिस्ट्रीब्यूटर्स, जयपुर, 2002.

राणा, एम.एस., इंडिया वोटस, बी.आर. पब्लिशिंग कारपोरेशन लिमिटिड, देहली, 1998.

..............., इंडिया वोटसः लोकसभा एन्ड विधानसभा इलेक्शन 1999, 2000, बी.आर. पब्लिशिंग कारपोरेशन लिमिटिड, देहली, 2000.

राम डी., सुन्दर, संपादित, कोलिएशन पोलिटिक्स इन इंडिया–सर्च फॉर पोलिटिकल स्टेबलिटी, नेशनल पब्लिशिंग हाउस नई दिल्ली, 2000.

राय, अशीन, इलेक्शन डेमोक्रेटिक मिरेकल, 1952–1990, होरीजन पब्लिशर्स, इलाहाबार, 1997.

राय, औमप्रकाश, भारत की चुनावी राजनीति के बदलते आयाम, विश्वविद्यालय प्रकाशन, वाराणसी, 2006.

राय, जनकराज, प्रेसीडेंटस ऑफ इंडिया 1950–2004, रीगेन्सी पब्लिकेशंस नई दिल्ली, 2000.

राय, मीनू, इंडिया वोटस इलेक्शंन 1996: ए क्रिटीकल एनालिसिस, दीप एन्ड दीप पब्लिकेशन्स, देहली, 1996.

..............., इलेक्शंस 1998; ए कन्टीन्यूटी इन कोलिएशन, नेशनल पब्लिशिंग हाउस, जयपुर, 1999.

राव, के.बी., पार्लियामेंट्री डेमोक्रेसी ऑफ इंडिया, दी वर्ल्ड प्रैस; कलकता, 1965.

राव, बी.एन., इंडियाज कॉस्टीट्यूशन इन मेकिंग, आरियन्ट लागमैन्स, नई दिल्ली, 1960.

राव, बी. शिवा सम्पादित, दी फ्रेमिंग ऑफ इंडियाज कॉस्टीट्यूशन सलेक्ट डाक्यूमेंटस, व्होल्यूम 2. दी इंडियन इस्टीटयूट ऑफ पब्लिक एडमिनिस्ट्रेशन, नई दिल्ली, 1967.

रेड्डी, नीलम संजीवा, राष्ट्रपति के संस्करण, राजपाल एन्ड संस, देहली, 1989.

..............., विदाउट फीयर एंड फेवर, रेमिनिसंस एन्ड रिफ्लेक्शन ऑफ दी प्रेसीडेंट, एलाइड पब्लिशर्स, नई दिल्ली, 1989.

वरदाचारी, वी.के., प्रेसीडेंट इन दी इंडियन कॉस्टीट्यूशन, दीप एन्ड दीप पब्लिकेशंस, नई दिल्ली, 1985.

वाधवा, एस., भारतीय राजनीति और प्रशासन, अर्जुन पब्लिशिंग हाउस, नई दिल्ली, 2003.

वेंकटश्वरन, आर.जे., केबिनेट गवर्नमेंट इन इंडिया, जार्ज एलन एन्ड अनविन लिमिटिड, लन्दन, 1967.

वेंकटरमन, रामास्वामी., जब मैं राष्ट्रपति था, वाणी प्रकाशन, नई दिल्ली, 2000.

वेंकटरमन, आर., माई प्रेसीडेंसियल ईयरस, हारपर कॉलिन्स, नई दिल्ली, 1994.

वैले, सिडनी, डी., ब्रिटिश पार्लियामेंट्री डेमोक्रेसी, जार्ज जी. हारपर एन्ड कम्पनी लिमिटिड, लन्दन, 1958.

शर्मा, एम.बी., दी गवर्नमेंट ऑफ दी इंडियन रिपब्लिक, किताब महल, इलाहाबाद, 1951.

शर्मा, जगदीशचन्द्र, इंडियन प्राइममिनिसस्टरशिपः ए कम्प्रीहेंसिव स्टडी, कॉसेप्ट पब्लिशिंग कम्पनी, नई दिल्ली, 2002.

शर्मा, ब्रज किशोर, इंट्रोडक्शन टू दी कॉस्टीट्यूशन ऑफ इंडिया, सैकिंड एडीशन, प्रेंटिस हाल ऑफ इंडिया प्राइवेट लिमि., नई दिल्ली, 2004.

शर्मा, ब्रजमोहन, वर्मा, एस.एल., भारत में सांविधानिक आपातकाल, रावत पब्लिकेशंस, जयपुर, 2001.

शर्मा, वीना, प्रेसीडेंट इन इंडियन पोलिटिकल सिस्टम, रावत पब्लिकेशन्स, जयपुर, 2001.

शुक्ला विमला, इंडियन पोलिटिकल सिस्टम एन्ड प्राइमिनिस्टर, अनमोल पब्लिकेशंस, नई दिल्ली, 1989.

..............., भारतीय संविधान में प्रधानमंत्री की भूमिका, राजपाल एन्ड संस, दिल्ली, 1978.

सईद, एस.एम., भारतीय राजनीतिक व्यवस्था, सुलभ प्रकाशन, लखनऊ, 2003.

सिंघवी, लक्ष्मीमल, लोकसभा निर्वाचन 1980, सर्वेक्षण एवं विश्लेषण, राजपाल एन्ड संस, देहली, 1980.

..............., संसदीय एवं अध्यक्षीय शासन प्रणालीः चुनौतियां और विकल्प, इंस्टि्टयूट कांसीट्यूशनल पालियोमेट्री स्टडीज, नई दिल्ली 1983.

सिंह, एम.पी., कोयलीशन पोलिटिक्स इन इंडिया, मनोहर पब्लिशर्स एन्ड डिस्ट्रीब्यूटर्स, नई दिल्ली, 2004.

सिंह, निशांत, सारस्वत स्वप्निल, लोकतंत्र और चुनाव सुधार, राधा पब्लिकेशंस, नई दिल्ली, 2003.

सिंह, मोहन, संसदीय लोकतंत्र का संकट—नेहरू युगीन मान्यता, लोकभारती प्रकाशन, नई दिल्ली, 2006.

सिंह, रणपाल, सिंह तेजवीर, डॉयनामिक्स ऑफ पार्टी सिस्टम एन्ड कोयलीशन गवर्नमेंटस इन इंडिया, अल्फा पब्लिकेशन, नई दिल्ली, 2012.

सिंह, वीरेकेश्वर प्रसाद, भारतीय शासन एवं राजनीति, ज्ञानदा प्रकाशन, नई दिल्ली, 2008.

सिंह, होशियार, माथुर, पी.सी., सिंह पंकज, कोलिएशन गर्वनमेंट्स एन्ड गुड गर्वनेंस, आलेख पब्लिशर्सस, जयपुर, 2007.

सिन्हा, अर्चना, दी क्राइसिस ऑफ ए हंग पार्लियामेंटः दी रोल ऑफ दी प्रेसीडेंट, विकास पब्लिशिंग हाऊस प्राईवेट लिमिटिड, नई दिल्ली, 1999.

सिन्हा, सच्चिदानन्द, कोयलीशन इन पोलिटिक्सः द न्यू चैलेंज, मराल प्रकाशन, मुजफ्फरपुर, 1987.

सिवाच, जे.आर. दी इंडियन प्रेसीडेंसी, हरियाणा प्रकाशन, देहली, 1971.

..............., डायनामिक्स ऑफ इंडियन गवर्नमेंट एन्ड पोलिटिक्स, स्टरलिंग पब्लिशर्स प्राइवेट लिमिटिड, नई दिल्ली, 1985.

सीरवई एच.एम., कॉस्टीट्यूशन लॉ ऑफ इंडिया, व्होल्यूम 2, थर्ड एडीशन, एन.एम. त्रिपाठी, बम्बई, 1976.

शुभेन्दु, राजनराज, कोयलीशन पोलिटिक्स इन इंडिया, डॉयमेन्सन ऑफ फेडरल पावर शेयरिंग, मानक पब्लिकेशन प्रा. लि., नई दिल्ली, 2009.

हंसराज, रीथिकिंग प्रेसीडेंसी एंड पार्लियामेंट इन इंडिया, सुरजीत पब्लिकेशंस, देहली, 1989.

हांडा, आर.एल., राजेन्द्र प्रसाद, टूवेल्व ईयर्स ऑफ ट्राइअम्फ एन्ड डिस्पेयर, स्टरलिंग पब्लिशर्स, नई दिल्ली, 1978.

ज्ञानी, जैल सिंह, मेमोरीज ऑफ ज्ञानी जैलसिंहः दी सेवन्थ प्रेसीडेंट ऑफ इडिया, हर आनन्द पब्लिकेशंन प्राईवेट लिमिटिड, नई दिल्ली, 1997.

भारत का संविधान, थर्ड एडीशन, द्विभाषी संस्करण, सेंट्रल ला पब्लिकेशंस, इलाहाबाद, 2006.

लेख

अभिलेश, एस., भारतीय राष्ट्रपति और प्रधानमंत्री के बीच पारस्परिक संबंध, लोकतंत्र समीक्षा, 34(1–4), जनवरी–दिसम्बर, 2002.

आंध्यारूजीना, आर., दी प्रेसीडेंटस एक्शन : कॉस्टीटयूशनल प्रोप्रटीज, इकोनोमिक एन्ड पोलिटिकल वीकली, 34(22), 29 मई, 1999.

काश्यप, सुभाष, डिजोलुशन ऑफ दी लोकसभा, जर्नल ऑफ पार्लियामेंट्री इन्फोरमेशन, 35(2), जून, 1989.

.............................., इलेक्शन ऑफ दी प्रेसीडेंट, पोलिटिक्स इंडिया, 11(1), जुलाई, 1997.

खरे, हरीश, इंडियन प्राइमिनिस्टर–ए प्ली फॉर इन्स्टीट्यूशनलाइजेशन ऑफ पॉवर्स, जर्नल ऑफ कान्स्टीट्यूशनल एन्ड पार्लियामेंटरी स्टडीज, 5(1), जनवरी–मार्च, 1971.

खान, एम.जी., कोलिएशन गवर्नमेंट एन्ड फेडरल सिस्टम इन इंडिया, दी इंडियन जर्नल ऑफ पोलिटिकल साईंस, 64(3–4), जुलाई–दिसम्बर, 2003.

गहलोत, एन.एस., दी क्रिटीकल प्रेसीडेंट, डेमोक्रेटिक वर्ल्ड, 2(38)20 सितम्बर, 1973.

गोयल, श्रीचन्द, राष्ट्रपति इज नाट बाउंड बाई द प्राइमिनिस्टर्स एडवाइज, टू डिजाल्व द लोकसभा, ऑर्गनाइजर, 23(20), 26 दिसम्बर, 1969.

गौतम, ब्रजेन्द्र प्रताप, बारहवीं लोकसभा का चुनाव विश्लेषणः एक विवेचन लोकतंत्र समीक्षा, 30(1–4), जनवरी–दिसम्बर, 1998.

.............................., तेरहवीं लोकसभा का विश्लेषणात्मक अध्ययनः एक विवेचना, लोकतंत्र समीक्षा, 31(1–4), जनवरी–दिसम्बर, 1999.

घोष, अरूण, प्रेसीडेंट एंड हिज क्रिटिक्स, *मैनस्ट्रीम,* 40(29), 6 जुलाई, 2002,

.............................., पार्लियामेंट, दी प्रेसीडेंट एन्ड मीडिया, *मैनस्ट्रीम,* 37(18), 24 अप्रैल, 1999.

चक्रवर्ती, निखिल, इज द प्रेसीडेंट बाउंड टू एक्सेप्ट द एडवाइस ऑफ द प्राइमिनिस्टरः द कान्स्टीट्यूशनल पोजीशन, ऑर्गनाइजर, 23(13), 8 नवम्बर, 1969.

चतुर्वेदी, आर.जी., प्रेसीडेंट एन्ड द कौंसिल ऑफ मिनिस्टर्स, जर्नल ऑफ कान्स्टीट्यूशनल एन्ड पार्लियामेंटरी स्टडीज, 4(3), जुलाई–सितम्बर, 1970.

जायसवाल, रामकृष्ण, भारतीय लोकतंत्र और गठबंधन सरकारें, लोकतंत्र समीक्षा, 34(1–4), जनवरी–दिसम्बर, 2002.

.............................., भारतीय संविधान के मूलभूत ढांचे के संदर्भ में संविधान की पुनरीक्षा, लोकतंत्र समीक्षा, 31(1–4), जनवरी–दिसम्बर, 1999,

जॉन, अनुप कुरूविला, दी प्रेसीडेंट ऑफ इंडिया, जर्नल आफ कांस्टीट्यूशनल एन्ड पार्लियामेंट्री स्टडीज, 32(3–4) जुलाई–दिसम्बर, 1998.

जेना, बी.बी., दी केश ऑफ हंग पार्लियामेंटः अप्वाइंटमेंट ऑफ दी प्राईम मिनिस्टर, पोलिटिक्स इंडिया, 11(4), अक्तूबर, 1997.

जेनिंज, आईवर, क्राउन एंड कॉमनवैल्थ इन एशिया, इंटरनेशनल अफेयर, 32(2), अप्रैल, 1956.

जैन, अजीत प्रसाद, डिजोलुशन ऑफ लोकसभा एन्ड मिनिस्ट्रीयल एडवाइस, जर्नल ऑफ कांस्टिट्यूशनल एन्ड पार्लियामेंट्री स्टडीज, 5(3), जुलाई–सितम्बर, 1971

जैन, एच.एम., राइट ऑफ डिजोलुशन, मैनस्ट्रीम, 8(20), 17 जनवरी, 1970.

.............................., दी इंडियन प्रेसीडेन्सी अंडर नीलम संजीवा रेड्डी, जर्नल ऑफ कांस्टिट्यूशनल एन्ड पार्लियामेंट्री स्टडीज, 33(1–4), जनवरी–दिसम्बर, 1990.

.... प्रेसीडेंशियल प्रोरोगेटिवस अंडर दी कांस्टीट्यूशन, जर्नल ऑफ कांस्टीट्यूशनल एन्ड पार्लियामेंट्री स्टडीज, 12(2), अप्रैल–जून, 1978.

जैन, एम.पी., प्रोपर्टी ऑफ डिजोलुशन ऑफ लोकसभा, जर्नल ऑफ कांस्टिट्यूशनल एन्ड पार्लियामेंट्री स्टडीज, 5(3), जुलाई–सितम्बर, 1971

जैन, कमला, राष्ट्रपति और राज्यपाल की संवैधानिक स्थिति एंव भूमिका, लोकतंत्र समीक्षा, 26(3–4), जुलाई–दिसम्बर, 1994.

जैन, धर्मचन्द, भारत में संसद का विघटन, लोकतंत्र समीक्षा, 5(4), अक्तूबर–दिसम्बर, 1973.

.............................., भारत में लोकसभा का विघटन एक संवैधानिक विश्लेषण, संसदीय पत्रिका, 31(4), दिसम्बर, 1995.

जैन, राजेश, भारतीय लोकतांत्रिक व्यवस्था में गठबंधन सरकार के स्थायित्व का प्रश्न, लोकतंत्र समीक्षा, 31(1–4), जनवरी–दिसम्बर, 1999.

दत्त, नारायण, दी आफिस ऑफ प्रोफिट इन दी कांस्टीटयूशनल प्रेस्पेक्टिव, महिला विधि भारती, 48, जुलाई–सितम्बर, 2006.

दास, सुकुमार, आफिस ऑफ आवर प्राइमिनिस्टर, इंडियन जर्नल ऑफ पालिटिकल साइंस, 27(3–4), जुलाई–दिसम्बर, 1966.

देशपांडे, वी.एस., दी प्रेसीडेंट, हिज पावर एन्ड देयर अक्सरसाइज, जर्नल ऑफ दी इंडियन ला इंस्टीट्यूट, 13(13), जुलाई–सितम्बर, 1971.

नूरानी, ए.जी., टू चूज ए पी.एम., फ्रंट लाइन, 8(11), 25 मई –7 जून, 1991.

............................., दी इंडियन प्रेसीडेंसी, फ्रंट लाइन 19(13), 22 जून–5 जुलाई, 2002.

पई, सुधा, दी इंडियन पार्टी सिस्टम अंडर ट्रांसफोर्मेशनः लोकसभा इलेक्शंस, 1998, एशियन सर्वे, 38(4), अक्तूबर, 1997.

पंचारिया, भवानी शंकर, संविधान और शासनतंत्र, मंत्रिमंडलीय बनाम राष्ट्रपतीय तंत्र, लोकतंत्र समीक्षा, 7(4), अक्तूबर–दिसम्बर, 1975.

पाटिल, एस.एच., ''इंडियाज एक्सपेरीमेंट विद् कोलिएशन गवर्नमेंट एट दी फेडरल लेवल'', इंडियन जर्नल ऑफ पोलिटिकल साईंस, 62(4), दिसम्बर 2001.

पांडया, बी.पी., दी पावर एंड पोजिशन ऑफ इंडियन प्रेसीडेंट, जर्नल ऑफ कांस्टिट्यूशनल एन्ड पार्लियामेंट्री स्टडीज, 32(1–2), जनवरी–जून, 1998.

पांडा, के.के., पालिटिक्स ऑफ इनस्टविलिटी एन्ड रोल ऑफ दी प्रेसीडेन्ट इन दी इंडियन पार्लियामेंट्री मॉडल, टीचिंग पोलिटिक्स, 17(1–2), 1991.

पायली, एम.वी., प्रेसीडेंशियल डिस्क्रेशन, पोलिटिक्स इंडिया, 118(3), सितम्बर, 1998.

............................., दी प्रेसीडेंशियल, डिस्क्रेशन इन इंडिया, दी जर्नल ऑफ पार्लियामेंट्री इंफोरमेशन, 36(4), दिसम्बर, 1990.

............................., दी केयर टेकर गवर्नमेंट व्हाट एन्ड व्हाई, पोलिटिक्स इडिया, 11(10), अप्रैल, 1998.

फडिया, बाबू, प्रधानमंत्री का पद तथा स्थिति, लोकतंत्र समीक्षा, 5(1), जनवरी–मार्च, 1973.

फरत्याल, हयातसिंह, संविधान के अन्तर्गत राष्ट्रपति और मंत्रिपरिषद का संबंध, लोकतंत्र समीक्षा, 5(1), जनवरी–मार्च, 1973.

बनर्जी, डी.एन., दी पावरस ऑफ दी प्रेसीडेंट ऑफ इंडियाः ए नोट, माडर्न रिव्यू, 109(1) जनवरी, 1961.

बम्बाल, के.आर., प्रेसीडेंट ऑफ इंडिया–लिमिट्स ऑफ डिसक्रिप्शन, इंडियन जर्नल ऑफ पॉलिटिकल साईंस, 27(3–4), जुलाई–दिसम्बर, 1967.

बसु, के.के. द प्रेसीडेंट ऑफ इंडिया, मॉडर्न रिव्यू, 8(3), फरवरी 1957.

भारद्वाज, के.के., केयरटेकर गवर्नमेंट, डिजोलुशन ऑफ लोकसभा एन्ड जनरल इलैक्शंसः रोल ऑफ दी प्रेसीडेन्ट, पोलिटिक्स इंडिया, 11(10), अप्रैल 1998.

भूषण, शांति, प्रेसीडेंशियल पावरसः राष्ट्रपति इस ऑनली ए फिगर हैड, दी सुप्रीम सेवियर, 61(6), 15–31 जून, 2006.

भंडारी, रोमेश, "अप्वाइंटमेंट ऑफ दी प्राइम मिनिस्टर एन्ड दी चीफ मिनिस्टर पावर ऑफ दी प्रेसीडेंट एंड दी 14(9), 3–16 मई, 1997.

मसानी, मीनू, दी प्रेसीडेन्ट पावरस, फ्रीडम फर्स्ट, 45(4), जुलाई–सितम्बर, 2002.

महता, जीवन, संविधान सभा और मंत्रिपरिषद, लोकतंत्र समीक्षा, 11(4), अक्तूबर–दिसम्बर, 1979.

मल्होत्रा, जी.सी., फाल ऑफ दी गवर्नमेंट बाइ ए सिंगल वोट, दी जर्नल ऑफ पार्लियामेंट्री इन्फोरमेशन, 45(2), जून, 1999.

मल्होत्रा, गुरदीपचन्द्र, केवल एक मत के अंतर से सरकार का पतन, *संसदीय पत्रिका,* 45(3), सितम्बर, 1999.

मारकंडेन, के.सी., दी ऑफिस ऑफ दी प्रेसीडेंट आफ दी इंडियन यूनियनः जर्नल ऑफ कांस्टीट्यूशनल एन्ड पार्लियामेंट्री स्टडीज, 3(3) जुलाई–सितम्बर, 1969.

मुरलीधरन, सुकुमार, ए रोल फोर दी प्रेसीडेंट, फ्रंट लाइन, 15(5), 7–20 मार्च, 1998.

............................., ए प्रेसीडेंशियल इंटरवेंशन, फ्रंट लाइन, 18(3), 3–16 फरवरी, 2001.

............................., डिस्टींक्शन एन्ड डिगनिटी, फ्रंट लाइन 19(16), 3–16 अगस्त, 2002.

............................., ए कांस्टीट्यूशनल डिफेंस मकेनिज्म, फ्रंट लाइन, 15(21), 10–23 अक्तूबर 1998.

मुरलीधरन, सुकुमार, वेंकटेश वी., ए प्रेसीडेंशियल इन्टरवेंनशन, फ्रंट लाइन, 17(3), 5–18 फरवरी, 2000.

मोदी, महावीर प्रसाद, सांझा सरकार और स्थिरता का प्रश्न, लोकतंत्र समीक्षा, 33(1–4), जनवरी–दिसम्बर, 2002.

यादव, चौधरी सुखराम सिंह, राष्ट्रपति और राज्यपाल की संवैधानिक स्थिति, विधायनी, 25(1), जनवरी–मार्च, 2007.

रक्षित, निर्मलेंदु विकास, अप्वाइंटमेंट ऑफ दी प्राइमिनिस्टर, मैनस्ट्रीम, 42(30), 17 जुलाई, 2004.

राजा शेकारा, एच.एम., दी इंडियन प्रेसीडेंसी : प्ली फोर ए सैकिंड लुक, जर्नल आफ कांस्टीट्यूशनल एंड पार्लियामेंट्री स्टडीज, 29(1–2), जनवरी–जून, 1995.

रेड्डी, अग्रेला इशवरा, अवर कोलिएशन इक्सीपीरियंस, दी नेशनल गवर्नमेंट अलटरनेटिव, पोलिटिक्स इंडिया, 11(11), मई, 1998.

लाल, जयनारायण, भारतीय राष्ट्रपति तथा प्रधानमंत्री के पारस्परिक संबंध, लोकतंत्र समीक्षा, 3(2), अप्रैल–जून, 1971.

लाल, जे.एन., रिलेशंस बिटविन इंडियन प्रेसीडेंट एन्ड प्राइम मिनिस्टर, दी मार्डन रिव्यू, 128(1), जनवरी, 1971.

............................., रिलेशंस बिटविन इंडियन पी.एम. एन्ड पार्लियामेंट, दी मार्डन रिव्यू, 128(1), जनवरी, 1971.

वर्मा, ए.के., ए न्यू टविस्ट टू आफिस ऑफ प्रोफिट बिल, मैनस्ट्रीम, 14–20 जुलाई, 2006.

वेंकटाचार, सी.एस., दी प्रेसीडेंट, दी प्राइमिनिस्टर, इंडिया क्वार्टरली, 1971.

............................., रिलेशंस बिट्विन द इंडियन प्रेसीडेंट एन्ड द प्राइमिनिस्टर, इंडिया क्वाटरली, 27(2), अप्रैल–जून, 1971.

वेकंटेशन, वी., दी पोलिटिकल डायनामिक्स, फ्रंट लाइन, 19(13), 25 जून–5 जुलाई, 2002.

.............................., ए प्रेसीडेंशियल, इनीशिएटिव, फ्रंट लाइन, 15(17), 15–28 अगस्त, 1998.

.............................., ए ज्यूडीशियल क्लरीफीकेशन, फ्रंट लाइन, 15(23), 7–20 नवम्बर, 1998.

.............................., ए वेकअप काल, फ्रंट लाइन, 17(3) 5–18 फरवरी, 2000.

.............................., ए कंट्रोवर्शियल रिव्यू, फ्रंट लाइन, 17(4), 19 फरवरी – 3 मार्च, 2000.

.............................., दी सुप्रीम कोर्टस व्यू, फ्रंट लाइन, 17(23), 9 फरवरी – 22 फरवरी, 2002

.............................., ए रेयर रिटर्न, फ्रंट लाइन, 23(12), 17–30 जून, 2006.

वोरा, नीता, संविधान की परिधि में भारतीय राष्ट्रपति, लोकतंत्र समीक्षा, 20(1–4), जनवरी–दिसम्बर, 1988.

शकधर, एम.एम., आफिस आफ दी प्रेसीडेन्ट, जर्नल आफ कांस्टीट्यूशनल एंड पार्लियामेंट्री स्टडीज, 1(3), जुलाई–सितम्बर, 1969.

शर्मा, बी.एम., दी प्रेसीडेंट ऑफ दी इंडियन रिपब्लिक, इंडियन जनरल ऑफ पोलिटिकल साईंस, 11(4), अक्तूबर–दिसम्बर, 1950.

शर्मा, लाल नारायण, प्रधानमंत्री की नियुक्ति, लोकतंत्र समीक्षा, 6(3), जुलाई–सितम्बर, 1974.

शर्मा, श्रीराम, दी प्रेसीडेंट ऑफ इंडिया, जर्नल ऑफ पोलिटिकल स्टडीज, 3(1), फरवरी, 1970.

शुक्ला, बी.आर., पार्लियामेंट, दी एक्जीक्यूटिव एन्ड दी ज्यूडिशरी इन इंडिया, दी जर्नल ऑफ पार्लियामेंट्री इंफोरमेंशन, 22(1), जनवरी–मार्च, 1976.

स्वामी प्रवीण, एवं महालिंगम सुधा, दी बीजेपीज बिहार फियासको, फ्रंट लाइन, 15(21), 10–23 अक्तूबर, 1998.

सिंधी, जवाहरलाल, भारतीय राष्ट्रपति के अधिकार, लोकतंत्र समीक्षा, 14(1–2), जनवरी–जून, 1982.

सिन्हा, दीपाकर, वी.पी. सिंह, चन्द्रशेखर एन्ड नाऊ व्हेयर पोलिटिक्स इन इंडिया, एशियन सर्वे, 31(7), जुलाई, 1991.

सिंह, एल.पी., व्हाट प्रेसीडेन्ट शुड डू, मैनस्ट्रीम, 28(5), 25 नवम्बर, 1989.

सिंह, प्रसून, भारतीय संविधान में राष्ट्रपति का पद एवं शक्तियां आलोचनात्मक अध्ययन, लोकतंत्र समीक्षा, 17(18), जनवरी–दिसम्बर, 1985 व 1986.

सिंह, पुरूषोतम, परिवर्तित राजनीतिक परिवेश में भारतीय राष्ट्रपति, लोकतंत्र समीक्षा, 2(2), अप्रैल–जून, 1970.

सिंह, महीपाल, न्यू प्रेसीडेंट एन्ड इलेक्ट्रोरल रिफॉर्मस ओरडीनेंस, मैनस्ट्रीम, 40(40), 21 सितम्बर, 2002.

सिंह, रणजीत, पोलिटिक्स ऑफ कोलिएशनः ए स्टडी ऑफ इंडियन एक्सपीरियंस, इंडियन जर्नल ऑफ पोलिटिक्स, 42(1–2), जनवरी–जून, 2008.

सुधांशु, रंजन, प्रेसीडेन्शियल एक्टीविजम, मैनस्ट्रीम, 36(45), 7 नवम्बर, 1998.

संथानम, के., दी प्रेसीडेंट ऑफ इंडिया, जर्नल ऑफ कांस्टीट्यूशनल एन्ड पार्लियामेंट्री स्टडीज, 3(3) जुलाई–सितम्बर, 1969.

श्रीवास्तव, ए.बी., राष्ट्रपति की जानकारी प्राप्त करने संबंधी अधिकार एक भ्रम या वास्तविकता, लोकतंत्र समीक्षा, 20(1–4), जनवरी–दिसम्बर, 1988.

श्रीवास्तव, नरवदा प्रसाद, लाभ के पद, चुनाव याचिकाएं एंव दल परिवर्तन के संबंध में संवैधानिक संशोधन अपेक्षित, विधायिनी, 24(3), जुलाई–सितम्बर, 2006.

लाभ का पद संबंधी विधेयक, इंडिया टुडे, 14 जून, 2006

क्या है लाभ का पद, महिला विधि भारती, 46, जनवरी–मार्च, 2006.

– लोकसभा डिजोल्ड, इलेक्शंस इन मे : डेमोक्रेटिक वर्ल्ड, 20(11), 17 मार्च, 1991.

– डिजोलुशन ऑफ लोकसभाः सम कास्टीट्यूशनल क्वेश्चनस, जर्नल ऑफ कांस्टिट्यूशनल एंड पार्लियामेंट्री स्टडीज, 5(3) जुलाई–सितम्बर, 1991.

– चन्द्रशेखर रिजाइनस, डेमोक्रेटिक वर्ल्ड, 20(10), 10 मार्च, 1991.

शोध पत्रिकाएं एवं समाचार पत्र

- आल इंडिया रिर्पोटर
- इकोनोमिक एन्ड पोलिटिकल वीकली
- इंटरनेट सर्चिंग
- इंडिया क्वार्टली
- इंडियन जनरल ऑफ पोलिटिकल साईंस
- इंडिया टुडे
- इंडियन रिर्कोडर
- एशियन सर्वे
- जनरल ऑफ कॉस्टीट्यूशनल एन्ड पार्लियामेंट्री स्टडीज
- जनरल ऑफ पार्लियामेंट्री इन्फोरमेशन
- टीचिंग पॉलिटिक्स
- डायरी ऑफ पोलिटिकल इवेंटस
- डेटा इंडिया
- पोलिटिक्स इंडिया
- फ्रंटलाइन
- महिला विधि भारती
- माडर्न रिव्यू

- मासिक समाचार सार
- मैनस्ट्रीम
- राज्य–शास्त्र समीक्षा
- लिंक
- लोकतंत्र समीक्षा
- विधायनी
- समाचार मंजूषा
- संचयनी
- संसदीय पत्रिका
- अमर उजाला
- आज
- जनसत्ता
- दैनिक जागरण
- दैनिक ट्रिब्यून
- दैनिक भास्कर
- पंजाब केसरी
- नवभारत टाइम्स
- नयी दुनिया
- राजस्थान पत्रिका
- राष्ट्रीय सहारा
- हिन्दुस्तान
- दी इकॉनोमिक टाइम्स
- दी इंडियन एक्सप्रैस
- दी टाइम्स ऑफ इंडिया
- दी ट्रिब्यून
- दी टेलीग्राफ
- दी स्टेट्समैन
- दी सण्डे आर्ब्जवर
- दी हिन्दू
- दी हिन्दुस्तान टाइम्स